6시간이면 도착하는

3박 5일 해외여행

7개국 19도시

6시간이면 도착하는

3박 5일 해외여행

7개국 19도시

성희수 · 박정은 지음

작가의 말

 태국과 동남아시아의 매력에 빠져 그 동네에서 살고 여행한 지 12년째. 그동안 깃발을 든 가이드를 대동하고 우르르 몰려다니는 여행자들을 자주 보았다. 그때마다 정말 안타까웠다. 깨끗하고 아름다운 자연, 제법 잘 갖춰진 여행 인프라, 웃음이 고운 사람들, 저렴한 물가까지! 여행을 위한 완벽 조건을 갖춘 나라에서 패키지 여행만 하고 돌아간다면 진짜 매력을 보지 못할 텐데.

 "누군가 조금만 조언을 해준다면, 자유롭게 다양한 여행의 재미를 느낄 수 있지 않을까?"

 그래서 용기를 내 자유여행을 꿈꾸는 모든 이들에게 도움을 주기 위한 책을 쓰기로 마음먹었다. 대부분 저렴한 항공권의 패턴에 따라 3박 5일 일정에 맞춰서 정리했다. 동남아시아 9개국, 19개 도시의 핵심 일정을 뽑아 고민할 필요 없이 그대로 따라가기만 하면 되도록 구성했다. 사실 책을 준비하면서 코스를 다 짜주면 여행 준비하는 재미가 없지 않느냐는 우려의 목소리도 들렸다. 그래서 여행자들이 책에 나온 여행 일정을 최소한의 안전장치로 삼아 좀 더 탄력적으로 독창적인 여행 스케줄을 만들 수 있도록 Plus Theme 코스를 추가로 정리했다. 휴가를 덜컥 내고 항공 티켓부터 질렀는데 여행 계획은 짜지도 못하는 바쁜 사람들, 자유여행이나 해외여행이 처음인 사람들에게 든든한 동반자가 되리라 믿는다. 자신의 취향과 개성에 맞게 자신감을 갖고 자유여행에 도전하는 여행자들이 지금보다 더 많아졌으면 한다. 그리고 스스로 여행의 주체가 되어 떠나는 이들이 모두가 더욱 행복한 시간을 누리길 소망한다.

성희수

Thanks to

동남아시아 각 호텔과 레스토랑의 세일즈&마케팅 담당자분들, 정보를 공유해주신 여행자들, 몽키트래블 설광호 대표님, 트래블 수 성훈 대표님, 시골집 아논님, 폰트래블 김승현 소장님, 에어텔닷컴 김종성 대표님, 유니홀리데이 허윤주 이사님, 샹그릴라 호텔 한국 사무소 정진구 대표님, 항공권 지원을 해주신 제주항공, 진에어, 세부퍼시픽 담당자분들에게도 감사드립니다.

Special thanks to

아름다운 세상을 유랑할 수 있게 저를 세상에 보내주신 부모님 사랑합니다. 예쁘고 지혜롭고 정의로운 아가씨 박정은 작가와 그 부모님께 큰절 드립니다. 그리고 RHK 편집자 김윤화 님, 2년여를 기다려주신 RHK 고현진 부장님 죄송하고 감사합니다.
오랜 기간 원고 작업을 함께한 제갈성일 셰프님 특별히 감사드려요. 끝까지 함께 가지 못해서 아쉬워요. 후반 원고 정리에 도움을 주신 이정숙 님, 김서경 님 감사드립니다.
보라카이 허진희 아쿠님, 팔라완 취재에 큰 힘을 주신 팔라완클럽코리아 박창하 팀장님, 필리핀에서 노숙할 뻔한 저희 취재팀에게 따뜻한 숙소를 제공해 주신 안성호 팀장님에게도 깊은 감사드립니다. 싱가포르 슬링 칵테일 사진이 없어서 방황할 때 직접 만들어서 사진까지 제공해주신 박진우 님에게도 감사드려요. 또한 이 책의 기획부터 《저가항공 컨설팅북 1》을 함께 작업한 편집자 김초롱 님. 이 책을 마무리하면서 가장 많이 생각이 났습니다. 고맙습니다.^^

목차

해외여행 어디로 어떻게 갈까?

여행지 이동 시간 한눈에 보기 14
여행지 한눈에 보기 16
동남아시아 간 이동 시간 한눈에 보기 20
동남아시아 연계 여행 자세히 보기 22
저가항공 알아보기 26

CHOICE 예산별 여행지 28
CHOICE 목적별 여행지 30
CHOICE 테마별 여행지 34
/
Q & A로 알아보는 여행 준비 466
찾아보기 472

해외여행 즐기기

태국 THAILAND

/ **방콕** 50
방콕 여행 준비 52 | 방콕 교통 가이드 53 | 방콕 핵심 코스 54
플러스 테마 56 | 지도 58

/ **푸껫** 78
푸껫 여행 준비 80 | 푸껫 교통 가이드 81 | 푸껫 핵심 코스 82
플러스 테마 84 | 지도 86

/ **치앙마이** 100
치앙마이 여행 준비 102 | 치앙마이 교통 가이드 103
치앙마이 핵심 코스 104 | 플러스 테마 106 | 지도 108

라오스 LAOS

라오스 여행 준비 128 | 라오스 교통 가이드 129
라오스 핵심 코스 130 | 지도 134

필리핀 PHILIPPINES

/ **세부** 158
세부 여행 준비 160 | 세부 교통 가이드 161
세부 핵심 코스 162 | 플러스 테마 164 | 지도 166

/ **보라카이** 180
보라카이 여행 준비 182 | 보라카이 교통 가이드 183
보라카이 핵심 코스 184 | 지도 186

/ **마닐라** 200
마닐라 여행 준비 202 | 마닐라 교통 가이드 203
마닐라 핵심 코스 204 | 지도 206

/ **팔라완** 222
팔라완 여행 준비 224 | 팔라완 교통 가이드 225
팔라완 핵심 코스 226 | 지도 228

말레이시아 MALAYSIA

/ **쿠알라룸푸르** 246
쿠알라룸푸르 여행 준비 248 | 쿠알라룸푸르 교통 가이드 249
쿠알라룸푸르 핵심 코스 250 | 플러스 테마 252
지도 254

/ **코타키나발루** 270
코타키나발루 여행 준비 272 | 코타키나발루 교통 가이드 273
코타키나발루 핵심 코스 274 | 플러스 테마 276
지도 278

/ **페낭** 294
페낭 여행 준비 296 | 페낭 교통 가이드 297
페낭 핵심 코스 298 | 지도 300

/ **랑카위** 314
랑카위 여행 준비 316 | 랑카위 교통 가이드 317
랑카위 핵심 코스 318 | 플러스 테마 320 | 지도 322

싱가포르 SINGAPORE

싱가포르 여행 준비 344 | 싱가포르 교통 가이드 345
싱가포르 핵심 코스 346 | 지도 348

홍콩 HONG KONG

홍콩 여행 준비 368 | 홍콩 교통 가이드 369 | 홍콩 핵심 코스 370
플러스 테마 372 | 지도 374

마카오 MACAU

마카오 여행 준비 399 | 마카오 교통 가이드 399
마카오 핵심 코스 400 | 지도 402

괌 GUAM

괌 여행 준비 418 | 괌 교통 가이드 419 | 괌 핵심 코스 422
플러스 테마 424 | 지도 426

사이판 SAIPAN

사이판 여행 준비 446 | 사이판 교통 가이드 447
사이판 핵심 코스 450 | 지도 452

일러두기

이 책의 내용은 두 명의 작가가 직접 저가항공을 타고 여행을 떠나보고 듣고 느낀 사실을 토대로 쓴 것입니다. 여행에 관한 모든 정보는 2015년 7월을 기준으로 한 것이며, 최신 정보를 싣고자 노력했습니다. 항공 스케줄·관광명소·음식점·숙박료·교통비 등의 여행 정보들은 최대한 정확하게 소개하려고 했지만, 출판 후 또는 독자의 여행 시점에 따라 변경될 수 있으므로 주의할 필요가 있습니다. 중요한 곳은 홈페이지나 인터넷으로 확인하고 가실 것을 권해드립니다. 만약 새로운 정보나 바뀐 내용이 있다면 알에이치코리아나 작가 이메일로 알려주십시오. 많은 여행자가 좀 더 정확한 정보로 편리하게 여행할 수 있도록 빠른 시간 안에 수정하겠습니다.

▶ 개정정보 문의
  성희수 heesu103@naver.com
  알에이치코리아 편집부 02-6443-8931

본문 보는 방법

해외여행 어디로 어떻게 갈까?

동남아시아부터 태평양까지 비교적 길지 않은 비행시간으로 도착할 수 있는 여행지를 소개합니다. 이 책에 수록된 항공 스케줄 및 항공권 예산은 저가항공의 가격을 토대로 한 것이므로, 저가항공에 대해 간략하게 알아보는 페이지도 수록했습니다.

해외여행 즐기기

✓ 나라 & 도시 정보
9개국 19도시가 나라 또는 도시별로 묶여 있으며, 나라 정보부터 출입국 절차, 공항 안내, 출입국 신고서 작성법이 기본적으로 수록되어 있습니다. 그 뒤에는 각 도시에 해당하는 1인 최소 예산을 비롯해 여행 준비와 교통 가이드가 나옵니다.

✓ 여행 코스
기본적으로 3박 5일의 도시별 핵심 코스가 수록되어 있으며, 도시에 따라 하루 정도의 편차가 있을 수 있습니다. 코스 중 이동 시간은 장소 사이에 표기하였고, 숙소를 거쳐야 하는 경우에는 넣지 않았습니다. 3박 5일로는 부족한 여행자들을 위해 Plus 1 Day와 Plus Theme라는 테마로 즐기는 일일 여행 코스를 추가로 수록했으니, 자신의 여행 스타일에 맞게 즐겨주시길 바랍니다. 라오스의 경우 예외적으로 두 도시의 연계 여행으로 묶여있습니다.

✓ 아이콘
지도와 본문에 수록된 장소에는 아이콘이 표시되어 있습니다. 각 아이콘은 소개된 장소에 대한 성격을 나타냅니다. 지도에는 각 본문에 소개된 스폿이 파란색으로 표시되어 있어 대략적인 이동 경로를 한눈에 훑어보기 좋습니다.

관광명소 | 레스토랑 | 쇼핑 | 스파 & 마사지 | 나이트라이프 | 액티비티 | 숙소

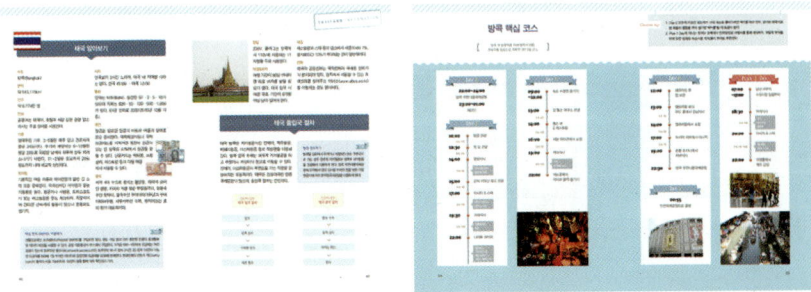

알아두세요! Q & A로 알아보는 여행 준비
처음 해외여행을 떠나는 사람들을 위한 정보입니다. 여행 전에 알아두면 좋은, 사소하지만 중요한 점들을 항목별로 질문에 답하는 형식으로 담았습니다.

해외여행 어디로 어떻게 갈까?

해외여행은 가고 싶은데 마땅히 떠오는 곳이 없을 때, 부담스럽지 않은 항공료와 되도록 길지 않은 비행시간으로 갈 수 있는 곳을 원한다면 딱 알맞은 여행지들이 있다. 동남아시아부터 태평양까지 저렴한 저가항공을 타고 떠날 수 있는 최적의 여행지들을 소개한다. 저가항공과 조금 더 긴 여행을 위한 연계 여행에 관한 정보는 덤으로 알아두자!

여행지 이동 시간 한눈에 보기

태국 Thailand
- 방콕 Bangkok 5시간 40분
  진에어, 제주항공, 티웨이항공, 이스타항공, 에어아시아
- 푸켓 Phuket 6시간 20분 | 진에어, 이스타항공
- 치앙마이 Chiang Mai 5시간 55분 ※ 저가항공 직항 없음

라오스 Laos
- 비엔티안 Vientiane 5시간 30분 | 진에어, 티웨이항공
- 루앙프라방 Luang Prabang
  비엔티안 ↔ 루앙프라방 45분 | Lao airlines ※ 직항 없음
- 방비엥 Vang Vieng
  비엔티안 ↔ 방비엥 버스 3시간 30분 ※ 항공편 없음

필리핀 Philippines
- 세부 Cebu 3시간 30분
  진에어, 제주항공, 에어부산, 에어아시아, 세부퍼시픽
- 보라카이 Boracay 4시간 30분
  에어아시아, 세부퍼시픽
- 마닐라 Manila 4시간 15분
  제주항공, 에어아시아, 세부퍼시픽
- 팔라완 Palawan
  마닐라 ↔ 팔라완 1시간 15분
  에어아시아, 세부퍼시픽, 타이거에어 ※ 직항 없음

말레이시아 Malaysia
- 쿠알라룸푸르 Kuala Lumpur 6시간 20분
  에어아시아
- 코타키나발루 Kota Kinabalu 6시간 15분
  진에어, 이스타항공
- 페낭 Penang
  쿠알라룸푸르 ↔ 페낭 1시간 | 에어아시아 ※ 직항 없음
- 랑카위 Langkawi
  쿠알라룸푸르 ↔ 랑카위 1시간 | 에어아시아 ※ 직항 없음

싱가포르 Singapore 6시간 50분 ※ 저가항공 직항 없음

홍콩 Hong Kong 3시간 30분 | 진에어, 제주항공, 이스타항공, 에어부산, 에어아시아, 세부퍼시픽

마카오 Macau 3시간 30분 | 진에어, 티웨이항공, 에어부산, 세부퍼시픽

괌 Guam 4시간 30분 | 진에어, 제주항공, 티웨이항공

사이판 Saipan 4시간 20분 | 제주항공

여행지 한눈에 보기

태국 Thailand

방콕 Bangkok

세계 곳곳에서 온 여행객들로 인해 생긴 문화와 전통문화가 공존하는 방콕. 금빛 찬란한 왕궁과 수상시장, 카오산 로드, 다양한 먹거리 등이 있는 관광도시이다.

푸껫 Phuket

에메랄드빛 바다가 있는 태국의 대표 휴양지. 속이 훤히 비치는 바다, 스노클링으로 만나는 열대어, 시설 좋은 리조트가 많아 가족여행객과 신혼여행객이 많이 찾는다.

치앙마이 Chiang Mai

역사와 전통이 있는 태국 제2의 도시. 산을 중심으로 하는 트레킹과 산악자전거, 래프팅 등 액티비티의 천국이다. 물의 축제 '쏭크란'이 열리는 곳이기도 하다.

라오스 Laos

비엔티안 Vientiane

동남아시아의 숨은 보석 라오스의 첫 번째 여행 관문이 되는 곳이 바로 비엔티안이다. 볼수록 정감 있고, 어느 순간 푹 빠지게 되는 매력이 있는 도시다.

루앙프라방 Luang Prabang

라오스의 옛 수도이자 도시 전체가 유네스코 세계문화유산인 루앙프라방에는 프랑스 식민지 시대의 모습이 그대로 남아 있다. 아름다운 고대 도시에는 평화로움과 고요함이 감돈다.

방비엥 Vang Vieng

라오스에서도 특히 아름다운 자연을 자랑하는 방비엥. 작은 규모의 도시지만 자전거 산책, 카페에서의 낮잠, 강변 레스토랑의 시원한 맥주 한잔을 즐기기에 이곳만 한 곳도 없다.

필리핀
Philippines

세부 Cebu

도시와 바다, 두 마리 토끼를 잡을 수 있는 휴양지이다. 해양 스포츠 & 휴양을 즐길 수 있는 막탄 섬과 쇼핑 & 맛집 탐방을 만끽하는 세부 시티로 나뉜다.

보라카이 Boracay

세계 최고의 해변으로 사랑받는 화이트 비치와 해질 무렵 붉은 빛을 수놓는 보라카이의 백만불짜리 석양이 아름다운 열대 휴양지. 해변을 따라 레스토랑과 바, 숙소 등이 즐비하다

마닐라 Manila

과거와 현재가 공존하는 곳. 세련된 마카티 지역과 스페인양식 건축물을 간직한 말라테의 인트라무로스, 리잘 공원 등 세계문화유산이 많다.

팔라완 Palawan

바다와 산을 동시에 즐길 수 있는 곳. 유네스코 세계문화유산은 물론, 해양 스포츠와 집 라인 등의 다양한 액티비티를 할 수 있는 필리핀 여행의 마지막 보고(寶庫)이다.

말레이시아
Malaysia

쿠알라룸푸르 Kuala Lumpur
말레이시아 경제와 문화의 중심지. 도시 곳곳에 자리한 녹음과 역사가 담긴 문화유적, 다양한 인종이 모여 만든 색다른 문화 등 다채로운 볼거리를 제공하는 화려한 도시이다.

코타키나발루 Kota Kinabalu
산을 이용한 트레킹과 섬으로 떠나는 스노클링 투어, 반딧불이 투어, 맹그로브 숲 등 자연과 함께 하는 기쁨이 있는 곳.

페낭 Penang
유네스코 세계문화유산으로 지정된 동양의 진주, 조지타운을 중심으로 다양한 여행의 즐거움을 느낄 수 있다. 미식의 도시답게 다양하고 맛있는 음식을 저렴하게 즐길 수 있다.

랑카위 Langkawi
전설과 신비로움으로 가득한 99개의 수많은 섬으로 이루어진 군도. 잔잔하고 아름다운 해변에서 조용히 휴양을 즐길 수 있는 평화로운 섬이다.

싱가포르
Singapore

동남아시아의 강대국 싱가포르는 자연의 숨결과 도시의 세련됨이 공존하는 곳이다. 편리한 교통과 깨끗한 환경, 안전한 치안까지 초보여행자에게 완벽한 여행지이다.

홍콩
Hong Kong

편리한 교통, 쇼핑, 식도락, 야경, 고급 호텔, 금융 등 도시의 기능을 모두 갖춘 아시아를 대표하는 도시. 볼거리가 너무 많아 재방문하게 되는 곳이다.

마카오
Macau

포르투갈양식의 건물과 동서양의 맛이 조화로운 매케니즈 푸드, 동양의 라스베이거스라 불리는 화려한 카지노와 초호화 호텔까지. 오감을 만족시켜주는 동양 속 유럽이다.

괌
Guam

에메랄드빛 바다에서 즐기는 해양 스포츠와 울창한 정글, 잘 정비된 도로와 쾌적한 쇼핑센터. 투몬 비치에 위치한 숙소까지 천혜의 자연환경과 시설을 갖춘 휴양지이다.

사이판
Saipan

역사의 아픔이 숨겨진 파라다이스로 가족여행에 적합한 곳이다. 에메랄드빛 바다와 형형색색의 산호초로 둘러싸인 열대 남국의 섬. 때 묻지 않은 순수한 자연을 담고 있다.

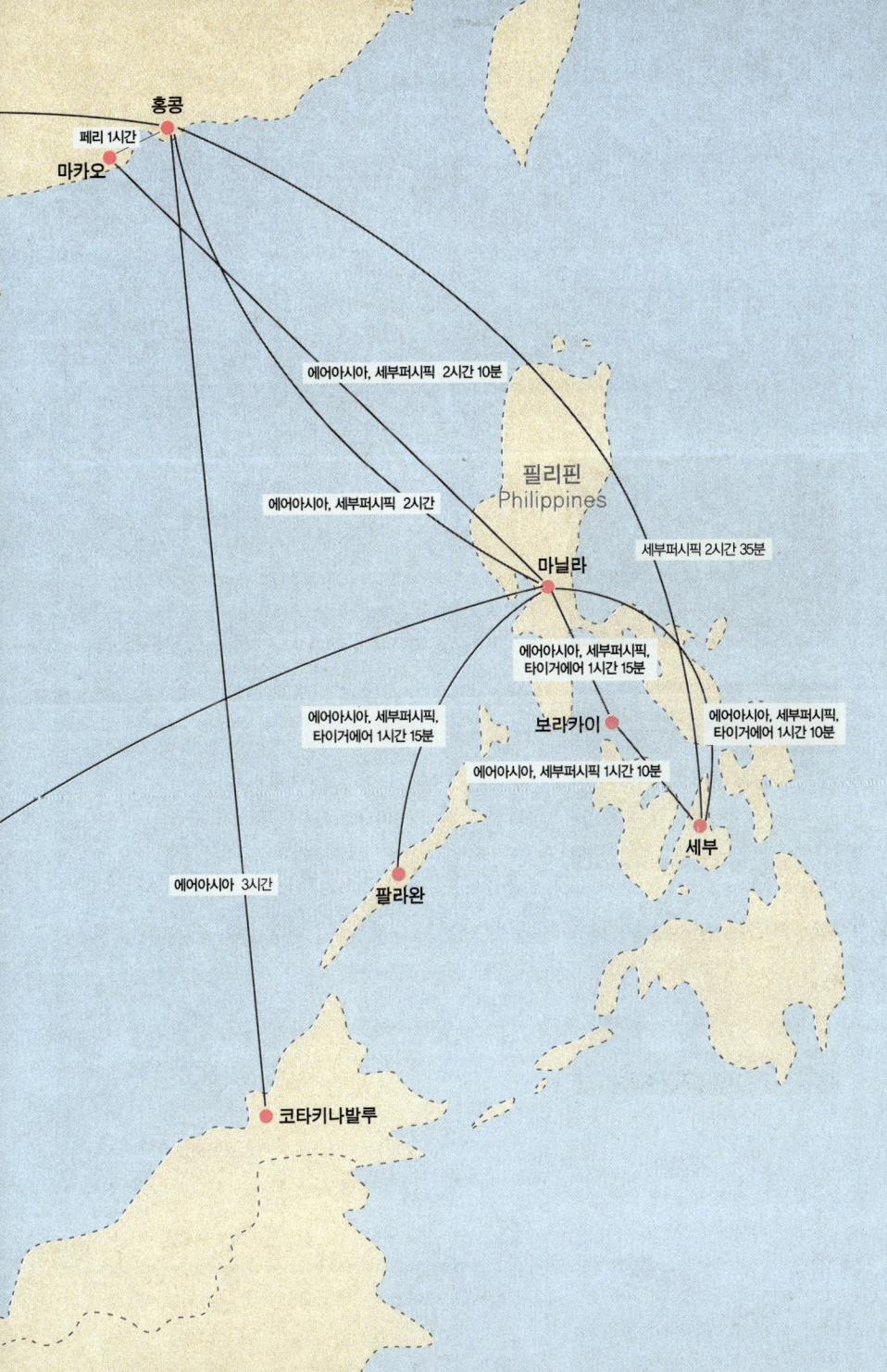

동남아시아 연계 여행 자세히 보기

동남아시아는 저가항공사의 격전지로 외국계 저가항공사가 다양한 노선을 가지고 있으며, 지속적으로 취항 지역을 넓히고 있다. 저렴한 가격은 물론 다양한 항공 스케줄을 제공하고 있으니, 한국에서 저가항공을 이용해 동남아시아에 도착한 후 주변 지역을 연계하는 장기 여행을 계획해보자.

태국 방콕 출발 — From Bangkok to Where?

방콕 → (1시간 10분) 푸껫 → (1시간 50분) 치앙마이

도시, 바다, 산을 두루 경험하는 태국 마스터 코스

방콕 도착시간이 대부분 늦은 시간대이므로 도착 후 다음날 오후에 푸껫으로 출발하는 외국계 저가항공사를 이용하거나, 방콕에서 여행을 즐긴 후 이동하자. 한국에서 방콕까지는 왕복 항공권으로, 나머지 구간은 모두 편도 항공권으로 구입해서 이동한다. 최소 일주일 이상 여행 일정을 잡아야 가능하며 일정이 짧은 경우는 푸껫과 치앙마이 둘 중 한곳을 선택하자.

방콕 → (1시간 45분) 말레이시아 페낭

시티 라이프와 초절정 맛집 투어

외국계 저가항공 에어아시아와 타이거에어가 취항한다. 방콕과 페낭 간 취항 편수가 많지 않기에 여행 일정이 결정되면 방콕과 페낭 간 항공권을 먼저 예약하는 것이 좋다.

방콕 → (2시간 10분) 싱가포르

트렌디한 동남아시아의 두 도시 비교 체험

방콕에서 싱가포르로 가는 외국계 저가항공으로는 에어아시아와 타이거에어가 대표적이다.

말레이시아 쿠알라룸푸르 출발

From Kuala Lumpur to Where?

쿠알라룸푸르 → 1시간 랑카위

쿠알라룸푸르 → 1시간 페낭 → 35분 랑카위

도시와 맛집 투어, 느긋한 휴양 즐기기

쿠알라룸푸르에 도착 후 페낭과 랑카위까지 당일 연결은 어려우니 쿠알라룸푸르에서 여행을 즐기고 가자. 귀국할 때는 랑카위에서 오후 늦게 또는 저녁 시간대에 출발하자. 한국과 쿠알라룸푸르 노선은 왕복항공권으로 구매하고 나머지 노선은 모두 편도로 구매하자. 시간이 부족한 경우에는 페낭이나 랑카위 둘 중 한곳을 선택하자.

TIP 도착 당일 말레이시아 국내 이동은 피하자
쿠알라룸푸르에서 말레이시아 국내로 이동 시 출발 요일에 따라 다르지만 대부분 여행 첫날 한국에서 쿠알라룸푸르 도착은 오후 9시 이후가 된다. 여행 첫날 무리하게 말레이시아 내 다른 지역으로 당일 연결을 시도하지 않는 편이 좋다.

쿠알라룸푸르 → 1시간 5분 싱가포르

다양한 문화의 만남, 안전한 여행지
외국계 저가항공 에어아시아와 타이거에어가 취항한다.

쿠알라룸푸르 → 2시간 35분 라오스 비엔티안

모던한 도시와 유니크한 도시의 조합
외국계 저가항공 에어아시가가 취항한다.

| 홍콩 |
| 출발 |

From Hong Kong to Where?

홍콩 → 페리 1시간 **마카오**

같은 듯 다른 두 나라의 맛집 & 쇼핑 투어
항공을 이용하지 않고 페리를 이용하기 때문에 더 가깝게 느껴지고 심적으로 편안한 여행 일정을 만들 수 있다.

홍콩 → 3시간 **말레이시아 코타키나발루**

홍콩 도시와 코타키나발루의 산과 바다 즐기기
외국계 저가항공 에어아시아가 취항한다.

홍콩 → 2시간 45분 **태국 치앙마이 →** 1시간 15분 **태국 방콕**

홍콩, 태국의 대표 여행지를 돌아보는 알찬 코스
외국계 저가항공 에어아시아가 취항한다. 한국과 홍콩 구간 항공권은 왕복으로 그 외 구간은 편도로 구입한다.

필리핀 마닐라 출발 — From Manila to Where?

마닐라 → (1시간 25분) 팔라완

다채롭게 즐기는 필리핀의 도시와 천혜의 자연환경
마닐라에서 1박 후 다음날 오후에 팔라완으로 출발하는 세부퍼시픽을 이용하자.

마닐라 → (1시간 25분) 세부 → (1시간 10분) 보라카이

필리핀의 대표 여행지 모두 돌아보기
한국-마닐라 항공권은 왕복항공권으로 나머지 항공권은 모두 편도로 구입해서 이동한다.

마닐라 → (2시간 10분) 마카오 → (페리 1시간) 홍콩

아시아 속의 작은 유럽 도시 한 바퀴
외국계 저가항공 에어아시아와 세부퍼시픽이 취항한다. 마카오에서 홍콩은 페리를 타고 이동하고, 홍콩에서 마닐라까지는 저가항공사를 이용한다.

마닐라 → (3시간 55분) 말레이시아 쿠알라룸푸르

쇼핑천국 마닐라와 쿠알라룸푸르에서 쇼퍼홀릭 되기
외국계 저가항공 에어아시아, 세부퍼시픽이 취항한다.

저가항공 알아보기

저가항공은 일반적인 항공에 비해서 항공권의 가격이 낮은 항공을 말한다. 여행자들이 부담해야 할, 대형 항공사들이 제공하는 물적·인적 서비스를 최소화하여 항공권의 가격을 낮추었기 때문에 할인 요금이 아니라 정상 요금 자체가 상대적으로 저렴하다. 그래서 저가항공을 영어로 LCC(Low Cost Carrier) 또는 버짓 항공(Budget Air)이라고 말하기도 한다.

경비 절약의 첫걸음! 저가항공 취항 노선

동남아시아는 한국 여행객이 많이 찾는 지역이다. 최근 저가항공사는 경쟁적으로 취항 지역을 넓히고, 다양한 항공 스케줄과 할인 프로모션을 제공하는 등 다양한 방법으로 여행자들의 시선을 끌고 있다. 아래는 본문에서 소개된 지역에 취항한 저가항공사 목록이다.

저가항공사	취항 노선	문의
진에어	방콕, 푸껫, 비엔티안, 세부, 코타키나발루, 홍콩, 마카오, 괌	www.jinair.com 1600-6200
제주항공	방콕, 세부, 홍콩, 마닐라, 괌, 사이판	www.jejuair.net 1599-1500
티웨이항공	방콕, 비엔티안, 마카오, 괌	www.twayair.com 1688-8686
이스타항공	방콕, 푸껫, 코타키나발루, 홍콩	www.eastarjet.co.kr 1544-0080
에어부산	세부, 홍콩, 마카오, 괌	www.airbusan.com 1666-3060
에어아시아	방콕(돈므앙), 푸껫, 치앙마이, 세부, 보라카이, 마닐라, 쿠알라룸푸르, 코타키나발루, 페낭, 랑카위, 홍콩, 싱가포르	www.airasia.com/kr/ko/home.page 050-4092-00525
세부퍼시픽	방콕, 세부, 보라카이, 마닐라, 쿠알라룸푸르, 코타키나발루, 마카오	www.cebupacificair.com/kr-ko 마닐라 +63-2-70-20-888 세부 +63-32-230-8888
타이거에어	동남아시아 주요 여행지 취항	www.tigerair.com +65-3157-6434
녹에어	태국 내 주요 여행지 취항	www.nokair.com +66-2-900-9955

더 저렴하게! 저가항공 예약 노하우

여행 경비를 줄이고 싶다면 저가항공을 최저가로 이용할 수 있는 프로모션이 최고의 방법이다. 하지만 성수기나 흔히 우리가 황금연휴라 부르는 기간에는 프로모션가가 적용되지 않는 경우가 대부분이다. 이 점에 유의하며 저렴한 저가항공 티켓을 노려보자.

● <u>프로모션 일정 확인</u>

저가항공의 경우, 프로모션을 자주하기 때문에 메일링 서비스를 받으며 프로모션 일정을 확인하는 것이 좋다. 되도록이면 여행일자가 결정되는 대로 바로 예약하는 것이 비용 면에서 유리하다. 프로모션 기간에는 같은 항공편이라도 접속할 때마다 요금이 변하곤 하는데, 보통 시간이 지날수록 가격이 올라가지만, 간혹 새벽시간대에 조금 저렴해지는 경우도 있다.

● <u>스케줄 정하기</u>

국내 저가항공사의 경우 최소 스케줄 항공권이 가장 저렴하다. 최소 스케줄 항공권이란, 목적지마다 최소 일정을 기본으로 항공사에서 출발과 도착을 지정해 놓은 항공권을 뜻한다. 예를 들어 방콕의 경우 3박 5일 패턴의 항공권이 제일 저렴하다. 또한 출발 요일도 중요한데, 여행객에 몰리는 금요일 저녁이나 주말에 출발하는 항공권 가격이 평일 항공권보다 비싸다.

● <u>모바일 앱 이용</u>

간편한 모바일 앱을 이용해 틈틈이 항공권 가격을 확인하자. 프로모션이 있는 경우 항공사 웹사이트는 접속조차 힘들 정도로 자주 다운되지만, 앱은 웹사이트에 비해서 시간대를 잘 맞춘다면 접속되는 경우가 있다. 웹사이트와 모바일 앱을 함께 효율적으로 잘 사용하자.
항공권 관련 앱 : Skyscanner, 플레이윙즈, 저가항공 프로모션 모음, 칩항공

저가항공 예약 시 주의사항!

- 저가항공은 티켓 구매 후 취소·변경 등의 절차가 까다로울 수 있으니 최초 예매 시 신중하게 선택해 결정하자.
- 저가항공의 특성상 무료 위탁 수화물의 무게가 제한된다. 평균 1인 7kg 정도이므로 수화물 추가 요금까지 생각하자.

CHOICE
예산별 여행지

예산의 대부분은 항공권과 숙소 비용, 현지 물가로 측정한다. 한정된 예산 속에서 여행을 떠나야 하는 사람을 위해 예산별 여행지를 나누어보았다. 각 여행지의 예산을 잡는 데 필요한 숙소 및 물가 정보를 간단하게 살펴보고 내 예산에 맞는 여행지를 찾아보자.

50~70만원

항공권 가격이 30~40만원 초반으로 저렴한 곳

홍콩, 마카오, 라오스(비엔티안+방비엥)

홍콩은 저렴한 숙소가 적기는 하지만 없지는 않으므로 게스트 하우스로 묵는다면 예산을 많이 줄일 수 있다. 마카오는 카지노나 호텔에서 운영하는 무료 셔틀버스를 이용해서 다닐 수 있는 관광지가 많기 때문에 교통비가 많이 절감된다. 라오스는 현지 물가가 저렴하고, 게스트 하우스가 많아 경비 절감의 폭이 크다.

70~100만원

한국 성수기를 피한다면 70~100만원으로 여행이 가능한 나라

태국, 필리핀(세부, 마닐라, 팔라완), 말레이시아, 라오스(비엔티안+루앙프라방), 싱가포르

태국의 방콕, 치앙마이는 숙소 선택의 폭이 다양해 숙소를 통한 경비 절감이 가능하며, 전반적으로 물가가 저렴한 편이다. 말레이시아는 교통비가 비싸지만 저렴한 푸드코트나 호커가 있어 식비에서 절약할 수 있다. 현지 물가는 저렴하지만 숙소가 다른 지역에 비해 비싼 곳으로는 태국의 푸켓, 필리핀의 세부, 마닐라, 팔라완, 라오스의 비엔티안과 루앙프라방이 있다. 싱가포르는 항공권 가격이 아주 비싼 편은 아니지만 저렴한 숙소가 적어 숙소 비용이 많이 든다. 하지만 저렴한 숙소가 없지는 않으므로 도미토리 같은 곳에 묵는다면 예산 절감이 가능하다. 대중교통이 발달되어 있으며, 유명 레스토랑에 방문하려면 최소 1인 3~4만원 이상 예산을 잡아야 한다.

100만원 이상

100~120만원 대로 여행할 수 있는 휴양지

필리핀(보라카이), 괌, 사이판

사이판, 괌에서는 숙소 비용이 예산을 좌우한다. 숙소 수가 많지 않은데, 찾는 사람은 많아 미리미리 예약해 둬야 한다. 미국 달러를 사용해 물가가 비싼 편이고, 식비는 한국과 동일하다. 대중교통은 비싸지만 렌터카는 저렴하기 때문에 교통비를 절약할 수 있다. 필리핀의 보라카이는 숙소 비용과 현지 물가가 비싸기 때문에 필리핀의 다른 지역보다 예산을 넉넉히 잡아야 한다.

CHOICE
목적별 여행지

여행지의 명소 관광은 기본이고, 에메랄드빛 바다에서 물놀이, 해양 스포츠도 하고 싶다. 쇼핑과 산해진미가 가득한 식도락 여행, 열대 과일도 원 없이 먹고 싶지만 늘 짧은 휴가가 아쉽다. 이럴 때일수록 여행의 목적을 확실히 해 가장 잘 맞는 최적의 여행지를 골라보자.

휴가가 필요 없는 주말여행지 BEST 5

휴가를 내지 않고 금요일 저녁 비행기로 떠나서 월요일 아침 도착해서 바로 출근할 수 있는 여행지. 출근 날 피로도가 높겠지만 휴가 사용에 눈치를 봐야 하는 직장인에게는 마음 편한 여행지이다.

> 홍콩
> 괌
> 마카오
> 방콕
> 세부

> 괌
> 세부
> 사이판
> 코타키나발루
> 보라카이

아이와 함께하는 여행지 BEST 5

어린 자녀와 함께 떠나는 여행이라면 짧은 비행시간과 수영장이 잘 갖춰진 좋은 숙소가 필요하다. 또한 어린이용품을 저렴하게 쇼핑을 할 수 있다면 금상첨화!

방콕
쿠알라룸푸르
푸껫
마카오
랑카위

연인과 함께하는 여행지 BEST 5

연인과 함께 가는 여행에서는 무엇을 하든, 어디라도 좋다. 하지만 로맨틱한 시간을 보낼 레스토랑과 합리적인 가격의 5성급 호텔, 연인들을 위한 이벤트가 갖춰진 여행지에서는 둘만의 시간이 더욱 오붓해진다.

자연 속 힐링 여행지 BEST 5

보라카이
랑카위
코타키나발루
팔라완
치앙마이

끝없는 야근과 출퇴근길 대중교통의 수많은 인파에 시달리다 보면 아름다운 자연 속에서 아무것도 하지 않고 싶다. 에메랄드빛 바다와 녹음이 우거진 자연환경에서 몸과 마음이 치유되는 시간을 갖자!

여자끼리 가는 쇼핑 여행지 BEST 5

커플여행도 좋고, 가족여행도 좋지만 최고의 여행 파트너는 코드가 맞는 동성 친구가 아닐까? 쇼핑몰과 맛집을 순례하면서 카페에서 커피 한잔과 즐거운 대화로 쉬어갈 수 있는 여행지를 소개한다.

방콕
싱가포르
홍콩
쿠알라룸푸르
괌

치앙마이
팔라완
마카오
사이판
방콕

부모님과 함께하기 좋은 여행지 BEST 5

첫 월급을 타고 돈을 모으면 하고 싶은 일이 바로 부모님과 떠나는 효도여행이다. 신비로운 자연경관이 있는 곳과 도시, 휴양지 등 부모님과 떠날 수 있는 여행지를 선정해 보았다.

32 _ 해외여행 어디로 어떻게 갈까?

라오스
방콕
마닐라
페낭
랑카위

청춘들의 배낭여행지 BEST 5

지갑이 얇아도, 많이 걸어야 해도 버텨낼 수 있는 배낭여행자를 위한 여행지! 다양한 볼거리와 즐길 거리가 있는 곳, 로컬들의 삶에 관심 있는 여행자에게 추천한다. 저렴한 물가는 여행의 기쁨이 두 배가 된다.

1일 5식 먹방 여행지 BEST 5

관광지도 식후경! 왕궁과 사원, 박물관도 좋지만 여행의 백미는 저렴하고 맛있는 다국적 음식에 있다고 생각한다면 이곳으로 가자. 칼로리는 포기하고 1일 5식을 할 각오가 된 여행자에게 추천한다.

마카오
페낭
방콕
홍콩
쿠알라룸푸르

\ C H O I C E /

테마별 여행지

동남아시아나 휴양지 섬은 비슷한 문화와 기후, 생김새 때문에 다 거기서 거기라고 일축해 버리는 사람들이 있다. 하지만 문화와 역사, 기후, 볼거리, 음식문화, 사람들의 성향까지 막상 가보면 저마다 다르다. 같은 듯 다른 각 여행지의 매력을 테마별로 짚어보자.

액티비티 & 관광명소
ACTIVITY & TOURIST SPOT

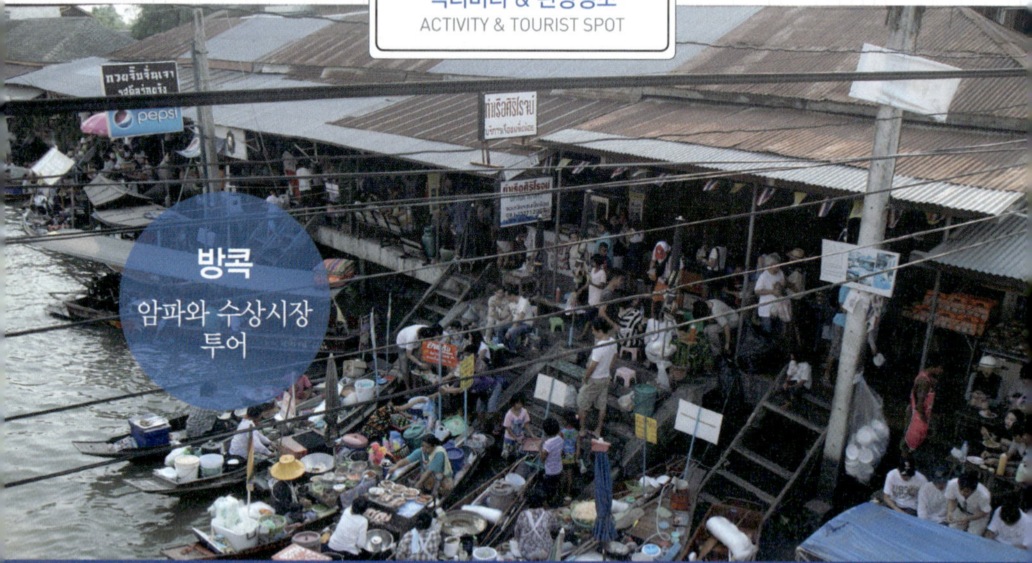

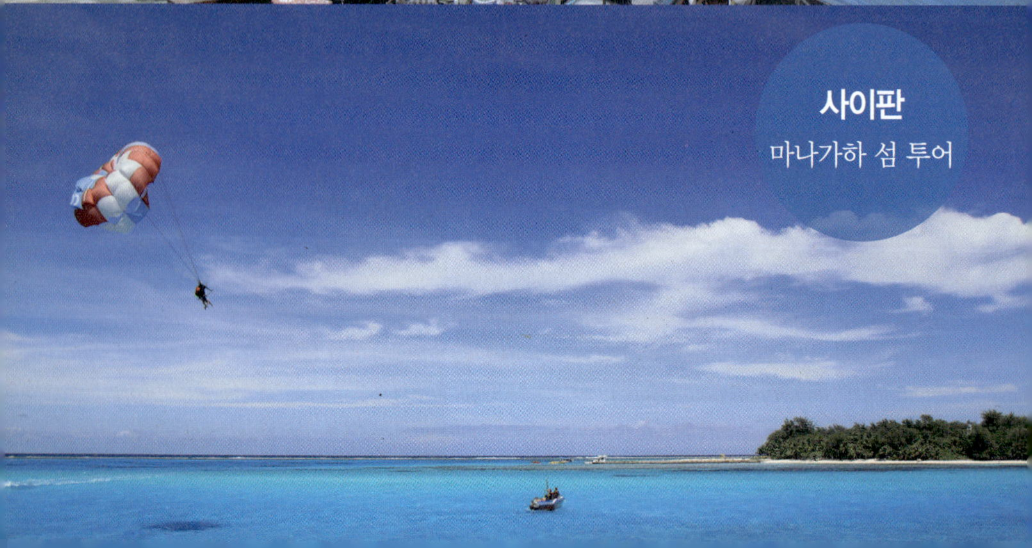

방콕
암파와 수상시장 투어

사이판
마나가하 섬 투어

음식
FOOD

태국
- 쏨땀
- 뿌팟퐁까리
- 똠얌꿍

보라카이
- 감바스
- 하와이안 바비큐
- 망고 셰이크

페낭
- 락사
- 사테
- 차퀘이테오

싱가포르
- 칠리 크랩
- 야쿤 카야 토스트
- 싱가포르 슬링

쇼핑
SHOPPING

방콕

스파용품

속옷

실크 제품

보라카이 & 세부

말린 망고

바나나칩

코코넛 오일

쿠알라룸푸르

커피

화장품

구두

싱가포르

구두

화장품

TWG 티

홍콩

차

명품 브랜드

화장품

마카오

육포

아몬드 쿠키

와인

괌

폴로셔츠

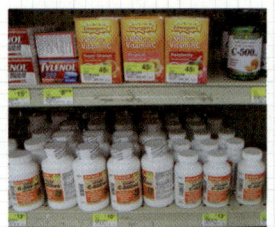
비타민

출산용품

해외여행
즐기기

자유여행을 결심한 여행자들의 걱정은 무엇일까? 가고 싶은 나라만 정했을 뿐, 어디에서 자고, 무엇을 먹을지, 지하철은 잘 탈 수 있을지, 와이파이는 되는지 등 궁금증과 걱정거리투성이일 것이다. 이런 걱정을 한번에 해결할 수 있도록 도시별 세밀한 여행 코스와 새롭게 떠오르는 관광지, 전문가가 추천하는 맛집, 숙소 등을 소개한다.

방 콕　　　　　　　　　　　　　푸 껫

태국

THAILAND

치앙마이

태국 알아보기

수도
방콕(Bangkok)

면적
약 513,115km²

인구
약 6,774만 명

언어
공용어는 태국어. 호텔과 식당 같은 관광 업소에서는 주로 영어를 사용한다.

기후
열대우림 기후. 3~5월은 매우 덥고 건조하며 평균 34도이다. 우기에 해당하는 6~10월은 평균 29도로 화창한 날씨에 하루에 한두 차례 소나기가 내린다. 11~2월은 일교차가 20도 정도까지 나며 비교적 선선하다.

옷차림
기본적인 여름 의류와 에어컨용의 얇은 긴 소매 옷을 준비한다. 자외선차단 아이템과 물놀이용품은 필수. 왕궁이나 사원용, 드레스코드가 있는 레스토랑용 옷도 체크하자. 치앙마이에 간다면 산에서의 활동이 많으니 운동화도 챙기자.

시차
한국보다 2시간 느리며, 태국 내 지역별 시차는 없다. 한국 15:00 → 태국 13:00

통화
단위는 바트(Baht). 동전은 B1·2·5·10가 있으며 지폐는 B20·50·100·500·1,000가 있다. B1은 한화로 33원(2015년 10월 기준).

환전
현금은 필요한 만큼의 바트와 여분의 달러를 조금 준비한다. 국제체크카드나 국제현금카드를 가져가면 통장에 잔금이 있는 한 방콕의 ATM에서 현금을 찾을 수 있다. 신용카드는 백화점, 쇼핑센터, 레스토랑 등의 대형 매장에서 사용할 수 있다.

음식
세계 4대 수프로 꼽히는 똠양꿍, 파파야 요리인 쏨땀, 카레와 게를 볶은 뿌팟퐁까리, 볶음국수인 팟타이, 쌀국수인 꾸어이띠아우남과 꾸어이띠아우행, 샤부샤부인 수끼, 팬케이크인 로띠 등이 대표적이다.

태국 현지 SIM카드 이용하기 **TIP**

선불요금제인 프리페이드(Prepaid) SIM카드를 구입하면 된다. 별도 가입 없이 미리 충전된 만큼의 음성통화 및 데이터 패킷을 사용할 수 있다. 공항 이동통신사 부스에서 구입한다. 가격은 B50~100이며 요금제는 여러 조합이 있는데 트루무브 통신사(truemove.truecorp.co.th)는 트루무브 Wi-Fi 접속 3시간, 3G 접속 1시간이 가능한 요금제를 B49에, 7일 무제한 데이터와 음성전화 요금제를 B299에 판매한다. 휴대전화의 컨트리 락(Country Lock)이 풀려야 사용 가능하므로 AS센터 등을 통해 미리 확인하고 가자.

THAILAND INFORMATION

전압
220V. 플러그는 한국에서 110V에 사용하는 11자형을 주로 사용한다.

여권&비자
여행 기간이 90일 이내라면 따로 비자를 받을 필요가 없다. 태국 입국 시 여권 유효 기간이 6개월 이상 남아 있어야 한다.

세금
레스토랑과 스파 등의 업소에서 세금(TAX) 7%, 봉사료(SC) 10%가 부과되는 것이 일반적이다.

전화
태국의 공중전화는 국제전화와 국내용 전화기가 분리되어 있다. 현지에서 사용할 수 있는 휴대전화를 빌려주는 어비스(www.abys.co.kr)를 이용하는 것도 편리하다.

태국 출입국 절차

태국 방콕은 저가항공사인 진에어, 제주항공, 티웨이항공, 이스타항공 등의 직항편을 이용해 간다. 방콕 입국 후에는 외국계 저가항공을 타고 푸껫이나 치앙마이 등으로 이동할 수 있다. 진에어, 이스타항공이 푸껫으로 가는 직항을 운항하지만 유동적이다. 태국은 관광대국인 만큼 국제공항이 많으며, 출입국 절차는 간단하다.

> **방콕 경유하기**   **TIP**
> 방콕을 경유해서 푸껫이나 치앙마이 또는 주변국으로 가는 경우 한국계 저가항공과 외국계 저가항공을 조합해서 이용하게 된다. 방콕 쑤완나품국제공항에 도착해서 입국 심사를 마치고 짐을 찾은 다음 항공사에 따라 돈므앙국제공항을 이용하게 된다.

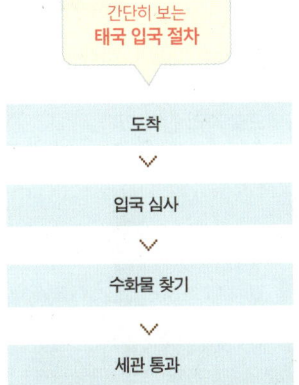

간단히 보는
태국 입국 절차

도착
▽
입국 심사
▽
수화물 찾기
▽
세관 통과

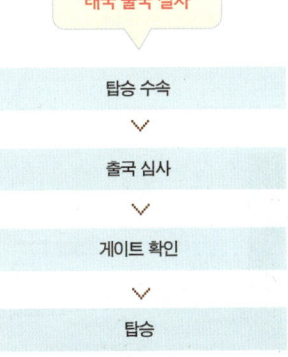

간단히 보는
태국 출국 절차

탑승 수속
▽
출국 심사
▽
게이트 확인
▽
탑승

태국 출입국 요령 TIP

- 출입국신고서는 비행기에서 내리기 전에 쓰자.
- 짐을 분실한 경우 수화물 보관증을 가지고 배기지 클레임 창구에 가서 분실 신고를 한다.
- 태국 입국 시 담배와 주류 면세 한도는 1인 담배는 200개피 1보루, 술은 1ℓ로 양주 및 와인 합쳐서 1병만 허용되니 주의하자.
- 출국할 때에는 늦어도 출발 2시간 전에 공항에 도착하자.
- 출국신고서는 입국 시 돌려받은 것으로 여권에 끼워져 있다. 잃어버렸을 때는 항공사 카운터에서 출국신고서를 요청하고 새로 작성한다.
- 게이트에는 최소 30분 전에 도착하는 것이 좋다.

태국의 국제공항

● **쑤완나품국제공항**

방콕의 남쪽에 있으며 택시로 쑤쿰윗까지 약 40분, 카오산 로드까지 약 50분이 소요된다. 동남아시아의 허브 공항 역할을 하는 곳으로 태국 국내 각지는 물론 세계 여러 나라와 연결된다.

● **푸껫국제공항**

푸껫 북서쪽에 위치하며 택시로 빠똥까지 약 40분, 푸껫타운까지 약 30분이 소요된다. 주로 방콕, 치앙마이 등 국내선 출입이 잦지만 유럽과 홍콩 등 동남아시아 일대를 연결하는 국제선도 이착륙한다.

● **돈무앙국제공항**

방콕에 있는 또 하나의 국제공항으로 에어아시아의 거점 공항이다. 국내선은 물론 일부 저가 항공사들의 국제노선이 취항되어 있다. 택시로 쑤쿰윗까지 약 30분, 카오산 로드까지 약 30분이 소요된다.

● **치앙마이국제공항**

시내와 매우 가까운 거리에 위치해 택시로 올드타운까지 약 15분, 강변까지 약 20분이 소요된다. 연간 200만 명 이상이 이용할 정도로 태국 북부 지역의 대표 공항으로 자리 잡고 있다.

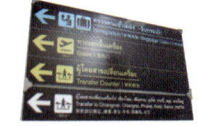

출입국신고서 작성법

● 입국신고서(앞)

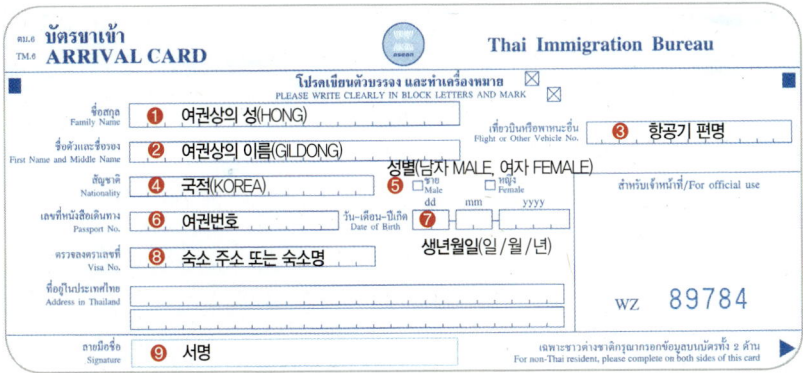

● 출국신고서(뒤)

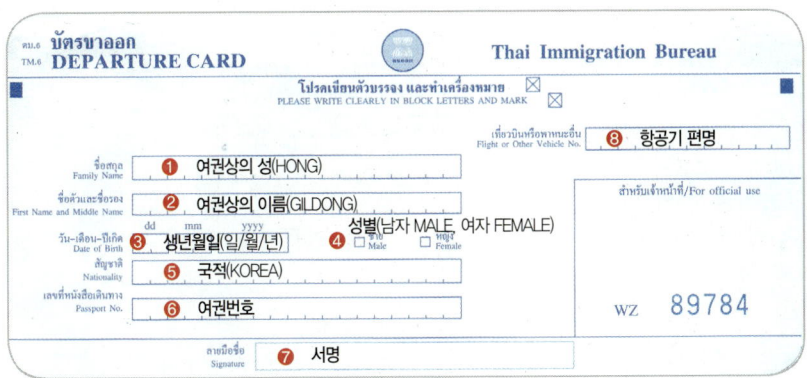

방콕
BANGKOK

동남아시아 여행 1번지, 방콕홀릭이 되자

세계 최고 수준의 관광대국인 태국의 수도 방콕. 세계 곳곳에서 온 여행객들이 전파한 다양한 문화와 태국 고유의 전통문화가 공존하며 균형 있게 발전했다. 방콕은 그 어느 곳보다 쉽게 접근할 수 있는 도시, 언제고 다시 가도 여전히 이국의 새로움으로 가득한 도시다. 넘쳐나는 볼거리에 하루를 부지런히 다닐 수 있는 곳이자, 24시간 아무것도 하지 않을 수 있는 자유가 있는 도시, 그곳이 바로 방콕이다.

방콕 여행 준비

- **이동 시간**
  직항 5시간 20분

- **일정**
  3박 5일, 4박 6일

- **항공권**
  특별 가격 34만원~
  일반 가격 48만원~
  (2015년 9월 제주항공 기준)

고정 비용	항공료	34만원
	숙박료	16만원
유동 비용	교통비	5만원
	투어비	3만2000원
	입장료	2만6000원
	식비	5만8000원
	기타 여비	4만원
합계		70만6000원~

※성인 1인 4박 6일 비수기, 숙소 2인 1실 기준

- **숙소**
  방콕의 교통체증을 고려해 좋은 위치의 역세권 숙소를 추천한다.

- 쉐라톤 그랑데 쑤쿰윗
- 세인트 레지스 방콕
- 샹그릴라 호텔

- 메리어트 이그제큐티브 아파트먼트
- 센터 포인트 라차담리

- 홀리데이 인 방콕 쑤쿰윗
- 웨스틴 그랑데 쑤쿰윗
- 오쿠라 프레스티지 방콕

방콕 교통 가이드

쑤완나품국제공항 → 시내

교통수단	목적지	가격	이용시간	승차장
공항철도 (Airport Rail Link)	익스프레스 노선	1인 B150	06:00~24:00	공항 여객터미널 지하 1층
	시티 노선	구간별 B15~45		
공항 리무진	쑤쿰윗 노선	구간별 B150	24시간	공항 1층 8번 게이트
	씨롬 노선			
	씨암 노선			
택시	방콕 시내 전역	B400~600		1층 퍼블릭 택시 (Public Taxi) 승강장
여행사 픽업		B900~1300		공항 2층 4번 게이트

돈무앙국제공항 → 방콕 시내

교통수단	목적지	가격	이용시간	승차장
공항 리무진	쑤쿰윗, 카오산 로드 방면	구간별 B40~	06:00~22:00	공항 1층 버스 승강장
택시	방콕 시내 전역	B400~600	24시간	1층 퍼블릭 택시 (Public Taxi) 승강장
여행사 픽업		B900~1300		공항 1층 입국장 앞

방콕의 교통수단

교통수단	목적지	가격	이용시간
BTS	쑤쿰윗 노선	구간별 B10~50	06:00~24:00
	씨롬 노선		
MRT	후아람퐁 역 ↔ 방쓰 역	구간별 B10~40	
툭툭	시내 전역	최저구간 약 B50 (흥정 필수)	24시간
택시		기본 B35~	
수상 버스	싸판탁씬 선착장 → 파압 선착장	B9~13 (보트 종류와 구간에 따라 다름)	06:00~20:00

방콕 핵심 코스

[방콕 첫 방문자를 위해 방콕의 대표 관광지를 중심으로 계획한 3박 5일 코스]

Day 1

22:00~24:00
방콕 쑤완나품국제공항

23:00~01:00
체크인

Day 2

10:00 왕궁 관광
도보 15분
12:30 왓 포 관광
툭툭 10분
14:00 점심식사
도보 5분
- 꾸어이짭 유언
- 쏨땀 욕 크록
15:00 근처 카오산 로드 관광
도보 5분
17:00 마사지 & 스파
도보 15분
- 짜이디 마사지
- 반타이 스파
19:30 저녁식사
도보 20분
- 낀롬촘싸판
- 데크
22:00 나이트 라이프
- 멀리건스 아이리시 바
- 애드 히어 더 서틴스 블루스 바

Day 3

09:00~12:00 숙소 수영장 즐기기
13:00 짐 톰슨 하우스 관광
도보 2분
14:00 톰슨 바 & 레스토랑
도보 10분
16:00 씨암 파라곤에서 쇼핑
도보 5분
19:00 저녁식사
BTS 10분
- 인터
- 란 쏨땀 누아
22:00 색소폰에서 라이브 음악 즐기기

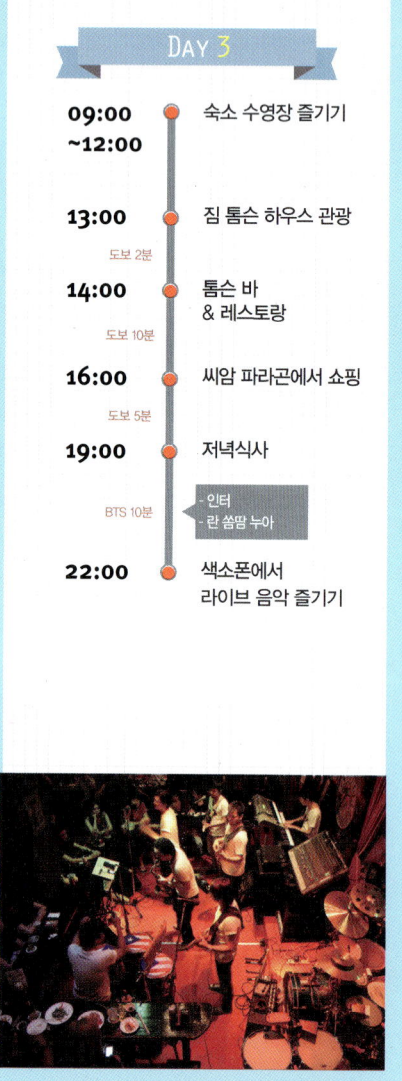

Course tip

1. Day 2 오후에 카오산 로드에서 시내 숙소로 돌아가려면 택시를 타야 한다. 영어와 태국어로 된 호텔의 명함을 미리 챙기면 택시를 탈 때 도움이 된다.
2. Plus 1 Day에 떠나는 투어는 한국에서 인터넷으로 여행사를 통해 예약하자. 주말에 투어를 하게 되면 암파와 수상시장, 반딧불이 투어도 추천한다.

Day 4

- **12:00** 체크아웃 후 짐 보관
- **13:00** 엠포리움 파크 푸드 홀에서 점심식사
  - 도보 1분
- **14:00** 엠포리움에서 쇼핑
  - 도보 5분
- **17:00** 아시아 허브에서 마사지
  - 도보 7분
- **19:00** 쏜통 포차나에서 저녁식사
- **22:30** 방콕 쑤완나품국제공항

Day 5

- **00:55** 인천국제공항으로 출발

Plus 1 Day

- **07:00 ~17:00** 담넌 싸두억 수상시장 일일투어
- **18:30** 저녁식사
  - 수다
  - MK 수끼
  - 광한루
  - 도보 10분
- **20:00** 마사지 & 스파
  - 헬스랜드
  - 라바나 스파
  - 도보 5분~10분
- **22:00** 리빙룸에서 재즈 감상

PLUS THEME

식도락 여행

Course tip

1. 쿠킹 스쿨은 보통 이른 아침에 시작하니 아침식사를 빨리 먹는 것이 좋다.
2. 점심식사는 쿠킹 스쿨에서 직접 만든 요리로 대신한다. 애피타이저부터 디저트까지 모두 4~5가지의 요리를 만들며 쿠킹 스쿨에 참여한 다른 여행자들과 함께 담소의 시간을 가진다.

09:00~14:00	15:00	19:30	22:00
블루 엘리펀트 쿠킹 스쿨	마트 쇼핑 · 엠포리움 백화점 5층 슈퍼마켓 · 센트럴 칫롬 백화점 1층 슈퍼마켓	저녁식사 · 압사라 디너 크루즈 · 샹그릴라 호라이즌 디너 크루즈	나이트 라이프 · 시로코 & 스카이 바 · 버티고 & 문 바 · 레드 스카이

예상 경비 14만원~

쿠킹 스쿨 8만원
식비 5만원
교통비 1만원

PLUS THEME

BTS 일일투어

Course tip

세계에서 가장 큰 주말시장인 짜뚜짝 주말시장은 BTS 모칫 역 1번 출구 또는 MRT 깜팽펫 역 2번 출구로 나와서 갈 수 있다.

09:30
짜뚜짝 주말시장
· BTS 모칫 역

13:30
란 쏨땀 누아에서 점심식사
· BTS 씨암 역

15:00
헬스랜드에서 마사지
· BTS 아쏙 역

17:00
마담 투쏘 방콕 관광
· BTS 씨암 역

18:30
씨암 파라곤에서 쇼핑
· BTS 씨암 역

20:00
인터에서 저녁식사
· BTS 씨암 역

21:00
망고 탱고에서 디저트 타임
· BTS 씨암 역

21:00
색소폰에서 칵테일 한잔
· BTS 빅토리 모뉴먼트 역

예상 경비 4만5000원~

BTS 일일 패스 5000원
식비 2만원
입장료 2만원

왕궁 The Grand Palace

이국적이고 환상적인 궁전으로 필수 관광지이다. 짜끄리 왕조의 첫 번째 왕인 탁신왕 때 건립되었다. 1782년 아유타야의 몰락과 함께 수도를 짜오프라야 강 동쪽으로 옮기고 이곳에 왕궁을 지었다. 에메랄드 불상이 왕실 사원인 왓 프라깨우 내에 모셔져 있다. 유료 가이드가 있으며, 방콕의 한인 여행사에 투어를 예약하면 픽업 서비스와 개인 가이드가 붙는다. 왕궁 입장 시 복장 규정이 있으며, 왕궁 주변에는 '왕궁이 오늘 문을 닫았다'며 다른 곳으로 데려가는 사기꾼이 많으니 각별히 조심한다.

Access BTS 싸판탁신 역 1, 2번 출구로 나가 수상보트 타고 타창 선착장에서 내린다. 재래시장과 노점상을 지나면 왕궁 정문 Open 08:30~16:30(티켓 판매 ~15:30) Close 1/1, 8/12, 12/5, 불교 관련 국경일 Cost 입장료 B500 Tel 02-623-5500 Web www.palaces.thai.net

짐 톰슨 하우스 Jim Thompson's House

태국 실크를 전 세계에 알린 짐 톰슨이 생전에 직접 설계하고 살았던 집이다. 현재는 박물관으로 사용되며 아름다운 정원 속에 태국의 전통미를 살린 티크 가옥이 자리한다. 박물관은 개개인이 혼자 다닐 수 없고 가이드와 함께 정해진 코스대로 관람한다. 관람객은 영어, 프랑스어, 독일어, 일본어, 중국어 통역 서비스를 요청할 수 있다. 보통 30분 간격으로 진행되며 모두 둘러보는 데 40분 정도 소요된다. 박물관 외에 실크 상점과 레스토랑, 전시관 등이 있다.

Access 카셈산 쏘이 2. BTS 내셔널 스타디움 역 1번 출구로 나와 직진하지 않고 뒤돌아 걷는다. 카셈산 쏘이 2 이정표가 나오면 골목으로 약 100m Address 6 Soi Kasemsan 2, Rama 1 Road Open 09:00~17:00 Close 연중무휴 Cost 입장료 성인 B100, 어린이 B50 Tel 02-612-3601 Web www.jimthompson.com

왓 포 Wat Pho

태국에서 가장 오래된 사원 중 하나이다. 부처가 열반에 드는 과정을 묘사하는 사원 안의 와상은 발바닥 하나가 사람 키보다 더 클 정도. 이곳은 제대로 된 교육 시설이 없던 태국에서 대중 교육의 중심지로 발전해왔고 덕분에 지금도 태국의 첫 번째 대학으로 불린다. 태국 전통의학의 총본부 역할도 하고 있으며 왓 포 마사지 학교도 있다.

Access BTS 싸판탁신 역 1번 출구로 나와 수상보트를 타고 타띠안 선착장에서 내린 후 마하랏 로드를 지나 쩨뚜폰 로드 방면으로 도보 7분 **Open** 08:00~18:00 **Close** 연중무휴 **Cost** 입장료 B100 **Tel** 02-221-5910 **Web** www.watpho.com

마담 투소 Madame Tussauds

마담 투소에서는 태국 왕실의 중요 인물에 대한 소개와 함께 그들의 밀랍인형을 만날 수 있다. 전 세계의 사회적 지도자와 스포츠 스타, 영화배우, 가수 등의 밀랍인형이 있으며 태국인이 좋아하는 태국의 대표 연예인도 많다. 인기 스타들의 밀랍인형 앞에서 전용 사진기로 사진을 찍었다면 관람이 끝나고 나갈 때 비용을 지불하고 인화할 수 있다.

Access 씨암 디스커버리 6층. BTS 씨암 역 1번 출구, BTS 내셔널 스타디움 역 3번 출구 이용 **Address** 6th Floor Siam Discovery, 989 Rama 1 Road, Pathumwan **Open** 10:00~21:00(입장 ~20:00) **Close** 연중무휴 **Cost** 입장료 성인 B800, 어린이 B600 **Tel** 02-658-0060 **Web** www.madametussauds.com/bangkok

쏜통 포차나 Sorntongpochana

방콕 현지인과 여행자에게 꾸준히 사랑받는 해산물 레스토랑. 대표 메뉴는 싱싱한 게를 채소와 카레에 볶은 뿌팟퐁까리, 얼린 게에 쥐똥고추와 라임의 신맛이 더해진 뿌덩이다. 떠들썩한 중국집 분위기지만 금요일 저녁과 주말은 손님이 많아 기다려야 한다.

Access 쑤쿰윗 쏘이 24와 라마 4세 로드가 만나는 지점. BTS 프롬퐁 역 2, 4번 출구로 나와 직진, 골목 끝 주유소가 보이는 곳에서 좌회전 후 약 20m. 프롬퐁 역에서 도보 20분 **Open** 16:00~03:00 **Close** 연중무휴 **Cost** 뿌팟퐁까리 B1000(1kg)~, 뿌덩 B300~, 싱하 맥주 B70 **Tel** 02-258-0118

수다 Suda

40여 년 전에 문을 연 곳으로 외국인들이 북적이며, 점심시간에는 인근 직장인까지 몰려와 정신없다. 추천 메뉴로는 센 불에 볶아 불 맛이 나는 볶음국수 팟타이와 바나나잎에 싼 닭고기를 튀긴 까이호빠이떠이, 쏨땀, 똠얌꿍이 있다. 에어컨이 없는 것이 아쉽다.

Access 쑤쿰윗 쏘이 14. BTS 아쏙 역 4번 출구로 나와 쑤쿰윗 쏘이 14 골목 안쪽으로 약 20m. 아쏙 역에서 도보 4분 **Open** 11:00~24:00(월요일 16:00~) **Close** 쏭크란 축제 기간(4/13~15) **Cost** 똠얌꿍 B150·250, 카우팟 B60·200·250, 까이호빠이떠이 B110~, 쏨땀 B60~, 맥주 B50~80 **Tel** 02-258-0118

MK 수끼 MK Suki

채소, 고기, 해산물을 주문해서 육수에 넣어 익혀 먹는 태국식 샤부샤부를 맛볼 수 있는 곳. 함께 나오는 소스도 별미인데 태국식 소스에 라임주스를 넣고 기호에 따라 다진 마늘과 고추를 넣어 먹어도 좋다. 수끼를 다 먹은 후 남아 있는 육수에 밥을 넣고 끓여서 죽을 만들어 먹으면 그 맛이 일품이며 든든한 한 끼가 된다.

Access 쑤쿰윗 쏘이 19. BTS 아쏙 역 1, 3번 출구 옆 터미널 21과 호텔로 이어진 길을 이용. 터미널 21 내 5층 **Address** 2/88, Sukhumvit Soi 19, North Khlong Toei, Wattana **Open** 10:00~22:00 **Close** 연중무휴 **Cost** 채소 세트 B295~, 버섯 세트 B210~, 해산물 단품 B60~, 채소 단품 B20~, 맥주 B85, 녹차 B40(TAX & SC 17%)

엠포리움 파크 푸드 홀 Emporium Park Food Hall

엠포리움 내에 있는 푸드코트로 팟타이와 쏨땀도 있으며 똠얌꿍 국물에 면을 말아주는 꾸어이띠아우똠얌도 인기 메뉴다. 입구에 있는 창구에서 쿠폰을 구입해 음식을 주문하면 된다. 남은 쿠폰은 다시 현금으로 바꿔준다. 여행 중 간단히 요기하거나 인원이 많아서 여러 사람의 입맛을 충족시키기 어려울 때 방문하기 좋다.

Access 쑤쿰윗 쏘이 24 엠포리움 5층. BTS 프롬퐁 역 2번 출구에서 이어지는 엠포리움 2층 연결 통로 이용 **Address** 622 Sukhumvit Road, Klongton, Khlongtoey **Open** 10:00~22:00 **Close** 연중무휴 **Cost** 단품 메뉴 B65~, 음료 B40~ **Tel** 02-269-1000

톰슨 바 & 레스토랑 Thompson Bar & Restaurant

박물관인 짐 톰슨 하우스 안에 있는 카페 겸 레스토랑. 방콕에만 5개의 지점이 있고 태국 음식 외에 서양 음식과 간단한 스낵도 있다. 관광객 입맛에 맞춘 순화된 태국 음식을 맛볼 수 있다. 작은 연못과 아름다운 정원이 보이는 실외석에서 여유롭게 차를 마시기 좋다.

Access 카셈산 쏘이 2. BTS 내셔널 스타디움 역 1번 출구로 나와 직진하지 않고 뒤돌아 걷는다. 카셈산 쏘이 2 이정표가 나오면 골목으로 약 100m **Address** 6 Soi Kasemsan 2, Rama 1 Road **Open** 11:00~18:00 **Close** 연중무휴 **Cost** 태국 음식 B200~, 서양 음식 B220~, 맥주 B120~ **Tel** 02-614-3743 **Wi-Fi** 무료 **Web** www.jimthompson.com

광한루 Gwang Hal Lu

방콕에 한국 레스토랑이 들어오기 시작한 초창기부터 자리를 지킨 맛집이다. 한국 음식이 그리우면 찌개류와 소주 한잔 곁들이기 좋은 묵은지삼겹살을 먹어보자. 매콤한 낙지볶음에 소면을 비벼 먹으면 더위에 잃었던 입맛이 돌아온다. 금요일 저녁부터 주말 사이에 들른다면 꼭 예약해야 한다.

Access 쑤쿰윗 쏘이 12. BTS 아쏙 역 2번 출구로 나와 쉐라톤 그랑데 쑤쿰윗과 타임스퀘어 빌딩 지나서 직진, 쑤쿰윗 플라자 1층 **Address** Korean Town, Sukhumvit Soi 12 **Open** 10:30~22:00 **Close** 쏭크란 축제 기간(4/13~15) **Cost** 김치찌개 B200~, 묵은지삼겹살 B350~, 낙지볶음 B250~, 소주 B300~ **Tel** 02-251-8096

인터 Inter

씨암 스퀘어 있는 오래된 맛집 중 하나로 우리나라의 분식집과 비슷한 분위기. 쏨땀과 바삭한 닭튀김인 까이텃이 인기 있고, 똠얌꿍, 얌운센 등 다양한 음식을 저렴하게 먹을 수 있다. 내부는 젊은 손님들로 붐빈다. 직원들의 영어 실력은 서투르지만 영어 메뉴가 있다.

Access 씨암 스퀘어 쏘이 9. BTS 씨암 역 6번 출구로 나와 방콕은행 골목으로 직진, 란 쏨땀 누아 지나서 망고 탱고에서 우회전 후 직진, 첫 번째 횡단보도에서 길을 건너 라코스테 매장 건너편 미용실 옆 **Address** 432/1-2 Siam Square 9 **Open** 10:00~21:30 **Close** 연중무휴 **Cost** 팟타이 B70~, 쏨땀 B45~, 맥주 B105~, 음료 B25~ **Tel** 02-251-4689

란 쏨땀 누아 Ran Sometam Nua

쏨땀과 함께 이싼 음식을 먹을 수 있으며 밝고 세련된 분위기다. 가장 일반적인 쏨땀타이와 젓갈과 민물 게가 들어간 쏨땀뿌마도 인기 메뉴. 쏨땀과 찰밥인 카우니여우, 닭튀김인 까이텃도 인기가 많다. 매콤한 볶음국수 팟카놈찐도 우리 입맛에 잘 맞는다. 태국의 젊은 여성들이 선호하는 곳으로 항상 줄이 길다.

Access 씨암 스퀘어 쏘이 5. BTS 씨암 역 6번 출구로 나와 방콕은행 골목으로 직진, 골목 끝 망고 탱고 앞 **Address** 392/14 Soi Siam Square 5, Rama 1 Road **Open** 10:45~21:30 **Close** 연중무휴 **Cost** 쏨땀 B54~, 카우니여우 B20, 까이텃 B90·120~, 팟카놈찐 B94, 맥주 B80~, 음료 B25~ **Tel** 02-251-4880

망고 탱고 Mang Tango

주스, 아이스크림, 푸딩, 셰이크까지 망고로 만들 수 있는 모든 메뉴를 맛볼 수 있다. 내부로 들어가면 망고 향기에 힐링이 되는 느낌이다. 메뉴 이름은 음악의 한 장르를 인용해 '망고 탱고' '망고 룸바' '망고 차차차' 등의 이름을 붙였다. 싱싱한 망고와 푸딩, 아이스크림을 한꺼번에 맛볼 수 있는 '망고 탱고'가 인기 있다.

Access 씨암 스퀘어 쏘이 5. BTS 씨암 역 6번 출구로 나와 방콕은행을 지나 왓슨이 있는 골목으로 좌회전 **Address** Siam Square Soi 5, Rama 1 Road, Pathum Wan **Open** 12:00~22:00 **Close** 연중무휴 **Cost** 망고주스 B45~, 망고 탱고 B120~ **Tel** 081-619-5504 **Wi-Fi** 무료 **Web** www.mymangotango.com

낀롬촘싸판 Kinromchomssapan

짜오프라야 강변에 있는 라마 8세 다리의 야경이 잘 보이는 곳이다. 해산물을 위주로 한 태국 음식이 주메뉴다. 여럿이 간다면 뿌팟퐁까리나 쁠라라프릭을 추천한다. 레스토랑에서 준비한 무료 툭툭을 이용해 큰 도로로 나와서 택시를 타거나 카오산 로드로 갈 수 있다.

Access 카오산 로드 경찰서 정문을 등지고 우회전 후 직진, 사거리에서 길을 건너면 나오는 작은 다리를 건너 첫 번째 횡단보도를 건너 직진. 쌈센 쏘이 3 이정표가 보이면 골목으로 직진, 골목 끝 **Open** 11:00~01:00 **Close** 연중무휴 **Cost** 태국 음식 B130~, 해산물 B220~. 맥주 B100~ **Tel** 02-628-8382~3

데크 The Deck

왓 아룬의 가장 아름다운 모습을 볼 수 있으며 짜오프라야 강변의 아름다운 석양을 감상할 수 있다. 2, 3층에서는 식사를, 4층에서는 간단한 음식과 칵테일, 와인을 서비스한다.

Access 마하랏 로드 왓 포 맞은편. 카오산에서 툭툭을 타고 쏘이 쁘라뚜 녹융까지 간다. 골목 안쪽 끝 아룬 레지던스 4층 **Address** 36-38 Soi Pratoo Nok Yoong, Maharat Road, Rattanakosin Island **Open** 11:00~22:00 **Close** 연중무휴 **Cost** 식사 B200~, 칵테일 B120~, 하우스와인(1잔) B250~(TAX & SC 17%) **Tel** 02-221-9158~9 **Wi-Fi** 무료 **Web** www.arunresidence.com

꾸어이짭 유언

한국인 여행자들에게 끈적 국수라고 알려진 곳이다. 태국 현지인 대다수가 최고의 맛집이라며 강력 추천한다. 꾸어이짭은 태국 쌀국수보다 국물 맛이 더 진하고 녹말을 넣어 걸쭉하다. 한번 맛보면 마니아가 된다.

Access 프라아팃 로드 남쪽 헴록 레스토랑 가기 전 **Open** 11:00~21:00 **Close** 일요일(변동 가능) **Cost** 꾸어이짭 B30~, 무여 B30, 콜라 B10(얼음 B2)

쏨땀 옥 크록 Papaya Salad @ Phra-a-thit rd

쏨땀 전문점으로 주문하면 즉석에서 쏨땀을 만들어준다. 미리 다듬어진 파파야를 넣고 마늘, 고추, 건새우 등을 기호에 따라 선택할 수 있다. 쏨땀과 함께 먹으면 좋은 찰밥 카우니여우, 태국의 소면 카놈찐을 따로 주문해서 먹을 수 있다.

Access 프라아팃 로드. 프라쑤멘 요새 건너편 나이 쏘이 국수 가기 전 **Open** 10:00~19:00 **Close** 일요일 격주 **Cost** 쏨땀 B35~, 까이텃 B50~, 쌥 B55~, 맥주 B60~ **Tel** 02-282-6037

샹그릴라 호라이즌 크루즈 Shangri-La Horizon Cruise

야경을 즐기는 디너 크루즈. 각국의 특색 있는 요리를 뷔페식으로 선보이며 물과 커피, 차 이외의 음료나 술은 따로 주문한다. 강을 따라 왓 아룬, 왓 프라깨우 등을 지나 라마 8세 다리에서 돌아오는 여정이다.

Access BTS 싸판탁신 역 1번 출구로 나와 샹그릴라 호텔의 끄룽텝 윙과 연결된 메인 윙 1층 선착장에서 출발 **Address** 89 Soi Wat Suan Plu, New Road **Open** 19:30~21:30(30분 전에 도착해서 예약 확인) **Close** 연중무휴 **Cost** 성인 B1800~, 어린이 B900~ **Tel** 02-236-7777 **Wi-Fi** 로비 무료 **Web** www.shangri-la.com/bangkok

압사라 디너 크루즈 Apsara Dinner Cruise

반얀트리 호텔에서 운영하는 디너 크루즈. 티크나무로 된 빈티지 바지선을 개조해서 사용한다. 태국 음식이 제공되며, 인원이 30명 이하 일 경우에는 뷔페식이다. 짜오프라야 강 풍경을 즐기며 식사하고 선착장으로 돌아올 때 왓 아룬에서 기념사진을 찍어준다.

Access BTS 싸판탁신 역 2번 출구로 나와 로열 오키드 쉐라톤 호텔 셔틀보트 이용 **Address** 21/100 South Sathon Road, Sathon **Open** 20:00~21:45(19:30까지 디너 크루즈 장소에 도착) **Cost** 성인 B1800, 어린이 B900 **Tel** 02-679-1200 **Web** www.banyantree.com/en/ap-thailand-bangkok

씨암 파라곤 Siam Paragon

태국 최대 규모의 백화점이다. 고급스러운 실내 인테리어와 고급 브랜드 매장, 다양한 레스토랑과 영화관, 씨암 오션월드, 오페라 하우스 등의 부대시설이 있다. BTS 씨암 역과 연결된 편리한 입지 조건으로 방콕 쇼핑의 중심이 되고 있다. G층이 우리나라의 1층이며 M층, 1층, 2층 순으로 6층까지 있다. 시즌마다 벌이는 이벤트도 눈여겨볼 만하다.

Access BTS 씨암 역 4, 6번 출구에서 연결 **Address** 991 Siam Paragon Shopping Center, Rama 1 Road, Pathumwan **Open** 10:00~22:00 **Close** 연중무휴 **Tel** 02-690-1000, 02-610-8000 **Web** www.siamparagon.co.th

아시아티크 Asiatique

2012년에 강변에 오픈한 야시장이다. 모두 10개의 구역으로 나뉘며 각 동마다 태국 전통수공예품과 선물하기 좋은 아이템, 디자인이 독특한 것이 많아 여행객이 즐겨 찾는다. 방콕의 내로라하는 레스토랑이 입점해 있고 푸드코트도 잘되어 있어 방콕의 젊은 친구들에겐 만남의 장소이기도 하다. 방콕의 유명한 카토이 쇼인 칼립소 쇼장도 아시아티크 내에 있어 쇼핑과 쇼를 연계해서 방문해도 좋다.

Access BTS 싸판탁신 역 2번 출구로 나와 호텔 셔틀보트 전용 선착장에서 아시아티크 전용 셔틀보트를 타고 이동 **Address** 2194 Charoenkrung Road, Wat Phaya Krai, Bang Kho Laem **Open** 16:00~22:00 **Close** 연중무휴 **Web** www.thaiasiatique.com

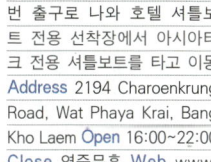

엠포리움 Emporium

오랫동안 방콕 쇼퍼홀릭에게 사랑받는 곳이다. 씨암 파라곤, 게이손 플라자 등과 비교할만한 방콕의 대표적인 고급 백화점이지만 고가 제품만 있는 것은 아니며 서민적인 상품과 합리적인 가격도 눈에 띈다. 쇼핑 이외에 식당이나 영화관, 도서관 등 부대시설을 잘 갖추고 있어 편리하다. 백화점을 쇼핑몰이 둘러싸고 있다.

Access 쑤쿰윗 쏘이 24. BTS 프롬퐁 역 2번 출구에서 엠포리움 2층으로 연결 **Address** 622 Sukhumvit Road, Klongton, Khlongtoey **Open** 10:00~22:00 **Close** 연중무휴 **Tel** 02-269-1000 **Web** www.facebook.com/TheEmporiumShoppingComplex

센트럴 칫롬 Central Chitlom

센트럴 그룹에서 운영하는 체인으로 전 지점 중에서 가장 고급스럽고 깨끗하다. 매장이 명확하게 나뉘어 쇼핑하기 편리하다. 여성 의류 브랜드가 방콕 백화점 중에서 가장 많이 입점해 있고 1층 명품관은 중동의 부호들이 자주 방문한다. 1층 톱스 슈퍼마켓에는 각 나라의 식료품이 잘 갖춰져 있고 7층 푸드 로프트에는 다양한 나라의 음식 메뉴가 있어 골라 먹기 좋다.

Access 라마 1세 로드. BTS 칫롬 역 3번 출구로 나와 스카이워크 따라 걷다 보면 센트럴 칫롬 건물 3층과 연결 **Address** 1027 Ploenchit Road, Lumpini, Pathumwan **Open** 10:00~22:00 **Close** 연중무휴 **Tel** 02-793-7777 **Web** www.central.co.th

짜뚜짝 주말시장 Chatuchak Weekend Market

세계에서 가장 큰 주말시장으로 JJ 마켓으로 불리기도 한다. 주말에만 문을 여는 곳으로 너무 덥고 복잡하지만 태국 수공예품을 가장 저렴하게 살 수 있다. 규모가 크기 때문에 지나쳤던 매장을 다시 찾기 힘들다. 비교해보고 물건을 구입하기보다는 마음에 드는 것이 있다면 바로 구입하는 것이 좋다. 할인율도 매장마다 비슷한 편이다.

Access BTS 모칫 역 1번 출구 또는 MRT 깜팽펫 역 2번 출구로 나와 이동. 시내에서 택시 이용 시 30분 **Open** 토·일요일 07:00~19:00 **Close** 월~금요일

라바나 스파 Lavana Spa

총 48개의 트리트먼트룸을 가진 중급 수준의 대형 스파다. 대형 스파가 갖는 깨끗한 시설과 체계적인 서비스를 제공하면서도 가격은 부담스럽지 않다. 오전 9시부터 오후 1시 사이에 아로마 테라피와 허브 볼을 결합한 패키지를 이용할 경우 아침식사를 제공하고 페이셜 마사지를 1시간 무료로 받을 수 있다. 한국어로 된 홈페이지가 있어서 할인 정보나 기타 서비스에 대해서 상세히 알아볼 수 있다.

Access BTS 아쏙 역 2번 출구에서 쉐라톤 그랑데 쑤쿰윗 방면으로 직진, 쑤쿰윗 쏘이 12 골목으로 약 100m. 아쏙 역에서 도보 12분 **Address** No.4 Soi Sukhumvit, 12 Sukhumvit Road, Klongtoey, Klongtoey **Open** 09:00~24:00 **Close** 연중무휴 **Cost** 발 마사지 · 타이 마사지 B450, 아로마 마사지 B800~ **Tel** 02-229-4510~2 **Web** www.lavanabangkok.com

헬스랜드 Health Land

깨끗하고 합리적인 기격을 콘셉트로 문을 연 대형 마사지 숍이다. 여러 곳에 지점이 있으며 아쏙 쑤쿰윗점은 마사지사만 100여 명일 정도로 큰 규모를 자랑한다. 8층 구조로 1층은 발 마사지를, 2층부터 8층까지는 타이 마사지와 오일 마사지를 받는 곳으로 나뉘어 있다. 패키지 손님이 많은 저녁시간보다는 낮 시간대가 여유롭다.

Access BTS 아쏙 역 5번 출구와 연결된 스카이워크로 걷다가 로빈슨 백화점 전에 있는 첫 번째 계단으로 내려간다. 쑤쿰윗 쏘이 19 이정표가 보이면 골목 안쪽으로 직진, 실큐 방콕 지나서 우회전하면 좌측 **Address** 55/5 Sukhumvit 21 Road, Khlongtoeinuea, Wattana **Open** 09:00~24:00 **Close** 연중무휴 **Cost** 발 마사지 B250(1시간), 타이 마사지 B450(2시간), 오일 마사지 B850(90분) **Tel** 02-261-1110 **Web** www.healthlandspa.com

 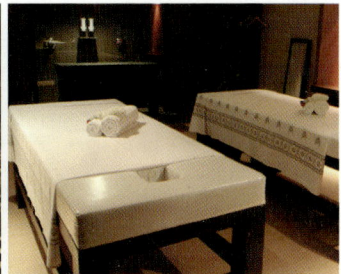

짜이디 마사지 Chaidee Massage

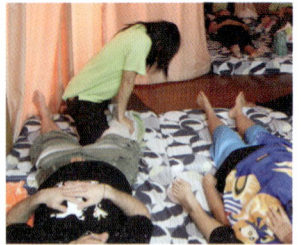

프라이버시가 완벽히 보장되지는 않지만 언제나 기다리는 줄이 길다. 세분화된 프로그램과 오랜 경험에 의해 손님들의 요구를 정확히 파악한 마사지 프로그램이 있기 때문. 낮 12시 이전에는 조조할인을 해준다.

Access 카오산 로드, 타니 로드 위엥티안 호텔 1층 **Address** Viengtai Hotel 1st F, Rambuttri Road, Taladyod Pranakorn **Open** 09:00~24:00 **Close** 연중무휴 **Cost** 타이 마사지 B180, 발 마사지 B220, 오일 마사지 B250 **Tel** 02-629-2174 **Web** www.chaidee.com/khaosan_kr

반타이 스파 Bannthai Spa

2층 구조의 마사지 숍으로 노천까지 활용해서 영업하고 있다. 타이 마사지와 허브 볼을 결합한 프로그램이 B280으로 쑤쿰윗이나 시내에서는 엄두도 못 낼 가격이다. 실력 있는 마사지사들이 많아 만족스러운 편인 스파이다.

Access 람부뜨리 로드. 택시를 타고 람부뜨리 로드 초입에서 하차 후 사원과 은행이 있는 골목으로 직진, 오 헝그리 레스토랑이 있는 골목을 따라 좌회전 후 약 30m **Open** 08:00~01:00 **Close** 연중무휴 **Cost** 타이 마사지 B180, 발 마사지 B220, 오일 마사지 B250 **Tel** 02-280-0599

아시아 허브 Asia Herb Association

방콕에 4개의 지점이 있으며 그중 쑤쿰윗 쏘이 24 지점이 여행자들의 동선과 맞아 주로 찾는다. 만족도에 있어서 평가가 엇갈리지만 이만한 가격대에 이 정도의 서비스와 시설을 갖춘 곳을 찾기는 힘들다. 대표 프로그램은 타이 마사지와 허브 볼을 조합한 것으로 최소 90분이 걸린다.

Access 쑤쿰윗 쏘이 24. BTS 프롬퐁 역 2번 출구로 나와 쑤쿰윗 24 골목으로 직진, 엠포리움 백화점을 지나서 위치. 프롬퐁 역에서 도보 5분 **Address** 20/1, Sukhumvit Road, Soi 24, Klongton, Klongtoey **Open** 09:00~24:00 **Close** 연중무휴 **Cost** 발 마사지 · 타이 마사지 B350, 오일 마사지 B700, 스파 패키지 B1250(150분) **Tel** 02-261-7401~3 **Web** www.asiaherbassociation.com

색소폰 Saxophone

수준 높은 연주를 하는 인기 재즈 클럽이다. 세련된 현지인과 장기 거주 외국인, 여행자들이 자연스럽게 어울린다. 라이브 연주는 보통 오후 7시부터 시작해 새벽 2시까지 이어진다. 하루에 2~3개 밴드가 교대로 연주한다. 라이브 연주 스케줄은 홈페이지와 바 입구에 안내되어 있다. 드레스코드는 따로 없으며 내부에서는 금연이다.

Access 피야타이 로드 전승기념탑 근처. BTS 빅토리 모뉴먼트 역 4번 출구로 나와 전승기념탑 방면으로 도보 4분, 노점상이 모여 있는 골목 안쪽으로 약 15m **Address** 3/8 Phayathai Road, Victory Monument **Open** 18:00~02:00 **Close** 8/12, 12/5, 불교 관련 국경일 **Cost** 맥주 B120~, 생맥주 B140~, 칵테일 B200~, 위스키 B1000~ **Tel** 02-246-5472 **Web** www.saxophonepub.com

리빙룸 The Living Room

쉐라톤 그랑데 쑤쿰윗 내에 있는 차분한 분위기에서 수준 높은 재즈를 감상할 수 있는 재즈 클럽이다. 매일 오후 9시 30분부터 자정까지 연주하며 실력 있는 연주자들의 음악과 호소력 짙은 가수의 세련된 목소리가 매력적이다. 드레스코드는 스마트 캐주얼로 반바지와 슬리퍼 차림으로는 입장할 수 없다.

Access 쑤쿰윗 쏘이 12와 14 사이. BTS 아쏙 역 2·5번 출구 이용. 2번 출구로 나갈 경우 약 50m 직진, 5번 출구로 나갈 경우 스카이워크를 이용 **Address** 250 Sukhumvit Road **Open** 09:00~24:00 **Close** 연중무휴 **Cost** 커피 B160~320, 맥주 B250~410, 칵테일 B320~(TAX & SC 17%) **Tel** 02-649-8888, 8353 **Wi-Fi** 무료 **Web** www.sheratongrandesukhumvit.com

멀리건스 아이리시 바 Mulligans Irish Bar

평범해 보이지만 카오산의 핫스폿으로 이곳의 진짜 매력은 오후 10시에 시작되는 밴드의 라이브 연주이다. 팝송을 듣고 있으면 어느새 발로 박자를 맞추고 있는 자신을 발견하게 된다. 전 세계 생맥주를 다 갖추어놓은 듯 다양한 맥주가 준비되어 있다. 24시간 영업하며 해피아워는 새벽 1시부터 3시까지다. 일요일에는 라이브 연주가 없다.

Access 카오산 로드. 맥도날드와 버디롯찌가 있는 건물 2층 **Address** 265, 2nd Floor, Buddy Lodge Hotel, Khao Sarn Road **Open** 24시간 **Close** 연중무휴 **Cost** 맥주 B120~, 생맥주 B160~ **Tel** 02-629-4477 **Wi-Fi** 무료

애드 히어 더 서틴스 블루스 바 AD Here The 13th Blues Bar

이곳을 방문하는 사람들은 그냥 블루스 바라고 부른다. 테이블이 놓여 있지만 폭이 좁아 가까이에서 뮤지션을 볼 수 있고 손님들끼리도 쉽게 친구가 될 수 있는 분위기. 방콕 예술가들의 아지트로 흥미로운 사람들을 구경할 수 있다. 악기를 다룰 줄 안다면 연주자들과 함께 연주할 수 있는 기회가 주어지는 특별한 곳이다.

Access 쌈쎈 로드. 카오산 로드에서 쌈쎈 로드 방면으로 가다 방람푸 운하가 있는 다리를 건너 쌈쎈 쏘이 1 골목 입구 조금 못미처 위치 **Address** 13 Samsen Banglumpoo **Open** 18:00~24:00 **Close** 8/12, 12/5, 불교 관련 국경일 **Cost** 맥주 B100~, 칵테일 B150~ **Tel** 089-769-4613

시로코 & 스카이 바 Sirocco & Sky Bar

64층 엘리베이터에서 내려 63층으로 가기 위해 야외로 나오면 마치 하늘에 떠 있는 레스토랑을 보는 것 같아 탄성이 절로 나온다. 레스토랑도 함께 운영하지만 식사보다는 스카이 바에서 방콕의 전망을 즐길 것을 추천한다. 바만 이용할 경우 1인당 음료 1잔이라는 미니멈 차지가 있다. 드레스코드가 엄격해서 반바지나 슬리퍼 차림은 입장할 수 없다.

Access 씰롬 로드 스테이트 타워 63층. BTS 싸판탁신 역 1번 출구로 나와 샹그릴라 호텔 방면으로 직진 후 좌회전, 로빈슨 방락 백화점 지나, 씰롬 로드와 짜런끄룽 로드가 만나는 삼거리에서 길을 건너면 위치. 싸판탁신 역에서 도보 15분 **Address** State Tower, 1055/111 Silom Road **Open** 18:00~01:00 **Close** 연중무휴 **Cost** 맥주 B320~, 칵테일 B420~(TAX & SC 17%) **Tel** 02-624-9555 **Wi-Fi** 무료 **Web** www.lebua.com

버티고 & 문 바 Vertigo & Moon Bar

'세계 최고의 레스토랑'이라는 수식어가 항상 따라다닌다. 방콕에 야외 바가 많이 있지만 압도적인 야경과 정중한 서비스는 이곳을 따라오지 못한다. 버티고는 식사를, 문 바는 칵테일과 음료를 제공한다. 드레스코드는 스마트 캐주얼이지만 버티고에는 격식을 차린 손님이 많은 편이다.

Access 싸톤 로드. MRT 룸피니 역 2번 출구로 나와 직진, 수코타이 호텔을 지나서 반얀트리 호텔 61층 **Address** 21/100 South Sathon Road, Thai Wah Tower II Building, Sathon **Open** 버티고 18:00~22:30, 문 바 17:00~01:00 **Close** 연중무휴 **Cost** 맥주 B260~, 칵테일 B380~, 식사 B1600~ (TAX & SC 17%) **Tel** 02-679-1200 **Wi-Fi** 무료 **Web** www.banyantree.com

레드 스카이 Red Sky

센타라 그랜드 호텔 55층에 위치하고 있어 훌륭한 야경을 즐길 수 있는 곳. 드레스코드는 스마트 캐주얼이며 투숙객이 아니라면 32층 호텔 로비 층에서 엘리베이터를 갈아타야 한다.

Access 라차담리 로드. BTS 칫롬 역 8, 9번 출구로 나와 스카이워크 이용, 센트럴 월드와 연결된 센타라 그랜드 호텔 55층 **Address** 999/99 Rama 1 Road, Patumwan **Open** 17:00~02:00 **Close** 연중무휴 **Cost** 칵테일 B300~ (TAX & SC 17%) **Tel** 02-100-123 **Wi-Fi** 무료 **Web** www.centarahotelsresorts.com/centaragrand/cgcw

블루 엘리펀트 쿠킹 스쿨 Blue Elephant Cooking School

디저트를 포함한 4가지 요리를 배울 수 있으며 메뉴의 구성은 매일 바뀐다. 오전반은 수업 전에 재래시장을 방문하는 시장체험 코스가 포함되어 오후반보다 인기가 많다. 간단한 이론을 배우고 바로 실습에 들어간다. 레시피가 적힌 노트와 앞치마, 기념품을 증정하고 수강을 마치면 수료증을 발급해준다.

Access 싸톤 로드 남부. BTS 쑤라싹 역 4번 출구로 나와 출구 옆길로 직진, 도보 1분 **Address** 233 South Sathorn Road, Kwaeng Yannawa, Khet Sathorn **Open** 오전반 08:45~13:00, 오후반 13:30~16:30 **Close** 연중무휴 **Cost** 오후반 B2500, 오전반 B2800 **Tel** 02-673-9353~8 **Web** www.blueelephant.com

암파와 수상시장 투어 Amphawa Flowting Market Tour

Access 여행사 투어 프로그램 이용 Open 금·토·일요일 13:00~22:00 Close 월~목요일 Cost 1인 B550~1700

사뭇쏭클람 지역 암파와에 위치한 시장으로 주말에만 장이 선다. 로컬의 정서가 강하고 운치가 있어 산책하거나 구경하기에 좋다. 다양한 먹거리를 조금씩 판매하니 다양한 태국 음식을 먹어보고 싶다면 좋은 기회다. 밤에는 강변을 따라 약 1시간 정도 진행하는 반딧불이 투어도 가능한데, 운이 좋으면 크리스마스트리처럼 빛나는 나무들을 볼 수 있다. 암파와 수상시장과 '위험한 시장'이라고 불리는 재래시장을 연계한 투어가 인기가 높으며 주말에만 운영하기 때문에 여행 일정을 잘 맞춰 계획해야 한다.

담넌 싸두억 수상시장 투어
Damneun Saduak Floating Market Your

Access 여행사의 투어 프로그램 이용 Open 07:00~17:00 Close 연중무휴 Cost 반일투어 B250~400, 일일투어 B800~1000

조그만 나무배에 과일과 채소를 싣고 다니는 담넌 싸두억 수상시장의 이국적인 풍취는 태국을 상징하는 포스터에 자주 등장한다. 과일과 채소 대신 관광객 대상으로 물품을 파는 것이 과거와 다르다. 개별적인 이동보다는 여행사의 단체 투어 프로그램을 이용한다. 보통 오전 6~7시경 호텔에서 픽업해 수상시장을 돌아본 후 돌아오는 길에 로즈 가든을 들른다.

웨스틴 그랑데 쑤쿰윗 The Westin Grande Sukhumvit

대중교통 이용 여행자들이 1순위로 꼽는 곳으로, 로빈슨 백화점과 터미널 21이 옆에 있어 쇼핑을 즐기기 최고의 위치다. 객실은 깨끗하고 넓으며, 부대시설로는 수영장과 피트니스 센터, 미팅룸과 비즈니스룸까지 있어 비즈니스 여행객도 선호한다. 대형 호텔로 객실에는 킹사이즈 침대와 데이 소파, 넓은 책상에 사무용품이 잘 갖춰져 있다. 1일 1회 턴다운 서비스를 해주며 투숙객은 자신들이 선호하는 베개를 선택할 수 있다. 호텔 1층에 컨시어지가 있고, 체크인은 7층에 위치한 리셉션에서 한다.

Access 쑤쿰윗 쏘이 19. BTS 아쏙 역 5번 출구와 연결된 스카이워크를 이용해 오른쪽 첫 번째 계단으로 내려가면 호텔 정문 **Address** 259 Sukhumvit Road **Cost** 디럭스 B4000~, 이그제큐티브 디럭스 B8200~ **Tel** 02-207-8000 **Wi-Fi** 로비 무료, 객실 유료 **Web** www.westin.com/bangkok

샹그릴라 호텔 Shangri-La Hotel

강변에 위치한 대형 호텔로 메인 윙과 끄룽텝 윙으로 나뉘는데, 각각 개별적으로 운영된다. 객실은 큰 편이며 전체적으로 동양적인 느낌이다. 부대시설도 다양한데, 메인 윙에 있는 유선형의 수영장은 도심 리조트 분위기를 물씬 풍긴다. 아이를 동반한 가족여행객이 많으며, 호텔 내 선착장에서 아시아티크행 셔틀보트를 무료로 운영한다. 태국 레스토랑 살라팁과 이탈리안 레스토랑 안젤리니, 매일 저녁 뷔페를 운영하는 넥스트 2가 유명하다.

Access 짜런끄룽 로드. BTS 싸판탁신 역 1번 출구로 나와 샹그릴라 호텔 끄룽텝 윙으로 간다. 끄룽텝 윙과 메인 윙 연결 **Address** 89 Soi Wat Suan Plu, New Road, Bangrak **Cost** 디럭스 B4800~, 디럭스 리버뷰 B5900~ **Tel** 02-236-7777 **Wi-Fi** 무료 **Web** www.shangri-la.com/bangkok

메리어트 이그제큐티브 아파트먼트
Marriott Executive Apartments

쑤쿰윗 쏘이 24에 위치하며 BTS 프롬퐁 역과 가까워 이동이 편리하다. 다양한 가격대의 스파와 마사지 숍, 레스토랑 등이 인근에 있다. 객실에 주방시설이 잘 갖춰져 있고, 부대시설로 수영장, 피트니스 센터, 키즈 클럽이 있다. 호텔에서 프롬퐁 역까지 무료 툭툭을 오전 7시부터 오후 10시까지 운행한다.

Access BTS 프롬퐁 역 2, 4번 출구로 나와 쑤쿰윗 쏘이 24 골목으로 직진, 아시아 허브 지나서 위치. 시푸드 마켓 지나서 리프레시 스파 건너편으로 프롬퐁 역에서 도보 15분 **Address** 90 Sukhumvit Soi 24, Klongton, Klongtoey **Cost** 스튜디오 B3400~, 원 베드룸 B4900~, 투 베드룸 B8000~(12세 이하 어린이 무료) **Tel** 02-302-5555 **Wi-Fi** 로비 무료, 객실 유료 **Web** www.marriott.com/bkksp

쉐라톤 그랑데 쑤쿰윗
Sheraton Grande Sukhumvit

스타우드 계열의 대형 호텔로 한국인에게 특히 인기 있다. 건물은 오래되었지만 5성급 호텔다운 훌륭한 서비스를 받으며 편안하게 휴식을 취할 수 있다. 정글 속에 있는 듯한 분위기와 프라이빗한 느낌을 주는 수영장은 가족여행객이나 신혼여행객이 선호한다. 부대시설인 리빙룸, 배즐, 이탈리안 레스토랑 로씨니, 바수 등 레스토랑도 훌륭하다.

Access 쑤쿰윗 쏘이 12와 14 사이. BTS 아쏙 역 2, 5번 출구 이용. 2번 출구로 나갈 경우 약 50m 직진, 5번 출구로 나갈 경우 스카이워크를 이용하면 호텔 3층과 연결 **Address** 250 Sukhumvit Road **Cost** 그랑데 B5500~, 프리미엄 B5900~, 럭셔리 B7300~ **Tel** 02-649-8888 **Wi-Fi** 로비 무료, 객실 유료 **Web** www.sheratongrandesukhumvit.com

홀리데이 인 방콕 쑤쿰윗
Holiday Inn Bangkok Sukhumvit

주변에 엠포리움 백화점과 맛집이 많은 쑤쿰윗 쏘이 20이 있다. 이런 좋은 위치와 합리적인 가격에 시설까지 훌륭해서 도심 여행자가 많이 찾는다. 모던한 디자인의 객실은 심플하다. 킹사이즈 침대와 넉넉한 옷장, 수납공간이 있다. 욕실에 욕조가 없어 아쉽지만 넓은 샤워부스와 충실히 갖춰진 편의용품으로 부족함이 없다.

Access 쑤쿰윗 쏘이 22 대로변. BTS 프롬퐁 역 6번 출구로 나와 아쏙 사거리쪽으로 직진한다. 세븐일레븐을 지나 쑤쿰윗 쏘이 22 초입 **Address** Sukhumvit 22, Klongtoey **Cost** 디럭스 B2900~, 프리미어 B3200~ **Tel** 02-683-4888 **Wi-Fi** 무료 **Web** www.holidayinn.com/hotels/us/en/bangkok/bkkhi/hoteldetail

오쿠라 프레스티지 방콕 The Okura Prestige Bangkok

이곳의 매력을 한 마디로 표현한다면 바로 섬세함이다. 모든 객실 곳곳에 섬세한 손길이 닿아 있다. BTS 펀칫 역과 바로 연결되어 있어 편리하다. 모든 직원이 잘 교육된 느낌이며 미소를 잃지 않는다. 25층에 있는 수영장은 인피니티 뷰로 매력적이다.

Access 와이어리스 초입. BTS 펀칫 역 2번 출구로 나와서 파크 벤처 빌딩과 연결 **Address** Park Ventures Ecoplex, 57 Wireless Road, Lumpini, Pathumwan **Cost** 디럭스 B5600~, 디럭스 코너 B7600~ **Tel** 02-687-9000 **Wi-Fi** 무료 **Web** www.okurabangkok.com

센터 포인트 라차담리 Centre Point Ratchadamri

방콕의 센터 포인트 숙소 중 가장 고급스러운 곳이다. 새로운 디자인과 트렌드가 반영된 곳으로 차별화된 서비스를 보여주며 호텔 못지않은 부대시설이 있다. 2개의 넓은 수영장과 키즈풀, 자쿠지가 있고, 키즈 클럽과 라이브러리는 수준급이다. 객실은 밝고 깨끗한 흰색톤으로 주방시설이 충실히 갖춰져 있다.

Access 라차담리 로드. BTS 라차담리 역 4번 출구로 나와서 좌회전, 에라완 사당 방면으로 도보 약 3분 **Address** 153/2 Soi Mahatlek Luang 1, Ratchadamri Road, Lumpini, Pathumwan **Cost** 그랜드 디럭스 B3500~, 그랜드 스위트 B4600~ **Tel** 02-670-5000 **Wi-Fi** 무료 **Web** www.grandecentrepointratchadamri.com

세인트 레지스 방콕 St. Regis Bangkok

모던하고 우아한 객실, 편리한 동선, 포근하고 푹신한 침구 등의 시설 외에 이곳이 방콕 최고의 호텔인 이유는 바로 서비스다. 개인 집사 서비스를 실시하는데, 구두 닦기, 다림질, 무료 차 & 커피 서비스를 24시간 제공한다. 또한 매일 세계적인 이슈 사항이나 방콕의 여행정보를 제공하고, 투숙객의 불만사항도 들어준다. 머무는 동안의 특별한 대우는 여행의 긴장을 풀어주고 이곳에 다시 오고 싶은 마음마저 든다.

Access 라차담리 로드. BTS 라차담리 역 4번 출구와 연결 **Address** 159 Rajadamri Road **Cost** 디럭스 B6300~, 그랜드 디럭스 B7300~ **Tel** 02-207-7777 **Wi-Fi** 무료 **Web** www.stregisbangkok.com

푸껫
PHUKET

에메랄드빛 바다가 있는 태국의 대표 휴양지

푸껫에는 투명하다 못해 내 모습이 비칠 것 같은 맑은 바다와 다양한 매력을 가진 작고 예쁜 섬들이 있다. 싱싱한 해산물로 만든 맛깔스러운 태국 음식과 시설 좋은 리조트, 해맑게 웃어주는 현지인들 덕분에 설레는 마음을 안고 해외여행에 입문하기에는 더 없이 좋은 곳이다. 며칠을 해도 끝나지 않을 것 같은 해양 스포츠와 체험 활동을 즐기면서 활동파 여행자가 될 수도 있고, 마음껏 게으름을 피우는 여행자가 되어 하루를 보낼 수도 있다.

푸껫 여행 준비

- **이동 시간**
  직항 6시간 15분
- **일정**
  3박 5일, 4박 6일
- **항공권**
  특별 가격 52만원~
  일반 가격 80만원~
  (2015년 9월 이스타항공 기준)

고정 비용	항공료	52만원
	숙박료	12만원
유동 비용	교통비	5만5000원
	투어비	8만8000원
	입장료	1만9000원
	식비	5만원
합계		85만2000원 ◀

※ 성인 1인 3박 5일 비수기, 숙소 2인 1실 기준

- **숙소**
  푸껫은 교통비가 비싸고, 해변을 중심으로 여행자의 편의시설이 몰려있으니 선호하는 해변을 중심으로 여행하자. 숙소는 푸껫의 최대 번화가 빠똥 비치와 고급 숙소가 모여 있는 방타오 비치을 중심으로 추천했다. 모두 여행자를 만족시키는 숙소이니 해변의 분위기를 보고 선택하자.

빠똥 비치

방타오 비치

- 홀리데이 인 리조트 푸껫
- 밀레니엄 리조트 빠똥
- 노보텔 푸껫 빈티지 파크

- 아웃리거 라구나 푸껫 비치 리조트
- 아웃리거 라구나 푸껫 리조트 & 빌라
- 두짓 타니 라구나 푸껫

푸껫 교통 가이드

푸껫국제공항 → 시내

푸껫은 대중 교통수단이 다양하지 않다. 푸껫국제공항에서 시내로 들어가는 방법은 대부분 리무진 택시나 여행사 픽업이다.

교통수단	목적지	가격	이용시간	승차장
공항 리무진 버스	전 지역	공항버스 B10~50	24시간	공항 1층 공항 리무진 사무소 앞
		미니버스 B100~180		
미터 택시		B350~500		공항 1층 건물 밖 택시 사무소 앞
공항 리무진 택시		B400~800		공항 1층 공항 리무진 사무소 앞
여행사 픽업		B1000 내외		입국장을 나가서 푯말을 든 직원을 만난다.

푸껫의 교통수단

푸껫 시내에서는 주로 툭툭을 이용하는데 툭툭 요금이 태국 내 다른 지역보다 상대적으로 비싼 편이다.

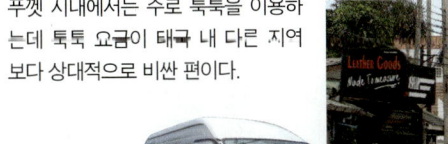

교통수단	목적지	가격	이용시간
썽태우	푸껫타운 ↔ 빠똥 비치	B20~50	07:00~17:00
	푸껫타운 ↔ 까론 비치		
툭툭	시내 전역	B200~700	24시간
오토바이 대여		기본 B35	

푸껫 핵심 코스

[푸껫 첫 방문자가 꼭 해야 하는
액티비티 중심으로 계획한 3박 5일 코스]

Day 1

- **01:10** 푸껫국제공항 도착
- **02:30** 체크인
- **11:00** 마사지 & 스파
  - 오리엔타라 마사지 푸껫
  - 렛츠 릴렉스

  도보 10분
- **13:00** 점심식사
  - 후지
  - MK 수끼

  도보 2분
- **14:30** 정실론에서 쇼핑

  도보 7분
- **18:30** 저녁식사
  - 넘버6 레스토랑
  - 사보이

  픽업 서비스
- **21:30** 사이먼 쇼 관람

Day 2

- **07:00 ~17:00** 스노클링 투어
  - 피피 섬 스노클링 투어
  - 라차 섬 스노클링 투어
- **18:30** 저녁식사
  - 시 브리즈
  - 로얄 파라다이스 시푸드 몰

  도보 7분
- **22:00** 방라 로드에서 나이트 라이프

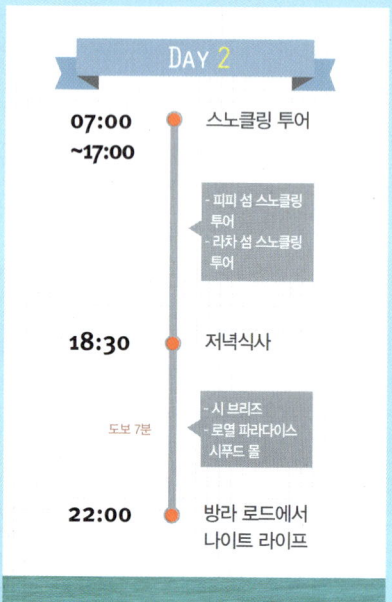

Course tip

1. 이스타항공을 이용한 푸껫 직항 3박 5일 일정. 코스에는 4일까지 나와 있지만 푸껫으로의 출발시간을 생각한다면 5일이 맞다.
2. 해양 스포츠와 관광을 즐기는 활발한 여행자를 위해 준비한 코스. 현지에서 날씨, 건강 상태 등을 고려해 일정을 조정할 수 있다.

Day 3

- 09:00 — 숙소에서 휴식 후 체크아웃
- 12:00 ~18:00 — 드라이빙 투어
- 20:30 — 푸껫국제공항으로 이동

Day 4

- 02:05 — 인천국제공항으로 출발

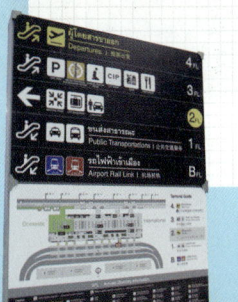

드라이빙 투어

Course tip

픽업 장소는 빠똥 지역에 있는 숙소를 기준으로 한다. 방타오 비치 쪽에 있는 라구나 단지에서 출발한다면 30분 더 빨리 출발한다. 라차 섬이나 피피 섬에서 나와서 픽업 차량을 만난다면 오후 1시 정도가 적당하며 선착장 주변에서 만나면 된다.

12:00 픽업 기사 만나서 이동

13:00 점심식사
· 까론 비치 앞 레스토랑
· 혼 그릴 스테이크 하우스

14:00 뷰 포인트 관광

15:00 프롬텝 관광

16:00 왓 찰롱 관광

17:00 쇼핑과 마사지 & 스파
· 짐 톰슨 아웃렛
· 킴스 마사지 & 스파
· 체라임 스파 빌리지

20:30 푸껫국제공항으로 이동

예상 경비 13만원~
차량 렌트비
(기사 포함) 10만원
식비 3만원

PLUS THEME

라차 섬 스노클링 투어

Course tip

1. 라차 섬 안에서는 편의시설 이용료가 있다. 화장실 B10, 샤워실 B20, 비치 체어 렌트비 1일 2개 B200이다.
2. 라차 섬은 건기인 11~4월이 가장 아름답다. 우기인 5~10월은 파도가 높아 뱃멀미가 심하니 투어를 하지 않는 것이 좋다.

08:00 숙소로 픽업

09:00 푸껫 찰롱 선착장에서 출발

10:35 콘카레 베이나 씨암 베이에서 스노클링

12:00 투어 점심식사

13:00 오후 스노클링 및 자유시간

15:30 라차 섬에서 출발

16:00 푸껫 찰롱 선착장 도착 후 숙소로 샌딩

예상 경비 5만원~
※숙소 픽업, 스피드보트, 점심식사, 스노클링 장비 렌털 포함

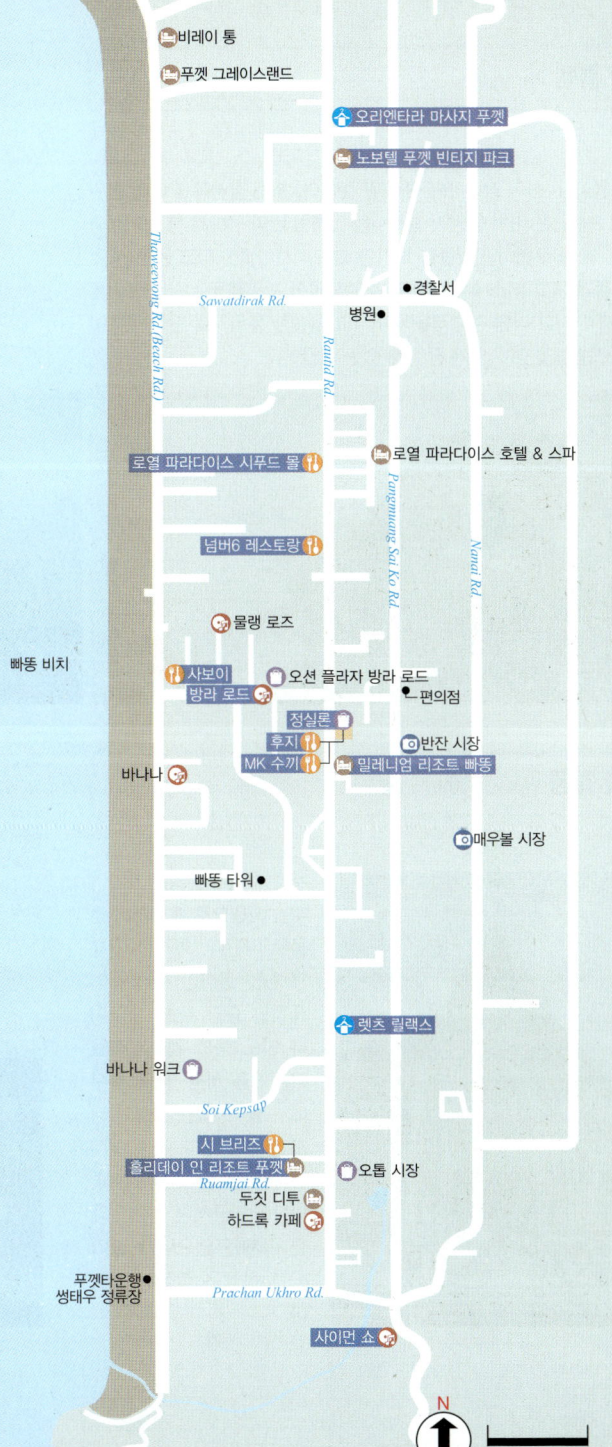

프롬텝 Phromthep

Access 나이한 비치나 라와이 비치까지 간 다음 'Promthep'이라는 표지판을 따라 이동

프롬텝이란 '신이 정화하는 곳'이란 뜻이다. 푸껫 남서쪽 끝머리에 위치한 프롬텝은 마치 용암이 흘러내린 것처럼 바다 쪽으로 툭 튀어나와 있다. 해 질 무렵이면 일몰을 보기 위해 모터사이클을 타고 온 현지 젊은이들과 봉고 버스에서 쏟아져 나온 외국인 관광객들로 만원을 이룬다. 해가 지고 나면 관광객들이 떠나고 쓸쓸한 분위기로 변하지만 이때가 프롬텝을 여유 있게 즐길 수 있는 시간이다.

왓 찰롱 Wat Chalong

Access 찰롱 서클에서 센트럴 페스티벌 푸껫 방면으로 약 2km Address on the road from Phuket Town to Rawai Beach, Phuket Town Open 06:00~18:00 Close 연중무휴 Cost 무료

푸껫에서 가장 많은 사람이 찾는 사원으로 총 3개의 건물로 나뉜다. 화려한 단청과 한껏 올라간 추녀가 이색적인 중앙 사원, 중국이나 인도 등의 건축양식을 따른 3층 사원, 태국 북부에서 볼 수 있는 양식의 티크 사원이 있다. 사원 실내는 신발을 벗고 들어간다. 방콕의 왕궁처럼 복장에 대한 규제는 없으나 노출이 심한 복장은 적절하지 않다.

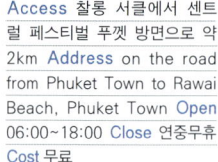

뷰 포인트 View Point

Access 까따 노이 비치에서 나이한 비치 방면으로 이어지는 언덕

까따 비치에서 가까운 전망대다. 북쪽 해안선을 따라 세 군데의 해변과 만을 볼 수 있는데, 가까운 쪽부터 까따 노이 비치, 까따 비치, 까론 비치가 그림처럼 이어져 있다. 까따 비치 앞바다에 있는 작은 섬 '꼬 뿌'까지 볼 수 있어 더욱 아름답다. 유료 화장실과 목걸이나 팔찌를 파는 기념품 노점상도 있다. 여행의 마지막 날 자동차를 렌트해서 드라이빙 투어를 하게 된다면 꼭 방문하자.

넘버6 레스토랑 No.6 Restaurant

Access 라우팃 로드, 방라 로드 초입을 지나 K 호텔 바로 직전 Address Rat-U-Thit 200 Pee Road, Patong, Kathu Open 08:30~24:00 Close 연중무휴 Cost 팟씨유 B60~, 똠얌꿍 B100~

넘버6 레스토랑은 식사 시간이면 손님들로 북적이는 넘버1의 맛집이다. 이곳의 인기 비결은 싼 가격에 즐길 수 있는 기가 막힌 음식 맛에 있다. 특히 똠얌꿍은 코코넛 향을 은근히 풍기면서도 새콤한 라임 향과 매콤한 맛이 잘 어우러진다. 비싼 해산물 레스토랑에서나 먹을 수 있는 뿌팟퐁까리도 가격이 저렴하다보니 재료가 일찍 떨어져 맛보기 힘들 정도다. 서양 음식도 꽤 맛있다는 평이다.

MK 수끼 MK Suki

좋아하는 채소, 고기, 해산물을 주문해서 끓는 육수에 재료를 넣고 익혀 함께 나오는 소스에 찍어 먹는 태국식 샤부샤부. 수끼를 다 먹고 남은 육수에 밥, 달걀 등을 넣고 끓여 먹는 죽의 맛이 일품이다. 매운 음식을 먹지 못하는 아이를 동반한 가족 여행객에게 추천한다.

Access 정실론 내 1층 Address 181 Rat-U-Thit 200 Pee Road, Patong Beach Open 10:00~22:00 Close 연중무휴 Cost 채소 단품 B20~, 채소 세트 B295~, 버섯 세트 B210~, 해산물 단품 B60~, 맥주 B85(TAX & SC 17%)

사보이 Savoey

단골손님이 많아 항상 붐비는 곳. 직원들 역시 친절하며 위트가 넘친다. 주로 해산물을 취급하며, 태국 음식과 간단한 서양 음식 등 다양한 메뉴를 자랑한다. 단체 손님이 많아 분위기가 어수선한 것이 흠이지만 맛과 재료의 신선도는 최고.

Access 비치 로드와 방라 로드가 만나는 삼거리에서 비치 로드 북쪽으로 약 30m Address 136 Taweewong Road, Patong Beach, Kathu Open 11:00~24:00 Close 연중무휴 Cost 싱하 B70~120, 똠얌꿍 B150~, 로브스터(100g) B160~180(SC 7%) Tel 076-341-171~4

후지 Fuji

태국에서 일본 음식을 대중화시킨 대표적인 프랜차이즈 레스토랑으로 깔끔한 시설과 다양한 세트 메뉴로 현지인은 물론 많은 여행자에게 사랑받고 있다. 지점마다 같은 메뉴와 맛을 유지하기 때문에 어디를 가도 실패할 확률이 낮다.

Access 정실론 내 1층 Address 181 Rat-U-Thit 200 Pee Road, Patong Beach Open 11:00~22:00 Close 연중무휴 Cost 돈가스 세트 B120, 후지 벤토 사시미 세트 B200, 스시 니기리 세트 B280(SC 10%) Wi-Fi 무료 Web www.fuji.co.th

로열 파라다이스 시푸드 몰
Seafood Mall at Royal Paradise

지붕이 없는 노천 스타일의 해산물 식당촌. 비교적 저렴하게 시푸드를 즐길 수 있다. 그날그날 생물에 따라 가격이 다르니 적극적으로 흥정할 필요가 있다. 주변에 과일 상점이 많으니 숙소로 돌아가기 전에 들러 사가는 것도 좋다.

Access 라우팃 로드 선상 로열 파라다이스 호텔 맞은편 **Open** 16:00~24:00 **Close** 연중무휴 **Cost** 타이거 프론(100g) B130~160, 똠얌꿍 B150~, 로브스터(100g) B160~180

시 브리즈 Sea Breeze

홀리데이 인 리조트 푸켓 메인 윙에 위치한다. 낮에는 단품 혹은 세트 메뉴를, 저녁에는 뷔페를 선보인다. 특히 화요일과 토요일에는 시푸드 뷔페를 제공하는데 갖가지 해산물과 디저트 등 다양한 메뉴 구성으로 인기가 높다. 이용하는 사람이 많으므로 예약하는 편이 좋다. 부모 동반 시 12세 미만 어린이 2명은 무료로 식사할 수 있다.

Access 홀리데이 인 리조트 푸켓 메인 윙 1층 **Address** 52 Thaweewong Road, Patong Beach **Open** 19:00~22:00 **Close** 연중무휴 **Cost** 1인 B500~900(시즌에 따라 다름, TAX & SC 17%) **Tel** 076-340-608 **Wi-Fi** 무료 **Web** www.holidayinn.phuket.com

까론 비치 앞 레스토랑 Restaurant at Karon Beach

까론 비치 북부 해변에 위치한 로컬 레스토랑들은 맛이나 분위기, 가격이 비슷하다. 태국 음식과 서양 음식을 준비하고 양도 많다. 까론 비치를 바라보며 비교적 저렴한 가격에 식사할 수 있다. 비치에서 해수욕을 즐기다 출출한 배를 채우기에 그만이다.

Access 까론 비치 앞 **Open** 10:00 ~22:00 **Close** 연중무휴 **Cost** 팟타이 B95~, 카우팟 B100~ **Wi-Fi** 무료

혼 그릴 스테이크 하우스 Horn Grill Steak House

태국 음식도 있지만 제대로 된 스테이크와 특별한 칵테일을 맛볼 수 있다. 앵거스 비프스테이크와 입맛을 돋우는 애피타이저로 마가리타 프론이 있다. 마티니를 세 종류로 구분해 준비하고 있는데 가격은 B185~190 정도.

Access 까따 비치 리조트에서 길 건너 까따 플라자 삼거리 쪽으로 약 40m **Address** 2/37 Kata Plaza, Kata Road, Karon District, Muang **Open** 12:00 ~23:00 **Close** 연중무휴 **Cost** 마가리타 프론 B175, 스테이크 B875~, 와인 B1300~ **Tel** 076-285-173 **Wi-Fi** 무료 **Web** www.horngrillsteakhouse.com

정실론 Jungceylon

여러 개의 건물과 광장으로 이루어진 테마파크 형태여서 돌아다니는 재미가 있다. 원스톱으로 쇼핑뿐만 아니라 식사, 마사지 등을 함께 이용할 수 있어 편리하다. 실랑 블러바드, 더 포트, 시노 푸껫, 푸껫 스퀘어 네 구역으로 나뉜다.

Access 방라 로드와 라우팃 로드가 만나는 삼거리에서 남쪽으로 약 30m **Address** 181 Rat-U-Thit 200 Pee Road, Patong Beach **Open** 11:00~22:00 **Close** 연중무휴 **Tel** 076-699-111 **Web** www.jungceylon.com

짐 톰슨 아웃렛 Jim Thompson Outlet

짐 톰슨 제품을 저렴하게 판매하는 곳이다. 오래된 디자인의 제품을 주로 취급하는데 재고가 들쭉날쭉하다는 단점이 있다. 티셔츠 B400~500, 큰 가방 약 B600, 작은 여성용 손지갑 B200 정도이며, 대량으로 선물을 구입하기에 좋다.

Access 푸껫 타운 외곽에 있는 코트야드 빌딩 2층 **Address** The Courtyard, 90/5 Moo 2 Chaofa Road West, T. Wichit, A. Muang **Open** 09:00~18:00 **Close** 연중무휴 **Web** www.jimthompson.com

오리엔타라 마사지 푸껫 Orientala Massage Phuket

라우팃 로드에서 단독 건물을 통째로 사용하고 있어서 쉽게 눈에 띈다. 22개의 타이 마사지 베드와 13개의 트리트먼트룸을 보유하고 있다. 쾌적한 시설에 섬세한 서비스를 제공하면서도 요금은 파격적으로 저렴해 여행자에게 인기가 높다. 타이 마사지와 아로마 마사지, 타이 마사지와 발 마사지, 아로마 마사지와 발 마사지가 결합된 2시간짜리 패키지가 인기 프로그램이다.

Access 디바나 리조트 바로 옆. 무료 픽업 서비스 이용 **Address** 2nd floor of 49/145 Raj-U-Thid 200 Pee Road, Patong Beach **Open** 10:00~22:00 **Close** 연중무휴 **Cost** 발 마사지 B500~, 타이 마사지 B950(2시간)~ **Tel** 076-290-387~8 **Web** www.orientalaspa.com

렛츠 릴렉스 Let's Relax

프랜차이즈 마사지 숍으로 거리의 마사지 숍과 호텔 스파 사이에서 갈등하는 여행자를 타깃으로 하고 있다. 라우팃 로드에 자리해 눈에 잘 띄며 찾기도 쉽다. 가격은 일반 마사지 숍보다 높지만 대부분 스파룸을 단독으로 사용하기 때문에 프라이버시가 보장된다. 가장 인기 있는 프로그램은 헤븐리 릴랙스. 인기 있는 곳이므로 전화로 예약한다. 유료로 픽업도 해준다.

Access 라우팃 로드의 토니 리조트 앞 **Address** 209/22-24 Raj-U-Thid Road, Patong Beach **Open** 10:30~24:00 **Close** 연중무휴 **Cost** 타이 마사지 B500(1시간), 허벌 마사지 B700(2시간) **Tel** 076-346-080 **Web** www.bloomingspa.com, www.letsrelaxspa.com

킴스 마사지 & 스파 Kim's Massage & Spa

푸껫타운에 2개의 지점이 있는 마사지 숍이다. 깔끔하고 밝은 외관으로 1층은 리셉션과 발 마사지 공간으로, 2층과 3층은 타이 마사지와 오일 마사지를 받는 공간으로 꾸며져 있다. 푸껫타운에서 쾌적한 시설을 자랑하지만 직원들의 서비스에는 평이 엇갈리는 편이다.

Access 오션 플라자 건너편, 로빈슨 옆 **Address** 13 Thavornvongvhong Road, Talad Yai, Phuket Town **Open** 10:30~22:30 **Close** 연중무휴 **Cost** 발 마사지 · 타이 마사지 B250~ **Tel** 076-256-026

체라임 스파 빌리지 Cheraim Spa Village

총 166개의 마사지 베드와 100여 명의 테라피스트를 보유한 대형 스파. 그룹과 개별 고객을 위한 리셉션, 사물함, 스파 트리트먼트룸, 휴식 공간 등을 분리해서 운영하기 때문에 번잡함을 최소한으로 줄였다. 현지 여행사를 통해 예약하면 할인해주기도 한다.

Access 센트럴 페스티벌 푸껫 맞은편 **Address** 16 Wichitsongkram Road Wichit, Muang **Open** 10:00~22:00 **Close** 연중무휴 **Cost** 스파 패키지 B4000(3시간)~ **Tel** 076-249-670~5

사이먼 쇼 Simon Cabaret

푸껫의 대표적인 카바레 쇼로 방콕의 칼립소 쇼와 성격이 비슷하다. 쇼에는 대략 50~60명의 여장 남자들이 출연하며 각국의 춤과 노래 등 15여 가지 프로그램을 조합한 쇼를 볼 수 있다. 공연 후 출연진들과 사진을 찍는다면 B20~50 정도의 팁을 주어야 한다. 이왕이면 배우들을 가까이에서 볼 수 있는 VIP석을 예약하자. 현지 한인 여행사에서 예약 시 조금 더 저렴한 가격에 관람할 수 있으며 숙소 주변 로컬 여행사에서도 예약이 가능하다.

Access 빠똥에서 까론 비치 방면 언덕으로 올라가기 직전. 무료 픽업 서비스 이용 **Address** 8 Sirirach Road, Patong Beach **Open** 쇼 19:30, 21:30 **Close** 연중무휴 **Cost** VIP 특별석 B800, 일반석 B700 **Web** www.phuket-simoncabaret.com

방라 로드 Bangla Road

밤이면 수많은 인파로 붐비는 나이트 라이프의 중심지다. 오전부터 영업하는 곳도 있지만 방라 로드의 피크타임은 비로 오후 6시부터 새벽 4시까지로 차량 통행을 금지하고 보행자 도로로만 이용된다. 빠똥에서 머무는 시간이 짧다면 방라 로드만 둘러보는 것도 좋다. 아고고 바에서 춤을 추는 무희들을 볼 수 있으며 유명한 팝 스타로 분장한 여장 남자들의 애교 섞인 호객 행위도 볼거리 중 하나다.

Access 빠똥 방라 로드

피피 섬 스노클링 투어 Phi Phi Island Snorkeling Tour

피피 섬 스노클링을 즐기는 가장 일반적인 방법은 여행사를 이용한 일일투어다. 피피 섬의 주요 스노클링 포인트를 돌아다니면서 스노클링을 하게 되며 장비와 점심식사가 포함된다. 대부분 스피드보트를 이용하고 마야 베이, 몽키 비치, 뱀부 섬 등을 다닌다. 여유롭고 알차게 피피 섬을 탐방할 수 있다.

Access 피피 섬의 주요 스노클링 포인트, 여행사 투어 프로그램 이용 **Open** 08:00~17:00 **Close** 연중무휴 **Cost** 반일투어 B800~, 일일투어 B1600~

팡아 베이 투어 PangNga Bay Tour

팡아 베이는 희귀한 모양의 석회암 섬들로 이루어진 신비한 풍경의 관광명소다. 영화 〈황금 총을 가진 사나이〉의 배경으로 등장했던 일명 '제임스 본드 섬'에 들렀다가 카약을 타고 팡아 베이의 독특한 자연을 가까이에서 탐험하는 투어를 할 수 있다. 유람선을 타고 팡아 만의 절경을 감상하고 카야킹으로 천연 석회석 동굴을 탐사한 후 유람선에서 점심을 먹는 코스는 조금 더 비싸지만 여행자들의 만족도가 높은 편이다.

Access 팡아 만. 여행사 투어 프로그램 이용 **Open** 08:00~17:00 **Close** 연중무휴 **Cost** 반일투어 B800~, 일일투어 B1600~

아웃리거 라구나 푸껫 리조트 & 빌라
Outrigger Laguna Phuket Resort & Villas

숙소 형태는 두 가지로, 리조트 객실은 원 베드룸 스위트가 기본형이며 주방이 잘 갖춰져 있다. 빌라형 숙소는 종류가 다양해 신혼여행객은 물론, 가족여행객에게도 안성맞춤이다. 넓은 거실과 주방, 단독 수영장이 있어 활용도가 높다. 리조트와 빌라에 있는 수영장은 서로 사용할 수 있다. 투숙객은 버기를 타고 이동하고, 라구나 단지 내에서는 무료 셔틀버스를 운행한다. 라구나 단지 근처에 있는 레스토랑은 대부분 무료 픽업 서비스를 제공한다.

Access 방타오 비치 라구나 단지 내 **Address** 61 Moo 4 Srisoonthorn Road, Cherngtalay, Talang **Cost** 원 베드룸 스위트 B5700~, 투 베드룸 스위트 B6200~, 투 베드룸 풀빌라 B6800~, 쓰리 베드룸 풀빌라 B1만300~ **Tel** 076-336-900 **Wi-Fi** 로비·수영장 무료, 객실 유료 **Web** www.outrigger.com

홀리데이 인 리조트 푸껫 The Holiday Inn Resort Phuket

두 개의 윙이 있다. 메인 윙은 밝고 모던한 이미지의 객실을, 부사콘 윙은 태국 전통 스타일을 가미한 넓은 객실을 자랑한다. 특히 메인 윙의 패밀리 스위트룸은 마치 동화 속 한 장면처럼 꾸며져 있다. 윙에 수영장이 하나씩 있으며 메인 윙에서는 동물 모양의 다양한 튜브와 슬라이드를 갖춘 키즈 풀이, 부사콘 윙에서는 넓고 세련된 스타일의 수영장이 인기다. 키즈 클럽과 청소년을 위한 클럽도 따로 운영하고 있어 가족여행객이 즐겨 찾는다.

Access 리웃팃 로드 남쪽. 정실론을 등지고 일방통행 도로 진행 방향으로 도보 15분, 렛츠 릴랙스를 지나서 첫 번째 삼거리에서 길을 건너면 위치 **Address** 52 Thaweewong Road, Patong Beach **Cost** 슈피리어 B3700, 디럭스 시뷰 B6400 **Tel** 076-340-608~9 **Wi-Fi** 로비·수영장 무료, 객실 유료 **Web** www.holidayinn.phuket.com

밀레니엄 리조트 빠똥 Millennium Resort Patong

쾌적한 시설과 친절한 서비스, 좋은 위치로 인기가 높다. 비치 사이드 윙과 레이크 사이드 윙으로 나뉘며 각각 197개, 224개의 객실을 보유한다. 2개의 수영장, 피트니스 센터, 스파, 레스토랑 등 부대시설도 잘 갖추어져 있다. 푸껫의 대표 쇼핑몰인 정실론 바로 옆에 있으며 방라 로드의 나이트 라이프를 즐기기에도 좋다. 주변에 맛집, 마사지 숍이 많다.

Access 정실론 옆 **Address** 199 Rat-U-Thit 200 Pee Road, Patong, Kathu **Cost** 슈피리어 B2900, 카바나 풀액세스 B6800 **Tel** 076-601-999 **Wi-Fi** 로비·수영장 무료, 객실 유료 **Web** www.millenniumpatong.com

노보텔 푸껫 빈티지 파크 Novotel Phuket Vintage Park

총 객실 303개의 대형 호텔로 푸껫 빠똥 비치 중심부에 있어 이용하기 편리하다. 새로 생긴 호텔이다 보니 시설도 깔끔하고 객실 내에 비품도 잘 갖춰져 있다. 레스토랑, 카페, 비즈니스 센터, 수영장, 피트니스 센터, 사우나, 스파 등의 부대시설이 있으며 넓은 수영장은 이곳의 자랑거리다. 16세 미만의 어린이 2명까지 한 객실에 투숙이 가능하며 조식 또한 무료라 가족여행객이 이용하기에 적합하다.

Access 라우팃 로드 북쪽. 정실론을 등지고 일방통행 도로 진행 반대 방향으로 은행을 지나고 학교가 있는 첫 번째 신호등 큰 사거리를 지난 후 오리엔탈 드 푸껫 가기 전 **Address** 89 Raj-U-Thid 200 Pee Road, Patong Beach, Kathu **Cost** 슈피리어 B2600~, 디럭스 B3300~, 패밀리 B4400~ **Tel** 076-380-555 **Wi-Fi** 로비·수영장 무료, 객실 유료 **Web** www.novotel.com/Phuket

아웃리거 라구나 푸껫 비치 리조트
Outrigger Laguna Phuket Beach Resort

Access 방타오 비치 라구나 단지 내 **Address** 323 Moo 2 Srisoonthorn Road, Cherngtalay, Thalang **Cost** 디럭스 B3500~, 디럭스 시뷰 B4400~, 패밀리 B4900~ **Tel** 076-360-600 **Wi-Fi** 로비·수영장 무료, 객실 유료 **Web** www.outrigger.com

리조트에는 전반적으로 열대 분위기가 흐르고 로비와 라운지, 레스토랑은 옛 푸껫 모습을 재현한 사진과 인테리어 소품으로 눈길을 끈다. 객실은 태국의 전통적인 모습을 모티브로 한 가구와 TV, 아이폰 도킹 등 현대적인 시설을 갖추었다. 객실은 뷰에 따라 등급이 나뉜다. 호텔 내에 있는 다양한 부대시설과 50m 워터슬라이드를 보유한 수영장은 이곳의 자랑거리로 아이가 있는 가족여행객이라면 반드시 이용하자.

두짓 타니 라구나 푸껫
Dusit Thani Laguna Phuket

Access 방타오 비치 라구나 단지 내 **Address** 390 Srisoontorn Road, Tambol Cherngtalay A. Talang **Cost** 디럭스 라군뷰 B3200~, 오션 프런트 디럭스 B4200~ **Tel** 076-362-999 **Wi-Fi** 로비·수영장 무료, 객실 유료 **Web** www.dusit.com/dusitthani/lagunaphuket

태국 로컬 브랜드 호텔로 태국 내 주요 도시와 관광지에 위치하며 다른 호텔과 비교해 정적인 분위기다. 다양한 객실 타입으로 가족여행, 신혼여행 등으로 방문해도 만족할 만하다. 조용한 분위기를 선호하는 중·장년층이나 가족 여행객들에게 인기 있다. 라구나 단지 내 호텔 중 해변과 가장 가까운 것도 장점이다.

치앙마이
CHIANG MAI

역사와 전통이 있는 태국 제2의 도시

태국 제2의 도시인 치앙마이는 태국 북부의 가장 번창했던 왕조 란나 왕국의 후손들이 거주해 현지인의 자부심 또한 대단하다. 외부의 침입으로부터 도시를 보호하기 위해 만들었던 성곽이 남아 있고, 해자를 경계로 과거에서 현재로 시간여행을 하는 기분이 든다. 풍부한 불교문화유산과 물의 축제 쏭크란, 문명의 도움을 받지 않고 자신들만의 전통을 지키며 사는 고산족 등 다채로운 모습을 지녔다.

치앙마이 여행 준비

- **이동 시간**
  경유 6시간 20분(체류 시간 제외)

- **일정**
  3박 5일

- **항공권**
  특별 가격 50만원~
  일반 가격 60만원~
  (2015년 9월 제주항공, 에어아시아 기준)

고정 비용	항공료	50만원
	숙박료	3만 2000원
유동 비용	교통비	5만원
	투어비	6만원
	입장료	8000원
	식비	10만원
합계		75만원~ ◀

※ 성인 1인 3박 5일 비수기, 숙소 2인 1실 기준

- **숙소**
  치앙마이 각지로 이동이 편리한 시내 숙소를 추천한다.

타패 게이트

- 타마린드 빌리지
- 스리 시스 베드 & 브렉퍼스트

강변과 나이트바자

- 르 메르디안
- 샹그릴라 호텔
- 시리판나 빌라 리조트 & 스파 치앙마이

치앙마이 교통 가이드

치앙마이국제공항 → 시내

치앙마이국제공항에 도착 후 시내로의 이동은 툭툭이나 택시를 이용하는 것이 일반적이다.

교통수단	가격	이용시간	승차장
툭툭	B100 내외	24시간 (밤 12시 이후 찾기 힘듦)	공항 안팎의 툭툭 잡아서 이용
택시	B120~150 내외	24시간	공항 1층 왼쪽 출구 끝
여행사 픽업	B200~500 내외		입국장을 나가서 푯말을 든 직원을 만난다.

치앙마이의 교통수단

치앙마이 시내에서 가장 많이 이용하는 교통수단은 바로 썽태우다. 따로 정해진 노선은 없으며 목적지와 방향이 맞는 썽태우를 타고 내릴 때 비용을 지불하면 된다.

교통수단	목적지	가격	이용시간
썽태우	시내 전역	B10~40	06:00~24:00
툭툭		B40~150	24시간
택시		B100~150	
자전거 대여		B80~150	
오토바이 대여		B150~200	

치앙마이 핵심 코스

[치앙마이 첫 방문자를 위한
필수 관광지 중심의 3박 5일 코스]

Day 1

- **14:00** 치앙마이국제공항 도착
- **15:00** 체크인
- **17:00** 마사지 & 스파
  - 쿤카 마사지
  - 치앙마이 리플렉솔로지 센터

  도보 5분
- **19:00** 저녁식사
  - 야미 이싼 푸드
  - 핫 칠리

Day 2

- **10:00** 왓 쩨디루앙 관광

  도보 5분
- **11:00** 왓 프라씽 관광

  도보 15분
- **12:00** 왓 쑤언독 관광

  도보 15분
- **13:30** 점심식사
  - 지라솔레
  - 와위 커피

  도보 5분
- **17:00** 선데이 마켓에서 쇼핑

  택시 10분
- **18:30** 쿰 깐똑에서 저녁식사

  택시 15분
- **22:00** 노스 게이트 재즈에서 라이브 음악 감상

Course tip

1. 방콕 경유 3박 5일의 일정으로 동선을 짰다. 코스에는 4일까지 나와 있지만 한국 도착시간을 생각한다면 5일이 맞다.
2. 짧은 일정에 두루두루 많은 것을 봐야 하기 때문에 아침 일찍부터 부지런히 움직여야 한다. 편한 운동화를 신도록 하자.

Day 3

- **09:00** 도이 쑤텝 & 왓 프라탓 도이 쑤텝 관광
  - 택시 5분
- **10:30** 푸핑 팰리스 관광
  - 택시 10분
- **12:00** 도이 뿌이 관광
  - 택시 30분
- **13:00** 점심식사
  - 도보 5분
  - 흐언펜
  - 타이거 킹덤 인 타운
- **15:00** 파 라나 스파에서 마사지
  - 툭툭 10분
- **18:00** 치앙마이 나이트 바자에서 쇼핑
  - 도보 5분
- **20:00** 저녁식사
  - 홀 어스 레스토랑
  - 레드 라이온 치앙마이

Day 4

- **09:00** 숙소 주변 산책 및
- **11:00** 체크아웃 후 짐 보관
- **12:00** 라밍 티 하우스 씨암 셀라돈에서 점심식사
- **15:00** 치앙마이국제공항으로 이동
- **16:00 ~ 19:00** 방콕 돈무앙국제공항 → 쑤완나품국제공항
- **22:30** 인천국제공항으로 출발

Plus 1 Day

- **08:00 ~ 17:00** 체험 & 레포츠
  - 치앙마이 트레킹
  - 플라이트 오브 더 기본
- **19:00** 굿 뷰에서 저녁식사
- **21:00** 리버사이드 바 & 레스토랑에서 나이트 라이프

치앙라이 일일투어

Course tip

5인승 승용차나 12인승 밴을 이용하는 것이 좋다. 자동차는 한인 여행사를 통해 빌릴 수 있으며 가격은 B3000 이상이다. 일정이 정해지면 출발 전에 기사에게 하루 스케줄을 알려준다.

08:00 치앙라이로 출발
10:00 도이뚱 로열 빌라 관광
11:30 매파 루앙 가든 관광
13:00 크루아 탐낙에서 점심식사
14:00 101 매싸롱 그린티 팜 관광
16:00 왓 렁 쿤 관광
17:30 치앙마이로 출발

예상 경비 7~9만원
렌터카(기사 포함) 5만원
식비 3만원
입장료 1만원

도이뚱 로열 빌라 Doi Tung Royal Villa
현 국왕의 어머니가 생전에 지은 목조 건물 궁전. 현지인 왕궁 가이드와 함께 정해진 시간에만 관람할 수 있다. 반바지나 민소매 차림은 입장할 수 없으며, 옷을 빌려준다.
Cost 입장료 성인 B70, 학생·고령자 B35 Tel 053-767-015~17

매파 루앙 가든 Mae Fah Luang Garden
태국에서 가장 아름다운 정원. 현 국왕의 어머니가 생전에 지은 정원으로 궁전 테라스에서 내려다보이는 곳에 만들었다. 도이뚱 카페에서 따뜻한 차 한잔을 마시는 것도 좋다.
Cost 입장료 성인 B80, 학생 B45 Tel 053-767-015~17

왓 렁 쿤 Wat Rong Khun
치앙마이 출신의 예술가 짜럼 차이가 자신의 전 재산을 들여 건립하기 시작했다. 화이트 템플, 눈꽃 사원이라고도 불린다. 화장터가 옆에 있으며 불교 행사가 다채롭게 열린다.
Tel 053-673-579, 967

101 매싸롱 그린티 팜 101 Mae Salong Green Tea Farm
대자연과 차밭을 볼 수 있는 곳. 농부가 직접 재배하는 모습을 보며 자유롭게 머물기 좋다. 공장 한쪽에 마련된 티 하우스에서는 녹차를 시음할 수 있다. 예쁜 다기 세트와 차가 종류별로 구비되어 있다.
Tel 053-607-500

크루아 탐낙 Krua Tamnak
도이뚱 로열 빌라의 카페테리아 역할을 하는 곳. 태국 음식과 북부 음식인 카오쏘이, 깽항래 등을 선보인다. 도이뚱 로열 빌라 내 매파 루앙 가든에서 재배한 허브로 다양한 허브티는 깔끔한 맛을 자랑한다.
Cost 허브주스 B25, 뽀삐아 B80~, 깽항래 B80~, 아침 세트 메뉴 B160 Tel 053-767-015~7

도이 쑤텝 & 왓 프라탓 도이 쑤텝
Doi Suthep & Wat Phar That Doi Suthep

치앙마이 북동쪽 해발 1053m에 자리한 사원은 입구까지 케이블카를 타고 갈 수 있다. 계단 끝에는 거대한 황금빛 불탑과 불상들로 가득한 볼거리가 펼쳐진다. 경내에 들어설 때는 신발을 벗어야 하고, 불공을 드릴 때는 먼저 무릎으로 기어들어가 봉안한 후 시주를 한다. 사원 주위에는 33개의 종이 있는데 이 종을 모두 두드리면 복을 받는다고 해서 그런지 끊임없이 종소리가 들린다. 여행사를 이용하면 도이 뿌이와 연계한 투어를 할 수 있다.

Access 치앙마이 북동쪽 해발 1053m. 치앙마이대학교 정문 또는 치앙마이 동물원 앞, 해자 북쪽 문밖에서 빨간색 도이 쑤텝 행 썽태우 이용 **Address** Huai Kaew Road **Open** 새벽~17:00 **Close** 연중무휴 **Cost** 입장료 B30(엘리베이터 B20) **Tel** 053-295-012

왓 프라씽 Wat Phra Singh

란나 양식으로 지어진 유명한 사원으로 1345년 멩라이 왕조의 파유 왕이 건립했다. 왓 프라씽은 사원 가운데 있는 불탑을 중심으로 위한 루앙, 위한 라이 캄, 우보솟으로 나뉜다. 흰색 건축 양식이 눈에 띄며 동으로 만든 불상 프라씽이, 불당 안에 안치된 위한 라이 캄이 주목할 만하다. 프라씽은 태국 3대 불상 중 하나로 치앙라이에서 옮겨 왔으며 쏭크란 축제 동안 치앙마이를 돌며 불상행렬에 참여하기도 한다.

Access 씽하랏 삼거리. 타패 게이트에서 라차담넌 로드를 따라 직진, 라차담넌 로드 서쪽 끝과 씽하랏 거리가 만나는 곳에 있다. 타패 게이트에서 도보 15분 **Address** Singharat Road **Open** 06:00~18:00 **Close** 연중무휴 **Cost** 무료 **Tel** 053-814-164

왓 쩨디루앙 Wat Chedi Luang

왓 프라씽과 함께 치앙마이를 대표하는 사원 중 하나로 고즈넉한 사원의 아름다움이 느껴지는 곳. 사원 내에 세월의 흔적을 고스란히 간직한 불탑이 유명한데, 1401년 건축 당시에는 90m 높이로 세워졌으나 1545년 대지진으로 손상을 입어 현재는 60m 높이의 계단 주변의 스투코(치장 회반죽)만 남아 있다. 불탑 중앙에 좌불상이 보존되어 있고 중간에 장식된 코끼리 석상이 눈에 띈다.

Access 올드 타운 내 프라뽁끌라오 로드. 타패 게이트에서 왓 프라씽 방면으로 직진, 두 번째 사거리를 지나서 주수박스란 카페가 보이면 좌회전 후 직진, 진행 방향 오른쪽에 있으며, 스리 시스 베드 & 브렉퍼스트 건너편 Address 103 Phrapokklao Road Open 06:00~17:00 Close 연중무휴 Cost 무료 Tel 053-248-604

쿰 깐똑 Khum Khantokee

태국 북부의 민속춤을 보면서 저녁식사를 하는 프로그램. 북부 음식의 대표적 소스 남픽눔, 남픽엉과 다섯 가지 반찬, 밥으로 구성된 밥상이 정갈하게 나온다. 식사가 끝날 즈음 민속공연이 시작된다. 웰컴 댄스를 시작으로 부처님께 행복을 기원하는 캔들 댄스와 민속공연이 펼쳐진다. 하이라이트는 치앙마이 인근에 사는 고산족의 복장을 한 무희의 춤이다. 마지막으로 손님들을 무대 위로 초대해서 전통춤을 배우는 시간을 갖고 춤을 추며 마지막을 장식한다.

Access 슈퍼 하이웨이 까르푸 근처. 쿰 깐똑의 무료 픽업 서비스 이용 Address 139 Moo 4. T. Nong Pakrung, Amphur Muang Open 19:30~21:00 Close 연중무휴 Cost 1인 B500~ Tel 053-304-121~3 Web khumkhantoke.com/?lang=en

푸핑 팰리스 Phuping Palace

태국 왕족의 겨울 별장으로 유명하며 잘 가꾸어진 정원과 왕족들이 머무는 숙소, 왕실 사원, 카페테리아 등이 있다. 1~3월에는 장미꽃이 만발한 정원을 볼 수 있다. 혼자서 궁전과 정원을 돌아볼 수 있고 가이드와 버기를 타고 관람할 수도 있다. 민소매 옷이나 짧은 반바지 등은 입장 불가. 미처 복장에 신경 쓰지 못한 사람들을 위해 입구에서 옷을 빌려준다.

Access 도이 쑤텝 지나서 도이 뿌이 가기 전. 치앙마이대학교 정문 또는 치앙마이 동물원 앞에서 도이 쑤텝행 썽태우(빨간색) 이용 **Address** Doi Buak Ha, Tambon Suthep, Muang District **Open** 08:30~11:30, 13:00~15:30 **Close** 국왕과 왕실 가족이 머무는 1~3월 중 일부 기간 **Cost** 입장료 B50 **Tel** 053-223-065 **Web** www.bhubingpalace.org

왓 쑤언독 Wat Suan Dok

스리랑카의 불교를 란나 왕국에 전래한 고승 쑤나마 테라를 기념하기 위해 만든 곳으로 꽃의 사원이라고 불린다. 사원 경내는 꽃으로 채워져 있다. 48m에 이르는 종 모양의 황금색 불탑을 중심으로 수십 개의 흰색 불탑이 에워싸고 있는 모습이 인상적이다. 밤이 되면 조명에서 반사되는 빛이 신비로운 분위기를 조성한다.

Access 구시가지 서쪽 쑤언독 게이트에서 쑤텝 로드를 따라 도보 약 10분 **Open** 07:00~19:00 **Close** 연중무휴 **Cost** 무료 **Tel** 053-248-604

도이 뿌이 Doi Pui

치앙마이에서 고산족의 생활을 가장 쉽게 볼 수 있는 곳이다. 이곳의 고산족은 몽족이라 불리며 라오스 국경 지대를 중심으로 태국 북부에 사는 소수민족이다. 여자들이 만든 민족의상, 가방, 액세서리, 견직물을 판매한다. 도이 쑤텝, 푸핑 팰리스와 연계한 여행사 투어 프로그램을 이용해서 방문하는 것이 좋다.

Access 뿌이 산에. 여행사 무료 픽업 서비스 이용 **Open** 08:00~17:00 **Close** 연중무휴 **Cost** 투어 1인 B600~

야미 이싼 푸드 Yummy E-San Food

이싼 지역 음식 전문점이다. 쏨땀, 까이양, 카우니여우는 기본이고 쌥, 똠얌꿍 등 다양한 국물 요리도 있다. 세트 메뉴가 인기 있는데, 메인 요리인 까이텃, 뿔라텃 등과 쏨땀, 카우니여우가 포함되어 있다. 청결한 주방시설과 정성을 다하는 요리는 이곳을 다시 찾게 만든다. 사진 메뉴가 있어 주문이 편리하며, 맛있는 이싼 음식을 저렴하게 먹을 수 있다.

Access 라차담넌 로드. 타패 게이트에서 왓 프라씽 방면으로 직진, 첫 번째 사거리 왼쪽 와위 커피가 보이는 곳으로 들어가면 지라쏠레 지나서 위치 **Address** 71 Ratchadamnern Road, T. Phrasing A. Muang **Open** 10:00~22:00 **Close** 두 달에 한 번 부정기 휴일 **Cost** 쏨땀 B40, 맥주 B70, 똠얌꿍 B70, 세트 메뉴 B99~139 **Tel** 080-678-3512

핫 칠리 Hot Chilli

보라색, 붉은색 캐노피가 드리워져 있어 쉽게 눈에 띈다. 레스토랑 이름은 핫 칠리지만 여행자를 위해 간을 세게 하지 않고 순화된 매운맛을 낸다. 인기 메뉴로는 태국식 볶음국수에 새우와 닭가슴살을 넣은 팟타이꿍 솟허까이와 닭늘 바나나나뭇잎에 싸서 튀긴 까이허바이떵이 있다.

Access 타패 게이트에서 왓 프라씽 방면으로 직진, 첫 번째 사거리 왼쪽 와위 커피 앞 **Address** 71 Unit 27-32 Ratchadamnern Road, T. Phrasing h A. Muang **Open** 12:00~24:00 **Close** 연중무휴 **Cost** 음료 B60, 음식 B75~ **Tel** 053-278-814 **Wi-Fi** 무료

타이거 킹덤 인 타운 Tiger Kingdom In Town

맛과 가격, 분위기 삼박자를 고루 갖춘 곳이다. 태국 음식을 메인으로 하고 있다. 에어컨이 있는 실내석은 2층 구조로 모던한 분위기다. 해자가 시원스럽게 보이는 1층 실외석은 식사와 함께 라이브 음악으로 흥을 돋울 수 있다.

Access 문무앙 로드. 타패 게이트에서 길을 건너 블랙 캐니언 남쪽 방향으로 약 150m **Open** 08:00~24:00 **Close** 연중무휴 **Cost** 음료 B40~, 음식 B55 **Tel** 053-276-861~3 **Wi-Fi** 무료

지라솔레 Girasole

해바라기라는 뜻을 가진 이 탈리아 음식 전문점이다. 대표 메뉴는 오징어먹물스파게티이고 카프리제, 마르가리타피자도 인기 있다. 밝고 경쾌한 분위기로 부담 없이 식사할 수 있는 곳으로 실내석과 실외석이 있다. 아이를 동반한 가족여행객은 에어컨이 있는 실내석을 추천한다.

Access 타패 게이트에서 왓 프라씽 방면으로 직진, 첫 번째 사거리 왼쪽 와위 커피 건물 안쪽 **Address** 71 Unit 27~32 Ratchadamnern Road, T.Phrasing h A.Muang **Open** 07:30~23:00(일요일 11:00~) **Close** 연중무휴 **Cost** 음료 B60~, 음식 B75~ **Tel** 053-212-516 **Wi-Fi** 무료

와위 커피 Wawee Coffee

와위 커피는 태국 북부의 대표적인 브랜드로 뾰족한 지붕 위에 주황색으로 와위 커피라 쓰인 것이 눈에 띈다. 치앙마이 인근 농장에서 재배한 커피를 사용하며 에스프레소를 좀 더 부드럽게 대중화시켰다. 치앙마이의 젊은이들이 많이 찾는 곳으로 신선한 커피를 유기농 쿠키와 케이크에 곁들여 먹어보자.

Access 타패 게이트에서 왓 프라씽 방면으로 직진, 첫 번째 사거리 왼쪽 핫 칠리 앞 **Address** 71 Ratchadamnern Road, T.Phrasing h A.Muang **Open** 10:00~22:00 **Close** 연중무휴 **Cost** 케이크 B45~, 차 B50~, 커피 B55~ **Tel** 053-207-010 **Wi-Fi** 무료 **Web** www.waweecoffee.com

흐언펜 Huen Phen

현지인이 추천하는 맛집. 레스토랑은 점심과 저녁시간에 따라서 식사하는 장소가 다르다. 점심식사는 로컬의 향기가 풍기는 곳에서, 저녁식사는 부티크 갤러리가 연상되는 분위기에서 즐길 수 있다. 태국 북부 음식과 미얀마 음식 전문점이라 특색 있는 음식이 많다. 에어컨이 없는 것이 조금 아쉽다.

Access 라차만카 로드. 왓 프라씽을 등지고 오른쪽(남쪽) 방향으로 직진, 우체국을 지나 첫 번째 사거리에서 좌회전 후 두 번째 삼거리 코너 **Address** 112 Rachamankha Road **Open** 08:00~15:00, 17:30~22:00 **Close** 연중무휴 **Cost** 음료 B50~, 음식 B70~ **Tel** 053-277-103, 053-814-548 **Wi-Fi** 무료

홀 어스 레스토랑 The Whole Earth Restaurant

치앙마이를 소개하는 잡지에 빠지지 않고 나오는 곳이다. 직원들의 서비스는 물론 음식이 수준급이다. 태국 요리 외에 인도 요리도 맛볼 수 있다. 넉넉한 양을 자랑하는 얌운센과 달고 신맛을 잘 표현한 똠얌꿍이 일품이다. 비즈니스를 목적으로 저녁식사를 한다면 1순위로 추천하고 싶은 곳이다.

Access 씨리돈차이 로드. 나이트바자, 맥도날드를 등지고 좌회전 후 직진, 신호등이 있는 큰 사거리에서 길을 건넌 후 좌회전해 약 30m **Address** 90/2 Sridonchai Road, T. Changkhlan, A. Muang **Open** 11:00~22:00 **Close** 연중무휴 **Cost** 주스 B60~, 쏨땀 B185~, 똠얌꿍 B185~, 와인(1잔) B210~, 얌운센 B230~ **Tel** 053-282-463 **Wi-Fi** 무료

레드 라이온 치앙마이 The Red Lion Chiang Mai

영국인 남편과 태국인 아내가 20년 넘게 운영하는 곳. 전형적인 영국식 펍으로 흑맥주와 각종 수입 맥주, 태국에서 보기 힘든 생맥주를 함께 갖추고 있다. 태국 음식, 서양 음식, 독일 음식까지 국제적인 음식을 서비스한다.

Access 라이크러 로드. 나이트바자, 버거킹과 맥도날드 사이 골목 안쪽으로 약 20m **Address** 123 Loi Kroh Road, Night Bazaar **Open** 09:00~01:30 **Close** 쏭크란 축제 기간 (4/13~15) **Cost** 맥주 B110~, 태국 음식 B120~, 독일 음식 B200~, 서양 음식 B250~ **Tel** 053-818-84 **Wi-Fi** 무료

굿 뷰 Good View

핑 강이 보이는 곳에 자리한 로맨틱한 분위기의 500석이 넘는 대형 식당. 태국 요리 전문점으로 생새우를 매콤새콤한 소스에 찍어 먹는 꿍채남쁠라와 오징어를 넣고 끓인 바묵능마나우가 인기.

밴드의 라이브 음악으로 다소 시끄러울 수 있으니 차분한 분위기를 원한다면 강변이 보이는 자리를 택하자.

Access 짜런랏 로드. 갤러리 레스토랑과 리버사이드 바 & 레스토랑 사이 **Address** A.Muang **Open** 10:00~01:00 **Close** 연중무휴 **Cost** 맥주 B100~, 메인 요리 B150~(TAX 7%) **Tel** 053-241-866 **Wi-Fi** 무료

라밍 티 하우스 씨암 셀라돈
Raming Tea House Siam Celadon

태국의 유명한 도자기 회사 씨암 셀라돈에서 운영하는 티 하우스다. 원기 회복에 좋고 산소가 풍부한 라밍 티는 녹차보다 효능이 탁월해 이곳에서 만드는 모든 티와 디저트, 음식에 조금씩 넣는다고 한다. 차를 마시고 나서 정원과 숍을 둘러보자.

Access 타패 로드. 타패 게이트 밖으로 나와 광장을 가로질러 타패 로드 쪽으로 길을 건너서 직진, 부츠와 라타나스 키친을 지나서 위치 **Address** 158 Tha Pae Road, T. Chang Moi, Muang District **Open** 09:30~18:00 **Close** 쏭크란 축제 기간(4/13~15) **Cost** 차 B55~, 태국 음식 B110~ **Tel** 053-234-518 **Wi-Fi** 무료 **Web** www.ramingtea.com/eng_tea_house.php

선데이 마켓 Sunday Market

치앙마이에서 일요일에 꼭 가봐야 할 곳이 바로 선데이 마켓이다. 태국 북부 재래시장 중에서 최고라 할 정도로 다양한 물건과 음식, 수공예품을 판매하는 노점상들이 즐비하다. 사원을 개방한 마당에서 노천 마사지를 받을 수 있고 현지인과 여행자들이 언제나 거리를 가득 메운다.

Access 타패 게이트에서 왓 프라씽을 잇는 라차담넌 로드 **Open** 15:00~23:00 **Close** 쏭크란 축제 기간(4/13~15)

치앙마이 나이트 바자 Chiang Mai Night Bazzar

매일 열리는 야시장으로 불상이나 나무로 만든 코끼리 조각 등 태국을 대표하는 전통기념품을 판매한다. 고산족의 의식주를 살펴볼 수 있는 의류와 그림, 알록달록한 조명이 인기가 많다. 고산족 마을에서 내려온 전통 복장의 소수민족을 만날 수도 있다.

Access 창크란 로드 르 메르디안 근처. 맥도널드 사거리에서 북쪽으로 도보 3분 **Open** 12:00~23:00 **Close** 쏭크란 축제 기간(4/13~15) 중 일부 매장

쿤카 마사지 Khunka Massage

저렴하고 깨끗한 시설로 여행자들에게 인기가 많다. 1층에는 리셉션과 타이 마사지룸이 있다. 2, 3층은 트리트먼트룸으로 오일 마사지와 스파 프로그램을 받을 수 있다. 타이 마사지와 허브볼을 이용한 패키지도 만족도가 높다. 한국인 운영자가 상주하고 있어 의사소통도 편리하다. 치앙마이 시내에 있는 숙소까지 무료 픽업 서비스가 가능하다.

Access 라차담넌 로드. 타패 게이트에서 왓 프라씽 방면으로 직진, 타마린드 빌리지와 유 치앙마이 호텔을 지나서 오른쪽 **Address** 80/7 Rachadamneon Road, T. Sriphum, A. Muang **Open** 10:00~22:00 **Close** 연중무휴 **Cost** 발 마사지 B300, 타이 마사지 B300, 오일 마사지 B700 **Tel** 053-327-186

치앙마이 리플렉솔로지 센터 Chiangmai Reflexology Center

라차담넌 로드에 위치한 발 마사지 전문점으로 일반 마사지 숍의 발 마사지와 마사지 방법이나 만족도가 다르다. 마사지사가 모두 남자로 발 마사지 봉을 사용하지 않고 오직 손을 이용해서 마사지한다. 마사지가 끝날 즈음 지압이 되는 방망이로 발을 쳐서 적당한 자극을 준 후 마사지를 마친다. 현지인들이 많이 이용하며 평가가 좋다.

Access 라차담넌 로드. 타패 게이트에서 왓 프라씽 방면으로 직진, 두 번째 사거리를 지나 오른쪽 유 치앙마이 호텔 옆 **Address** 68/6 Ratchadamneun Road, Muang **Open** 09:00~20:30 **Close** 연중무휴 **Cost** 발 마사지 B100/170(30분/1시간) **Tel** 053-327-246

파 란나 스파 Fah Lanna Spaa

치앙마이를 찾는 전 세계 여행자들에게 뜨거운 반응을 얻은 파 란나 마사지 숍의 오너가 구시가지에 새롭게 오픈한 곳. 커플룸과 싱글룸이 있으며 스파룸 내부는 태국 북부 스타일의 미를 한껏 살렸다. 세분화된 스파 프로그램을 선보이며 파 란나 마사지 숍에 비해 가격이 조금 높지만 인근의 스파 숍보다는 저렴한 편이다.

Access 위앙깨우 로드. 무료 픽업 서비스 이용 **Address** 57/1 Wiang Kaew Road **Open** 10:00~24:00 **Close** 연중무휴 **Cost** 타이 마사지 B400, 발 마사지 B600, 오일 마사지 B1100(1시간 기준) **Tel** 053-416-191 **Web** www.fahlanna.com

리버사이드 바 & 레스토랑
The Riverside Bar & Restaurant

Access 짜런랏 로드, 굿 뷰와 데크 원 사이 **Address** 9-11 Charoen Rat Road **Open** 10:00~01:00 **Close** 연중무휴 **Cost** 맥주 B60~, 태국 음식 B70~, 서양 음식 B100, 이탈리아 음식 B150~ **Tel** 053-243-239, 053-246-323 **Wi-Fi** 무료 **Web** www.theriversidechiangmai.com

현지 젊은이들이 추천하는 라이브 바로 주로 태국인들이 방문한다. 매일 저녁 7시부터 시작해서 새벽 1시까지 라이브 연주가 이루어진다. 시간대별로 음악 장르가 달라지는데 피아노 연주를 시작으로 밤 9시부터는 보컬이 있는 밴드가 등장한다. 귀에 익숙한 팝송과 힙합을 주로 선보이며 태국 노래도 연주한다. 시간이 지날수록 손님과 밴드가 하나 되어 흡사 나이트클럽 분위기를 연출한다.

노스 게이트 재즈 The North Gate Jazz

Access 스리폼 로드 창프악 게이트 앞 **Address** 91/1-2 Sri Poom Road, Mueang **Open** 19:00~24:00 **Close** 쏭크란 축제 기간(4/13~15) **Cost** 맥주 B55~, 와인(1잔) B90~, 칵테일 B100 **Wi-Fi** 무료 **Web** www.facebook.com/northgate

치앙마이 나이트 라이프의 중심이라고 말할 수 있는 곳이다. 개방형 바로 노스 게이트 재즈 앞을 지나다가 음악에 이끌려 들어가는 손님들도 꽤 많다. 매일 두 팀이 교대로 연주하며 음악은 재즈를 위주로 스케줄에 따라서 펑키, 블루스, 라틴 음악을 선보인다. 잼 세션이 있는 화요일에는 전문 뮤지션이 아니라도 악기를 연주할 수 있는 사람들이 즉석에서 음악을 연주한다.

치앙마이 트레킹 Chiang Mai Trekking

치앙마이를 찾는 여행자들 사이에 가장 인기 있는 액티비티다. 1일 코스는 트레킹보다 코끼리 사파리와 코끼리 훈련소 관광 등이 주를 이루니 여행 일정이 짧거나 아이를 동반한 가족여행객에게 추천한다. 1박 2일 코스부터 고산족 마을에서 숙식하며 트레킹의 진수를 느낄 수 있다. 치앙마이에서 활동적이고 새로운 경험을 하고 싶은 여행자라면 트레킹은 필수 코스다.

Access 치앙마이 근교 산. 여행사 투어 프로그램 이용 **Open** 08:00 호텔 픽업으로 시작 **Close** 쏭크란 축제 기간(4/13~15) **Cost** 1일 코스 B1000~, 1박 2일 코스 B1300~, 2박 3일 코스 B1500~ **Web** www.chokchaitour.com/Zipline/TJ3.html

플라이트 오브 더 기본 Flight of the Gibbon

태국 북부의 정글 숲에서 마치 타잔이 된 것처럼 로프에 온몸을 의지해 울창한 나무 사이를 이동하는 프로그램이다. 아이들을 동반한 가족이나 커플, 그룹 단위의 여행객에게 인기가 많다. 안전 수칙을 철저하게 지키는 가이드의 지시에 따라 나무 사이를 이동하며, 가장 긴 코스는 850m에 달해 짜릿함을 더한다. 이동 시간을 포함해 7시간 정도 소요된다.

Access 매캄퐁 마을. 플라이트 오브 더 기본에서 제공하는 픽업 서비스 이용 **Address** 112/9 Tasala **Open** 06:00, 09:30, 12:30 **Close** 쏭크란 축제 기간(4/13~15) **Cost** 1일 코스 B2999, 2일 코스 B5300~6500 **Tel** 089-970-5511 **Web** www.treetopasia.com

시리판나 빌라 리조트 & 스파 치앙마이
Siripanna Villa Resort & Spa Chiang Mai

Access 랏 유티이 로드. 치앙마이 공항에서 자동차로 약 30분 Address 36 Rat Uthit Road, Tambon Wat Ket, Amphur Muang Cost 디럭스 란나 B4200~ Tel 053-371-999 Wi-Fi 로비·수영장 무료, 객실 유료 Web www.siripanna.com

마치 작은 마을을 연상시키는 이곳은 란나 왕국 시대의 풍요로움과 고급스러움을 조화롭게 선보인다. 객실 종류는 7가지로 동급의 리조트보다 넓다. 내부는 란나 스타일로 아기자기하게 꾸며졌고, 비품이 잘 갖춰져 있다. 부대시설로 레스토랑과 스파, 수영장, 갤러리가 있다. 잘 조성된 산책길을 따라 리조트 뒤편으로 가면 리조트에서 관리하는 논이 있고, 모심기 등의 체험 프로그램도 준비되어 있다. 나이트 바자행 무료 셔틀버스를 운행한다.

르 메르디안 Le Meridien

Access 창크란 로드, 나이트 바자 옆 Address 108 Changklan Road, Tambol Chang Klan, Amphur Muang Cost 디럭스 B3200~, 어반 B3700~ Tel 053-253-666 Wi-Fi 로비 무료, 객실 유료 Web www.lemeridien.com/chiangmai

나이트 바자 한가운데에 위치한 총 384개의 객실을 보유한 스타우드 계열의 대형 호텔이다. 모던한 객실에는 평면 TV, 미니바, 전기주전자, 슬리퍼, 헤어드라이어, 안전금고, 가운, 우산, 체중계가 충실히 갖춰져 있다. 욕조와 샤워부스가 분리된 욕실은 밝고 경쾌하며 비품도 잘 구비되어 있다. 부대시설로는 8층에 수영장과 피트니스 센터, 스파가 있으며 1층에 메인 레스토랑이 있다. 좋은 위치와 어린이를 환영하는 분위기로 가족여행객에게 인기가 있다.

스리 시스 베드 & 브렉퍼스트
The 3 Sis Bed & Breakfast

이름처럼 세 자매가 신경 써서 운영하는 곳으로 객실에는 나무 바닥에 작은 소파, 냉장고, 책상, TV, 오픈형 옷장이 있다. 왓 쩨디루앙이 숙소 바로 앞에 있으며 왓 프라씽과 선데이 마켓이 열리는 라차담넌 로드가 가깝다. 선데이 마켓이 열리는 날에는 전 객실이 꽉 찰 정도로 인기가 많다. 치앙마이에 처음 방문한다면 추천하고 싶은 숙소다.

Access 프라뽁끌라오 로드. 타패 게이트에서 왓 프라씽 방면으로 가다가 두번째 사거리가 나오면 왓 불탑 루앙 쪽으로 좌회전, 왓 불탑 루앙 건너편 **Address** 1 Soi 8 Phrapokklao Road T. Phrasing A. Muang **Cost** 비수기 B1200~1400, 성수기 B1600~2000 **Tel** 053-273-243 **Wi-Fi** 무료 **Web** www.the3sis.com

타마린드 빌리지 Tamarind Village

치앙마이 1호 부티크 호텔이다. 규모가 작은 호텔에서 볼 수 있는 밀착 서비스로 손님과 직원들이 친근하게 소통하는 곳이다. 고즈넉한 치앙마이 올드 타운에서 여유롭게 시간을 보낼 여행자와 대형 호텔보다 작은 부티크 호텔을 선호하는 여행자에게 좋은 선택이다. 올드 타운 내의 사원이나 문화탐방을 하기에도 편리하다.

Access 라차담넌 로드. 타패 게이트에서 왓 프라씽 방면으로 직진, 첫 번째 사거리를 지나서 오른쪽 오토바이 상점 옆 대나무 길로 된 골목으로 들어가면 위치 **Address** 50/1 Rajdamnoen Road, Sriphoom, Muang **Cost** 라나 B3900~, 라나 디럭스 B4600~ **Tel** 053-418-896~9 **Wi-Fi** 무료 **Web** www.tamarindvillage.com

샹그릴라 호텔 Shangri-La Hotel

총 281개의 객실을 보유한 대형 체인 호텔로 샹그릴라 호텔의 명성에 걸맞게 수영장과 로비, 부대시설들의 규모가 크고 고급스러움이 느껴진다. 넓은 객실과 밝고 깨끗한 욕실, 유선형의 아름다운 수영장, 키즈클럽, 피트니스 센터 등 잘 갖추어져 있으며 샹그릴라 호텔이 자랑하는 조식도 훌륭하다.

Access 창크란 로드. 치앙마이 공항에서 자동차로 약 20분 **Address** 89/8 Chang Klan Road, Muang **Cost** 디럭스 B4200~, 프리미어 B4700~ **Tel** 053-253-888 **Wi-Fi** 무료 **Web** www.shangri-la.com

비엔티안　　　　　　　　　　　　　루앙프라방

라오스

LAOS

천혜의 자연 속에서 여유를 만끽하는 곳, 라오스

라오스 여행의 첫 번째 관문인 비엔티안은 특별함은 없지만 볼수록 정감 있고, 어느 순간 푹 빠지게 되는 매력이 있다. 라오스의 옛 수도이자 유네스코 세계문화유산인 루앙프라방은 프랑스 식민지 시대의 모습이 그대로 남아 있으며, 도시 전체가 평화롭고 고요하다. 방비엥은 라오스에서도 특히 아름다운 자연을 자랑한다. 작은 규모의 도시지만 자전거 산책, 카페에서 즐기는 낮잠, 강변 레스토랑의 시원한 맥주 한잔을 즐기기에 이곳만 한 곳도 없다.

방비엥

라오스 알아보기

수도
비엔티안(Vientiane)

면적
약 236,800km²

인구
약 677만 명

언어
라오어. 일부는 태국어로도 소통이 가능하며 영어는 많이 사용하지 않는다.

기후
열대몬순 기후. 연평균 기온 26.5℃, 연 강우량 2045mm이다. 5~9월은 우기, 10~4월은 건기며 가장 기온이 높은 4월 평균 기온은 38℃이고 가장 기온이 낮은 12월 평균 기온은 15℃이다. 건기에 날씨가 좋아 여행하기 편한데, 우기에도 비가 몇 시간 내리다 그치거나 밤에 내리는 편이다.

옷차림
기본적인 여름 의류로 준비한다. 자외선차단 아이템은 필수.

시차
한국보다 2시간 느리다. 라오스 내에서 지역 간 시차는 없다. 한국 15:00 → 라오스 13:00

통화
단위는 킵(Kip). K500·1000·2000·5000·1만·2만·5만·10만이 있다. K7500은 한화로 약 1000원(2015년 9월 기준).

환전
달러로 준비한 후 현지에서 다시 재환전한다.

신용카드는 호텔이나 일부 레스토랑 외에 이용하기 쉽지 않다.

음식
다양한 향신료와 고기류에 채소와 허브를 듬뿍 넣어 만드는 요리 랍, 라오스식 찹쌀국수 까오삐약, 양상추에 삶은 달걀·토마토·치킨·캐슈너트 등을 듬뿍 넣은 라오샐러드, 파파야 요리인 땀막훙, 라오스의 대표 맥주인 비어라오 등이 대표적이다.

전압
220V. 한국에서 가져간 가전제품을 그대로 사용할 수 있다.

여권&비자
한국 국적자는 15일간 비자 없이 체류가 가능하다. 다만 여권 만료일이 6개월 이상 남아 있어야 하니 꼭 확인하자.

LAOS INFORMATION

세금
호텔, 레스토랑과 같은 업소 모두 세금을 따로 부과하지 않기 때문에 요금표에 나온 금액으로 지불하고 이용할 수 있다.

전화
호텔에서 국제전화를 이용할 수 있으나 일부 호텔에서는 리셉션에서만 이용이 가능하다. 국제전화카드를 구입해서 이용하거나 라오스 현지 SIM카드를 구입 후 보유한 휴대전화에 꽂아 쓰는 방법도 있다. 하지만 보유한 휴대전화의 기종에 따라 외부 SIM카드가 지원되지 않을 수 있으니 출국 전 미리 알아보는 게 좋다.

라오스 출입국 절차

라오스 비엔티안은 저가항공사 진에어와 티웨이항공 직항편을 이용해 입국할 수 있다. 비엔티안 입국 후 현지 국내선을 이용해 루앙프라방, 주변국으로 이동이 가능하다. 출입국 절차는 간단하다.

간단히 보는 라오스 입국 절차

도착
▽
입국 심사
▽
수화물 찾기
▽
세관 통과

간단히 보는 라오스 출국 절차

탑승 수속
▽
출국 심사
▽
게이트 확인
▽
탑승

라오스 출입국 요령

- 출입국신고서는 비행기에서 내리기 전에 쓰자.
- 짐을 분실한 경우 수화물 보관증을 가지고 배기지 클레임 창구에 가서 분실 신고를 한다.
- 라오스의 두 공항 모두 시내와 거리가 가깝지만 적어도 출발 2시간 전에 공항에 도착하는 것이 안전하다.
- 출국신고서는 입국 시 돌려받은 것으로 여권에 끼워져 있다. 잃어버렸을 때는 항공사 카운터에서 출국신고서를 요청하고 새로 작성한다.
- 게이트에는 최소 30분 전에 도착하는 것이 좋다.

라오스의 국제공항

● 와타이국제공항

수도 비엔티안의 와타이국제공항은 라오스를 대표하는 공항으로 루앙프라방국제공항에 비해서는 훨씬 세련되고 규모가 큰 편이지만 다양한 시설을 갖추고 있지는 않다. 비엔티안으로부터 약 3km 거리에 위치하며, 택시로 약 20분이 소요된다.

● 루앙프라방국제공항

와타이국제공항 다음으로 많은 이들이 이용하는 루앙프라방국제공항은 마치 시외버스터미널을 떠올리게 할 정도의 규모이다. 시내에서 택시로 약 20분 소요되는 거리에 위치한다.

출입국신고서 작성법

● 입국신고서(앞)

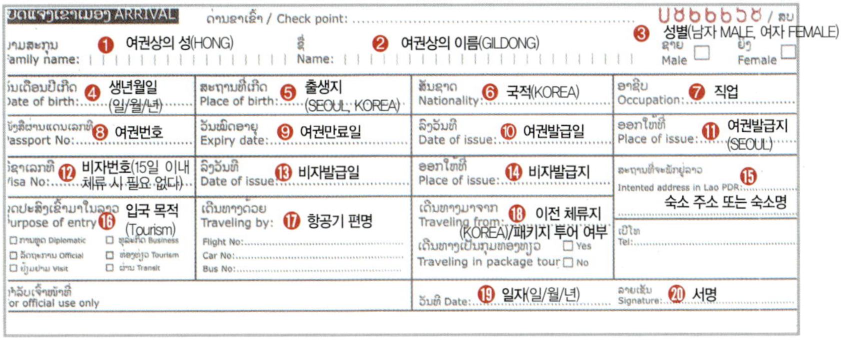

❶	여권상의 성(HONG)
❷	여권상의 이름(GILDONG)
❸	성별(남자 MALE, 여자 FEMALE)
❹	생년월일 (일/월/년)
❺	출생지 (SEOUL, KOREA)
❻	국적(KOREA)
❼	직업
❽	여권번호
❾	여권만료일
❿	여권발급일
⓫	여권발급지 (SEOUL)
⓬	비자번호(15일 이내 체류 시 필요 없다.)
⓭	비자발급일
⓮	비자발급지
⓯	숙소 주소 또는 숙소명
⓰	입국 목적 (Tourism)
⓱	항공기 편명
⓲	이전 체류지 (KOREA)/패키지 투어 여부
⓳	일자(일/월/년)
⓴	서명

● 출국신고서(뒤)

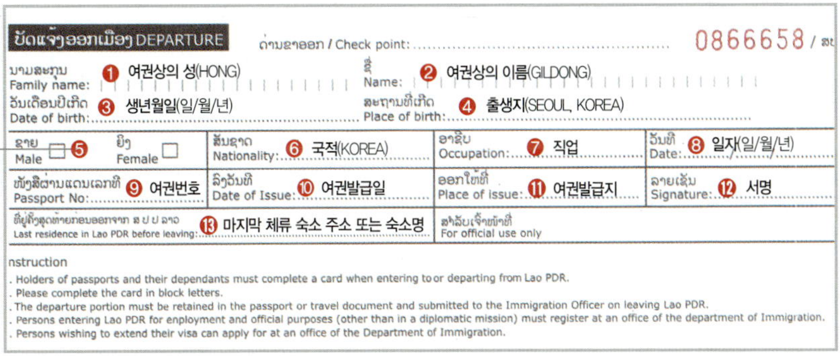

❶	여권상의 성(HONG)
❷	여권상의 이름(GILDONG)
❸	생년월일(일/월/년)
❹	출생지(SEOUL, KOREA)
❺	성별(남자 MALE, 여자 FEMALE)
❻	국적(KOREA)
❼	직업
❽	일자(일/월/년)
❾	여권번호
❿	여권발급일
⓫	여권발급지
⓬	서명
⓭	마지막 체류 숙소 주소 또는 숙소명

라오스 여행 준비

- **이동 시간**
  비엔티안 직항 5시간 30분

  비엔티안 → 루앙프라방
  ; 비행기 30분

  비엔티안 → 방비엥
  ; 버스 3시간 30분~4시간

- **일정**
  3박 5일, 4박 6일

- **항공권**
  특별 가격 45만원~
  일반 가격 59만원~
  (2015년 9월 진에어, 티웨이항공 기준)

		비엔티안 + 루앙프라방	비엔티안 + 방비엥
고정 비용	항공료	45만원	45만원
	숙박료	6만원	3만원
유동 비용	교통비	21만원	3만5000원
	투어비	3만5000원	1만5000원
	입장료	1만5000원	1만5000원
	식비	5만5000원	4만원
	기타 여비	8만원	8만원
합계		87만원~	65만원~

※성인 1인 3박 5일 비수기, 숙소 2인 1실 기준

- **숙소**
  숙소는 위치에 따라 추천한다. 시내에서 이동하기 편안한 위치 기준 적당한 가격대로 엄선하였으며 저렴한 게스트 하우스부터 안락한 호텔까지 취향대로 골라서 이용해보자.

비엔티안

- 철수네 민박
- 살라나 부티크 호텔
- 안사라 호텔
- 라오 플라자 호텔

루앙프라방

- 뉴 다라페트 빌라 바이 마이 라오홈
- 빌라 참파
- 빌라 산티 호텔
- 키리다라 호텔

방비엥

- 블루 게스트하우스
- 라오스 헤이븐 호텔
- 리버사이드 부티크 방비엥 리조트

라오스 교통 가이드

와타이국제공항 → 시내

교통수단	목적지	가격	이용시간	승차장
택시	전 지역	시내 $7, 시외 $9	24시간	공항 1층 승강장
밴		시내 $8, 시외 $10		

루앙프라방국제공항 → 시내

교통수단	목적지	가격	이용시간	승차장
택시	전 지역	시내 K5만, 시외 K8만	24시간	공항 1층 승강장

TIP 공항에서의 교통수단은 택시뿐!
툭툭과 협상을 해야 하거나 바가지요금을 낼까 우려 했던 예전에 비해 현재는 택시만 이용할 수 있다. 또한 선불 요금을 주고 구간별로 티켓을 끊어 이용하다 보니 시내로 수월하게 이동할 수 있게 되었다.

라오스의 교통수단

라오스는 대중교통 수단이 발달하지 않아 오토바이나 자전거, 버스, 툭툭 등을 이용해야 한다. 여행자들이 쉽게 접하고 이용하기에는 툭툭이 가장 무난하며 승용차로 된 택시는 공항이 아니면 만나기 어렵다. 방비엥은 툭툭도 많지 않은 편이어서 버스터미널 근처에서나 탈 수 있다.

교통수단	목적지	가격	이용시간
툭툭	시내 전역	최소 K2만~, 방비엥 K12만~	24시간 (야간 이용 어려움)
개조트럭 툭툭 (비엔티안)		K2만~	
택시		비엔티안 시내 $7~, 시외 $9~	
		루앙프라방 시내 K5만~, 시외 K8만~	
자전거 (방비엥)		K1만~	

라오스 핵심 코스

비엔티안 + 루앙프라방

[현재의 수도 비엔티안, 옛 수도 루앙프라방까지
알차게 여행하는 3박 5일 코스]

Day 1

22:50 비엔티안 와타이국제공항 도착
23:30 체크인

Day 2

09:30 — 탓 루앙 관광
툭툭 10분
10:30 — 파투사이 관광
툭툭 5분
11:30 — 점심식사
도보 7분 — 퍼 동 / 남푸 커피
12:30 — 조마 베이커리에서 디저트
툭툭 15분
14:00 — 와타이국제공항으로 이동
15:40 — 루앙프라방행 항공 출발
16:35 — 루앙프라방국제공항 도착
17:00 — 체크인
17:30 — 빅 트리 카페에서 저녁식사
도보 7분
20:00 — 몽족 야시장 관광

Course tip

1. 두 지역을 여행하는 3박 5일의 일정. 코스에는 4일까지 나와 있지만 한국 도착시간을 생각한다면 5일이 맞다.
2. 비엔티안에서 루앙프라방으로 가는 항공권은 미리 예약할 것. 루앙프라방행 항공을 운영하는 라오스 국내 항공사로는 라오항공(Lao airline)이 있다. 비엔티안 시내 여행사나 직접 항공사로 찾아가 예약하자.

DAY 3

- 10:00 조식 후 간단한 산책
- 12:00 실버 스푼 레스토랑에서 점심식사
  - 툭툭 40분
- 14:00 꽝시 폭포 관광
  - 툭툭 40분
- 18:30 푸씨 산 관광
  - 도보 10분
- 19:30 코코넛 가든 레스토랑에서 저녁식사

DAY 4

- 06:00 주변 탁밧 행렬 구경
  - 도보 15분
- 07:30 주스 노점상에서 간단한 아침식사
  - 도보 5분
- 11:00 왓 씨앙통 관광
  - 도보 5분
- 12:00 코코넛 레스토랑에서 점심식사
  - 도보 7분
- 13:30 왕궁박물관 관광
- 15:00 루앙프라방국제공항
- 17:05 비엔티안행 항공 출발
- 18:00 와타이국제공항 도착
- 18:30 저녁식사
  - 라오 키친
  - 스티키 핑거스 카페 & 바
  - 도보 7분
- 21:00 와타이국제공항으로 이동
- 23:50 인천국제공항으로 출발

라오스 핵심 코스

비엔티안 + 방비엥

[다양한 액티비티를 즐기고, 한가로운 방비엥에서
느긋하게 보내는 3박 5일 코스]

Day 1

22:50 비엔티안 와타이국제공항 도착
23:30 체크인

Day 2

09:30 — 탓 루앙 관광
　　　툭툭 10분
10:30 — 파투사이 관광
　　　툭툭 5분
11:30 — 점심식사
　　　　　　- 퍼 동
　　도보 7분　- 남푸 커피
12:30 — 조마 베이커리에서 디저트
　　도보 15분
14:00 — 방비엥행 여행자버스 출발
18:00 — 방비엥 도착, 체크인
19:00 — 피핑 솜스에서 저녁식사
　　도보 10분
21:00 — 아더사이드 레스토랑에서 칵테일 한잔

Course tip

1. 두 지역을 여행하는 3박 5일의 일정. 코스에는 4일까지 나와 있지만 한국 도착시간을 생각한다면 5일이 맞다.
2. 방비엥으로 가는 버스에는 딸랏 싸오 터미널에서 출발하는 로컬버스와 비엔티안 시내에서 출발하는 여행자버스가 있다. 여행자버스는 비엔티안 시내 여행사를 이용해 쉽게 예약할 수 있으며 대부분 숙소 픽업 서비스를 제공한다. 가격은 약 K4~5만으로 현지 사정에 따라 변경될 수 있다. 방비엥까지 3시간 30분~4시간 정도 소요된다.

DAY 3

| 09:00 ~17:00 | 카야킹 |
| 18:30 | 인티라 레스토랑에서 저녁식사 |

DAY 4

09:00	블루 라군에서 수영하기
툭툭 20분	
11:00	까오삐약 맛집에서 점심식사
도보 10분	
12:00	루앙프라방 베이커리에서 티타임
도보 15분	
14:00	비엔티안행 여행자버스 출발
18:00	비엔티안 도착
18:30	저녁식사
	- 라오 키친 - 스티키 핑거스 카페 & 바
21:00	와타이국제공항으로 이동
23:50	인천국제공항으로 출발

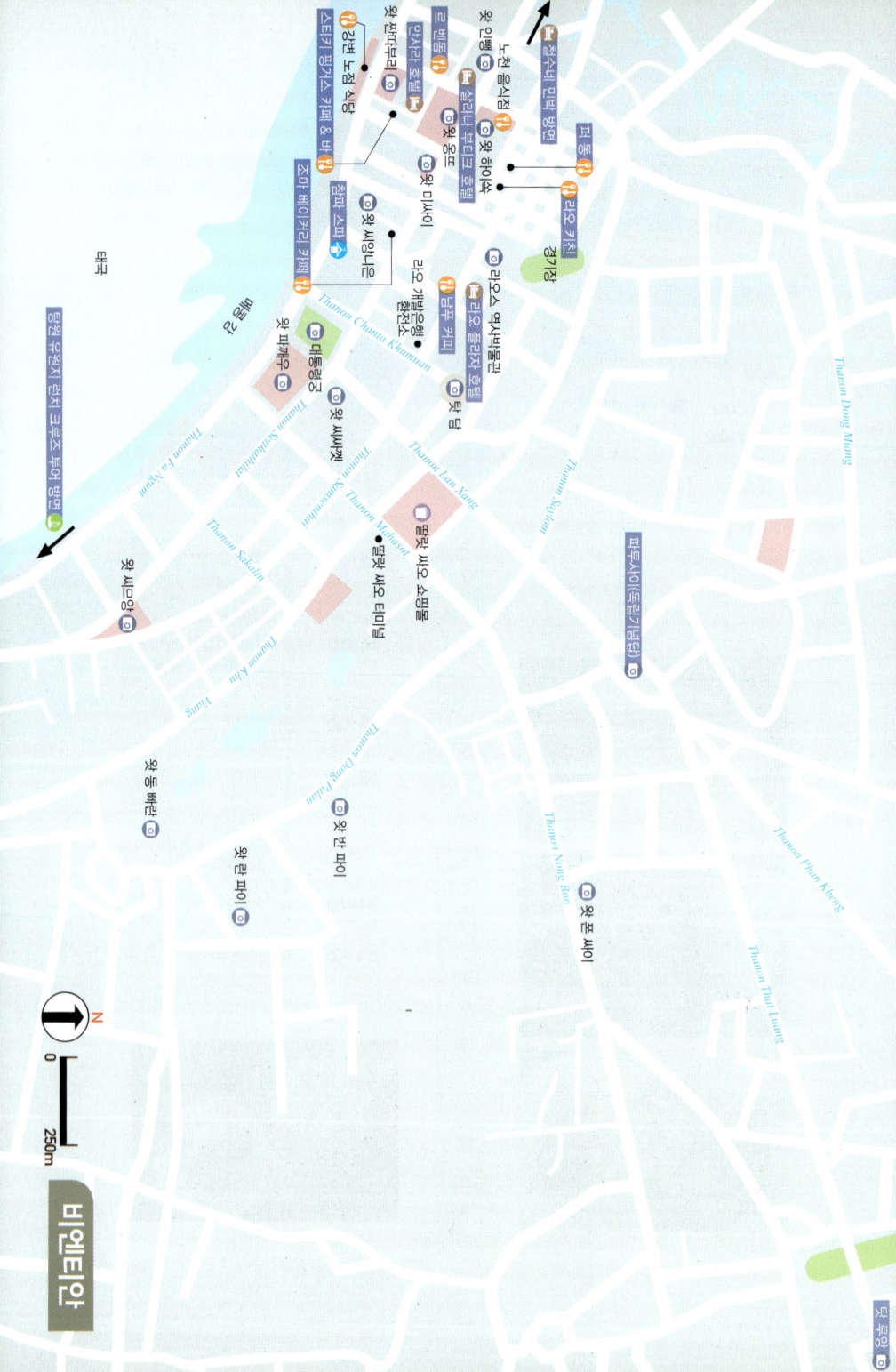

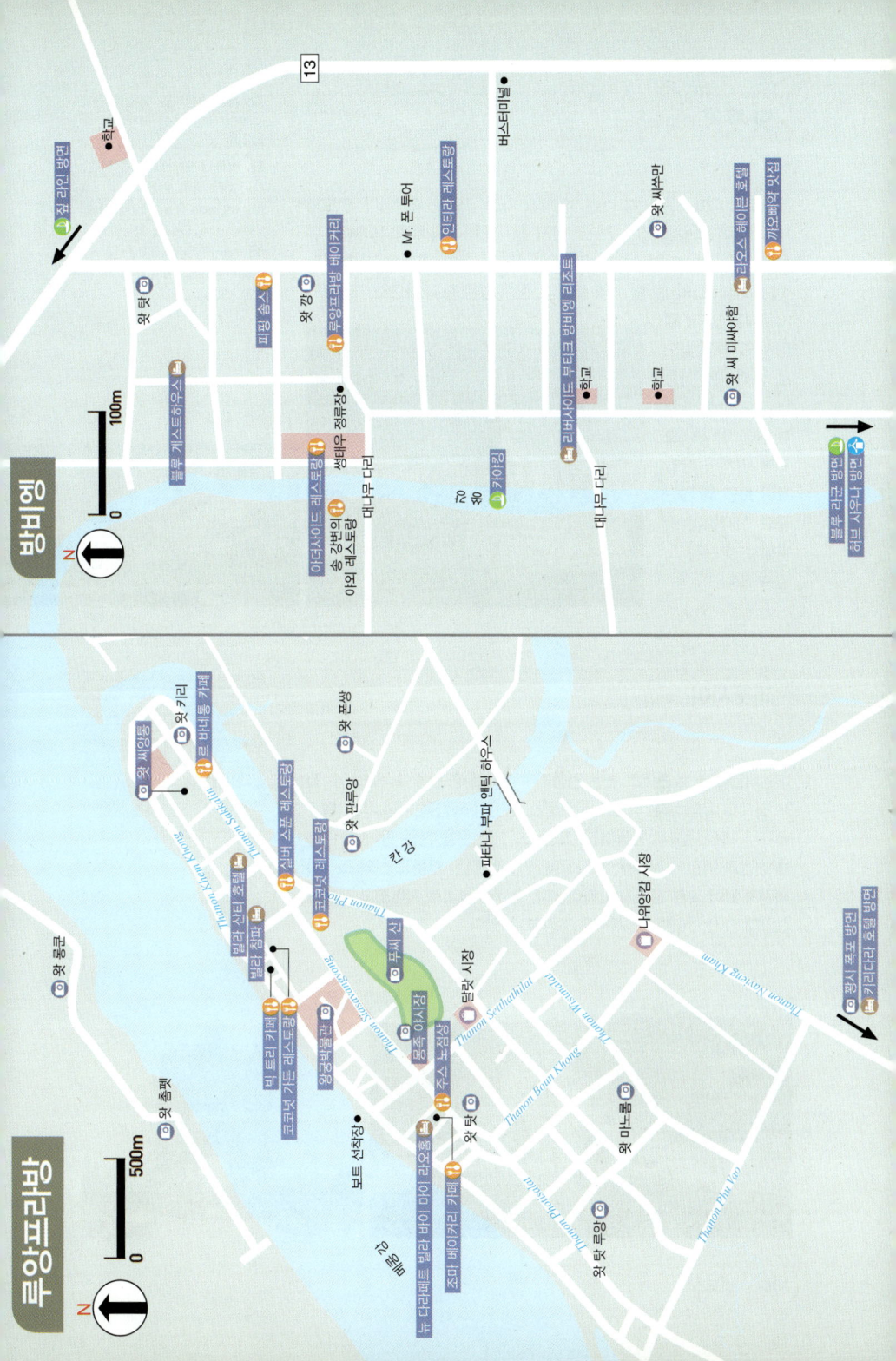

탓 루앙 That Luang

라오스의 대표 사원이자 비엔티안에서 가장 유명한 사원이다. 인도의 부처가 돌기둥을 심었던 곳으로 당시 돌기둥 아래에 부처님의 뼈와 유물을 묻은 것으로 알려졌다. 탓은 '탑'이라는 의미, 루앙은 '크다'라는 뜻으로 라오스의 '큰 탑'이라 불린다. 탓 루앙은 현재 라오스 지폐에도 사용되고 있다. 멀리서도 황금빛으로 번쩍이는 아름답고 경건한 3개의 층을 하나씩 오르며 부처의 상을 보다 보면 왜 많은 불교 신자들이 탓 루앙을 찾는지 느낄 수 있다.

Access 비엔티안 대통령 궁에서 란쌍 로드 따라 직진하다 파투사이 지나 말레이시아 대사관, 베트남 대사관 길로 직진. 시내에서 툭툭 이용 시 약 10분 Address Ban Nongbone, Vientiane Open 화~일요일 08:00~12:00, 13:00~16:00 Close 월요일·공휴일 Cost 입장료 K5000

파투사이 Patuxai

비엔티안에서 두 번째로 높은 건물이며 시내를 한눈에 내려다볼 수 있는 곳으로 유명하다. 라오스의 프랑스 식민지 독립을 기념하며 1957년부터 1968년까지 만들어진, 프랑스의 개선문을 본뜬 탑이다. 건축물 천장과 벽면에 비슈누, 브라흐마, 인드라 같은 힌두교 신의 조각이 새겨져 있어 묘한 분위기를 자아낸다. 총 7층 높이로 지어졌고 꼭대기 전망대에서는 비엔티안 시내를 조망할 수 있다.

Access 비엔티안 대통령 궁에서 란쌍 로드 따라 직진. 시내에서 툭툭 이용 시 약 5분 Address Thannon Lan Xang, Vientiane Open 월~금요일 08:00~16:00 토~일요일 08:00~17:00 Close 연중무휴 Cost 입장료 K5000 Tel 021-2122-4884

왓 씨앙통 Wat Xieng Thong

Access 루앙프라방 사카린 로드 북쪽으로 빌라 산티 호텔 지나 도보 5분 Address Khem Khong, Luang Prabang Open 06:00~18:00 Close 연중무휴 Cost 입장료 K2만 Tel 071-212-470

라오스를 통틀어 가장 아름다운 사원으로 꼽히며 1559년 세타티랏 왕 시절에 건립된 후 수많은 세월과 전쟁을 거쳤지만 원형을 잘 유지하고 있다. 라오스 전통건축양식인 하늘을 향해 솟아오른 지붕과 사원 뒷벽에 그려진 모자이크 장식이 눈길을 붙잡는다. 생명의 나무라 불리는 모자이크 장식을 보지 못하고 지나치는 경우가 많으니 꼭 사원 뒤편까지 꼼꼼하게 챙겨 보자.

왕궁박물관 Royal Palace Museum

Access 루앙프라방 시사방봉 로드에서 루앙프라방 베이커리 지나 야시장 방면으로 한 블록 이동하면 오른편 Address Luang Prabang Royal Palace Museum, Luang Prabang Open 08:00~11:30, 13:30~16:00 Close 화요일 Cost 입장료 K3만 Tel 071-212-470

라오스 왕족의 유물과 불상을 전시한 곳으로 황금 불상인 파방이 있다. 1909년 왕족을 위한 궁전으로 사용되다가 1976년 일반인에게 공개되었다. 금으로 만든 파방을 비롯해 수많은 불상과 란쌍 왕조의 유물이 전시되어 있어 둘러보는 것만으로도 왕족의 일상을 엿볼 수 있다. 박물관 내부 출입 시 반바지나 짧은 치마는 피하고 짐은 보관함에 맡겨야 한다. 보관함은 박물관 본관으로 들어가는 입구에 있고 보관비는 받지 않는다.

꽝시 폭포 Kuang Si Waterfalls

Access 루앙프라방 시내에서 여행사 상품 또는 툭툭 이용, 자동차로 40분 **Address** Kuang Si Falls outside Luang Prabang, Luang Prabang **Open** 07:30~17:30 **Close** 연중무휴 **Cost** K2만 **Tel** 071-212-068

현지인은 물론 외국인에게도 인기 있는 명소. 물살이 세거나 폭포가 높지 않음에도 다이빙 명소로 인기가 높아 수시로 모여서 다이빙을 하고 그 모습을 지켜보며 즐거워하는 여행자들이 많다. 물에 들어가 시간을 보내는 것도 좋지만 주위의 아름다운 풍경을 보면서 휴식을 취하기에도 그만이다.

푸씨 산 Mt. Phou Si

Access 시사방봉 로드에서 루앙프라방 베이커리 지나 야시장 방면으로 가다 보면 오른쪽에 위치한 왕궁박물관 맞은편 위로 난 계단 이용 **Close** 연중무휴 **Cost** 입장료 K2만 **Tel** 071-212-470

푸씨 산을 오르는 방법이 여러 가지 있는데, 대부분 왕궁박물관 맞은편으로 난 계단을 이용해 오른다. 정상까지 총 328개의 지그재그 계단을 올라가야 하는데 정상에는 1804년에 세워진 왓 참시라는 불탑이 있다. 메콩 강과 칸 강이 감싸고 있는 루앙프라방 시가지가 한눈에 들어오고 특히 해 질 녘에는 일몰을 감상하기 위해 수많은 사람이 찾는다.

몽족 야시장 Night Market

Access 시사방봉 로드를 따라 루앙프라방 베이커리 직전까지 일렬로 늘어섬 **Open** 17:00~22:00 **Close** 연중무휴

라오스에서 기념품을 사고 싶다면 루앙프라방의 몽족 야시장을 추천한다. 오후 5시부터 10시까지 야시장이 들어서는데 그 규모가 크고 볼거리, 살거리가 많아 시간을 충분히 가지고 둘러봐야 한다. 라오스의 몽족이 직접 만든 수공예품과 액세서리, 실크 제품 등 종류가 다양하고 가격도 저렴한 편이다. 마감 시간이 되면 가격이 파격적으로 떨어지기도 한다.

라오 키친 Lao Kitchen

비엔티안에서 제대로 된 현지 음식을 맛보고 싶다면 라오 키친으로 가자. 자매가 함께 운영하는 곳으로 어머니에게 직접 전수받은 레시피로 요리한다. 가격이 조금 비싼 편이지만 맛이 훌륭하다. 인기 메뉴로는 랍과 라오샐러드, 파파야샐러드가 있다. 음식이 나오기까지 시간이 제법 걸리지만 기다린 보람을 느낄 수 있다.

Access 비엔티안 라오 내셔널 컬처 홀 근처 행분 로드에서 KP호텔과 노이 프루트 헤븐 맞은편 Address 140/01, Unit 15, Rue Hengboun, Baan Anou, Vientiane Open 11:00~22:00 Close 설 연휴(그 외 부정기적) Cost 셰이크 K1만2000, 맥주 K1만6000, 라오샐러드 K2만9000, 랍 K3만/5만(R/L) Tel 021-254-332 Wi-Fi 무료 Web www.lao-kitchen.com

남푸 커피 Namphou Coffee

까오삐약과 라오스식 커피로 유명한 현지인 맛집. 까오삐약은 찹쌀로 만든 국수인데 일본식 라멘 국물처럼 뽀얀 육수에 칼국수처럼 굵직한 면발을 넣고, 찹쌀을 묻혀 조리힌 쫄깃한 돼지고기 고명을 얹어 내온다. 조금 짜긴 하지만 한국인의 입맛에 잘 맞는다. 현지 음식이 대부분이며 종류가 많지 않으나 가격이 저렴하고 간단하게 한끼 해결하기에 좋다.

Access 비엔티안 남푸 분수에서 스칸디나비안 베이커리 지나 직진, 참파 스파 맞은편 Address Rue Pangkham, Vientiane Open 07:00~20:00 Close 일요일 Cost 커피 K5000, 까오삐약 K1만3000 Tel 021-218-940

르 벤돔 Le Vendome

프랑스 주인이 운영하는 곳으로 프랑스 음식뿐만 아니라 다양한 양식 메뉴를 선보인다. 메뉴는 피자, 스파게티, 스테이크, 멕시칸샐러드, 수플레 같이 익숙한 음식이 대부분. 디저트 메뉴로는 폭신하면서 부드러운 수플레를 추천한다. 저녁시간에는 예약해야 할 정도로 자리가 가득 찬다.

Access 비엔티안 살라나 부티크 호텔과 인타 호텔 사이로 들어가서 티 숍 라이 지나 인펭 사원 동문 **Address** Bane Vatchane, Vat In Paeng, Vientiane **Open** 10:00~14:00, 18:00~22:00 **Close** 연중무휴 **Cost** 셰이크 K1만4000, 샐러드 K2만9000~, 스파게티 K3만2000~, 피자 K4만1000~ **Tel** 021-216-402 **Wi-Fi** 무료

스티키 핑거스 카페 & 바 Sticky Fingers Cafe & Bar

라오스에서 10년 이상 거주한 호주인이 운영하는 서양식 레스토랑이다. 편안하게 맥주를 마시는 여행자들을 쉽게 만날 수 있다. 감자튀김인 칩이 포함된 식사류가 많은데 맛이 좋아 감자튀김을 먹기 위해 방문하는 손님도 많다. 맛과 양에 비해 가격도 적당하다. 식사를 즐기기에도, 한잔하기에도 좋은 곳이다.

Access 비엔티안 야시장 대로의 사 바이디 커피 지나 LV 시티 리버린 방향으로 한 블록 가서 오른편 골목에 들어서면 초입 왼편 **Address** 10/3 Francois Nginn Street, Vientiane **Open** 월~금요일 05:00~22:00, 토~일요일 10:00~11:00 **Close** 연중무휴 **Cost** 피시앤칩스 K5만, 포크립 위드 비비큐소스 K5만, 스테이크앤칩스 K6만 **Tel** 021-215-972 **Wi-Fi** 무료

조마 베이커리 카페 Joma Bakery Cafe

현지 물가에 비해 가격이 비싼 편이지만 맛과 분위기가 좋다. 이곳 커피 음료에 쓰이는 로스팅된 원두커피를 따로 판매하는데 유기농으로 재배하고 선물용으로 많이 팔린다.

Access 비엔티안 지점_세타티랏 로드의 남푸 분수 근처 컵 짜이 듀 레스토랑 맞은편, 루앙프라방 지점_라오스 우체국에서 뉴 다라페트 호텔 방면으로 한 블록 걸어가면 차오 파눔 길가 **Address** Setthathilath, near Namphou Fountain, Vientiane **Open** 07:00~21:00 **Close** 연중무휴 **Cost** 아이스커피 K1만8000, 망고셰이크 K1만9000, 치즈케이크 K2만1000 **Tel** 021-215-265 **Wi-Fi** 무료 **Web** www.joma.biz

퍼 동 Pho Dung

비엔티안에서 가장 맛있는 현지식 쌀국수를 먹을 수 있는 곳이다. 점심시간이 되면 자리가 없을 정도다. 쇠고기, 돼지고기, 치킨 중에서 고르면 된다. S사이즈와 L사이즈로 주문이 가능하며 S사이즈를 먹어도 양이 부족하지 않다.

Access 비엔티안 라오 내셔널 컬처 홀 근처 행분 로드에서 라오 키친 지나 모퉁이 **Address** Rue Hengboun, Vientiane **Open** 06:00~14:00 **Close** 설 연휴 **Cost** 쌀국수 S K1만7000, L K2만 **Tel** 021-213-775

빅 트리 카페 Big Tree Cafe

한국의 인사동 갤러리 카페에서 영감을 얻어 만든 갤러리 스타일 레스토랑이다. 조미료를 거의 안 쓰는 데다 한식 메뉴는 주로 한국산 재료를 쓰고 있어 제대로 된 한식을 맛볼 수 있다. 우유와 설탕을 쓰지 않고 만드는 셰이크도 추천한다. 라오스 남부 지역에서 직접 가져온 원두는 가격에 비해 품질이 좋은 편이라 선물용으로 추천한다.

Access 루앙프라방 메콩 강가 봉나숙 게스트하우스에서 북쪽으로 한 블록 걸어가서 오른쪽 **Address** 46 Ban Vat Nong, Luang Prabang **Open** 09:30~21:00 **Close** 일요일·설 연휴 **Cost** 셰이크 K1만5000~, 스프링롤 K2만5000, 랍 K4만, 참치김치찌개 K5만5000, 뚝배기불고기 K6만 **Tel** 020-7777-6748/9 **Web** www.bigtreecafe.com

코코넛 레스토랑 Coconut Restaurant

맛집이 밀집된 시사방봉 로드에 있으며 하와이안피자와 라오피자가 인기 있다. 맛있는 피자에 파파야샐러드와 달달한 코코넛칵테일을 곁들이면 하루의 피로가 풀린다. 주위 다른 레스토랑에 비해 가격이 저렴한 편이다.

Access 루앙프라방 시사방봉 로드의 루앙프라방 마사지 앤드 스파 근처, 코코넛 가든 레스토랑 맞은편 **Address** Sisavang Vong Road, Luang Prabang **Open** 07:00~22:00 **Close** 연중무휴 **Cost** 아이스커피 K8000~, 파파야샐러드 K1만5000~, 맥주 K1만5000~, 코코넛칵테일 K3만~, 피자 K4만~ **Tel** 071-212-617 **Wi-Fi** 무료

실버 스푼 레스토랑 Silver Spoon Restaurant

현지 음식을 주메뉴로 선보이며 루앙프라방샐러드가 인기 있다. 직원들이 친절하고 가격이 적당해 꾸준히 손님이 찾는다. 내부 공간이 제법 넓고 쾌적해서 더위를 피해 잠깐 셰이크 한잔 마시면서 쉬어가기에도 좋다. 찬타빈 리조트 & 스파 투숙객을 위해 무료 셔틀버스 서비스도 대행해주고 있다.

Access 루앙프라방 프라이머리 스쿨 맞은편 **Address** Ban Vat Sene, Sakkaline Road, Luang Prabang **Open** 07:00~23:00 **Close** 연중무휴 **Cost** 커피 K1만~, 맥주 K1만5000~, 셰이크 K1만5000~, 루앙프라방샐러드 K2만5000~, 클럽샌드위치 K2만9000~ **Tel** 071-260-311 **Wi-Fi** 무료

코코넛 가든 레스토랑 Coconut Garden Restaurant

낮 시간대에도 편하게 식사할 수 있지만 저녁이 되면 가든 곳곳에 조명이 켜지고 음악이 흘러나와 훨씬 분위기 있다. 저녁시간대에는 예약하면 편하게 식사를 즐길 수 있다. 현지 음식을 비롯해 서양 음식 등 각국의 음식을 취향대로 맛볼 수 있다.

Access 루앙프라방 시사방봉 로드의 코코넛 레스토랑 맞은편 **Address** Ban Xieng Muan, Luang Prabang **Open** 08:00~24:00 **Close** 연중무휴 **Cost** 아이스티 K1만5000~, 커피 K1만5000~, 맥주 K2만~, 랍 K3만2000~, 세트 메뉴 K7만~ **Tel** 071-260-436 **Wi-Fi** 무료 **Web** elephant-restau.com

르 바네통 카페 Le Banneton Cafe

프랑스인 제빵사가 직접 만들어 제대로 된 프랑스식 빵을 맛볼 수 있는 곳이다. 저렴한 편이라 늘 여행자들로 가득해 자리 잡기가 힘들다. 바게트나 통밀로 만든 곡물 빵을 추천한다. 씹을수록 부드럽고 고소하다. 커피 역시 공정무역을 통해 들여온 원두를 이용해 더욱 믿음이 간다. 왓 씨앙통을 둘러보고 나서 브런치를 즐길 겸 들르기 좋다.

Access 루앙프라방 사카린 로드에서 왓 씨앙통 방면으로 가다 스리나가3 호텔 지나 위치 **Address** 46 Sakkhaline Road, Luang Prabang **Open** 06:30~18:00 **Close** 연중무휴 **Cost** 크루아상 K9000, 바게트·치아바타 K1만, 아이스커피 K1만4000, 맥주 K1만6000, 스무디 K2만4000~

주스 노점상

바게트샌드위치와 생과일 주스, 라오스식 커피를 주로 파는 노점상들이 모여 있는 거리다. 원하는 재료를 골라 넣은 샌드위치, 달달한 라오스식 커피를 주문해 먹으면 유명한 레스토랑 식사가 부럽지 않다.

Access 에이천트 루앙프라방 호텔에서 조마 베이커리 카페 방면으로 조금 걸어가서 왼쪽 **Open** 이른 아침부터 밤까지 **Close** 연중무휴 **Cost** 생과일주스 K1만 5000~, 샌드위치 K2만~

인티라 레스토랑 Inthira Restaurant

라오스 음식을 메인으로 다양한 종류의 음식을 먹을 수 있는 레스토랑. 저민 돼지고기를 뭉쳐 만든 포크 앤드 레몬그라스와 라오스식 찹쌀밥을 함께 먹어보자. 오전 10시부터 오후 2시까지 쿠킹 클래스를 열기도 한다. 1회당 비용은 K5만이다.

Access 방비엥 사방 빌리지, 라오 텔레콤 방면으로 말라니 빌라와 말라니 호텔 지나 왼쪽 **Address** Ban Savang, Vang Vieng **Open** 07:30~22:00 **Close** 연중무휴 **Cost** 아이스커피·과일셰이크 K1만2000~, 맥주 K1만5000~, 포크 앤드 레몬그라스 K2만5000, 칵테일 K2만9000~, 스팀 피시 필레·라오 스테이크 K3만5000 **Tel** 023-511-070 **Wi-Fi** 무료 **Web** www.inthirahotels.com

피핑 솜스 Peeping Som's

방비엥에서 라오스식 바비큐인 신닷이란 음식을 가장 잘하는 집이다. 대표 메뉴는 신닷을 퓨전으로 개발한 바비큐다. 한국인에게는 스트리키 포크 위드 베지터블이 특히 평이 좋은데 마치 우리나라의 삼겹살과 샤부샤부를 섞어 놓은 음식이라고 보면 된다. 주인이 직접 개발했다는 새콤한 특제 소스와도 잘 어울린다.

Access 방비엥 여행자 거리의 왓 캉 지나 미스터 치킨 레스토랑 맞은편 **Address** Ban Vang Vieng, Vang Vieng **Open** 11:00~01:00 **Close** 연중무휴 **Cost** 스트리키 포크 위드 베지터블 K3만5000, 핫포트 위드 베지터블 & 디핑소스 K4만5000~ **Tel** 020-5577-3459

루앙프라방 베이커리 Luang Prabang Bakery

방비엥에서 인기 있는 베이커리 카페이자 레스토랑으로 언제나 다양한 종류의 빵을 적당한 가격에 먹을 수 있다. 낮에는 커피나 주스를 마시며 쉬어 가는 손님이 대부분이지만 저녁이 되면 식사하러 오거나 분위기를 즐기는 손님이 많다.

Access 방비엥 사나자이 레스토랑과 그린 디스커버리 여행사 사이로 들어가면 바로 오른쪽 **Address** Kangmuong Street, Vang Vieng **Open** 07:00~22:00 **Close** 연중무휴 **Cost** 크루아상 K8000, 아이스커피 K1만5000~, 초콜릿케이크 K2만5000 **Tel** 023-511-145 **Wi-Fi** 무료

까오삐약 맛집

말라니 호텔 오른쪽에 자리한 까오삐약 식당 중 가장 맛이 좋은 집이다. 까오삐약은 찹쌀로 만든 국수인데 쫄깃한 식감과 구수한 맛으로 여행자들의 입맛을 사로잡는다. 라오어 외에는 소통되지 않지만 주문 시 직접 세 가지 면을 보여주며 고르라고 할 정도로 친절하다.

Access 방비엥 사방 빌리지, 말라니 호텔 바로 오른쪽에 자리 잡은 까오삐약 식당 중에서 첫 번째 집 **Open** 06:00~21:00 **Close** 연중무휴 **Cost** 탄산음료 K5000~, 까오삐약·셰이크 K1만~

아더사이드 레스토랑 Otherside Restaurant

남매가 함께 운영하는 곳으로 바로 옆 바나나 레스토랑은 여동생이, 아더사이드 레스토랑은 오빠가 운영한다. 낮에는 강변을 향해 늘어선 좌식 테이블에 많은 여행자가 드러누워 스크린에서 나오는 미국 드라마나 애니메이션을 보며 시간을 보낸다.

Access 루앙프라방 베이커리에서 남송 리버사이드 방면으로 직진, 강가와 인접해지면 오른쪽. 바나나 레스토랑 왼쪽 **Address** On the Main Street by the River, Vang Vieng **Open** 07:00~22:30 **Close** 연중무휴 **Cost** 아이스커피 K7000, 칵테일 K2만5000, 버거류 K2만5000~, 스테이크 K3만8000~5만5000 **Tel** 020-5510-6288 **Wi-Fi** 무료

참파 스파 Champa Spa

마사지 잘하는 곳을 찾기 힘든 비엔티안에서 가장 평이 좋은 곳. 직원들의 서비스 교육이 잘되어 있고 건물도 깨끗하다. 메콩 강 야시장 대로에 위치한 지점은 총 20명의 테라피스트를 두고 있으며 모든 테라피스트들은 3년간 트레이닝을 거친 후 정식으로 일하게 된다. 추천하는 마사지로는 라오 트래디셔널 마사지와 아로마 오일 마사지가 있다. 한번 받아보면 피로와 긴장이 풀리면서 가뿐하게 하루를 마무리할 수 있다.

Access ①지점 1_비엔티안 야시장 대로에 위치한 란쌍 호텔과 BCEL 뱅크 사이 ②지점 2_라오프라자 호텔 맞은편 **Address** Corner of Fa Ngum & Pangkham Road, Next to Lanexang Hotel **Open** 09:00~22:00 **Close** 연중무휴 **Cost** 라오 트래디셔널 스파 K7만(1시간)~ **Tel** 021-251-926 **Web** www.champaspa.com

허브 사우나 Herbal Sauna

가족이 운영하는 소형 천연 허브 사우나다. 안으로 들어가면 신이라는 큰 천을 주는데 구석에 있는 탈의실에서 옷을 벗고 신을 두른 다음 간이 샤워실에서 샤워한 후 사우나를 이용할 수 있다. 사우나실을 가득 채운 뜨거운 증기는 바로 아래에서 직접 허브와 나무를 때서 나오는 것이다. 규모가 아담하고 마당에서 닭이 뛰어다니는 등 자연 속에서 찜질을 즐기며 여행의 피로를 풀 수 있는 색다른 스파이다.

Access 방비엥 여행자 거리에서 라오 텔레콤, BCEL 뱅크 지나 10분 정도 걷다 보면 패밀리 게스트하우스가 나온다. 패밀리 게스트하우스 지나 5분 정도 지나서 거리 왼쪽 **Open** 15:00~20:30 **Close** 연중무휴 **Cost** 사우나 K1만 **Tel** 030-9370-456

탕원 유원지 런치 크루즈 투어
Tangwon Lunch Cruise Tour

관광명소로 유명한 탕원 유원지의 메콩 강을 따라 선상에서 약 40분 동안 점심을 먹는 런치 크루즈다. 한적한 주변 풍경이 한눈에 들어오면서 마치 신선이 된 기분을 만끽할 수 있다. 런치 크루즈 투어에는 비엔티안 반나절 시내 투어도 포함되어 있는데 외곽의 실크마을, 소금마을과 시내의 탓 루앙, 파투사이, 왓 씨 싸켓, 호 파께우 등을 둘러볼 수 있다. 여행사에서 예약할 수 있으며 세심한 서비스를 제공하는 트래블앳라오와 폰 트래블을 추천한다.

Access 여행사 투어 프로그램 이용 Cost 2인 이용 시 1인 $49, 4~7인 이용 시 1인 $28(인원에 따라 요금 변동) 트래블앳라오 Travel@Lao Tel 070-8259-3200, 020-5955-9900 Web www.travellao.com
폰 트래블 Phone Travel Tel 070-8692-7484, 021-244-386 Web www.laokim.com

카야킹 Kayaking

방비엥을 두르고 있는 남송 강을 따라 카약을 타고 즐기는 투어다. 카야킹뿐만 아니라 코끼리 모양의 천연 종유석이 있는 코끼리 동굴(탐쌍)과 로프를 타고 호수를 건너 종유석이 가득한 물 동굴(탐남)을 살펴보는 코스가 포함되어 있어 짧은 시간에 다양한 체험을 할 수 있다. 폰 트래블 여행사의 방비엥 지사에서 직접 개발한 코스로 진행한다. 4세부터 가능하기 때문에 가족끼리 즐기기에도 무리가 없다.

Access 여행사 투어 프로그램 이용 Cost 1인 $12, 맞춤 투어 1인 $20(최소 4인 이상, 현지 상황에 따른 변동 있음) 폰 트래블 Phone Travel Tel 070-8692-7484, 021-244-386 Web www.laokim.com

짚 라인 Zip Line

Access 여행사 투어 프로그램 이용 **Cost** 일일투어 1인 $35~, 반일투어 1인 $28(현지 상황에 따른 변동 있음) 폰 트래블 **Phone Travel Tel** 070-8692-7484, 021-244-386 **Web** www.laokim.com

나무에서 나무로 이동하는 고공 와이어 줄타기와 와이어로된 다리를 건너는 코스로 이루어져 있다. 6세부터 가능하기 때문에 누구나 체험할 수 있는 투어. 로프에 몸을 맡긴 채 공중을 날면 상쾌함에 가슴이 뻥 뚫림을 느낄 수 있다. 안전장치가 잘되어 있고 투어 가이드가 수시로 체크해주니 안전은 걱정하지 않아도 된다.

블루 라군 Blue Lagoon

Access 방비엥에서 약 20km **Address** West of Vang Vieng, Vang Vieng **Cost** 통행료 차 1대에 1인 K1만, 입장료 1인 K1만, 툭툭 이용 시 K15만~

방비엥 최고의 다이빙 명소다. 1년 내내 다이빙과 수영을 즐기러 오는 여행자들로 붐비며 특히 호수 사이의 나무에서 다이빙을 즐기는 여행자들이 많다. 다이빙뿐만 아니라 근처 풀밭에서 책을 읽거나 식당에서 식사하며 여유를 즐기는 이들도 많다. 안전을 생각해 툭툭을 대여하거나 버기카 투어를 이용해 방문하길 추천한다. 근처의 푸캄 동굴을 구경해보는 것도 좋다.

살라나 부티크 호텔 Salana Boutique Hotel

2010년에 오픈한 호텔로 요즘 비엔티안 시내에서 가장 뜨는 호텔이다. 총 42개의 객실은 로맨틱하고 세련된 스타일로 꾸며져 있으며 전 객실에 빠른 속도의 와이파이와 70개국의 방송 채널을 시청할 수 있는 서비스를 제공한다. 비엔티안 야시장과 도보 1분 거리이며 사전에 요청하는 투숙객들에게는 유모차 대여나 허니문 서비스를 제공한다. 스파 시설은 물론 독특하게 라이브러리 시설이 있어 DVD를 대여하거나 독서를 즐길 수 있다.

Access 비엔티안 야시장 대로의 인터시티 호텔 옆길로 폰 트래블, 사오반 상점 지나면 사거리 왼편 모퉁이 **Address** Chao Anou Road, 112 Vat Chan Village, Chanthabouly District, Vientiane **Cost** 슈피리어 $95~, 디럭스 $103~, 스위트 $149~ **Tel** 021-254-254 **Wi-Fi** 무료 **Web** www.salanaboutique.com

안사라 호텔 Ansara Hotel

객실이 호텔 정원에 둘러싸여 있어 마치 리조트의 빌라에 머무는 것 같다. 객실은 14개로 단 2개의 객실만 스위트룸으로 이용되며 나머지는 기본 스탠더드룸이다. 객실 수가 적어 호텔을 이용할 수 있는 사람이 제한되어 조용하게 머물 수 있다. 객실마다 노트북이 구비되어 있다. 호텔 레스토랑 'le signature'는 제대로 된 프랑스식 코스 요리를 즐길 수 있는 곳으로 유명하다.

Access 비엔티안 야시장 대로 인터시티 호텔에서 아래로 한 블록 이동 후 왼쪽으로 꺾으면 간판이 보인다. 간판을 따라 도보 2분 **Address** Quai Fa Ngum, Ban Vat Chan Tha, Hom 5, Muang Chanthabury, Vientiane **Cost** 스탠더드 $110~, 스위트 $164~ **Tel** 021-213-514 **Wi-Fi** 무료 **Web** www.ansarahotel.com

라오 플라자 호텔 Lao Plaza Hotel

카페테리아, 중식, 일식 3개의 레스토랑과 수영장, 피트니스 센터, 스파 시설이 갖추어져 있어 여러모로 다양한 편의를 제공한다. 특히 수영장이 넓고 깨끗해 만족도가 높은 편이다. 객실에는 TV, 미니바, 헤어드라이어 등의 필요한 시설이 잘 준비되어 있고 호텔에 미리 부탁하면 공항에서 호텔까지 무료 셔틀버스 서비스를 이용할 수 있다.

Access 비엔티안 남푸 분수에서 팽캄 로드로 직진, 스칸디나비안 베이커리 지나 남푸 커피 방면으로 가다 왼편으로 돌면 바로 맞은편 **Address** 63 Samsenethai Road, Vientiane **Cost** 슈피리어 $110~ **Tel** 021-218-800 **Wi-Fi** 슈피리어룸만 유료. **Web** www.laoplazahotel.com

철수네 민박

곳곳에 한글로 여행정보를 붙여 두거나 대부분의 예약 대행을 도와주고 있다. 객실이 굉장히 널찍하고 청결하게 관리되며 에어컨이 설치되어 있다. 비엔티안 시내 중심에서 약간 벗어나 있지만 이동하기 불편하지 않고 가격이 저렴해 장기 투숙객들의 부담을 덜어준다 자전거 무료 대여 서비스를 제공하고 있으며 한식이 조식으로 제공된다.

Access 비엔티안 수파누봉 로드의 머큐어 호텔(구 노보텔) 지나 비엔티안 시내 반대편(공항 방면)으로 150m 직진, 타이 에어라인과 포드 자동차 매장 지나 맞은편 사원 옆 골목 **Address** Van Khoutta Unit 9 Sikhottabong District, Vientiane **Cost** 도미토리 K7만~, 더블룸 $15~, 가족룸 $30~ **Tel** 020-5939-8458 **Wi-Fi** 무료 **Web** cafe.daum.net/chulsuguesthouse

빌라 산티 호텔 Villa Santi Hotel

한때 라오스 공주가 생활했던 건물로 이후 원래의 모습을 변형하지 않고 호텔로 운영하고 있다. 세월이 느껴지는 가구나 소품들이 고풍스럽고 아늑한 느낌을 준다. 객실 수는 적지만 파스텔톤의 인테리어와 객실 내 시설이 투숙객의 마음을 사로잡는다. 이곳에서 지내면 매일 아침 진행되는 탁밧 행렬을 호텔에서 편하게 감상할 수 있다.

Access 루앙프라방 사카린 로드의 루앙프라방 프라이머리 스쿨 지나 바로 맞은편 모퉁이 **Address** Royal Sakkarine Road, Ban Wat Sene, Luang Prabang **Cost** 디럭스 $106~, 주니어 스위트 $124~ **Tel** 071-252-157 **Wi-Fi** 무료 **Web** www.villasantihotel.com

키리다라 호텔 Kiridara Hotel

시내에서 조금 멀지만 셔틀버스, 툭툭, 자전거 대여 서비스가 무료로 제공되어 언제든지 시내로 이동할 수 있다. 피트니스 센터와 스파, 라이브러리까지 갖추고 있어 호텔 내에서 다양한 활동이 가능하다. 푸씨 산을 향한 자연 친화적인 디자인의 수영장은 24시간 이용 가능하며. 셔틀버스를 이용해 시내로 나가려면 1시간 전에 예약하는 것이 좋다.

Access 루앙프라방 시외 지역이라 툭툭을 타고 시내에서 10분 Address 22/13 North Road, Ban Navieng kham, Luang Prabang Cost 슈피리어 마운틴뷰 $110~, 디럭스 마운틴뷰 $120~, 스위트 $184~ Tel 071-261-888 Wi-Fi 무료 Web www.kiridara.com

뉴 다라페트 빌라 바이 마이 라오홈
New Daraphet Villa by MyLaoHome

숙박이라는 기본 기능에 충실한 곳으로 저렴한 가격에 아담한 조식당이 있으며 시내로 이동하기에 편리한 위치이다. 규모는 작지만 공항 무료 픽업 서비스와 공동으로 사용 가능한 발코니가 있고 스파시설도 갖추고 있다. 탁밧 행렬을 하는 곳과 몽족 야시장에서 가깝다.

Access 루앙프라방 조마 베이커리 카페에서 바로 왼쪽 골목으로 들어가 20m 정도 내려가서 왼쪽. 공항 무료 픽업 서비스 제공 Address Ban Hua Xieng, Luang Prabang Cost 스탠더드 $29~, 슈피리어 $36~, 디럭스 $43~ Tel 071-254-881 Wi-Fi 무료 Web www.mylaohome.com

빌라 참파 Villa Champa

가격에 비해 위치, 객실 시설이 우수한 곳으로 아담하고 편리한 시설을 갖추고 있다. 1층 객실이 저렴하지만 도로와 바로 연결되어 소음이 심하다. 2층 객실에는 발코니가 있고 시설도 좋다.

Access 루앙프라방 실버 스푼 레스토랑 맞은편 루앙프라방 프라이머리 스쿨 왼쪽 대로로 한 블록 내려가서 오른쪽 모퉁이 Address Ban Vatnang, Sisavangvathana Road, Luang Prabang Cost 스탠더드 $41~, 슈피리어 $46~ Tel 071-253-555 Wi-Fi 무료

리버사이드 부티크 방비엥 리조트
Riverside Boutique Vangvieng Resort

모든 객실은 규모가 큰 편이라 쾌적하게 이용할 수 있으며 객실용품이 잘 갖추어져 있다. 부대시설이 없는 게 아쉽지만 호텔 중앙의 수영장을 이용하거나 선베드에 서의 휴식만으로도 만족스럽다. 강가에 위치해 전망이 뛰어나고 리조트 근처에서 카야킹, 튜빙 같은 액티비티를 체험할 수 있다. 방비엥에서 가장 비싼 리조트이지만 가격만큼 큰 만족을 준다.

Access 방비엥 반비엥께오의 로어 세컨드리 스쿨 티처 트레이닝 센터 건너편의 비엥타라 게스트하우스와 캥거루 선셋 레스토랑 사이 길로 들어가 빌라 방비엥 리조트 맞은편 **Address** Ban Viengkeo, Vang Vieng **Cost** 디럭스 $87~, 이그제큐티브 스위트 $158~ **Tel** 023-511-726 **Wi-Fi** 무료 **Web** www.riversidevangvieng.com

라오스 헤이븐 호텔 Laos Haven Hotel

태국에서 공수한 재료로 건물 전체를 개조했다. 호텔 내·외부는 구름을 연상시키는 하얀 벽으로 되어 있고 계단 사이사이 투숙객들이 편히 쉴 수 있도록 그네형 의자와 테이블이 놓여 있다. 객실은 평범하지만 청결하고 바닥에 타일이 깔려 있어 신발을 벗고 편하게 이용할 수 있다. 여행자 거리에서 도보로 10분 정도 떨어져 있지만 그리 불편하지 않다.

Access 방비엥 반비엥께오, 라오 텔레콤에서 시내 반대편으로 두 블록 걸어가다 보면 BCEL 뱅크 지나 그린 레스토랑 맞은편 **Address** Ban Viengkeo, Near riverfront, Vang Vieng **Cost** 스탠더드 $15~, 슈피리어 $17~, 디럭스 #21~, 패밀리 #24~ **Tel** 023-511-900 **Wi-Fi** 무료

블루 게스트하우스 Blue Guesthouse

한국인 주인이 직접 운영하며 투숙객의 90%가 한국인. 더블룸은 방마다 더블베드와 싱글베드가 각각 1개씩 마련되어 한결 편하게 이용할 수 있다. 조식은 불포함이다. 우기가 되면 침구가 습하다는 평이 있으니 예약 시 객실 컨디션을 잘 따져보자.

Access 방비엥 왓탓 뒤편, 남송 리버사이드의 참파라오 빌라 맞은편 **Address** Wat That, Vang Vieng **Cost** 도미토리 $4~, 더블 $15~, 패밀리 $20~ **Tel** 020-2388-0000 **Wi-Fi** 무료 **Web** cafe.naver.com/laobulehouse

필리핀

PHILIPPINES

마닐라 　 팔라완

필리핀 알아보기

수도
마닐라(Manila)

면적
약 300,000km²

인구
약 1억76만 명

언어
자국어는 타갈로그어이고 영어에도 능숙하다.

기후
6~10월은 우기, 11~5월은 건기로 나뉜다. 평균 온도는 대략 33℃로 여름철에는 39℃까지 올라간다. 우기에는 온도가 17℃까지 낮아지면서 선선하다.

옷차림
기본적인 여름 의류와 에어컨용의 얇은 긴 소매 옷을 준비한다. 자외선차단 아이템과 물놀이용품은 필수. 해변의 모래가 곱지 않은 편이니 아쿠아슈즈도 챙기자.

시차
한국보다 1시간 느리다. 한국 15:00 → 필리핀 14:00

통화
단위는 페소(Peso). 지폐는 P5·10·20·50·100·200·500·1000, 동전은 P1·5·10, 5·10·25 Centavo가 있다. P1은 한화로 25원(2015년 10월 기준).

환전
페소로 바꿔 가면 편하지만, 환율은 현지 환전소에서 달러를 환전하는 게 더 좋다. 신용카드는 마닐라나 세부에서는 잘 사용되는 편이지만 로컬 식당 중에는 현금만 받는 곳도 있다. 필리핀 입국시 현금소지 한도가 P10000로 제한된다.

음식
해산물과 열대 과일이 풍부하고 동서양의 다양한 요리를 즐길 수 있다. 전통 필리핀 음식 외에 스페인, 이탈리아, 미국 음식을 하는 레스토랑이 많고, 동서양의 퓨전 레스토랑이나 해산물 레스토랑도 쉽게 찾을 수 있다.

전압
220V. 플러그는 한국의 110V용을 사용한다.

여권&비자
관광 목적의 경우 30일까지 비자 없이 체류 가능하며, 출입국하는 날짜에 여권의 유효기간이 남아있으면 된다. 예전에는 여권 잔여기간이 6개월 이상이 남아 있어야 입국을 허용하였던 것에 비해 더 많은 관광객을 유치하기 위해 규정이 바뀌었다고 한다.

세금
팁은 최대 P100을 넘지 않는 범위로, 지불하는 금액의 15% 정도가 무난한 편이다. 팁은 고마

PHILIPPINES INFORMATION

움을 표현하는 하나의 방식이니 나쁜 서비스를 받았을 경우에는 줄 필요가 없고, 좋은 서비스를 받은 경우에만 줘도 된다.

전화
호텔에서 전화가 가능하지만 수수료가 붙는다. 공항 모바일 부스(Smart, Glove)에서 P1060에 1,000분 통화와 무제한 인터넷 사용이 가능한 SIM카드를 구입할 수 있다.

필리핀 출입국 절차

필리핀은 저가항공사인 진에어, 제주항공 등의 직항편을 이용해 오갈 수 있다. 그 외에 외국계 저가항공의 직항편을 이용하거나, 세부 또는 마닐라에서 경유편을 타고 주변 지역으로 이동한다. 필리핀은 출입국 시 항공권이나 수화물 보관증 등 다른 나라에 비해 티켓 확인을 꼼꼼하게 한다.

간단히 보는 필리핀 입국 절차

도착
▽
입국 심사
▽
수화물 찾기
▽
세관 통과

간단히 보는 필리핀 출국 절차

탑승 수속
▽
출국 심사
▽
게이트 확인
▽
탑승

TIP

필리핀 출입국 요령

- 필리핀 장기체류 비자가 없는 모든 외국인은 편도 항공권으로는 입국이 불가능하므로 반드시 왕복 항공권이나 필리핀에서 다른 나라로 가는 항공권을 미리 구입해 놓아야 한다.
- 출입국신고서는 비행기에서 내리기 전에 쓰자.
- 짐을 분실한 경우 수화물 보관증을 가지고 배기지 클레임 창구에 가서 분실 신고를 한다.
- 입국심사대에서 세관신고서를 제출하면 확인 스탬프를 찍어서 되돌려준다. 그걸 받아서 출구에 서 있는 직원에게 제출하면 된다. 이때 수화물 보관증도 함께 보여준다. 남의 짐을 들고 나가는 사람들을 단속하기 위한 것이므로 수화물 보관증을 잘 챙겨두자.
- 필리핀은 면세 한도가 담배 두 보루, 주류 두 병을 제외하고 0페소이다. 따라서 세관원이 면세품에 대해 세금을 물면 꼼짝없이 내야 하는 게 원칙이다.
- 필리핀에서 출국할 때에는 중간에 X선 검사나 신체검사가 여러 번 있다. 생각보다 줄도 길고 시간이 많이 소요되므로 적어도 3시간 전에는 공항에 도착하는 것이 좋다.
- 출국신고서는 입국 시 돌려받은 것으로 여권에 끼워져 있다. 잃어버렸을 때는 항공사 카운터에서 출국신고서를 요청하고 새로 작성한다.
- 출국 시 공항세(P550/750)를 납부해야한다. 납부 후 받은 영수증은 출국 심사 시 제출한다.
- 게이트로 갈 때 검사대를 한 번 더 통과하게 된다.

필리핀의 국제공항

● **막탄세부국제공항**

세부의 관문 역할을 하는 막탄세부국제공항은 국제선뿐만 아니라 국내선도 많이 오가서 보라카이, 마닐라, 보홀, 팔라우 등 필리핀의 다른 지역과 연결된다. 필리핀 제2의 도시 세부 시티에 있지 않고 고급 리조트가 많은 막탄 섬에 있다.

● **깔리보국제공항**

보라카이 섬의 남쪽에 있는 파나이 섬에 위치한다. 비행기에서 내려 보라카이 섬으로 들어가기 위해서는 까띠끌란 선착장까지 자동차를 타고 가서 배를 타고 바다를 건넌 후 다시 버스나 트라이시클을 타고 숙소로 이동한다. 공항에서 숙소까지 넉넉잡아 3시간 걸린다.

● **마닐라국제공항**

말라테 등의 시내 남쪽에 위치한 마닐라국제공항에는 3개의 터미널이 있다. 터미널 1은 '니노이 아키노 국제공항'으로 민주화 투쟁에 앞장섰던 아키노의 이름을 땄다. 터미널 2는 필리핀항공의 국제선과 국내선만 이착륙하고, 터미널 3은 국내선 공항인데 세부퍼시픽은 국제선과 국내선 모두 터미널 3에 있다.

● **푸에르토프린세사공항**

푸에르토프린세사공항에는 국내선만 있고 국제선 공항은 2017년 완공을 목표로 지금 한창 공사 중이다. 국내선도 다른 관광지에 비해 다양하지 않아서 마닐라에서 오는 국내선을 이용하는 게 편하다. 마닐라에서 1시간 소요된다.

출입국신고서 작성법

● 출입국신고서

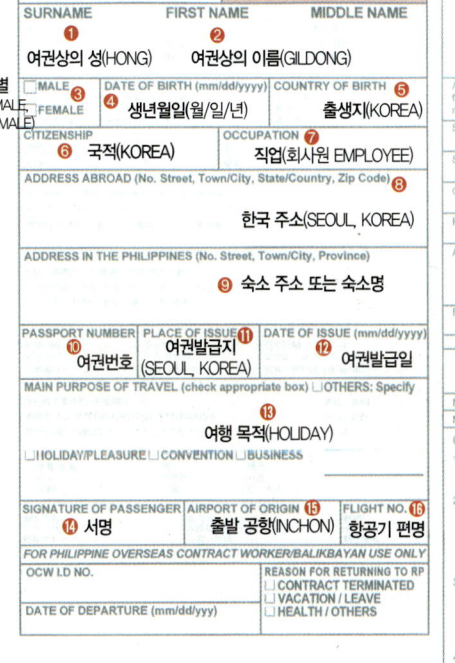

● 세관신고서

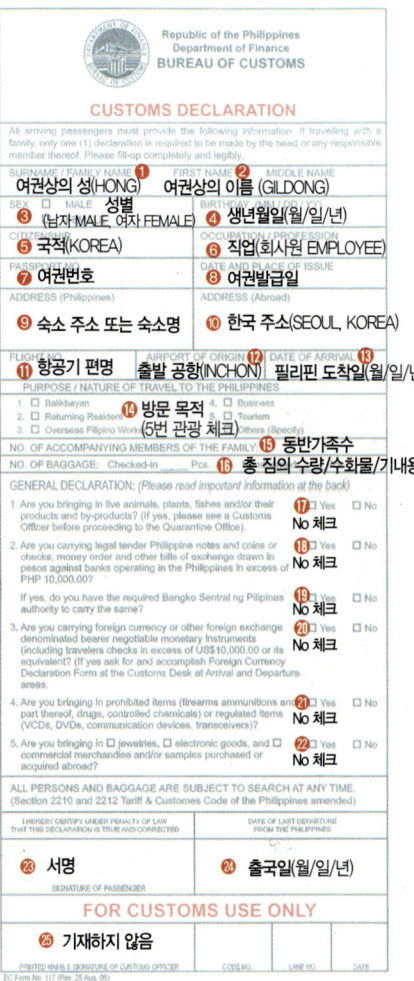

세부
CEBU

시티 라이프와 바다, 두 매력이 공존하는 휴양지

필리핀 제2의 도시인 세부는 야자수가 있는 해변과 저렴한 물가, 여행자를 위한 편리한 서비스까지 우리가 동남아시아 휴양지에서 기대하는 장점을 두루 갖추고 있다. 세부는 여행자들이 많이 찾는 고급 리조트의 집결지 막탄 섬과 필리핀 현지인의 일상에 여행자들의 문화가 보태진 세부 시티로 나뉜다. 막탄 섬에서는 해양 스포츠나 리조트에서 휴양을, 세부 시티에서는 쇼핑과 맛집 탐방을 즐길 수 있다.

세부 여행 준비

- **이동 시간**
  직항 3시간 30분
- **일정**
  3박 5일
- **항공권**
  특별 가격 19만5000원~
  일반 가격 38만5000원~
  (2015년 9월 제주항공 기준)

고정 비용	항공료	19만5000원
	숙박료	20만원
유동 비용	교통비	2만원
	투어비	20만원
	식비	9만원
	기타 여비	10만원
합계		80만5000원~

※성인 1인 3박 5일 비수기, 숙소 2인 1실 기준

- **숙소**
  세부 여행은 예산에 맞춰 숙소를 먼저 정해놓고 여행 계획을 짜는 게 좋다. 아래는 한국인에게 인기 있는 숙소이다.

 럭셔리

- 제이파크 아일랜드 리조트 세부
- 샹그릴라 막탄 리조트&스파
- 플랜테이션 베이 리조트&스파
- 뫼벤픽 리조트&스파

 실속형

- 워터프런트 에어포트 호텔&카지노

세부 교통 가이드

막탄세부국제공항 → 숙소

대중교통이 없어서 택시나 픽업 서비스를 이용하게 된다. 공항 택시 이용 시에는 공항 택시 승강장을 이용한다. 제이파크 아일랜드 리조트 세부와 샹그릴라 막탄 리조트 & 스파까지는 셔틀버스가 운행한다.

목적지	공항 택시 요금	셔틀버스 요금	소요시간
워터프론트 에어포트 호텔 & 카지노	X	X	도보 5분
제이파크 아일랜드 리조트 세부		P150(홈페이지 예약)	20분
샹그릴라 막탄 리조트 & 스파	P250~	P200(홈페이지 예약)	
막탄 섬 내 리조트		X	20~30분
세부 시티 내 호텔	P350~	X	40~50분

세부의 교통수단

1. 택시

시내로 나갈 때 대개 미터 택시를 이용하게 된다. 막탄 섬에서는 택시를 잡기가 쉽지 않으므로 숙소나 레스토랑에 얘기해 콜택시를 부른다. 기본요금은 P70부터이며, 막탄 섬에서 세부 시티까지는 P300 이상이다.

2. 셔틀버스

막탄 섬의 고급 리조트에서는 아얄라 센터-SM 시티행 셔틀버스를 운행하는 경우가 많다. 요금은 체크아웃 때 정산하며 3명 이상인 경우 택시가 더 저렴할 수 있다. 요금은 무료 또는 1인 P150 이상이다.

3. 렌터카

시내 곳곳을 돌아다닌다면 렌터카가 편리할 수 있다. 한인 렌터카 업체는 한인 식당이나 스파에서 소개 받는다. 세부에서 빌리면 따로 기사가 있는 경우가 대부분이니 인원수와 기사 유무를 확인하고 빌리자. 요금은 최소 2시간에 승용차가 P600부터 시작한다.

4. 지프니

가끔은 세부 현지인들이 이용하는 지프니를 타보자. 트럭을 개조해 뒤가 뚫려 있으며 차마다 색깔도 모양도 다른 세부의 명물이다. 노선이 복잡하니 짧은 거리에만 이용하고, 많은 사람이 타므로 소지품에 주의한다. 요금은 1인 P8부터 시작한다.

세부 핵심 코스

[짧은 기간 숙소에서 쉬면서
휴양을 즐기고 싶은 여행자를 위한 3박 5일 코스]

Day 1

- **00:25** 막탄세부국제공항 도착
- **01:00** 체크인
- **12:00** 체크아웃, 다음 숙소 이동 후 리조트에서 점심식사
- **15:00** 쇼핑
  - 아얄라 센터
  - SM 시티

택시 30분

- **19:00** 저녁식사
  - 인자니(벨리니)
  - 츄라스코
  - 플랜테이션 베이 리조트&스파의 테마 뷔페

Day 2

- **09:00 ~15:00** 아일랜드 호핑 투어
- **16:00** 숙소 부대시설 즐기기
- **18:30** 골드 망고 그릴 & 레스토랑에서 저녁식사

택시 5~10분

- **20:00** 마사지 & 스파
  - 노아 스톤 & 스파
  - 에코 스파

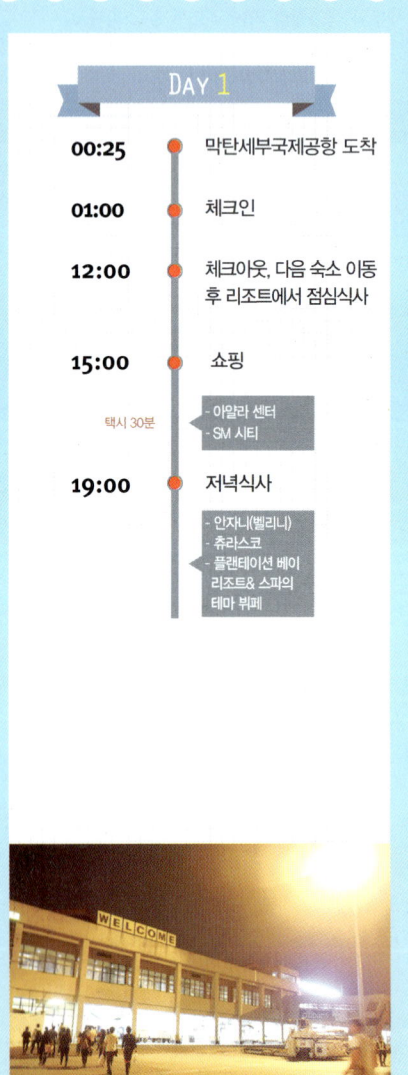

Course tip

1. 자정이 넘어 도착하므로 공항 근처 워터프런트 에어포트 호텔 & 카지노에서 1박을 하고 막탄 섬의 리조트로 이동하는 3박 5일 일정이다. 코스는 4일까지 나와 있지만 세부로의 출발 시간을 생각한다면 5일이 맞다.
2. 세부에는 공용 비치가 따로 없다. 리조트의 전용 비치와 수영장을 번갈아 가며 물놀이를 즐기고, 진정한 에메랄드빛 바다를 느끼기 위해 호핑 투어 떠나보자.

Day 3

- **10:00** 해변 및 부대시설 즐기기
- **12:00** 체크아웃 후 짐 보관
- **13:00** 점심식사
  - 골든 카우리
  - 시암 바이
  - 크루아 타이

택시 25분

- **14:30** 산 페드로 요새 관광

택시 15분

- **16:00** 산토 니뇨 성당 관광

도보 5분

- **17:00** 마젤란 십자가 관광

택시 40분

- **18:00** 저녁식사
  - 홀라 에스파냐
  - 한강

택시 10~20분

- **20:00** 마사지 & 스파
  - 트리 셰이드 스파
  - 모감보 스프링 스파
  - 세부 프라나 스파
- **22:20** 막탄세부 국제공항으로 이동

Day 4

- **02:30** 인천국제공항으로 출발

PLUS THEME

보홀 섬 투어

Course tip

1. 보홀 섬은 세부에서 보트로 편도 2시간 거리이다. 시간이 허락된다면 일일투어를 이용해서라도 꼭 방문해보기를 권한다.
2. 보트 승선 시 신분증을 확인하므로 여권을 지참하자.

07:30	11:30	12:00	13:00
숙소 픽업	로복 강 크루즈	점심식사	안경원숭이와 만나기

14:00	15:30	16:30	20:00
초콜릿 힐	바클라욘 성당	혈맹 기념비	숙소로 복귀

예상 경비 14만원~

※ 보트비, 점심식사 포함 (호텔↔세부선착장 간 픽업서비스 무료, 추가 음료는 불포함, 한인 여행사나 온라인 카페의 보홀 일일투어 프로그램 기준)

로복 강 크루즈 Roboc River Cruise
21km에 달하는 로복 강은 폭이 넓고 맹그로브 등 울창한 숲을 끼고 있어 풍광이 좋다. 크루즈에서 라이브 음악을 들려주는데, '음악의 마을'이라는 뜻처럼 로복 마을 사람은 어린 시절부터 악기를 배울 정도로 음악을 사랑한다.

안경원숭이 Tarsier
보홀에서만 서식하는 세계에서 가장 작은 원숭이로 크기가 15cm이다. 얼굴의 반 이상을 덮는 큰 눈은 안경을 쓴 것처럼 튀어나와서 시야가 180도까지 넓다. 활동량도 적고 움직임이 느려서 사진 찍기에 좋다.

초콜릿 힐 Chocolate Hills
키세스 초콜릿 모양의 아담한 언덕이 1268개나 솟아 있는 독특한 광경을 볼 수 있다. 200만 년 전 얕은 바닷속에 있던 보홀이 화산 활동으로 솟아올랐고, 산호층이 얇아지면서 지금의 모양이 되었다.

바클라욘 성당 Baclayon Church
1596년에 세워져 현재 건물은 1727년에 완성된 필리핀에서 가장 오래된 석조 성당이다. 보홀 현지인의 성지 같은 곳으로 성당 입구 옆에는 박물관이 있다.

혈맹 기념비 Blood compact marker
보홀의 족장과 스페인 정복자 레가스가 와인을 나눠 마시며 동맹을 맺은 것에 대한 기념비이다.

산 페드로 요새 Fort San Pedro

세부를 점령했던 스페인의 레가스피가 해적과 반란군의 공격에 방어하고 감옥으로 사용하기 위해서 1783년에 건설됐다. 필리핀에서 가장 오래된 요새이며 일본 식민지 시대에는 포로수용소로 사용된 아픈 역사가 있다. 현재는 공원처럼 조성해 세부 시민들의 휴식 장소로 이용된다.

Access 세부 시티, 피어 1에서 자동차로 약 3분, 마젤란 십자가에서 도보 약 5분 **Address** A. Pigafetta Street, Cebu City **Open** 08:00~18:00 **Close** 일·월요일 **Cost** 입장료 P30

산토 니뇨 성당 Basilica Minore Del Santo Niño

필리핀에서 가장 오래된 성당. 스페인의 영향을 받아 유럽의 성당을 연상시킬 만큼 아름답다. 내부의 화려한 그림과 아기예수(산토 니뇨)상을 보기 위해 현지뿐만 아니라 세부를 방문한 전 세계의 가톨릭 신자들이 모여든다. 2013년의 지진으로 성당의 종탑이 무너졌는데 성당 내부와 아기예수상은 다행히 큰 화를 면했다.

Access 세부 시티, 마젤란의 십자가에서 도보로 약 3~5분 **Address** Santo Nino Chapel Lane, Cebu City **Open** 06:00~20:00 **Close** 연중무휴

마젤란 십자가 Magellane's Cross

Access 세부 시티, 세부시청사 맞은편 마젤란 거리 내 Address Magellanes Street, Cebu City Open 08:00~18:00 Close 연중무휴

필리핀 최초로 가톨릭 신자가 된 세부의 왕 후마본과 왕족들의 세례를 기념하기 위해 마젤란이 높이 3m의 나무 십자가를 만들었다. 팔각정 안에 십자가가 있으며 내부 벽과 천장에 그려진 아름다운 그림은 왕과 왕의 일가가 세례를 받던 당시 상황이 표현되어 있다.

골드 망고 그릴 & 레스토랑 Gold Mango Grill & Restaurant

Access 막탄 섬, 마리바고 블루워터 리조트를 등지고 왼쪽으로 5분 정도 걷고 오른쪽 Address Bagumbayan Uno Maribago, Lapu-Lapu Open 10:00~24:00(크리스마스·부활절 ~21:00) Close 연중무휴 Cost 단품 P175~, 세트 메뉴 P350~, 음료 P50~, 와인 P690~ Wi-Fi 사용 가능 Tel 032-495-0245, 917-323-0201(카톡아이디 goldmangomactan) Web cafe.naver.com/goldmangogrill

한국인이 운영하는 인터내셔널 레스토랑. 재료의 신선도를 위해 매일 아침 시장에서 재료를 구하며 올리브 오일은 이탈리아에서 공수받는다. 달콤한 망고가 들어간 셰프의 샐러드(Chef's Salad)로 입맛을 돋우고 제철 재료를 사용한 감바스(Sizzling Spicy Gambas)나 파스타, 스테이크 등으로 풍족한 식사를 즐길 수 있다. 택시 이용 시 반드시 '골드 망고'라고 말해야 다른 식당과 혼선이 없다.

홀라 에스파냐 Hola España

세부에서 꾸준히 사랑받고 있는 스페인 레스토랑. 해산물을 넣은 시푸드 빠에야가 인기 있으며, 양이 많아서 2~3인이 먹어도 좋다. 빠에야(Paella)는 크고 넓은 프라이팬 위에 올리브오일과 해산물, 고기, 향신료를 함께 볶고 잘 불린 쌀을 넣어 익히는 스페인 전통요리이다. 조리시간이 길어서 언제 나오는지 확인하는 게 좋다. 인원이 많다면 피자나 파스타를 추가하면 된다. 와인 셀러가 있어서 좋은 와인을 저렴하게 마실 수 있다.

Access 막탄 섬, 샹그릴라 막탄 리조트 & 스파 정문 건너편 **Address** Punta Engaño Road, Punta Engaño, Lapu-Lapu City **Open** 10:00~23:00(크리스마스 · 부활절 15:00~) **Close** 연중무휴 **Cost** 단품 P120~, 음료 P60~, 카테일 P115~(TAX & SC 18%) **Tel** 032-340-5119 **Wi-Fi** 사용 가능 **Web** www.facebook.com/holaespanamactan

시암 바이 크루아 타이 Siam by Krua Thai

총 7개의 분점을 가진 중대형급의 태국 레스토랑이다. 전 세계 태국 음식 마니아들이 사랑하는 쏨땀과 똠얌꿍, 뿌팟퐁까리, 얌운센이 인기 메뉴다. 현지인뿐만 아니라 세부에 거주하는 외국인도 즐겨 찾는다. 여행자들에게 잘 알려진 쇼핑센터인 아얄라 센터와 SM 시티에도 분점이 있다.

Access 막탄 섬, 마리나 몰 막탄 & 세이브 모어 1층 카페 드 프랑스 옆 **Address** Mactan Marina Mall, Barangay Ibo, Pusok, Lapu-Lapu **Open** 점심 10:00~15:00, 저녁 16:45~21:30 **Close** 연중무휴 **Cost** 단품 P130~, 음료 P45~, 맥주 P95~(TAX 12%) **Tel** 032-495-0281, 032-341-0533 **Wi-Fi** 사용 가능

안자니 Anzani

안자니는 뉴욕 타임스에 필리핀 최고의 레스토랑으로 소개된 적이 있는 곳이다. 세부 시내가 내려다보이는 곳에 위치하며 이탈리아, 프랑스, 지중해 음식을 선보인다. 그날의 전채 요리를 기다란 트레이에 가지고 다니며 판매한다. 함께 운영하는 바인 벨리니(Bellini)에서는 오픈된 테라스에서 세부 시티의 선셋을 바라보며 로맨틱한 분위기를 즐길 수 있다.

Access 니벨 힐, 마르코 폴로 호텔 가기 전 **Address** Panorama Heights, Nivel Hills, Lhug **Open** 점심 11:30~14:30, 저녁 17:30~23:30 **Close** 연중무휴 **Cost** 파스타 P300~, 메인 P600~, 칵테일 P90~(TAX & SC 10%) **Tel** 032-232-7375 **Wi-Fi** 사용 가능 **Web** www.anzani.com.ph

골든 카우리 Golden Cowrie

프랜차이즈 레스토랑으로 비교적 저렴한 가격과 맛있는 필리핀 음식으로 현지인에게 사랑을 듬뿍 받고 있다. 새우를 넣어 끓인 필리핀 전통요리 시니강 쉬림프와 감바스가 인기 메뉴다. 필리핀 음식은 밥과 함께 먹으면 더 맛있다. 일반 쌀밥이나 마늘볶음밥을 주문하면 밥이 무한리필된다. 막탄 섬과 세부 시티에 지점이 있다.

Access 막탄 섬, 마리나 몰 내 뒤쪽 **Address** Mactan Marina Mall, Mepz Road, Ibo, Lapu-Lapu City **Open** 점심 11:00~14:00, 저녁 17:00~22:00 **Close** 연중무휴 **Cost** 단품 P195~, 음료 P40~, 맥주 P60~ **Tel** 032-238-1206 **Wi-Fi** 사용 가능 **Web** www.facebook.com/pages/Golden-Cowrie/179260015446235

츄라스코 Churrasco

세부의 핫 플레이스인 이비자 클럽에서 운영하는 세미 디너 뷔페. 샐러드 및 기본 음식과 함께 메인 요리로 해산물, 육류 등을 이용한 브라질 바비큐 츄라스코가 순서대로 나온다. 바비큐 스테이션에서 구운 고기를 쇠꼬챙이에 꽂아 서빙을 한다. 이비자 클럽의 쇼도 즐길 수 있어 일석이조. 단, 메인 요리는 뒤에 계속 나오니 처음부터 너무 많이 먹지 말도록.

Access 막탄 섬, 뫼벤픽 리조트 & 스파 내 이비자 클럽 **Address** Punta Engaño, Mactan Island **Open** 18:00~23:00 **Close** 우천 시 휴무 **Cost** 1인 P2200(음료 불포함, P500 추가 시 와인 무제한), 맥주 P130~(TAX 24.5%) **Tel** 032-492-7777 **Wi-Fi** 무료

한강 Han Gang

한국 음식점으로 인테리어에는 신경을 쓰지 않았지만 잘 관리된 내부와 삼겹살 무한 리필 등 분위기보다는 실속을 차릴 때 빛을 발하는 곳이다. 식재료 대부분이 필리핀산이고, 조미료를 적게 쓰려고 노력하는 편. 택시를 타고 가면, '김치(Kimchi)'라는 간판이 익숙한 현지 기사들은 '김치' 레스토랑이냐고 물으니 당황하지 않아도 된다.

Access 막탄 섬, 세부 시티로 가는 뉴 브리지 건너기 전 마리나 몰 건너편 **Open** 10:00~22:00 **Close** 연중무휴 **Cost** 삼겹살 P300, 찌개류 P250~, 낙지볶음 P400~, 냉면 P250~, 소주 P200 **Tel** 032-341-3385, 0905-386-8369 **Wi-Fi** 사용 가능

필리핀 햄버거 체인점, 졸리비 Jolibee ▶ TIP

현지식이 맞지 않거나 간단히 한 끼를 해결하고 싶을 때는 맥도날드보다 손님이 많은 필리핀 토종 햄버거 체인점 '졸리비'에 가보자. 대부분의 쇼핑센터에서 졸리비의 귀여운 캐릭터를 볼 수 있다. 치즈버거 세트 P85, 치킨 6조각 팩 P329, 키즈밀 P80~

아얄라 센터 Ayala Center

세부를 대표하는 최고의 쇼핑센터로 현지에서는 아얄라 몰로 더 잘 알려져 있다. 쇼핑, 식당, 극장, 슈퍼마켓, 공원 등 멀티 플레이스로 일정이 촉박한 여행자라면 쇼핑센터 여기저기를 다니는 것보다 이곳에 올인하는 것이 좋다. 막탄 섬 내 5성급 리조트에서는 아얄라 센터-SM 시티를 오가는 셔틀버스를 운행한다.

Access 세부 시티 루존 애버뉴 북쪽 **Address** Ayala Center Cebu, Cebu Business Park **Open** 10:00~21:00 **Close** 연중무휴 **Tel** 032-516-2035 **Web** www.ayalamalls.com.ph

SM 시티 SM City

필리핀 전국에서 가장 많은 지점을 가지고 있다. 고급스러운 분위기는 아니지만 아얄라 센터와 비교되지 않을 정도로 규모가 크다. 내부로 들어서면 중앙이 1층부터 4층까지 뚫려 있어 시원한 느낌이 든다. 택시를 타는 경우 'SM 몰'에 간다고 말하며 되다.

Access 세부 시티의 남쪽 바다와 인접, 루아 애비뉴 **Address** North Reclamation Area, Cebu City **Open** 10:00~21:00 **Close** 연중무휴 **Tel** 032-231-0557 **Web** www.smsupermalls.com

마리나 몰 막탄 & 세이브 모어
Marina Mall Mactan & Save More

막탄 섬에는 쇼핑몰이 거의 없어 마리나 몰이 유일하다고 할 수 있다. 다양한 브랜드가 입점해 있지 않고 깔끔하지도 않지만 세부의 유명 레스토랑이 인근에 있어 식사하고 산책 삼아 둘러보기 좋다. 슈퍼마켓인 세이브 모어가 연결되어 있어 말린 망고 등을 구입하기에 적합하다.

Access 막탄 섬, 공항 북쪽 세부 시티와 연결된 다리 근처 **Address** Mactan Marina Mall, Barangay Ibo, Pusok, Lapu-Lapu **Open** 월~목요일 10:00~21:00, 금~일요일 09:00~22:00 **Close** 연중무휴 **Tel** 032-341-3096

세부 프라나 스파 Cebu Prana Spa

고급 스파의 대명사. 아기자기한 정원을 따라 필리핀 전통스타일의 코티지 스파룸이 있다. 내부는 대부분 나무로 되어 있어서 심리적인 안정감을 주며, 욕조가 있어 반신욕을 즐길 수 있다. 가족여행객을 위한 아이를 재울 수 있는 간이침대와 베이비시터 서비스 등 세심한 배려가 돋보인다. 임산부를 위한 스파 프로그램이 따로 준비되어 있으니 미리 문의하자.

Access 막탄 섬, 제이파크 리조트 근처 **Address** Datag Maribago, Lapu-Lapu City **Open** 10:00~21:30 **Close** 연중무휴 **Cost** 필리핀 전통 힐롯 마사지 $40(70분)~, 아일랜드 시에스타 $45(110분, TAX 12%)~ **Tel** 032-495-7187 **Wi-Fi** 사용 가능 **Web** www.cebuprana.com

트리 셰이드 스파 Tree Shade Spa

합리적이고 저렴한 가격으로 인기 있는 곳. 한국인 운영자가 필리핀 및 태국 마사지의 장점을 살리고 강한 마사지를 원하는 한국인들의 특성에 맞춰 마사지사를 훈련시켰다. 태국 분위기의 내부에는 꼭 필요한 시설들만 갖춰져 있다. 오후 6시 이전에는 해피아워로 무료 픽업센딩 서비스를 실시한다.

Access ①세부 시티점_워터프런트 세부 시티에서 도보로 약 5분 ②막탄점_뫼벤픽 리조트를 등지고 왼쪽으로 20m 내려간 후 길 건너편 막탄 시포트 빌리지 내 **Address** 세부 시티 점_Salinas Drive, Cebu City, 막탄점_Punta Engaño Road, Lapu-Lapu **Open** 24시간 **Close** 연중무휴 **Cost** 오일 마사지 P400(40분)~, 로션+발 마사지 P600(90분)~, 프리미엄 전신 마사지 P1150(2시간)~ **Tel** 세부 시티점_032-232-7890, 0917-628-7000, 막탄점_032-520-7000 **Wi-Fi** 사용 가능

모감보 스프링 스파 Mogambo Springs Spa

치 스파와 더불어 세부의 양대 럭셔리 스파이다. 잘 가꿔진 정원을 중심으로 일본 전통가옥 스타일로 만든 스파룸 및 사우나, 노천탕이 있다. P300만 내면 노천탕만 이용할 수 있으며, 뜨거운 온천탕과 해수 스파, 인공폭포에서 쏟아지는 시원한 물이 내려오는 탕도 있다. 임산부를 위한 마사지 프로그램도 있다.

Access 막탄 섬, 플랜테이션베이 리조트 & 스파 내 **Address** Marigondon, Mactan Island **Open** 10:00~23:00 **Close** 연중무휴 **Cost** 풀 보디 마사지 P1000(30분)~, 발 마사지 P1500(1시간)~, 아로마 마사지 1800P(1시간)~ **Tel** 032-340-5900 **Web** www.plantationbayresort.com

노아 스톤 & 스파 Noah Stone & Spa

필리핀 전통양식의 스파룸에 예쁜 정원을 갖추었다. 세 코스 프로그램 중 A코스는 오일 마사지 후 스톤 마사지를, B코스는 여기에 얼굴 마사지가 포함된다. C코스는 욕조에서 전신의 긴장감을 푸는 플라워 배스와 전신 스크럽 후 팩, 오일 마사지로 이루어진다. 2명의 마사지사가 담당하며 기본적인 한국어를 구사한다. 2인 이상인 경우 픽업 서비스가 무료다.

Access 막탄 섬, 퍼시픽 빌라 1 근방 **Address** Abuno Street, Pajac Road, Lapu-Lapu Street **Open** 10:30~23:00 **Close** 연중무휴 **Cost** A코스 $100(100분)~, B코스 $120(125분)~, C코스 $160(140분)~ **Tel** 032-342-8379, 0917-620-8440 **Wi-Fi** 사용 가능

에코 스파 ECO Spa

이름처럼 자연 친화적인 스파 프로그램을 선보인다. 단독 스파룸과 정원, 레스토랑이 있다. 일부 프로그램은 웰빙식 점심, 저녁식사를 포함하고 있으며, 반일 또는 일일 스파 프로그램이 있다. 오너가 직접 블렌딩한 오일과 허브 및 천연 재료를 사용한다. 찾아가기에 어려운 위치니 막탄 지역에서 무료 픽업 서비스를 이용하자.

Access 막탄 섬에 위치, 성 요셉 학교 옆 **Address** Bagong Silingan, Mactan Airport Road, Lapu-Lapu City **Open** 10:00~23:00 **Close** 연중무휴 **Cost** 스파 트리트먼트 $160(150분)~, 에코 럭셔리 스파 $200(210분)~ **Tel** 032-239-1657, 0917-625-0105, 0939-902-5422, 070-4318-4900 **Wi-Fi** 무료 **Web** cafe.naver.com/goongspa

J 에이브 J Ave

세부 나이트 라이프 1번지인 망고 스퀘어에서도 특히 인기 있는 클럽. 주변에 다른 클럽들도 있어 언제나 사람들로 붐빈다. 한국의 홍대 클럽과 비슷한 분위기로 한국인 여행자와 유학생도 많이 찾는다. 넓은 홀을 중심으로 DJ부스가 정중앙에 있고 힙합과 팝, 하우스 뮤직과 일렉트로닉 음악이 주를 이룬다. 2층 좌석은 VIP석으로 미니멈 차지가 있다.

Access 세부 시티 망고 스퀘어 **Address** General Maxilom Avenue, Cebu City **Open** 20:00~06:00 **Close** 연중무휴 **Cost** 입장료 1인 P200~ **Tel** 0917-638-4777 **Web** www.facebook.com/J.avesuperclubmangosquare

아일랜드 호핑 투어 Island Hopping Tour

필리핀의 진정한 에메랄드빛 바다와 만날 수 있는 투어이다. 선착장에서 안전교육을 받고 바다에 나간다. 포인트에 도착해서 스노클링을 하는데, 날씨에 따라 2~3곳을 옮겨 다니면서 진행한다. 스노클링을 하지 않는 사람들은 배 위에서 바다낚시에 도전할 수 있다. 배에서 내려 수상가옥으로 이동하면 푸짐한 바비큐 요리가 준비되어 있다. 식사 도중 밴드가 테이블을 돌아다니면서 노래를 불러주니 약간의 팁을 주는 센스를 발휘하자.

Access 막탄 섬 인근 바다, 투어 회사의 픽업 서비스를 이용해서 선착장까지 이동 **Open** 08:00~17:00 **Cost** 성인 5만 5000원~, 어린이 3만3000원~(여행사별로 차이 있음)

보홀 섬 투어 Bohol Island Tour

때 묻지 않은 보홀 섬의 매력을 하루 동안 돌아볼 수 있는 알짜배기 투어이다. 세부와 다른 아름다운 바다와 순수한 자연의 풍광을 볼 수 있다. 이른 아침 세부 선착장에서 페리를 타고 출발하면 2시간 후 보홀 섬에 도착한다. 첫 일정은 로복 강 크루즈로, 강 풍경을 감상하며 배 위에서 점심식사를 한다. 안경원숭이를 본 후에 초콜릿 힐, 바클리온 성당, 혈맹 기념비 등을 방문하고 다시 세부로 돌아온다. 부모님과 함께하는 효도 관광에도 적합하다. 페리 탑승 시 명단을 대조하므로 여권을 꼭 소지해야 한다.

Access 막탄 섬 옆, 여행사 투어 프로그램 이용 **Open** 07:00~18:00 **Cost** 성인 13만5000원~, 어린이 6만6000원~(여행사별로 차이 있음)

샹그릴라 막탄 리조트 & 스파
Shangri-la Mactan Resort & Spa

Access 막탄 섬 북동쪽, 공항에서 자동차로 약 20분, 공항-리조트, 시내-리조트 셔틀버스 운행 **Address** Punta Engano Road, Lapu-Lapu **Cost** 디럭스 P1만1880~, 디럭스 시뷰 P1만2550~ **Tel** 032-231-0288 **Wi-Fi** 사용 가능 **Web** www.shangri-la.com

'열대 섬의 리조트란 이런 것이다'라고 얘기하듯이 완벽한 시설과 환경을 갖춘 세부 리조트의 강자. 쾌적한 객실, 다양한 부대시설, 훌륭한 레스토랑과 잘 정돈된 정원, 아름다운 비치 등 어느 것 하나 빠지지 않는 팔방미인이다. 이곳의 자랑거리인 에메랄드빛 바다가 있는 인공해변은 열대의 정취를 느끼기에 모자람이 없다. 아름다운 정원에 둘러싸인 수영장은 어른이나 아이 할 것 없이 모두가 이용하기 좋다. 객실은 전망을 달리해 가든뷰, 베이뷰, 시뷰로 나뉘지만 넓고 세련된 내부는 객실마다 비슷하다. 언제나 친절한 직원들의 세심한 서비스와 리조트 곳곳의 여유로운 공간은 머무는 내내 일상의 스트레스를 제로로 만든다.

- 리조트 내 중국 음식점 티 오브 스프링에서는 매주 금요일부터 일요일까지 딤섬 뷔페를 선보인다. 가격은 만만치 않지만 한국인 여행자에게 사랑받는다.
- 마사지와 스파 마니아라면 세계적으로 유명한 샹그릴라의 스파 브랜드, 치 스파(Chi Spa)를 이용해보자.

제이파크 아일랜드 리조트 세부
Jpark Island Resort Cebu

세부 리조트 정상에 서 있던 구 임피리얼 팰리스 리조트 & 스파이다. 이곳의 백미인 워터파크에는 3개의 워터 슬라이드와 파도풀, 유수풀 등이 있다. 리조트 내에는 한식당과 더불어 많은 한국인 직원이 상주하고, 키즈 클럽은 오후 10시까지 무료로 이용할 수 있다. 아이나 부모님을 동반한 가족여행에도 적합하다. 객실 종류가 다양하며 3박 이상만 예약할 수 있다.

Access 막탄 섬, 공항에서 자동차로 약 20분, 공항/시내-리조트 셔틀버스 운행 **Address** M.L Quezon Highway, Brgy. Maribago Lapu-Lapu **Cost** 디럭스 오션뷰 $190~, 막탄 스위트 가든뷰 $250~, 세부 스위트 가든뷰 $370~ **Tel** 032-494-5555 **Wi-Fi** 무료 **Web** www.jparkisland.co.kr

플랜테이션 베이 리조트 & 스파
Plantation Bay Resort & Spa

거대한 테마파크라 해도 될 정도의 시설을 갖춘 곳으로 세계 최대 규모의 거대 인공해수 풀장이 있다. 다양한 액티비티가 준비되어 있으니 투숙하는 동안 알차게 이용하자. 객실 중에는 수영장으로 바로 입수 가능한 풀액세스룸도 있다. 리조트에서 자전거를 빌려주며, 리조트 내 레스토랑에는 요일마다 테마가 다른 디너 뷔페가 있으니 이용해보자.

Access 막탄 섬 남부, 공항에서 자동차로 약 30분 **Address** Marigondon, Mactan Island **Cost** 풀사이드 P6965~, 라군뷰 P7395~, 라군사이드 P8040~, 워터엣지 P8685~(조식 불포함) **Tel** 032-505-9800 **Wi-Fi** 사용 가능 **Web** www.plantationbayresort.com

뫼벤픽 리조트 & 스파 Movenpick Resort & Spa

열대 분위기와 함께 흰색과 파란색으로 꾸민 객실은 지중해에 있는 느낌이 든다. 유선형의 수영장과 이어지는 아름다운 바다는 전용 비치로 스노클링을 하기 좋다. 241개의 객실 중에는 주방시설을 갖춘 투 베드룸도 있다. 성인을 위한 프로그램과 어린이를 위한 키즈 액티비티가 있으니 참여해보자. 해외 유명 DJ를 초청해 요일별로 다른 공연을 펼치는 '이비자 비치 클럽'은 단연 으뜸의 인기를 자랑한다.

Access 막탄 섬 북쪽, 픽업 서비스나 택시 이용 **Address** Punta Engaño, Mactan Island **Cost** 디럭스 P6500~, 디럭스 오션프런트 P7300~ **Tel** 032-492-7777 **Wi-Fi** 무료 **Web** www.moevenpick-hotels.com/en/asia/philippines/cebu/resort-cebu/overview

워터프런트 에어포트 호텔 & 카지노
Waterfront Airport Hotel & Casino

워터프런트 세부 시티 호텔 & 카지노와 같은 계열로 공항 바로 건너편에 있다. 세부 도착시간이 새벽인 경우가 많아, 이곳에서 1박을 한 후 다른 리조트로 이동하는 여행객에게 인기 있다. 슈피리어와 디럭스가 인기 있으며, 가구는 라탄 소재이다. 기대할 만한 전경은 아니지만 넓은 통유리창이라 시원한 느낌이 든다.

Access 막탄세부국제공항 앞 도보 약 5분 **Address** Airport Road Lapu-Lapu City **Cost** 슈피리어 P3780~, 디럭스 스위트 P4430~ **Tel** 032-340-4888 **Wi-Fi** 로비 무료, 객실 유료 **Web** www.waterfronthotels.com.ph

워터프런트 세부 시티 호텔 & 카지노
Waterfront Cebu City Hotel & Casino

필리핀 카지노의 역사가 시작된 곳. 세부 IT 파크가 길 건너에 바로 있어서 유명 맛집을 걸어서 다닐 수 있다. 카지노에서 시간을 보내다 보면 객실에 대해 특별한 불만은 없다. 일식, 중식, 이탈리아 요리를 선보이는 레스토랑과 베이커리는 물론 면세점도 있어 투숙객이 아니더라도 방문해볼 만하다. 아얄라 센터와 SM 시티까지 무료 셔틀버스를 운행한다.

Access 세부 시티 라훅 지역, 세부 IT 파크 맞은편 **Address** 1 Salinas Drive, Lahug Cebu City **Cost** 슈피리어 P4300~, 디럭스 P4510~ **Tel** 032-232-6888 **Wi-Fi** 로비 무료, 객실 유료 **Web** www.waterfronthotels.com.ph

매리어트 세부 시티 Marriott Cebu City

쇼핑과 식도락 여행에 중점을 둔 여행자에게 적합한 곳으로 아얄라 센터 바로 옆에 있어 최고의 위치를 자랑한다. 총 303개의 객실을 보유하며 넉넉한 침대 크기와 보송보송 푸근한 침구가 편안한 잠자리를 보장한다. 호텔 내에 있는 레스토랑 뷔페는 여행자들뿐만 아니라 현지인들에게도 인기 있다.

Access 세부 시티, 아얄라 센터에서 도보 약 5분 **Address** Cardinal Rosales Avenue, Cebu City **Cost** 디럭스 P3780~ **Tel** 032-411-5800 **Wi-Fi** 무료 **Web** www.marriottcebu.com

보라카이
BORACAY

세상에서 여행자들과 가장 가까이 있는 해변 파라다이스

보라카이는 필리핀에 속한 작은 섬이다. 이곳을 상징하는 화이트 비치는 세계 최고의 해변이란 찬사가 아깝지 않을 정도로 에메랄드빛 바다와 고운 모래를 자랑한다. 붉은빛으로 해변을 수놓는 백만 불짜리 석양은 보라카이가 여행자들에게 주는 선물이다. 물가는 필리핀에서 가장 비싸지만 언제나 여행자들로 넘쳐나는 보라카이. 우리가 열대 섬에 대해 갖는 환상을 모두 실현해 주는 파라다이스이다.

보라카이 여행 준비

- **이동 시간**
  직항 4시간 20분

- **일정**
  3박 5일

- **항공권**
  일반 가격 48만원~
  (2015년 9월 세부퍼시픽 기준)

고정 비용	항공료	48만원
	숙박료	25만원
유동 비용	교통비	5만원
	투어비	20만원
	식비	9만원
	기타 여비	10만원
합계		117만원~

※ 성인 1인 3박 5일 비수기, 숙소 2인 1실 기준

- **숙소**
  보라카이는 필리핀에서도 비용이 많이 드는 곳이다. 경비를 조금이라도 줄이고 싶은 여행자가 있는 반면, 완벽한 휴양을 원하는 여행자도 있을 것이다. 그런 여행자를 위해 추천한다.

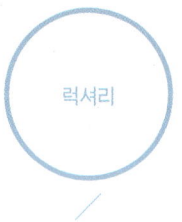

- 샹그릴라 보라카이 리조트 & 스파
- 프라이데이즈
- 오션 클럽
- 헤난 라군 리조트

- 크라운 리젠시 리조트 & 컨벤션 센터
- 보라카이 리젠시 비치 리조트 & 스파

보라카이 교통 가이드

깔리보국제공항 → 숙소

깔리보국제공항에서 보라카이의 숙소까지 가는 길은 참으로 멀다. 공항에서 1시간 30분 걸려서 까띠끌란 선착장에 도착하면 보트를 타고 30분, 보라카이 섬 부두에서 숙소까지 10~15분으로 총 2시간 30분 정도가 소요된다. 공항에서 나오면 보라카이까지 이동시켜 준다는 호객꾼들이 많지만 이동이 번거로워 흥정하기가 어렵다. 조금 비싸더라도 현지 또는 한인 여행사에 왕복 서비스를 예약하고 가는 것이 마음 편하다.

> **TIP 까띠끌란공항에서의 이동**
> 까띠끌란공항으로 도착하는 경우에는 선착장까지 트라이시클을 타고 약 5~10분 이동 후 보트를 타면 된다. 트라이시클 1인 P100~

이동 방법	교통비	각종 통행료	업체
공항에서 흥정	보라카이 섬까지 1인 P250~ 승선료 P25	승선료 P25 터미널비 P100 환경세 P75	공항 앞에서 선택
현지 여행사	공항-숙소까지 왕복 P1225 ※센딩 시간이 너무 이를 수 있으니 꼭 확인	포함	사우스웨스트 (www.southwesttoursboracay.com)
한인 여행사	공항-숙소 왕복 1인 3만5000원~	포함	엔조이필리핀 (cafe.naver.com/njoypp)

보라카이의 교통수단

보라카이 섬은 작아서 대중교통은 없고, 오토바이 택시 형태인 트라이시클을 이용한다. 1회 이용 시 P50부터 시작된다. 하지만 주요 관광 스폿이 가까워서 주로 걸어 다니게 된다. 외곽에 있는 고급 리조트에서는 셔틀버스를 운행하기도 한다.

보라카이 핵심 코스

[액티비티를 즐기고 맛집을 순례하며
휴양과 모험을 적절히 즐기는 3박 5일 코스]

DAY 1

- 11:05 깔리보국제공항 도착
- 15:00 체크인 후 휴식
- 18:00 저녁식사
  - 도보 1분
    - 마냐냐
    - 하와이안 바비큐
- 20:00 화이트 비치 산책

DAY 2

- 09:00~15:00 아일랜드 호핑 투어
- 15:30 숙소 복귀 후 휴식
- 17:00 헬리오스 스파
  - 트라이시클 10분
- 19:00 저녁식사
  - 도보 5분
    - 스테이크하우스 보라카이
    - 오션 클럽의 사부타니
- 22:00 에픽에서 클럽 문화 즐기기

Course tip

1. 휴양지인 보라카이를 여유롭게 즐길 수 있는 일정이다. 화이트 비치에서는 태닝을 하거나 해변 마사지를 받으며 느긋하게 지내보자.
2. 에어아시아 직항을 이용하면 보라카이에는 밤늦은 시간에 도착한다. 이런 경우 Day 2 일정부터 참고하면 된다.

Day 3

- 11:00 — 숙소 수영장 및 부대시설 이용
- 14:00 — 점심식사
  - 트라이시클 10분
  - 레모니 카페
  - 디 탈리파파 시장
- 15:30 — 마사지 & 스파
  - 트라이시클 10분
  - 라바 스톤 스파
  - 아이 스파
- 17:30~18:30 — 선셋 팔라우 세일링
  - 도보 10분
- 19:00 — 시 윈드 리조트 디너 뷔페
  - 도보 5분
- 20:00 — 화이트 비치 산책

Day 4

- 10:00 — 해변 및 부대시설 즐기기
- 12:00 — 체크아웃 후 짐 보관
- 13:00 — 점심식사
  - 도보 5분
  - 카우보이 코치나
  - 아리아
- 15:00 — 마사지 & 스파
  - 도보 5분
  - 망고 스파
  - 엔조이 풋 스파
- 17:00 — 디 몰에서 쇼핑
  - 도보 5분
- 18:30 — 서울 식당
- 21:00 — 깔리보국제공항으로 이동

Day 5

- 02:00 — 인천국제공항으로 출발

화이트 비치 White Beach

Access 보라카이 남부 Address White Beach Path

1970년대에 서양의 배낭여행자들이 보라카이를 드나들기 시작했고, 유명한 저널리스트들이 '세상에서 가장 아름다운 해변이 있는 섬'이라고 평하면서 유명해졌다. 그 해변이 바로 화이트 비치다. 대부분의 숙소와 레스토랑이 이 부근에 있어 자칫 소홀하게 여길 수 있지만 시간을 내 해변에서 비치 체어를 차지하고 반나절 정도 시간을 보내보자. 밀가루처럼 고운 모래와 청량감을 주는 바다, 그 위에 둥둥 떠 있는 팔라우를 보면 왜 화이트 비치를 극찬하는지 알게 된다. 망고주스를 마시고 헤나를 새기거나 해변 마사지를 받으며 온종일 머물러도 좋다. 시간이 없는 여행자라면 늦은 오후에 화이트 비치를 방문해보자. 느긋하게 해변을 즐기다가 백만 불짜리 석양을 보고 근처 레스토랑에서 저녁식사를 한 후 다시 화이트 비치를 산책해도 좋다.

마냐냐 Manana

보라카이의 대표 맛집인 멕시칸 음식점. 마냐냐 콤비네이션과 타코 플래터, 망고 셰이크는 이곳에 가면 꼭 맛봐야 하는 인기 메뉴다. 화려한 2층 건물에는 층마다 좌석이 많지는 않지만 해변에도 테이블이 있어서 야외에서 식사할 수 있다. 멕시코에 한 번도 가본 적 없는 보라카이 출신 주인이 멕시코 음식에 관심이 많은 독일인을 만나게 되어 오픈했다고 하는데 보라카이 최고의 음식점이 되었다.

Access 화이트 비치, 디 몰 화이트 비치 쪽 입구에서 비치 북쪽으로 도보 약 2분 **Address** White Beach Path **Open** 10:00~22:00 **Close** 연중무휴 **Cost** 애피타이저 P180~, 마냐냐 콤비네이션 P500~, 맥주 P50, 망고 셰이크 P130~(SC 10%) **Tel** 036-288-5405

스테이크하우스 보라카이 Steakhouse Boracay

스테이크가 생각날 때 제일 먼저 가게 되는 보라카이의 오래된 맛집. 필리핀산 소고기와 호주나 미국산 소고기 중 선택해서 주문할 수 있다. 소스는 정통 스테이크 소스와 필리핀 전통소스 중 기호에 따라 선택하면 된다. 유기농 샐러드 및 채식주의자를 위한 메뉴도 있다. 미국 서부 레스토랑이 연상되는 2층 나무건물에 실내석과 실외석이 배치되어 있다.

Access 화이트 비치, 디 몰 화이트 비치 쪽 입구에서 비치 북쪽으로 망고스파 지나서 마냐냐 전 **Address** White Beach, Boat Stn.1, Balabag **Open** 10:00~23:00 **Close** 연중무휴 **Cost** 샐러드 P200 , 스테이크 P410~, 맥주 P50~ **Tel** 036-288-6102 **Web** www.kiteboracay.com

레모니 카페 Lemoni Cafe and Restaurant

레몬 카페로 알려져 있지만 정식 명칭은 레모니 카페다. 조식 메뉴부터 브런치, 점심 세트 메뉴까지 다양한 음식과 디저트 메뉴에 레몬을 사용한다. 가장 인기 있는 메뉴는 크러시로 여러 가지 열대 과일과 얼음을 섞어 만든다. 푸짐한 양과 더불어 더위를 한 방에 날려준다. 레몬색과 연두색의 인테리어는 뜨거운 더위를 씻어주는 듯 청량한 느낌을 준다.

Access 디 몰 내 기구 관람차 앞 Address D'mall Square Open 07:00~23:00 Close 연중무휴 Cost 아침식사 P150~, 런치 세트 P400~, 케이크 P150~, 망고 레몬 크러시 P130~(SC 10%) Tel 036-288-6781~82 Web www.lemonicafeboracay.com

서울 식당 Seoul Korean Restaurant

보라카이에서 가장 오래된 한국 식당이자 맛집. 맛의 비결은 운영자가 직접 엄선한 신선한 식재료에 있다. 농장에서 직접 재배한 채소를 사용하고 해산물은 반드시 살아 있는 생물을 사용한다. 순두부찌개, 오징어볶음, 물냉면이 인기 메뉴다. 패키지 여행사의 손님이 많으니 식사시간을 약간 비껴가면 여유롭게 먹을 수 있다.

Access 스테이션 2. 디 몰 화이트 비치 쪽 입구에서 비치 남쪽으로 직진 페닌슐라 리조트 내 Address Boat Station 2 Open 09:00~22:00 Close 연중무휴 Cost 찌개류 P330~, 돌솥비빔밥 P380~, 소주 P300~ Tel 036-288-3240, 036-288-3839

카우보이 코치나 Cowboy Cocina

미국 서부의 카우보이 콘셉트로 꾸며진 외관과 실내 장식 때문에 여기는 어딜까 들여다보다가 식사를 하게 된다. 두툼한 패티와 치즈를 넣은 햄버거, 샐러드와 토마토 파스타 등 한국인이 좋아하는 메뉴가 많다. 영화배우 존 웨인의 흑백사진이 곳곳에 있으며 서부영화에서 나온듯한 주인장이 있다.

Access 화이트 비치 남쪽 오션 클럽 리조트, 블루망고 지나서 위치 Address Aklan Station 3, Front Beach, Angol Open 08:00~23:00 Close 연중무휴 Cost 햄버거 P230~, 파스타 P280~, 맥주 P60~(SC 10%) Tel 036-288-2123 Wi-Fi 무료 Web www.facebook.com/pages/Cowboy-Cocina-Boracay/245481375571349

시 윈드 리조트 디너 뷔페
Dinner Buffet at Sea Wind Resort

시 윈드 리조트에서 운영하는 저렴한 저녁 뷔페로 현지에 사는 한국 교민이나 외국인들도 자주 이용할 만큼 가격대비 만족도가 높다. 뷔페는 바비큐, 샐러드와 채소로 나뉘며 면이나 볶음밥 등은 즉석에서 요리해준다. 아름다운 화이트 비치에 테이블이 준비되고 야자수 사이로 켜진 조명등이 로맨틱하게 불을 밝힌다.

Access 화이트 비치 북쪽 시 윈드 리조트 내 **Address** Station 1 **Open** 18:00~22:00 **Close** 연중무휴 **Cost** 저녁 뷔페 P695~ **Tel** 036-288-3091 **Wi-Fi** 무료 **Web** www.seawindboracay.com.ph

아리아 Aria

보라카이에서 가장 인기 있는 이탈리안 레스토랑. 북새통을 이루는 레스토랑을 보다 보면 한 번쯤 식사해 보고 싶다는 마음이 든다. 화덕에서 구워서 나오는 피자를 한 조각 베어 물면 왜 인기가 많은지 실감한다. 위치도 좋아서 화이트 비치를 걷거나 디 몰로 쇼핑을 간다면 반드시 거치게 된다.

Access 화이트 비치 디 몰 들어가는 입구, 카페 델 솔 건너편 **Address** Beachfront, D'mall of Boracay **Open** 11:00~23:00 **Close** 연중무휴 **Cost** 피자 P390~, 파스타 P345~, 애피타이저 P235~ **Tel** 036-288-6223 **Wi-Fi** 무료 **Web** www.aria.com.ph

하와이안 바비큐 Hawaiian Bar-B-Que

보라카이를 대표하는 바비큐 전문점. 파인애플 소스를 발라서 구운 해산물 바비큐는 양도 푸짐하고 맛도 좋아 인기가 있다. 베이비 백립 바비큐, 새우 바비큐, 치킨 바비큐가 인기 있다. 여러 가지 해산물이 한 접시에 나오는 모둠 바비큐도 인기 메뉴. 화이트 비치에 놓인 테이블에 앉아서 바비큐와 산미구엘 한 잔으로 하루의 피로를 씻어내자.

Access 화이트 비치 북쪽, 마나냐 지나서 위치 **Address** White Beach Path, Station 1 **Open** 10:00~23:00 **Close** 연중무휴 **Cost** 베이비 백립 P500(중)~, P700(대) **Tel** 036-260-2246 **Wi-Fi** 무료

디 몰 D'Mall

Access 보라카이 정중앙 **Address** Between Station 1 and Station 2
Open 10:00~22:00(매장마다 다름) **Close** 연중무휴

디 몰은 보라카이 최고 번화가로 여행자들이 이곳을 들를 목적이 없어도 한 번쯤은 오게 되는 곳이다. 크지 않은 규모지만 레스토랑, 마사지 숍, 호텔, 항공사, 상점가까지 없는 것이 없는 복합 공간이다.

디 몰에 진입하는 진입로는 크게 두 곳으로 나뉜다. 버짓 마트가 있는 메인 도로에서 들어오는 길과 화이트 비치 카페 델 솔과 아리아의 사잇길로 들어가는 방법이 있다. 버짓 마켓 쪽에서 들어오게 되면 다양한 상점가를 먼저 지나고, 화이트 비치 쪽으로 가면 레스토랑 쪽을 지나게 된다. 디 몰의 이정표가 되는 관람차는 디 몰 정중앙에 있어 만남의 장소이면서, 식당이나 상점을 찾는 기준이 된다.

버짓 마트 Budget Mart

Access 메인 로드 디 몰 초입 **Address** Boracay Hwy. Central, Malay, Aklan **Open** 07:00~23:00 **Close** 연중무휴 **Tel** 036-288-5983

디 몰과 더불어 보라카이의 랜드마크 역할을 하는 곳이다. 여행자들에겐 없어서는 안 될 곳으로 여행에 필요한 물품과 과일, 채소, 생필품 등을 판매한다. 고추장, 라면 등 간단한 한국 식품도 구입할 수 있다. 버짓 마트 앞은 각 호텔 셔틀버스와 트라이시클이 정차하고 아일랜드 호핑 투어 등 일일투어를 떠나는 여행자들의 픽업 포인트라서 언제나 사람들로 붐빈다.

디 탈리파파 시장 D'Talipapa Market

Access 메인 로드, 리젠시 라군 리조트와 보라카이 홀리데이 리조트 골목 안쪽 **Address** Between Boracay Main Road and White Beach **Open** 06:00~20:00 **Close** 연중무휴

해산물을 취급하는 어물전으로 더 유명한 재래시장. 노량진 수산시장처럼 해산물을 구입해서 시장 안에 있는 식당에 조리비용을 지불하고 바로 먹을 수 있다. 찌고, 굽고, 볶고 조리법에 따라 다르지만 해산물 1kg당 조리비용은 P100~300 정도이다. 일반 스팀 라이스 또는 갈릭 라이스도 주문할 수 있다. 휠기찬 시장의 분위기가 보라카이의 또 다른 매력으로 다가온다. 다만 가격이 천차만별이니 흥정을 잘해야 하고, 수산시장이니만큼 비린내는 각오하자.

망고 스파 Manggo Spa

소박한 시설이지만 좋은 위치에 규모가 크고 청결하다. 아로마 마사지와 스톤 마사지가 인기 있으며 손님들로 붐비므로 예약은 필수다. 오후 3시경엔 조금 한가하니 그 시간을 이용하면 대기 시간을 줄일 수 있다. 샤워시설도 있는데, 1인당 P250로, 마사지를 받는 고객은 P1500이다. 체크아웃 후 화이트 비치에서 물놀이하거나 땀을 흘렸을 때 이용하면 좋다.

Access 화이트 비치 디 몰 입구 바로 옆 스타벅스 가기 전 **Address** White Beach Path **Open** 11:00~24:00 **Close** 연중무휴 **Cost** 아로마 마사지 P599(1시간)~, 스톤 마사지 P1500(90분) **Tel** 092-8869-0260 **Web** www.facebook.com/pages/Manggo-Spa-Boracay/271684806302499

라바 스톤 스파 Lava Stone Spa

일본의 고급 료칸에 온 느낌이 드는 곳이다. 한국인이 운영하고 상주한다. 아름다운 정원을 지나 스파로 들어서면 허브로 만든 차를 내어준다. 스파 프로그램에 관해 설명을 듣고 편안한 느낌의 스파룸으로 들어간다. 전신 스트레칭과 오일 마사지 후 핫 스톤 마사지를 한다. 여행사를 통해서만 예약할 수 있어 불편하지만 마사지가 만족스러워 불편함도 잊게 된다.

Access 스테이션 3 메인로드 건너편 팜 피시 킹 근처 **Address** Station 3, Lagutan Road **Open** 13:00~23:00 **Close** 연중무휴 **Cost** 라바 스톤 스파 프로그램 $200(2시간) **Tel** 036-288-6862 Wi-Fi 무료 **Web** www.facebook.com/pages/Lava-Stone-Spa/172720546110309

헬리오스 스파 Helios Spa

보라카이를 대표하는 럭셔리 스파. 리조트를 스파로 고쳐서 다른 스파 숍보다 공간이 여유롭다. 테라피스트에게 요가를 배운 후 전신 스크럽, 플라워 배스 오일 마사지로 이어지는 풀코스 스파가 인기 있다. 직접 예약해도 되지만 가격이 비싸므로 할인율을 적용하는 한인 여행사에 예약하는 것이 좋다. 버짓마트 앞에서 무료 픽업 서비스를 한다.

Access 스테이션 3 지나서 보라카이 힐스 리조트 내 **Address** Bantud, Manoc Manoc **Open** 13:00, 15:00, 18:00 **Close** 연중무휴 **Cost** 라바 스톤 마사지 $100(2시간), 풀코스 스파 $120(150분) **Tel** 036-288-3315, 0916-491-2222(한국인 매니저) **Wi-Fi** 무료

엔조이 풋 스파 Enjoy Foot Spa

보라카이에서 가장 현대적인 시설과 인테리어를 자랑한다. 발 마사지와 스크럽, 네일 서비스의 세 가지 프로그램만 있지만 출장 서비스로 보디 마사지와 왁싱(제모)도 가능하다. 따뜻한 소금물에 발을 담가 몸의 근육을 풀어준 후 마사지를 시작한다. 고가의 스파 패키지 프로그램 일색인 보라카이에서 가볍게 발 마사지를 받으며 여행의 피로를 풀기 좋은 곳이다.

Access 메인 로드 크라운 리젠시 컨벤션 호텔 입구 PNB 뱅크 건너편 2층 **Address** 2nd Floor, Crown Regency Convention Center, Station 2, Main Road **Open** 10:00~22:00 **Close** 연중무휴 **Cost** 발 마사지 P660(1시간), 페디큐어 P350, 매니큐어 P300, 풋 스크럽 P440 **Tel** 0915-830-5480, 036-288-1337 **Wi-Fi** 사용 가능 **Web** facebook.com/enjoyfootspaboracay

아이 스파 I spa

보라카이에 거주하는 외국인과 마사지 마니아의 사랑을 듬뿍 받는 필리핀 전통가옥 스타일의 스파. 한의사의 진단과 설문지 조사로 자신에게 맞는 마사지 프로그램과 오일 등을 추천받기 때문에 마사지 효과를 극대화할 수 있다. 서비스 시작 시간대가 있어서 미리 확인해야 하지만 오히려 더 한적하고 편안하게 마사지를 받을 수 있다.

Access 스테이션 3 **Address** Boat Station 3 **Open** 13:00~21:30(13:00, 15:30, 17:00, 19:30 중 선택) **Close** 연중무휴 **Cost** 오일 마사지 $100(2시간)

에픽 Epic

화이트 비치에서 가장 눈에 띄는 2층 건물이 바로 보라카이의 나이트 라이프를 대표하는 에픽이다. 브런치 메뉴가 인기 있는 레스토랑인데, 해가 지고부터는 모든 테이블이 사라지고 춤출 수 있는 스테이지로 변신한다. 힙합, 팝, 레게음악 등 DJ가 믹싱해주는 다양한 음악에 리듬을 타는 여행자와 현지인들이 밤마다 흥겨운 시간을 보낸다.

Access 화이트 비치 디 몰 입구 **Address** Beachfront, D'Mall of Boracay, Barangay Balabag **Open** 11:00~03:00 **Close** 연중무휴 **Cost** 브런치 P250~, 맥주 P65~(SC 5%) **Tel** 036-288-1477 **Wi-Fi** 무료 **Web** www.epicboracay.com

아일랜드 호핑 투어 Island Hopping Tour

Access 숙소에서 픽업 차량을 이용해 투어 장소까지 이동 후 배에 승선 **Open** 09:30~13:30 **Cost** P3000~(점심 포함)

배를 타고 스노클링 포인트와 낚시 포인트 등을 돌아다니며 보라카이 바다의 매력에 빠지는 시간이다. 투어는 픽업 서비스로 시작되어 선착장에서 필리핀 전통 배인 방카(Banca)를 탄다. 날씨에 따라 코스가 달라지는데, 건기에는 화이트 비치에서 출발해 앙골 포인트와 발링하이 앞에서 스노클링을, 푼티벙가 비치에서 점심을 먹는 것이 일반적이다. 우기에는 블라복 비치에서 출발해서 북쪽 비치로 이동해 스노클링을 한 뒤, 파도의 크기에 따라 라우렐 섬이나 다른 비치에서 점심식사를 한다. 식사는 풍성한 해산물 바비큐로 호핑 투어의 분위기를 이어간다. 오후 1시 정도면 끝나기 때문에 어린이나 부모님을 동반한 가족여행객도 무리 없이 참가할 수 있다.

선셋 팔라우 세일링 Sunset Palau Sailing

Access 버짓 마트 앞에서 픽업한 후 화이트 비치로 이동 **Open** 17:00~ **Cost** 1시간 P700(4명까지 이용 가능)

화이트 비치에서는 매일 저녁 선셋 팔라우 세일링을 할 수 있다. 보라카이 전통 돛단배인 팔라우의 돛을 펼치고 바람을 타며 약 1시간가량 항해를 하는 이 투어는 해가 지는 노을 시간에 해서 로맨틱함이 극대화된다. 세일링 방법도 간단하다. 젖어도 되는 옷을 입고 팔라우에 올라가 앉아 있기만 하면 된다. 단, 우기에 이용하게 될 경우 높은 파도 때문에 로맨틱보다는 모험에 가깝다. 물론 옷도 흠뻑 젖는다. 하지만 이것 또한 나름의 낭만이 있다.

샹그릴라 보라카이 리조트 & 스파
Shangri-La Boracay Resort & Spa

Access 보라카이 북부의 푼타벙가 비치 Address Barangay Yapak Cost 디럭스 $503~ Tel 036-288-5088 Wi-Fi 사용 가능 Web www.shangri-la.com/boracay/boracayresort

2008년도 보라카이 북부 푼타벙가 비치에 오픈한 럭셔리 리조트. 총 219개의 객실을 보유하고 있으며 일반 객실과 스위트룸, 빌라형으로 나뉜다. 객실 내부는 필리핀 전통양식과 모던함이 적절하게 섞여 있어 조화롭다. 욕실에는 클래식한 멋이 묻어나는 욕조와 샤워실, 2개의 세면대가 비치되어 있다. 넓은 발코니에서 에메랄드빛 바다를 보고 있노라면 완벽한 휴양지에 온 것이 실감 난다. 2개의 수영장은 느긋하게 시간을 보내기 좋다. 전용 비치처럼 이용되는 푼타벙가 비치에서는 카약, 스노클링 등 해양 스포츠를 즐길 수 있다. 부대시설로 있는 치 스파와 고급 레스토랑 등은 보라카이에서 최고를 자랑하며, 디 몰까지 운행하는 무료 셔틀버스가 있어 편리하다.

오션 클럽 Ocean Club

한국인이 운영하고 상주하는 숙소로 오픈 이래 꾸준히 사랑받고 있다. 대부분의 객실에서 시원한 수영장이 보이며 객실 발코니에서 수영장과 바로 연결이 되는 풀액세스룸도 있다. 한적한 에메랄드빛 바다가 리조트 바로 앞에 있다. 전체적인 규모는 작고 아담한 숙소지만 객실 내부는 넓다. 리조트 부속 레스토랑인 오션 클럽 사부타니는 일식당으로 깔끔한 라멘(P250~)이나 야키소바 등이 일품이다.

Access 화이트 비치 남쪽 스테이션 3 지나서 블루망고 가기 전 **Address** Station 3, Sitio Angol Road **Cost** 슈피리어 P3800~, 디럭스 P4300~ **Tel** 02-521-0731 **Wi-Fi** 사용 가능 **Web** www.oceanclubboracay.com

크라운 리젠시 리조트 & 컨벤션 센터
Crown Regency Resort & Convention Center

꾸준한 사랑을 받는 이곳의 자랑은 테마형 수영장이다. 넓은 수영장에 슬라이딩 풀과 인공서핑보드가 있어 시간 가는 줄 모르고 즐긴다. 조식 뷔페에는 한국 음식도 나온다. 해변에 인접하지 않은 점이 아쉽지만 깔끔한 객실, 충분한 부대시설, 넓은 발코니는 가족여행객에게 적합하다. 리조트에 있는 아쿠아리움은 별도 입장료가 있으나 아쿠아리움 내에 있는 레스토랑에서 식사하면 관람비는 무료이다.

Access 보라카이 스테이션 2에 위치한 리조트로 메인 비치까지 도보 5분 거리 **Address** Boat Station 2, Main Road, Barangay Balabag **Cost** 디럭스 P4700~, 이그제큐티브 디럭스 P5200~ **Tel** 036-506-3111 **Wi-Fi** 사용 가능 **Web** www.boracay-crownregencyresort.com/ppc

프라이데이즈 Fridays

Access 화이트 비치 북쪽 스테이션 1 디스커버리 쇼어 옆 **Address** Boat Station 1, Malay, Aklan **Cost** 슈피리어 $174~, 슈피리어 비치뷰 $192~ **Tel** 036-288-6200 **Wi-Fi** 사용 가능 **Web** www.fridaysboracay.com

한국인 여행자 사이에서 마니아가 생길 정도로 명성을 얻었던 곳이다. 아름다운 화이트 비치를 전용 비치처럼 사용하는 프라이데이즈는 코티지 스타일이어서 열대의 보라카이와 잘 어울린다. 코티지 앞 베란다에 해먹이 있어 휴양지의 느낌을 더한다. 호텔 레스토랑에서는 필리핀, 이탈리아, 스페인, 아시안 요리 등을 즐길 수 있다.

헤난 라군 리조트 Henann Lagoon Resort

Access 스테이션 2와 3 사이 뒤쪽 메인 로드 방향 **Address** Station 2, Main Road **Cost** 디럭스 P5650~, 프리미어 위드 풀액세스룸 P7900~, 패밀리룸 P9500~ **Tel** 036-288-2828 **Wi-Fi** 로비 무료, 객실 유료 **Web** www.regencylagoon.com.ph

메인 로드에 있어 바다를 볼 수 없지만 야외 수영장이 워낙 잘 되어 있어 바다 생각이 나지 않을 정도다. 디럭스, 프리미어, 풀액세스룸, 패밀리룸 등 객실 종류가 다양하다. 리젠시 계열 리조트 사이를 오가는 셔틀차량이 수시로 운행된다. 화이트 비치로 가려면 셔틀을 타고 리젠시 비치로 가면 된다.

보라카이 리젠시 비치 리조트 & 스파 Boracay Regency Beach Resort & Spa

Access 화이트 비치 남쪽, 스테이션 2 **Address** Beachfront, Station 2 **Cost** 디럭스 P5100~, 프리미어 풀액세스룸 P8600~, 패밀리룸 P9400~ **Tel** 036-288-6111 **Wi-Fi** 사용 가능 **Web** www.boracayregency.com

화이트 비치에 인접한 유명 맛집을 두루두루 섭렵할 수 있는 좋은 위치다. 사우스 윙, 이스트 윙 2개로 나뉘는데 윙마다 큰 수영장이 있다. 1층 객실은 대부분 풀액세스룸이고 2층부터 디럭스와 프리미어가 욕조의 유무에 따라 나뉜다. 리조트에서 운영하는 시 브리즈 카페(Sea Breeze Cafe)는 외부 손님도 이용할 정도로 유명하다.

마닐라
MANILA

과거와 미래가 공존하는 마닐라로 떠나는 시간 여행

필리핀의 수도 마닐라는 440년 전 만들어진 풍부하고 다채로운 역사를 가진 도시이다. 이곳에서는 박물관에 가지 않더라도 과거와 미래의 모습을 현실에서 체험할 수 있다. 안전하고 현대적인 마카티와 오래된 스페인의 건축물을 간직한 말라테의 인트라무로스, 리잘 공원, 마닐라 해변은 마닐라 관광에서 빼놓으면 안 될 매력적인 곳이다. 또한 곳곳에 쇼핑몰이 있어서 편리하게 쇼핑을 즐길 수 있다.

마닐라 여행 준비

- 이동 시간
  직항 4시간 15분

- 일정
  3박 5일

- 항공권
  특별 가격 30만원~
  일반 가격 50만원~
  (2015년 6월 제주항공 기준)

고정 비용	항공료	30만원
	숙박료	16만5000원
유동 비용	교통비	5만원
	투어비	5000원
	입장료	1만5000원
	식비	8만5000원
	기타 여비	8만원
합계		70만원~

※ 성인 1인 3박 5일 비수기, 숙소 2인 1실 기준

- 숙소

럭셔리

- 엣사 샹그릴라
- 래플스 마카티

비즈니스

- 팬 퍼시픽 호텔
- 레밍턴 호텔

실속형

- 오렌지 네스트 호텔

마닐라 교통 가이드

마닐라국제공항 → 숙소

마닐라국제공항에서는 대중교통이 없기 때문에 택시를 이용해야 한다. 택시는 3종류가 있으며 서비스팁은 P20 정도가 적당하다.

1. 쿠폰 택시(Coupon Taxi)
시내 지역에 따라 정해져 있는 금액의 쿠폰을 미리 사서 탑승하는 시스템이다. 공항 택시보다 2~3배는 비싸지만 일반 택시보다 큰 승합차라 짐을 실을 공간이 많고 정액제이므로 교통체증도 걱정 없어 인원이 많으면 더 편리하다.

2. 공항 택시(Metered Taxi)
노란색이며 미터로 움직이지만 아직도 미터기를 조작하거나 켜지 않은 기사도 종종 있다. 택시를 타기 전에 대략적인 가격을 확인하고 타야 한다. 기본요금 P70.

3. 일반 택시
흰색 택시로, 공항에서는 공식 택시로 인정하지 않아 출국장 바깥에서만 운영한다. 바가지를 씌우는 기사들이 많아서 꼭 미터기를 잘 켰는지 확인한 후 출발해야 하며, 잔돈도 미리 준비한다.

마닐라의 교통수단

1. 택시
기본요금은 P40부터 시작한다. 미터기를 사용하지 않는 운전사를 만나면 미터기를 사용해달라고 말하자. 만일 안 된다고 할 경우에는 다른 택시를 타는 것이 좋다. 짐은 택시의 트렁크에 넣어 열쇠를 채워 놓고 운전사와 함께 다니는 것이 안전하다.

2. LRT & MRT
전철 개념의 대중교통인 LRT와 MRT는 마닐라 시민들에게는 사랑받지만, 여행자로서는 이용하기가 애매하다. 역위치가 어중간하고, 역을 찾거나 역에서 나와 목적지로 가는 과정이 불편한 경우가 많다. LRT와 MRT를 중심으로 여행하기보다 일부 구간에서만 이용하는 편이 좋다. 요금은 P12~20 정도이다.

3. 버스
마닐라는 버스 노선이 복잡하고 버스정류장 표시가 제대로 되어 있지 않아 그냥 지나치기 쉽다. 같은 노선이라도 버스 회사에 따라 요금이 다른데, 버스에 차장이 있어서 목적지와 인원수를 말하면 된다. 에어컨이 있는 버스는 P5~10, 에어컨이 없는 버스는 P5 이하이다. 에어컨이 없는 버스는 입구를 열어 놓은 채 달리니 조심해야 한다.

마닐라 핵심 코스

[마닐라 첫 방문자들이 필리핀의
과거와 현재를 느낄 수 있는 3박 5일 코스]

Day 1

22:50 마닐라국제공항 도착

02:00 체크인

Day 2

10:00 인트라무로스의 산티아고 요새 관광
택시 15분

11:30 리잘 공원
도보 10분

12:30 필리핀 국립박물관
택시 20분

13:30 바바라스 카페에서 점심식사
도보 10분

14:30 마안잔 수공예품에서 쇼핑
택시 5분

15:00 인트라무로스의 마닐라 대성당
도보 5분

16:00 인트라무로스의 세인트 오거스틴 교회
도보 5분

17:00 ~17:30 깔레사 마차 투어
택시 15분

18:30 카페 필라토에서 저녁식사

Course tip

1. 첫날 밤에 도착해 다음 날부터 꽉 차게 즐기는 3박 5일 일정이다. 코스에는 4일까지 나와 있지만 한국 도착시간을 생각한다면 5일이 맞다.
2. 일정 중 하루는 마닐라 히든 밸리 등의 근교를 다녀오는 것도 좋다. 시외버스 또는 한인 여행사 근교 투어를 이용한다.

Day 3

10:30		아얄라 박물관
	택시 5분	
13:00		라이터스 바에서 점심식사
	도보 5분	
14:00		발릭버얀 수공예품에서 쇼핑
	도보 5분	
15:30		터치 오브 핸드 마사지
	도보 10분	
17:30		그린벨트 몰에서 쇼핑
	도보 5분	
19:00		저녁식사
	도보 7분	- 오이스터 바 - 카페 푸치니
21:00		하드록 카페에서 나이트 라이프

Day 4

09:30		체크아웃 후 짐 보관
10:00		말라테 교회
	택시 15분	
11:00		마닐라 동물원
	택시 15분	
12:30		마카파갈 수산시장에서 관광 및 점심식사
	택시 10분	
15:00		몰 오브 아시아에서 쇼핑
	택시 10분	
19:00		나이스 게이트에서 저녁식사
21:00		마닐라국제공항으로 이동
23:50		인천국제공항으로 출발

리잘 공원 Rizal Park

리잘 공원은 필리핀의 독립운동가였던 호세 리잘이 처형된 곳이다. 공원의 모습이 초승달을 닮았다고 해서 루네타 공원이라고 부르다가 국민영웅인 호세 리잘을 추모하기 위해 이름이 변경되었다. 스페인군에 의해 호세 리잘이 처형된 장소에 리잘 기념탑이 세워져 있는데 그 뒤에는 그가 죽기 전에 남긴 시 '나의 마지막 고별'이 한글을 비롯한 각국의 언어로 쓰여 있다. 바닥에는 호세 리잘이 처형받으러 가는 길을 따라 발자국 표시도 해두었다.

Access 마닐라 베이가 보이는 로하스 볼리바드, 버스나 지프니를 타고 로하스 볼리바드에서 내려서 북쪽으로 도보 약 5분 **Address** Teodoro M. Kalaw Sr **Open** 08:00~18:00 **Close** 연중무휴 **Cost** 호세 리잘 처형 장소 P50, 중국 정원 P10 **Tel** 02-302-7381 **Web** www.manila.ph/manila/info/rizal-park.html

인트라무로스 Intramuros

스페인이 마닐라를 점령한 직후인 1571년에 세워진 성벽도시로 적의 공격에 대비해 약 4.5km의 성벽을 쌓으면서 형성되었다. 옛 스페인 정복자들의 거주지였으며 오래된 역사만큼 다양한 볼거리가 있다. 산티아고 요새, 마닐라 대성당, 세인트 오거스틴 교회, 카사 마닐라 박물관 등이 이어져 있으며 특히 세인트 오거스틴 교회는 결혼식장으로도 쓰일 만큼 아름답고 의미 있다. 복도 옆의 방에는 미술, 건축, 예술품 등 여러 가지 모형물이 배치되어 있다.

Access 마닐라 시내 로하스 거리 북쪽, 택시 이용 추천. LRT-1 센트럴 터미널 역 하차, 마닐라 시내에서 자동차로 10~15분 **Address** Intraromus Santa Clara Street **Open** 05:00~22:30 **Close** 연중무휴 **Cost** 성인 P75, 교사·학생 P50, 세인트 오거스틴 교회 P100 **Tel** 02-527-1572

아얄라 박물관 Ayala Museum

필리핀의 부호 가문인 아얄라 재단이 만들고 관리하는 만큼 세련된 외관을 자랑한다. 필리핀의 역사와 문화, 전통을 알 수 있는 전시물과 현대적 예술품을 다량 보유하고 있다. 1층에는 현대 필리핀 회화, 2층에는 필리핀의 역사를 이해할 수 있는 소형 모형의 디오라마, 3층에서는 근대 필리핀 회화, 4층에는 고대 필리핀 유물, 전통 예복 등이 전시되어 있다.

Access 아얄라 정류장에서 그린벨트 공원 쪽으로 도보 10분 **Address** Makati Avenue, De La Rose Street Makati City **Open** 화~금요일 09:00~18:00, 토·일요일 10:00~19:00 **Close** 월요일 **Cost** 1~3F P350/250, 1~4F P425/350(성인/학생) **Tel** 02-757-7111 **Web** www.ayalamuseum.org

마닐라 동물원 Marlila Zoo

메트로 마닐라 안에서 가장 규모가 큰 동물원으로 울창한 숲길이 많아 휴식처로 안성맞춤이다. 활발한 코끼리, 필리핀에서 보기 쉽지 않은 호랑이, 성인의 허벅지만한 굵기의 보아뱀도 볼 수 있다. 노점에서 파는 기름에 튀긴 땅콩을 사서 원숭이에게 던지면 능숙하게 받아먹는 모습을 구경할 수 있다.

Access 마비니 세인트와 해리슨 세인트 코너, 해리슨 플라자 건너편 **Address** Brgy. 721 Manila **Open** 07:00~18:00 **Close** 연중무휴 **Cost** 성인 P40, 어린이 P20 **Tel** 02-364-2469

마카파갈 수산시장 Macapagal Seaside Market

마닐라 베이에 있는 유명한 수산시장. 해산물을 구매한 후 레스토랑으로 가져가서 비용을 지불하면 조리해준다. 마카파갈 수산시장은 관광객들에게 인기가 높고 타이거 로브스터, 굴, 홍합, 오징어 등 여러 종류의 싱싱한 해산물이 있다. 수산시장 옆에는 채소·과일가게도 있으며, 땅콩부터 다양한 열대 과일까지 여러 상품을 한꺼번에 구경할 수 있다.

Access 말라테 남부, 몰 오브 아시아와 소피텔 중간 **Address** Seaside Market, D Macapagal Ave Bay Reclamation Area, Pasay **Open** 08:00~24:00 **Close** 연중무휴 **Cost** 게 P200(1마리), 새우 P700(1kg), 식당 이용료 P562 **Tel** 02-613-2972

말라테 교회 Malate Church

Access 말라테의 중심부인 술리만 공원 맞은편 Address 2000 M. H. del Pilar Street, Malate Open 06:00~19:00 Close 연중무휴 Tel 02-400-5876

말라테 교회는 1588년 바로크양식을 표방해 건축되었다. 영국군의 침략, 세계대전 등 역사적 소용돌이 속에 소실되었다가 1960년대 다시 복원되었다. 이곳에서는 누에스트라 세뇨라 데 레메디오스 (Nuestra Senora de Remedios: 우리를 치료하는 성녀)라고 불리는 성스러운 성모상을 보기 위해 많은 여행자가 모인다.

필리핀 국립박물관 National Museum

Access 리잘 공원 부르고스 거리 Address Taft Avenue, Manila Open 화~일요일 10:00~17:00 Close 월요일 Cost 성인 P150, 학생 P50, 고령자 P120 Tel 02-527-1215 Web www.nationalmuseum.gov.ph/#page=page-1

필리핀 국립박물관은 필리핀의 미술품과 민족지학에 관련된 유물과 자료를 전시하고 있다. 우리나라의 중앙박물관처럼 유물과 자료들이 어떻게 발굴이 되었는지, 어떤 발굴 작업을 거치는지 전시를 통해 알 수 있다. 박물관에 있는 미술품을 보러 필리핀 현지인과 여행자의 방문이 많은 편이다.

히든 밸리 가는 길 과일 가게 Fruit Stands Way to Hidden Valley

Access 루손 섬 남쪽 라구나군, 마닐라에서 1시간 30분, 히든 밸리 가는 길 Open 10:00~18:00 Close 연중무휴 Cost 잭프루츠 P30

히든밸리에 가는 길에 끝없이 넓게 펼쳐진 과일 농장에 들러보자. 남국의 모든 열대 과일을 저렴한 가격에 구입할 수 있다. 잭프루츠는 파인애플, 망고 그리고 바나나와 혼합된 맛을 내는 마닐라의 독특한 과일이다. 사람의 머리보다도 큰 잭프루츠를 맛보는 달콤한 경험을 해보자.

나인스 게이트 Ninth Gate

필리핀뿐만 아니라 여러 나라의 음식을 갖춘 국제적인 감각의 식당이다. 추천 메뉴는 크리스피 파타로 돼지다리를 그대로를 튀긴 필리핀식 족발이다. 칼라만시, 매운 고추, 식초, 간장 디핑 소스와 함께 맛을 낸 돼지고기와 바삭한 껍질 맛이 일품이다. 주문할 때 필리핀식 새우 젓갈 '바궁 알라망'을 요청하면 한국에서 먹는 족발과 비슷한 맛을 느낄 수 있다.

Access 말라테 남부, 몰 오브 아시아와 소피텔 중간 **Address** G/F Damon Bldg. Macapagal Blvd. Brgy. 76, Pasay City **Open** 07:00~24:00 **Close** 연중무휴 **Cost** 크리스피 파타 P500, 아도보깡콩 P200, 판싯비혼 P250, 시즐링 방우스 P350 **Tel** 02-869-3893

카페 푸치니 Caffe Puccini

2004년 문을 열었으며 정통 이탈리아 요리와 칼라만시 같은 로컬 음료를 맛볼 수 있다. 피자는 나무장작과 숯으로 구우며, 바삭바삭한 빵과 노릇노릇한 치즈가 맛있다. 오징어먹물 스파게티인 Neri Dello Chef도 꼭 맛보자. 최고 등급의 꽃등심은 이탈리안 락솔트, 아루굴라와 곁들어 먹는다. 푸치니외 모든 요리는 필리핀의 대중 맥주인 산미구엘과 잘 어울린다.

Access 마카티에서 택시로 5분, 보니파시오 하이스트리트 횡단보도 건너편 **Address** Unit 12 The Fort Strip, Global City, Fort Bonifacio, Taguig City **Open** 일~목요일 11:00~01:00, 금·토요일 11:00~03:00 **Close** 연중무휴 **Cost** 스파게티 푸치니 P395, 피자 푸치니 P505, 티라미슈 P225 **Tel** 02-816-3055 **Wi-Fi** 무료

라이터스 바 Writers Bar

애프터눈 티와 카나페, 스콘 등의 스낵과 디저트를 맛볼 수 있다. 홍차도 찻잎의 스트레이트 티부터 블렌딩까지 모두 즐길 수 있다. 또한 유명한 칵테일 중 하나인 싱가포르 슬링이 탄생한 곳이니 한 잔 곁들여보자. 래플스 클래식 애프터눈 티는 카나페, 머핀 등과 함께 즐긴다. 애프터눈 티 말고도 여러 가지 음료를 마실 수 있다.

Access 래플스 호텔 로비 **Address** 1 Raffles Drive, Makati Avenue, Makati City **Open** 아침식사 06:00~11:30, 점심식사 11:30~13:00, 애프터눈 티 14:30~16:30 **Close** 연중무휴 **Cost** 클래식 싱가포르 슬링 P380, 래플스 클래식 애프터눈 티 P800 **Tel** 02-555-9777 **Web** www.raffles.com/makati/dining/writers-bar

바바라스 카페 Barbara's Cafe

1970년대 초반에 오픈한 이곳은 스페인의 조용한 시골 같은 분위기의 작은 카페다. 스페인의 전통요리 이외에 필리핀과 다른 유럽 요리도 제공한다. 메뉴는 아침, 점심, 저녁 코스 요리로 구분되고 아시아 사람을 위한 점심 코스도 준비되어 있다. 특히 바바라스 카페의 그릴 치즈와 치킨요리는 유명하므로 꼭 맛보자.

Access 마닐라 시내 로하스 거리 북쪽, 택시 이동 추천 **Address** Casa Manila, Calle General Luna, Intramuros **Open** 10:00~22:00, 일요일 11:30~14:30, 18:30~21:00 **Close** 연중무휴 **Cost** 런치 뷔페 P395, 애피타이저 P85~175, 파스타 P125~165, 메인 P15~427, 디저트 P75~125 **Tel** 02-527-4083 **Web** www.arbarasrestaurantandcatering.com

졸리비 Jollibee

필리핀에서 졸리비는 맥도날드의 명성을 앞서가는 대표 패스트푸드점이다. 햄버거는 물론 스파게티에서 생선요리까지 제공하는 졸리비의 성공비결은 케첩 스파게티, 방거스와 같은 현지인이 선호하는 메뉴 개발로 볼 수 있다. 가격이 저렴하며 외식 장소로도 인기가 많다.

Access 라푸라푸 동상 건너편 Maria Orosa Avenue와 Kalaw Avenue 코너 **Address** Teodoro M. Kalaw Sr **Open** 24시간 **Close** 연중무휴 **Cost** 챔프 햄버거 세트 P146, 치킨 한 통 P140, 졸리비 스파게티 세트 P75 **Tel** 02-634-1111 **Wi-Fi** 무료(영수증의 패스워드) **Web** www.jollibee.com.ph

카페 필라토 Kape Pilato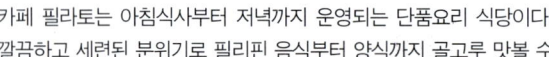

카페 필라토는 아침식사부터 저녁까지 운영되는 단품요리 식당이다. 깔끔하고 세련된 분위기로 필리핀 음식부터 양식까지 골고루 맛볼 수 있다. 먹고 싶은 요리를 주문하면 요리사가 즉석에서 요리해줘 신선하고 저렴하게 식사할 수 있다. 100~120석의 좌석을 갖추고 있어 단체 손님도 받는다.

Access 오렌지 네스트 호텔 로비 **Address** 1814 San Marcelino Street, Malate **Open** 월~금요일 07:00~21:00, 토요일 10:00~21:00 **Close** 일요일 **Cost** 스프 P150, 스테이크 P250, 샌드위치 P180 **Tel** 02-516-1630 **Wi-Fi** 무료 **Web** www.facebook.com/kapepilatoph

오이스터 바 Oyster Bar

굴이나 해산물을 주재료로 한 현대적인 필리핀 요리를 선보이는 곳이다. 음식이 그릇에 예술적으로 담겨져 나오며 생굴을 레몬과 여러 가지 소스로 곁들여 먹을 수 있다. 카피즈 생굴을 산미구엘 또는 스트롱 아이스와 함께 먹으면 필리핀의 뜨거움을 식혀주는 시원함을 온몸으로 느낄 수 있다. 해산물 요리를 좋아하는 사람들은 가볼 만한 곳이다.

Access 아얄라 정류장에서 그린벨트 공원 쪽으로 도보 5분 Address Ground Flr, Greenbelt 3, Makati City Open 11:00~22:00 Close 연중무휴 Cost 굴튀김 P380, 생굴 P280, 산미구엘 스트롱 아이스 P120, 산미구엘 레몬 P110 Tel 02-757-4020

살라 비스트로 Sala Bistro

살라 비스트로는 샐러드, 스테이크 등의 요리가 주를 이룬다. 와인이나 음료를 마시는 브런치 타임 등이 있다. 기네스 같은 흑맥주를 좋아한다면 가격은 높지만 한국에서는 맛보지 못하는 산미구엘 흑맥주 Cerveza Negra를 꼭 마시자. 결코 후회하지 않는 훌륭한 흑맥주 맛에 반할지도 모른다.

Access 아얄라 정류장에서 그린벨트 공원 쪽 도보 10분 Address Ground Flr, Greenbelt 3, Makati City Open 11:30~14:30, 18:30~21:00 Close 연중무휴 Cost 샐러드 P350, 스테이크 P940, 구운 라푸라푸 P750, 산미구엘 흑맥주 P220 Tel 02-729-4888 Wi-Fi 무료 Web salabistro.com

---

필리핀의 인기 먹거리, 샤파오 Adobo Siopao

샤파오는 필리핀과 태국에서 인기 있는 음식으로 찐빵 안에 돼지고기, 닭고기, 쇠고기, 새우, 소금에 절인 오리 알 등을 넣어 요리한다. 마닐라 길거리에서 흔히 팔고 있으며 고대 중국 사람들이 무역 기간 동안 즐겨 먹던 중국 롤빵에서 탄생했다. 우리나라의 찐빵 맛과 비슷하다. 가격은 P10 정도.

발릭버얀 수공예품 Balikbayan Handicrafts Store

수공예품 전문점으로 기념품을 구매하기 좋다. 어떤 것이 적당할지 고민이라면 미니 지프니를 추천한다. 마닐라의 상징인 만큼 가까운 지인들에게 선물하기에 좋다. 또한 조개껍질로 만든 작은 접시나 스푼도 기억에 남을 독특한 선물이 될 것이다.

Access 래플스 호텔 맞은편 **Address** 1010 Antonio Arnaiz Avenue, Makati City **Open** 월~토요일 09:00~20:00, 일요일 10:00~20:00 **Close** 연중무휴 **Tel** 02-893-0775~77 **Web** www.balikbayanhandicrafts.com

마안잔 수공예품 Mananzan Handicrafts Store

1969년 마닐라 힐튼의 지하에서 처음 관광객을 맞이하기 시작한 마안잔 수공예품은 그 후 20년간 로하스 대로를 따라 점점 더 큰 장소로 이동해갔다. 가오리가죽으로 만든 지갑과 같은 전통수공예품에 관심 있다면 한번 들러볼 만하다. 가격은 다른 수공예품 매장보다 약간 비싼 편이지만 품질은 좋다.

Access 마닐라 시내 로하스 거리 북쪽, 택시 이동 추천, 말라테에서 자동차로 약 16분 **Address** #8 General Luna Street, Corner Station, Clara Street Intramuros **Open** 09:00~18:00 **Close** 연중무휴 **Tel** 02-559-7749, 02-861-2438, 02-527-7934, 02-527-7498

몰 오브 아시아 Mall of Asia

필리핀에서 가장 큰 쇼핑몰로 3개의 건물이 이어져 있다. 푸드코트, 전자제품, 의류 등 온갖 종류의 숍과, SM백화점, SM하이퍼마켓, 볼링장, 아이맥스 영화관 등이 있으며 중앙에는 아이스링크가 있어 시원함을 더한다. 구름다리를 건너면 마닐라 베이의 전경이 눈에 들어온다. 해변에는 관람차 등의 놀이기구도 있다.

Access 말라테 지역 남쪽 마닐라 베이 옆 **Address** J.W. Diokno Boulevard, Mall of Asia Complex **Open** 10:00~22:00 **Close** 연중무휴 **Tel** 02-556-0680 **Web** smmallofasia.com

그린벨트 몰 Greenbelt Mall

Access 아얄라 정류장에서 그린벨트 공원 쪽 도보 15분 **Address** Legaspi Street, Legaspi Village, Ayala Center, Makati City **Open** 10:00~22:00 **Close** 연중무휴 **Tel** 02-757-4853 **Web** www.makaticity.com/shopping/greenbelt-mall.php

그린벨트 몰은 쇼핑, 식사, 영화, 공원에서의 휴식을 모두 즐길 수 있는 복합 문화공간이다. 녹지가 많고 공간이 넓어 쇼핑몰이 아니라 작은 도시에 온 느낌이다. 건물은 세워진 순서대로 번호가 붙여졌는데 그린벨트 1은 쇼핑센터와 식당, 그린벨트 2, 3은 문화공간과 술집, 그린벨트 4, 5는 명품 쇼핑몰로 샤넬, 프라다, 루이비통 등 100여 개의 명품을 면세점보다 10~20% 저렴한 가격에 만날 수 있다.

터치 오브 핸드 마사지 Touch of hands Massage

Access 래플스 호텔 맞은편 **Address** Ground Floor, Cedar Executive Bldg, Arnaiz Avenue, Makati City **Open** 13:00~04:00 **Close** 연중무휴 **Cost** 스웨디시 마사지 P300, 터치 마사지 P400, 힐롯 전통 마사지 P600(1시간 기준) **Tel** 02-403-8714 **Web** www.touchofhands.com

스웨디시 마사지는 몸의 이완을 유도하기 위해 몸 전체의 조직을 쓰다듬고 부드럽게 눌러주는 방식이다. 터치 마사지는 식물에서 추출한 오일을 사용하여 피부 치료, 혈압 균형, 근육 통증에 효과가 있고 평온하게 해주는 마사지이다. 힐롯 전통 마사지는 고대 전통 마사지로 코코넛 오일이나 올리브 오일을 사용한다. 마닐라에도 꽤 많은 마사지숍이 있으니 여행의 피로를 풀고 싶다면 한번쯤 들려서 휴식을 취해보자.

 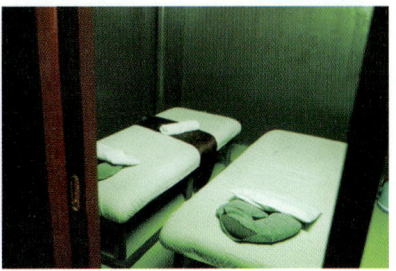

하드락 카페 Hard Rock Cafe

하드락 카페는 한 도시에 하나씩 세우는 글로벌 체인으로, 그만큼 까다로운 입지 조건에 통과되어야 한다. 하드락 카페가 선택한 마닐라 내 지역은 젊은이들로 가득한 서울의 강남역 같은 마카티 지구. 칵테일 및 주류, 스테이크 등의 각종 요리를 매일 밤 라이브 공연을 듣거나 춤추며 즐길 수 있는 핫 플레이스이다. 현지인보다는 관광객이 더 많고, 전 세계 하드락 카페와 마찬가지로 유명 뮤지션의 소지품을 진열해 놓는다. 락숍에서는 각종 음반과 기념품을 판매한다.

Access 마카티 아얄라 몰 3 & 4층, 보니파시오 하이 스트리트에서 도보 거리 **Address** Level 3 & 4, Glorietta III, Ayala Center, Makati **Open** 일~목요일 11:30~01:00, 금·토요일·공휴일 전날 11:30~02:00 **Close** 연중무휴 **Cost** 모히토 P290, 피나콜라타 P390, 뉴욕 스트립 스테이크 P1600 **Tel** 02-893-4661 **Web** www.hardrock.com/cafes/makati

마닐라 클럽 꿀팁 TIP
- 마카티 지역에는 마닐라의 나이트 라이프를 즐길 수 있는 이름 있는 클럽들이 즐비하다. 특히 그린벨트와 보니파시오 하이 스트리트 쪽에 집중되어 있다.
- 럭셔리 클럽이라도 한국의 클럽을 생각하면 실망할 수 있고, 자정 이전에는 사람이 별로 없다.
- 드레스코드는 대부분의 클럽이 아주 까다롭진 않으나 슬리퍼 차림은 입장하지 못할 수 있다.

마닐라 히든 밸리 Manila Hidden Valley

Access 마닐라 시티에서 루시애나 버스 승차 후 알라미노스에서 하차, 히든 밸리 알라미노스에서 칼람바로 와서 다시 산타크로스 이용 **Address** Alaminos, laguna **Cost** 여행사 투어 2인 12만5000원, 식사포함 입장료 P2000, 탈의실 보증금 P500 **Tel** 02-917-566-1485 **Web** www.hiddenvalleysprings.com.ph

열대우림 속의 천연 온천수영장 히든 밸리의 하이라이트는 하늘로 곧게 뻗은 열대나무 사이에서 즐기는 삼림욕이다. 훌륭한 산책로와 더불어 히든 폭포를 구경할 수 있는 길이 1km 이상의 대나무 다리도 있다. 온천이라 해도 물은 미지근하거나 차가우며, 최상의 수질과 더불어 피부 마사지나 지친 피로를 푸는데 도움이 된다. 풀장에 들어가기 위해서는 반드시 수영복을 입어야 한다.

깔레사 마차 투어 Kalesa Tour

Access 인트라무로스 정문 **Address** Intraromus Santa Clara Street **Open** 05:00~22:30 **Close** 연중무휴 **Cost** 2인 P200~300(30분)

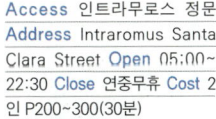

필리핀이 스페인의 식민 지배를 받았을 때 스페인 귀족이 주로 마차를 타고 다니던 것에서 유래했다. 지금은 관광객에게 필리핀의 문화를 체험하는 관광 코스로 자리 잡았다. 투어를 이용하는 경우 마차를 타기 전 목적지까지의 요금을 확실하게 협상하고 이용한다.

엣사 샹그릴라 EDSA Shangri-La

터치패드로 체크인할 만큼 환경보호에 앞장서는 친환경 호텔이다. 와플, 팬케이크 등으로 구성된 엣사 샹그릴라의 조식은 정성이 깃든 요리로 준비되며 뷔페 외에 오믈렛이나 달걀요리 등을 즉석에서 만들어 주기도 한다. 식사한 뒤 호텔에서 편안한 여가를 즐기고 싶다면 헬스장과 스파, 수영장을 이용한다. 헬스장은 통유리로 되어 있어 숲 속에서 운동하는 기분이 든다.

Access 마닐라 시내, 울티가스 지역의 샹그릴라 몰 가운데, MRT 울티가스 역에서 하차 후 메가몰을 관통해 도보 10분, 마닐라국제공항에서 자동차로 약 25분 **Address** 1 Garden Way, Ortigas Center, Mandaluyong City **Cost** 슈피리어 P8014~, 디럭스 P1만920~ **Tel** 02-633-8888 **Wi-Fi** 무료 **Web** www.shangri-la.com/manila/edsashangrila

Check Point
- 부대시설인 치 스파에서 동양의 아로마 에센셜 오일과 스웨덴식 지압을 이용한 아로마 웰빙 마사지 등 럭셔리 마사지를 즐겨보자. Open 09:00~24:00

래플스 마카티 Raffles Makati

마닐라에서 손꼽히는 호텔 중 하나. 위치, 객실 상태 등 전체적으로 만족도가 높은 5성급 럭셔리 호텔로 유명하다. 고급 주택 같은 객실 내부에서는 인테리어를 최소화한 미니멀리즘을 느낄 수 있다. 베개의 종류와 저자극성 침구를 별도로 선택할 수 있고, 신문과 전화는 무료이다. 로비에 위치한 바에서 싱가포르 슬링과 토요일의 비어 브런치는 필수로 맛보자. 추가 요금을 내면 공항과 호텔 왕복 픽업 서비스를 이용할 수 있다. 24시간 운영되는 비즈니스 센터 서비스를 제공하며, 직원을 통해 출장 연회 등 각종 서비스를 이용할 수 있다.

Access 마카티 중심부 Makati Avenue와 Arnaiz Avenue 코너, 마닐라국제공항에서 자동차로 약 15분 **Address** 1 Raffles Drive, Makati Avenue, Makati City **Cost** 주니어 스위트 P1만6800~, 이그제큐티브 P1만3000~ **Tel** 02-555-9777 **Wi-Fi** 무료 **Web** www.raffles.com/makati

팬 퍼시픽 호텔 Pan Pacific Hotel

Access 말라테의 중심부, 말라테 교회와 미국대사관 중간 **Address** M. Adriatico Corner General Malvar Streets, Malate **Cost** 슈피리어 P4675~, 이그제큐티브 P5500~ **Tel** 02-318-0788 **Wi-Fi** 무료 **Web** www.panpacific.com/Manila

팬 퍼시픽 호텔은 1997년에 지어졌지만 편리한 부대시설과 맞춤형 서비스로 유명하다. 역사와 문화의 중심지인 말라테에 위치해 각종 여가 시설과 가깝다. 비즈니스여행객의 편의를 위해 디자인된 비즈니스호텔로 객실에는 큰 사무용 책상과 작은 책상 2개가 배치되어 있고, 욕실의 큰 창문을 통해 마닐라 도시의 풍경을 볼 수 있다. 욕실 거울 옆에는 작은 텔레비전도 있다. 조식은 최고층에 위치한 퍼시픽 라운지에서 즐기며 그밖에 편의시설로는 헬스장, 수영장, 포켓볼 등이 있다.

레밍턴 호텔 Remington Hotel

파사이의 일본대사관 및 마카티 증권거래소 부근에 있으며 여행자를 위한 각종 편의시설과 가깝다. 최근에 문을 열어 깨끗하고 깔끔한 분위기이며, 동급의 다른 호텔들보다 조금 더 저렴하다.

Access 뉴포트 시티 리조트 월드 마닐라 복합 단지 내 **Address** #1 Jasmine Drive, Newport City, Pasay, Manila **Cost** 스탠더드 P4200~, 서비스 아파트먼트 P4850~ **Tel** 02-908-8000-7921/7926 **Wi-Fi** 유료 **Web** www.rwmanila.com/hotels-at-resorts-world-manila

오렌지 네스트 호텔 Orange Nest Hotel

나이트 라이프와 쇼핑몰 슬길 수 있는 지역에 위치해 이동이 편리하다. 욕실에는 욕조 없이 샤워기만 배치된 P1500의 저가 호텔이며 전체가 금연 객실이다. 정원이 있는 건물이고 드라이클리닝, 객실 내 무료 인터넷 서비스가 제공된다.

Access 말라테, 마닐라국제공항에서 8km 거리, 택시로 약 20분 **Address** 1814 San Marcelino Street, Malate **Cost** 스탠더드 P1500~, 이그제큐티브 P1800~ **Tel** 02-516-1630 **Wi-Fi** 무료

팔라완
PALAWAN

필리핀 여행의 마지막 보고(寶庫)

잔잔한 에메랄드빛 바다와 남성적인 느낌의 산을 동시에 느낄 수 있는 곳 팔라완! 때묻지 않은 자연환경 속에서 로컬들과 어울려 지낼 수 있는 필리핀의 몇 안 되는 곳 중 하나이다. 자연이 만들어낸 웅장한 지하 강을 비롯해 사방 비치에서의 해양 스포츠와 짚 라인 등 다양한 볼거리와 액티비티가 넘쳐나 짧은 여행 일정이 모자를 정도이다. 여행자를 환영하는 순박한 필리피노의 인사는 팔라완 여행을 더욱 행복하게 만드는 비타민이다.

팔라완 여행 준비

- **이동 시간**
  경유 4시간 20분(체류 시간 제외)

- **일정**
  3박 5일, 4박 6일

- **항공권**
  특별 가격 29만원~
  일반 가격 43만원~
  (2016년 3월 세부퍼시픽 기준)

고정 비용	항공료	29만원
	숙박료	25만원
유동 비용	교통비	3만원
	투어비	15만원
	식비	15만원
	기타 예비	5만원
합계		92만원~

※ 성인 1인 3박 5일 비수기, 숙소 2인 1실 기준

- **숙소**
  팔라완의 숙소는 지역을 기준으로 나누었다. 여행자들이 많이 다니는 주요 지역인 사방 비치와 팔라완의 번화가 푸에르토 프린세사의 숙소를 추천한다.

사방 비치
- 쉐리단 비치 리조트 & 스파
- 달루안 리조트

푸에르토 프린세사
- 아지자 파라다이스 호텔
- 호텔 센트로

팔라완 교통 가이드

푸에르토프린세사공항 → 숙소

공항에서 시내까지는 지프니와 트라이시클 외에 대중교통수단이 없다. 공항 앞에서 지프니는 오전 6시부터 오후 11시까지, 트라이시클은 심야까지 이용 가능하며, 심야 할증을 요구하는 경우가 있다. 지프니는 요금이 P7~10 정도이고, 트라이시클은 1인 P50이다. 리조트를 이용하는 경우, 리조트 셔틀버스의 유무와 더불어 시간표까지 확인하자.

팔라완의 교통수단

팔라완은 투어 위주의 일정이 많아 투어 차량을 많이 이용하게 된다. 대중교통은 지프니와 트라이시클이 있으며 오전 6시부터 오후 8시까지 운행한다. 요금은 지프니는 1인 P10, 동승 시 P8, 트라이시클은 1인 P5~15 정도이다.

팔라완 핵심 코스

[팔라완의 대표 관광지와 액티비티를 중심으로 즐기는 꽉 찬 3박 5일 코스]

DAY 1

- **00:25** 마닐라국제공항 도착
- **01:00** 체크인
- **10:00** 마닐라국제공항으로 이동
- **11:20** 푸에르토프린세사 공항 도착
- **12:00** 점심식사
  - 카 이나토
  - 깔루이
- **15:00** 체크인 후 휴식
- **17:00** 사방 비치 산책
  - 도보 5분
- **19:00** 파워칸에서 저녁식사

DAY 2

- **08:00 ~10:30** 지하 강 국립공원 투어
- **11:00 ~12:00** 사방 짚 라인 투어
- **12:30** 쉐리단 비치 리조트 & 스파 유기농 레스토랑에서 점심식사
- **14:00 ~15:30** 맹그로브 투어
- **16:00** 숙소 수영장 즐기기
- **18:00** 쉐리단 비치 리조트 & 스파 레스토랑에서 저녁식사

Course tip

1. 마닐라를 1박을 경유해서 가는 일정으로 팔라완에서는 3박을 한다. 에어아시아를 이용할 경우 인천-마닐라-팔라완 당일 연결이 된다. 코스에는 4일까지 나와 있지만 마닐라로의 출발 시간을 생각한다면 5일이 맞다.
2. Day 2에 떠날 지하 강 국립공원 투어는 1일 900명까지 인원 제한이 있다. 한국인뿐만 아니라 필리핀사람들과 전 세계 여행자들이 몰리는 투어이므로 먼저 예약하자.
3. 투어 위주의 일정이므로 교통은 투어를 예약한 여행사 차량을 이용해서 이동한다.

Day 3

07:30 ~15:30	혼다 베이 아일랜드 호핑 투어
16:00	숙소 휴식
18:00	저녁식사
	- 빌라오 앳 팔라옥 - 밧자오 시프런트 & 레스토랑
20:00 ~22:00	이외학 반딧불이 투어

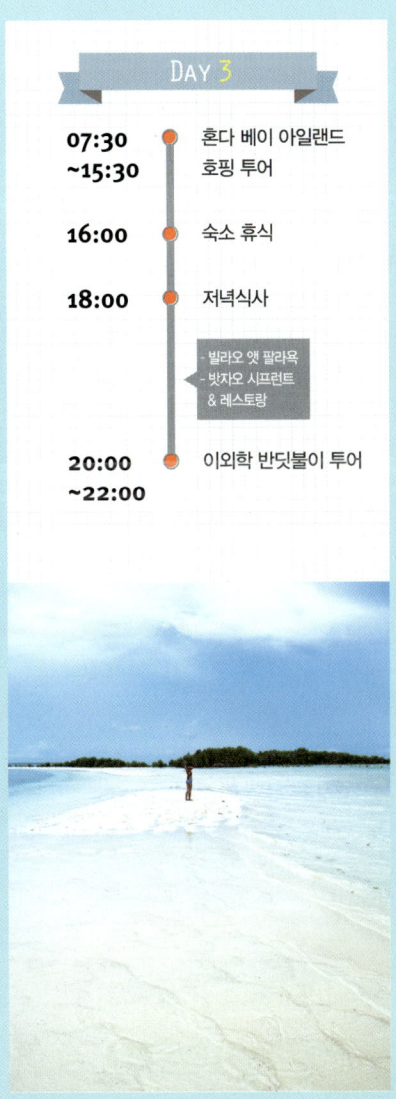

Day 4

10:05	푸에르토프린세사 공항으로 이동
11:25	마닐라국제공항으로 이동
15:20	인천국제공항으로 출발

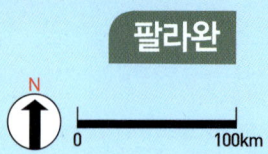

사방 비치 Sabang Beach

Access 팔라완 중부

팔라완의 대표 비치로 지하 강 국립공원으로 가는 첫 관문이다. 팔라완 현지인이 어업을 시작한 곳이기도 해서 여행자의 문화와 로컬문화가 공존하고 있다. 보라카이처럼 모래가 곱거나 백사장이 길게 연결되어 있지는 않다. 하지만 비치 주변에 펼쳐진 열대우림 숲은 보라카이와는 또 다른 매력이 있다. 이른 아침 바다 수면에서 반짝이는 빛과 바람결에 흔들리는 야자나무가 파도의 물결 같은 아름다운 곳이다.

밧자오 시프런트 & 레스토랑
Badjao Seafront & Restaurant

Access 시청에서 트라이시클을 타고 페르난데즈 거리를 따라 남쪽 방향으로 약 10분 Address Rizal Avenue, Puerto Princesa City Open 11:00~14:00, 18:00~22:30 Close 연중무휴 Cost 단품 P150~, 시푸드 플래터 P695~ Tel 048-433-6910, 048-433-9912 Wi-Fi 무료

레스토랑 이름처럼 바다 바로 앞에 있다. 청정지역에만 있다는 맹그로브가 열대 바다의 느낌을 물씬 풍긴다. 필리핀 음식과 해산물이 주메뉴이다. 베스트 메뉴인 시푸드 플래터에는 생선, 새우, 게 새우, 오징어가 풍성히 들어간다. 양이 많아서 둘이서 배부르게 먹을 수 있다. 나무로 된 내부 인테리어 때문인지 처음 가도 어색하지 않은 편안한 분위기이다. 해 질 무렵 찾아가서 맥주 한 잔 마시며 석양을 보고, 본격적인 식사는 해가 진 뒤에 하면 더 좋다. 식사가 끝날 무렵 잔잔한 피아노 연주를 시작으로 라이브 음악을 들을 수 있다.

카 이나토 Ka Inato

현지인은 물론 여행자의 필수 코스로 음식의 맛이나 서비스가 안정적인 치킨 바비큐점이다. 인기 메뉴는 오리지널 치킨 이나토로 바비큐한 닭과 밥, 과일, 샐러드를 한 접시에 담아 내온다. 미나리나 시금치 같은 채소를 볶은 깡콩과 굴소스에 쌀국수를 볶은 요리도 인기 메뉴다. 부담스럽지 않은 가격과 깔끔한 맛에 한 끼 식사로 좋다.

Access ①하이웨이점_내셔널 하이웨이에서 로빈슨몰 가기 전 산마누엘 거리 맞은편 ②리잘점_리잘 스트리트에서 공항 방향으로 깔루이 지나서 위치 **Open** 하이웨이점_10:00~22:00, 리잘점_11:00~14:00, 17:30~22:00 **Close** 연중무휴 **Cost** 룸피아 P33~, 오리지널 치킨 이나토 P90~(SC 10%) **Tel** 048-434-2288 **Wi-Fi** 무료

깔루이 Ka Lui

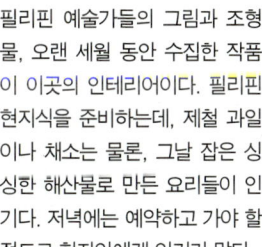 

필리핀 예술가들의 그림과 조형물, 오랜 세월 동안 수집한 작품이 이곳의 인테리어이다. 필리핀 현지식을 준비하는데, 제철 과일이나 채소는 물론, 그날 잡은 싱싱한 해산물로 만든 요리들이 인기다. 저녁에는 예약하고 가야 할 정도로 현지인에게 인기가 많다.

Access 리잘 애버뉴에서 캐피톨을 바라보고 왼쪽으로 300m 근처 **Address** 369 Rizal Avenue East o'Puerto PPC **Open** 12:00~14:00, 18:00~23:00 **Close** 일요일 **Cost** 데이 캐치 P220~, 스페셜 데이세트 P445~(SC 10%) **Tel** 048-433-2580 **Wi-Fi** 무료 **Web** www.kaluirestaurant.com

빌라오 앳 팔라욕 Bilao at Palayok

필리핀 현지 음식문화를 경험하고 싶은 여행자에게 추천한다. 이곳에 온 손님들은 모두 부들 세트를 먹는다. 크게 펼친 바나나잎 위에 마늘을 넣고 마늘볶음밥을 중심으로 바비큐나 찐 게, 생선, 새우, 오징어와 2가지의 채소 볶음을 올려 덜어 먹는다. 간이 세지 않고 전체적으로 담백하며, 식사는 현지인들처럼 손으로 먹는다.

Access 푸에르토프린세사공항 가기 전 **Address** Rizal Avenue, Puerto Princesa City **Open** 11:00~14:00, 18:00~22:30 **Close** 연중무휴 **Cost** 부들 세트 P950~ **Tel** 048-433-6910 **Wi-Fi** 무료

쉐리단 비치 리조트 & 스파 레스토랑
Sheridan Beach Resort & Spa Restaurant

쉐리단 비치 리조트 & 스파 내에 위치한 부속 레스토랑이다. 조식 이외의 점심과 저녁식사도 준비하는데, 합리적인 가격과 쾌적한 분위기에서 식사할 수 있어 투숙객이 아니더라도 가보기를 추천한다. 필리핀 요리, 이탈리아 요리, 서양식 등 다국적 음식을 준비한다.

Access 사방 비치 중간쯤 **Address** Sabang Beach, Puerto Princesa City **Open** 11:00~22:00 **Close** 연중무휴 **Cost** 메인 요리 P250~, 맥주 P80P, 디저트 P120~(SC 10%) **Tel** 0908-880-8509 **Wi-Fi** 사용 가능 **Web** www.sheridanbeachresort.com

파위칸 Pawikan

달루안 리조트 내에 위치한 메인 레스토랑으로 세련된 다국적 음식을 선보인다. 필리핀 바비큐를 재해석한 스테이크와 이탈리아 요리를 추천한다. 특히 디저트의 달콤한 맛에 여행의 피로가 풀릴 정도이다.
이곳을 놓쳤다면 푸에르토 프린세사에 있는 자매 레스토랑, 푸에르토 펜션의 레스토랑을 이용해 보는 것도 좋다.

Access 사방 비치 중간쯤 쉐리단 비치 리조트 & 스파 옆 **Address** Sabang Beach, Puerto Princesa City **Open** 11:00~22:00 **Close** 연중무휴 **Cost** 메인 요리 P278~, 맥주 P80, 디저트 P138~(SC 10%) **Tel** 048-723-0889, 0917-892-6316 **Wi-Fi** 무료

쉐리단 비치 리조트 & 스파 유기농 레스토랑
Sheridan Beach Resort & Spa Organic farming Restaurant

쉐리단 비치 리조트 & 스파에서 운영하는 유기농 농장 내의 레스토랑이다. 농장에서 유기농으로 생산되는 재료로 음식을 만들어 신선함이 최상급이다. 필리핀 전통식사법으로 손으로만 식사하고, 바나나무 잎을 식기로 사용해 식후 쓰레기 처리도 자연식이다.

Access 쉐리단 비치 리조트 & 스파에서 자동차로 5분, 리조트 셔틀버스 이용 **Address** Sabang Beach, Puerto Princesa City **Open** 12:00~14:00 **Close** 연중무휴 **Cost** 메인 요리 250P~(SC 10%) **Tel** 0908-880-8509 **Wi-Fi** 사용가능 **Web** www.sheridanbeachresort.com

지하 강 국립공원 투어 The Underground River

Access 투어 픽업 차량 이용 Address No. 350 Riazl Avenue, Bgy Bancao-Bancao, Puerto Princesa City Open 08:00~16:00 Cost 일일투어 P1500~ Tel 048-434-2030, 0917-314-6922 Web www.excitingpalawan.com

팔라완을 대표하는 일일투어로 유네스코 세계문화유산에 등재된 지하 강을 돌아보는 투어이다. 이곳을 보려고 필리핀인도 팔라완을 방문할 정도로 필리피노의 관심과 사랑을 받는 곳 중 하나다.
국립공원으로 지정된 이곳은 동굴 속에 8.2km의 긴 강이 흐르고 있다. 무동력 배를 타고 그 강을 따라가면 동굴 속에는 옛 유물들이 남겨져 있다. 2천만 년 전의 화석과 옛 필리피노의 생활양식과 종교 등을 엿볼 수 있는 벽화, 동물과 과일 같이 생긴 종유석과 석순이 자연스러운 모습으로 형성되어 있어 투어 내내 신비롭다. 지하 강에 대한 자세한 설명을 원한다면 다국적 언어로 된 오디오 서비스가 있다.
동굴을 둘러싼 국립공원은 생태학의 보고로 다양한 식물, 포유류, 파충류, 조류 등이 서식하고 있다. 이들을 보호하기 위해 하루에 900명으로 관람자를 제한하니 팔라완 여행을 계획한다면 이 투어부터 예약하자.

혼다 베이 아일랜드 호핑 투어
Honda Bay Island Hopping Tour

Access 여행사 투어 프로그램 이용 **Address** No. 350 Riazl Avenue, Bgy Bancao-Bancao, Puerto Princesa City **Open** 08:00~16:00 **Cost** 일일투어 P1500~ **Tel** 048-434-2030, 0917-314-6922 **Web** www.excitingpalawan.com

팔라완의 아름다운 바다를 보는 가장 빠른 투어로 직접 경험해봐야 여행자들이 왜 팔라완을 예찬하는지 알 수 있다. 팔라완 인근에 있는 판단 섬, 카우리 섬, 불가사리 섬, 룰리 섬, 팜바토 리프 섬을 다니며 스노클링과 호핑을 즐긴다. 점심식사가 포함되며 자격증이 있는 필리피노 가이드가 스노클링부터 식사까지 모두 준비해준다. 스노클링 마스크와 오리발, 구명조끼 대여는 유료이다.

사방 짚 라인 투어 Sabang Zip Line Tour

Access 여행사 투어 프로그램 이용 **Open** 09:00~16:00 **Cost** P550 **Tel** 048-434-2030, 0917-314-6922 **Web** www.excitingpalawan.com

마치 바다 위를 나는 듯한 착각이 드는 활동적인 프로그램이다. 보통 지하 강 국립공원 투어를 마치고 투어 후 사방 비치에 도착하므로 하루를 알차게 보낼 수 있다. 다른 동남아시아의 짚 라인처럼 경사가 가파르지 않지만 바다 위를 통과한다는 점이 매력적이다. 팔라완 정글에서 시작해 바다를 지나 사방 비치의 낙하 포인트에 닿게 된다. 투어에 참여했으나 겁나서 제대로 못 타는 사람은 직원들과 함께 낙하한다. 짚 라인을 타는 모습을 촬영해줘 사진을 유료로 구입할 수 있다.

맹그로브 투어 Mangrove Paddle Boat

Access 여행사 투어 프로그램 이용 **Open** 09:00~16:00 **Cost** P330 **Tel** 048-434-2030, 0917-314-6922 **Web** www.excitingpalawan.com

바다와 강이 만나는 곳에서 자라는 맹그로브를 필리핀 전통 배를 타서 보는 투어다. 그저 나무를 보는 것이 뭐 달리 특별해 보일 수 있을까 싶지만 한국에 없는 청정지역에서만 자란다는 맹그로브 숲으로 들어가 가까이 가보면 나무가 주는 청정한 공기에 두통도, 평소 비염으로 고생하던 막힌 코도 시원스레 뚫어준다. 다른 동남아시아와 달리 4~5개의 다양한 맹그로브 종을 볼 수 있는 장점이 있으며 무동력 보트를 타고 가기 때문에 맹그로브 숲의 소리를 들을 수 있는 고요하고 정적인 투어다.

이와힉 반딧불이 투어 Iwahig Firefly Watching Tour

Access 여행사 투어 프로그램 이용 **Open** 18:00~21:00 **Cost** P1100~(저녁식사 포함, 최소 6명) **Tel** 048-434-2030, 0917-314-6922 **Web** www.excitingpalawan.com

청정지역에서만 서식하는 반딧불이를 볼 수 있는 로맨틱한 투어다. 다른 동남아시아의 나라에서는 엔진이 있는 중형의 배를 타고 20명 이상 함께 이동하지만 이곳은 무동력의 작은 배를 타고 사공과 여행자 3명이 함께 둘러본다. 배도 시간차를 두고 운행하기 때문에 조용하고 고즈넉한 분위기에서 크리스마스트리같이 반짝이는 반딧불이를 볼 수 있다.

ATV 정글 트랙 투어 ATV Jungle Track Tour

Access 투어 픽업 차량 이용
Open 09:00~16:00 **Cost** 1
인 P1200 **Tel** 048-434-2030,
0917-314-6922 **Web** www.
sheridanbeachresort.com/
adventure-tours

쉐리단 비치 리조트 & 스파에서 운영하는 프로그램으로 사륜구동 ATV를 타고 리조트 근처의 정글을 탐험한다. 고즈넉한 풍경의 시골길을 달리다가 정글로 들어간다. 정글 초입은 다소 평탄한 듯 보이나 조금 더 들어가자 완벽한 비포장도로가 나온다. 여기저기 잡풀이 난 곳은 물론이고 진흙 길에 움푹 파인 도로, 장애물인 나뭇가지와 작은 개울 등을 만난다. 오르막길에 잠시 올랐다가 경사진 내리막길을 내려 가는데, 욕심을 부려 한 번에 오르내리려거나 한눈을 판다면 사고로 이어지기 쉬우니 집중해서 운전해야 한다.

쉐리단 유기농 농장 투어 Sheridan Organic Farm Tour

Access 투어 픽업 차량 이용
Open 09:00~16:00 **Cost** 1
인 P1200 **Tel** 048-434-2030,
0917-314-6922 **Web** www.
sheridanbeachresort.com/
adventure-tours

쉐리단 비치 리조트 & 스파에서 자동차로 5분 정도 가면 유기농법으로 농사를 짓는 현지인들의 마을이 나온다. 그림같이 예쁜 목가적인 풍경이 펼쳐지는 곳으로 밭에는 유기농 채소가 심어져 있다. 농장을 둘러보고 나면 현지 스타일의 점심을 먹는다. 테이블 위에 넓은 바나나나뭇잎을 깔고 밥과 반찬을 올린다. 밥을 담을 식기도 수저도 없는 독특한 상차림으로 식사 방법 역시 현지인처럼 바나나나뭇잎에 먹을 만큼의 음식을 담아서 손으로 먹는다. 식후 유기농 농장을 더 둘러보며 산책을 즐기자.

쉐리단 비치 리조트 & 스파
Sheridan Beach Resort & Spa

Access 사방 비치 중간쯤
Address Sabang Beach Puerto Princesa City **Cost** 슈피리어 P6700~, 디럭스 풀뷰 P7400~ **Tel** 0908-880-8509
Wi-Fi 사용 가능 **Web** www.sheridanbeachresort.com

팔라완을 대표하는 고급 리조트. 팔라완 최고의 위치라고 해도 지나침이 없다. 리조트 앞으로는 평화로운 사방 비치가 있고, 무성한 열대우림 정글의 산이 리조트를 품고 있다. 총 95개의 객실을 보유한 이곳은 동급의 다른 리조트보다 객실이 넓은 편이며, 내부 가구는 모두 나무로 되어 있고 비품 하나하나가 특별히 튀지는 않지만 충실히 갖춰져 있다. 부대시설로는 팔라완 최대 규모의 수영장과 어린이 수영장, 피트니스센터, 스파, 레스토랑, 바가 있다. 지하 강, 짚 라인, 맹그로브 투어 등을 진행하는 곳이 인근에 있어서 이동 시간을 줄일 수 있으며 다양한 액티비티를 조합해서 여행할 수 있다.

Check Point
- 리조트에서 운영하는 유기농 농장 투어가 있다. 유기농법으로 농사를 짓는 곳으로 다양한 나무와 열매를 볼 수 있으며 필리핀 전통식의 점심 식사가 포함된다.
- 공항-리조트 셔틀 이용이 가능하다. 1인 편도 P500이며 1시간 30분 정도 걸린다.

아지자 파라다이스 호텔 Aziza Paradise Hotel

Access 푸에르토 프린세사 **ddress** BM Road, Brgy. San Manuel, Puerto Princesa City Proper **Cost** 슈피리어 P3200~, 디럭스 P3200~ **Tel** 048-434-2405 **Wi-Fi** 사용 가능 **Web** azizaparadise.ph

푸에르토 프린세사에서 가장 핫한 호텔로 급부상 중인 곳으로 세련되고 현대적인 시설로 젊은 여행자들의 발목을 잡는다. 두 건물로 되어 있는데, 4층 빌딩에는 일반 호텔처럼 슈피리어룸과 디럭스룸이 있으며 패밀리 스위트, 허니문 스위트는 2층 빌딩에 위치한다. 특히 동급의 다른 호텔보다 넓은 패밀리 스위트는 가족여행객이 선호한다.

부대시설로는 리셉션과 레스토랑, 피트니스 센터, 컨벤션홀, 수영장, 어린이 수영장, 나이트클럽이 있다. 특히 나무를 모티브로 한 리셉션의 테이블부터 의자, 천정까지 싱그러움이 느껴진다. 유선형의 수영장 주변으로 정원이 잘 조성되어 있다.

로빈슨 몰이 가까워서 숙소에서 쉬다가 쇼핑이나 식사를 하러 가기에도 좋은 위치. 친절한 서비스로 투숙객의 손과 발이 되어주는 직원들에게 감사의 인사를 전하게 되는 숙소다.

달루안 리조트 Daluyon Resort

Access 사방 비치 **Address** Sabang Beach, Puerto Princesa City **Cost** 디럭스 싱글 P1058~, 디럭스 A P1898~ **Tel** 048-723-0889, 0917-892-6316 **Wi-Fi** 무료 **Web** www.daluyonbeachandmountainresort.com

사방 비치에 위치한 고급 리조트로 쉐리단 비치 리조트 & 스파와 고급스러움을 견주는 곳이다. 2층 구조의 방갈로식 빌라로 1, 2층 모두 독립적으로 사용할 수 있다. 객실에는 넓은 창과 테라스가 있어서 전망이 시원하다. 테라스에 앉아서 사방 비치의 변화무쌍한 모습을 감상하며 커피 한 잔을 마시는 여유를 부릴 수 있다. 부대시설로 수영장, 어린이 수영장, 스파, 레스토랑이 있다. 해변에 위치한 액티비티 센터에서는 스노클링, 카야킹 등의 무동력 스포츠 장비를 빌려서 이용할 수 있다.

호텔 센트로 Hotel Centro

Access 푸에르토 프린세사 노스 로드 **Address** San Pedro National Highway, San Pedro Puerto Princesa City **Cost** 스탠더드 P3865~, 슈피리어 P4495~, 디럭스 P5390~ **Tel** 048-434-1110 **Wi-Fi** 무료 **Web** www.hotelcentro.ph

한국인 여행자가 많이 이용하는 곳으로 팔라완에 있는 대부분의 숙소가 오래된 것에 비해 이곳은 2011년 리노베이션을 거쳐 새롭게 태어났다. 로빈슨 몰이나 시내 중심의 레스토랑, 관광지로의 이동이 편리한 곳에 위치한다. 객실은 스탠더드룸과 슈피리어룸, 디럭스룸이 있는데, 타일 바닥에 킹 사이즈 침대, 옷장, 테이블, 냉장고 등의 비품은 동일하고 객실 넓이의 차이만 있다. 부대시설로는 레스토랑과 수영장, 컨벤션홀이 있다.

쿠알라룸푸르   코타키나발루

말레이시아 알아보기

수도
쿠알라룸푸르(Kuala Lumpur)

면적
약 329,847km²

인구
약 2972만 명

언어
공용어는 말레이어이며 영어가 널리 통용된다. 중국어, 타밀어도 사용한다.

기후
우기와 건기가 있는 고온다습한 열대성 기후. 평균 온도는 27℃, 평균 강우량은 2500mm, 평균 습도는 63~80%이다. 서쪽 해안의 경우 4~10월에, 동쪽 해안의 경우 10~2월에 몬순 기후로 비가 자주 내린다. 건기에도 일시적 열대성 소나기가 하루 한두 차례 내린다.

옷차림
기본적인 여름 의류와 에어컨용의 얇은 긴 소매 옷을 준비한다. 걸어 다닐 일이 많으니 자외선차단 아이템과 편한 신발은 필수.

시차
한국보다 1시간 느리다. 한국 15:00→말레이시아 14:00. 말레이시아 내에서 지역 간 시차는 없다.

통화
단위는 링깃(Ringgit). 동전은 센(Sen)이며 RM1은 100센이다. 1·5·10·20·50센짜리 동전이 있으며 RM1·5·10·20·50·100 지폐가 있다. RM1은 한화로 300원(2015년 7월 기준).

환전
미화로 환전해서 현지에서 링깃으로 바꾸는 것이 일반적이다. 현지 은행보다는 사설 환전소의 환율이 좋다. 첫날 도착해서 쓸 최소한의 돈만 공항에서 미리 환전하자. 신용카드는 호텔과 레스토랑, 쇼핑몰 등의 대형 매장에서 사용할 수 있다.

음식

간단한 반찬과 밥이 나오는 현지인의 아침식사인 나시르막과 볶음쌀국수인 차퀘이테오, 생선을 갈아 넣은 국수 요리 락사, 꼬치구이 요리인 사테, 중국식 만두가 들어간 국수 완탄미 등이 대표적이다. 말레이시아는 이슬람 국가라서 술과 돼지고기를 먹지 않는 사람이 많다. 어디서든 구입할 수는 있지만 일반적인 물가에 비해 비싼 편이다.

말레이시아 현지 SIM카드 이용하기

말레이시아 공항이나 편의점, 상점에서 SIM카드를 쉽게 구입해 이용할 수 있다. 대부분 SIM카드 삽입 후 현지 통신사에서 안내하는 전화번호와 통화 버튼을 누르면 개통이 진행된다. 현지 통신사에 따라 국가번호 앞에 각 통신사의 고유 연결 번호를 입력해야 하는 경우도 있으니 동봉된 설명서를 잘 읽어보고 이용하자.

MALAYSIA INFORMATION

전압
240V. 플러그 모양이 가운데 하나가 더 나와 있는 형태라 멀티어댑터가 필요하다.

여권&비자
여행 기간이 90일 이내라면 비자 없이 체류 가능하다. 단, 여권 유효기간이 6개월 이상 남아 있어야 한다.

세금
호텔과 레스토랑 등 일반적인 업소에서는 요금 명세서에 세금 6%와 서비스차지 10%가 부과된다. 저렴한 로컬 식당 및 길거리 식당, 마트 등에서는 부과되지 않는다.

전화
호텔에서 한국에 거는 직통 전화는 수수료가 있다. 말레이시아 현지 공중전화는 10·20·50센 동전을 사용할 수 있으며 편의점과 휴대전화 상점에서 전화카드를 판매한다. 데이터를 사용해야 하는 경우에는 현지 SIM카드를 이용하자.

말레이시아 출입국 절차

말레이시아는 에어아시아 등을 이용해 오갈 수 있으며, 쿠알라룸푸르에서 페낭, 랑카위, 코타키나발루 등으로 연결된다. 코타키나발루는 진에어와 이스타항공의 직항 노선이 있다. 출입국 절차는 간단하며, 편도 항공권만 있는 경우 입국 거부가 될 수 있다고 하지만 인천공항에서 수속할 때 관련 사항을 미리 확인한다. 경유 항공편이나 육로를 통한 국가 이동 등의 이유가 있다면 문제없다.

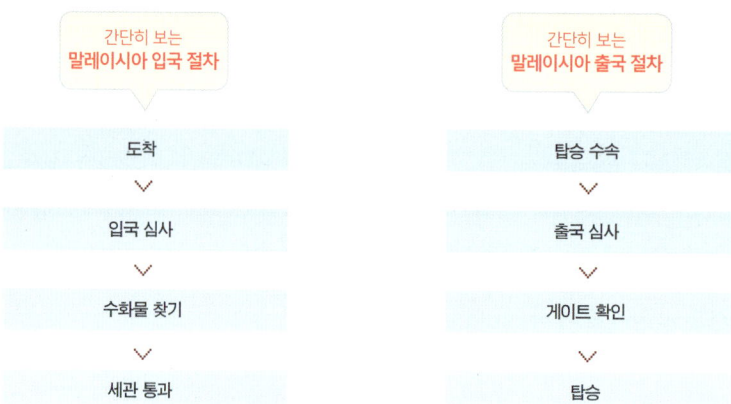

말레이시아 출입국 요령
- 말레이시아는 출입국신고서를 작성하지 않는다.
- 짐을 분실한 경우 수화물 보관증을 가지고 배기지 클레임 창구에 가서 분실 신고를 한다.
- 말레이시아 입국 면세 한도는 담배 200개비, 주류 1리터, 화장품류는 총액 RM200까지 가능하다.
- 출국할 때에는 늦어도 출발 2시간 전에는 공항에 도착하자.

쿠알라룸푸르 경유하기
쿠알라룸푸르를 경유해서 저가항공으로 다른 도시로 가는 경우 입국장에서 빠져나온 후 3층으로 올라가서 다음 항공편을 체크인하면 된다. 이용하는 항공사에 따라 당일 시내에서 1박 후 이동할 수 있지만 공항에서 시내까지 1시간 정도 소요되고 교통비도 비싸기 때문에 가능하면 당일 항공편 일정을 이용하자. 당일 경유인 경우에는 최소 3시간 정도의 간격을 두는 것이 좋다. 에어아시아 경유인 경우, 최종 목적지까지 수화물을 부쳐주지 않으므로 꼭 수화물을 찾아가자.

말레이시아의 국제공항

● 쿠알라룸푸르국제공항(KLIA)
KLIA은 인천국제공항이 생기기 전까지 세계에서 최고라 불릴 만큼 우수한 시설을 자랑했다. 현재도 세계 각국의 항공사들이 이용하는 국제적 서비스를 제공하는데, KLIA 2의 건립으로 그 규모가 더 커졌다.

● 쿠알라룸푸르국제공항 2(KLIA 2)
저가항공사가 이용하는 공항으로 시내와의 거리는 택시로 1시간, 공항철도 익스프레스(KLIA Ekspres)로 35분, 공항버스로 KL 센트럴 역까지 1시간~1시간 15분이 걸린다. 일반항공사가 이용하는 KLIA까지는 유료셔틀버스가 다니며 5분 이내의 거리다.

● 코타키나발루국제공항
시내에서 남서쪽으로 13km 정도 떨어진 곳에 위치하며 택시로 약 20분 정도 소요된다. 모든 국제선과 말레이시아항공의 국내선은 제1터미널을 이용하고, 에어아시아와 같은 저가항공사의 국내선은 제2터미널을 이용한다.

● 페낭국제공항
페낭의 주도인 조지타운에서 남쪽으로 16km 정도 떨어진 곳에 위치한다. 공항에서 조지타운까지는 택시로 약 25분, 바투 페링기까지는 약 40분이 소요된다.

● 랑카위국제공항
랑카위의 관문으로 랑카위 섬 서부에 위치한다. 도심에서 약 15km 정도 떨어져 있으며, 규모가 크지 않아 한 층에서 모든 것이 이루어진다. 공항에서 메인 비치인 판타이 체낭까지는 택시로 약 20분이 소요된다.

쿠알라룸푸르
KUALA LUMPUR

말레이시아 경제와 문화의 중심지이자 국제도시

'강이 모여드는 곳'이라는 뜻의 쿠알라룸푸르. 말레이시아의 수도로 경제와 문화의 중심지이면서 다양한 인종이 모여 있어 서로 다른 종교와 문화가 조화롭게 공존하는 곳이기도 하다. 활기 넘치는 부킷 빈탕 지역과 여행자들이 몰리는 페트로나스 트윈 타워 주변, 유서 깊은 볼거리와 가까운 메르데카 광장을 돌며 여유롭고 다채로운 도시여행을 즐기자. 모던함 속의 깊은 역사, 세련된 도시와 푸른 녹음이 조화를 이루는 쿠알라룸푸르로 떠나자.

쿠알라룸푸르 여행 준비

- **이동 시간**
  직항 6시간 30분
- **일정**
  3박 5일
- **항공권**
  특별 가격 39만원~
  일반 가격 74만원~
  (2015년 9월 에어아시아 기준)

고정 비용	항공료	39만원
	숙박료	3만6000원
유동 비용	교통비	6만원
	투어비	5만원
	입장료	5만원
	식비	5만원
	기타 여비	10만원
합계		73만6000원~

※성인 1인 3박 5일 비수기, 숙소 2인 1실 기준

- **숙소**
  시내에 고급 호텔부터 게스트 하우스까지 다양한 형태의 숙소가 많아 자신의 취향과 예산에 맞는 곳을 선택할 수 있다.

럭셔리
- 트레이더스 호텔
- JW 메리어트 호텔

가족여행
- E & O 레지던스
- 사랑 베케이션 홈스

게스트 하우스
- 레게 게스트하우스 1, 2
- 레게 맨션

쿠알라룸푸르 교통 가이드

쿠알라룸푸르국제공항 2 → 시내

교통수단	목적지	가격	이동시간	승차장
공항철도 (KLIA Ekspress)	KL 센트럴	성인 RM35 / 어린이 RM15	04:55~24:55	게이트웨이@KLIA 2 쇼핑몰에서 연결
공항 버스(사설)	KL 센트럴, 차이나타운 등	성인 RM10 / 어린이 RM6	05:00~02:24	1층 버스 승강장
스타셔틀 리무진	주요 호텔	RM18	예약	1층 스타셔틀 리무진 승강장
택시	시내 전역	RM75~	24시간	1층 택시 승강장

쿠알라룸푸르의 교통수단

교통수단	목적지	가격	이동시간
KL 모노레일	KL 센트럴 역 ↔ 티티왕사 역	구간별 RM1.2~2.5	06:00~24:00 (5~10분 간격)
LRT	암팡 라인 / 스리 페탈링 라인 / 켈라나 자야 라인	RM1.6~	(5~10분 간격)
KTM 커뮤터	도심과 주변 지역 연결	RM1~	05:30~24:00 (시간당 2~3대)
버스	시내 전역	RM1~	06:00~23:00
택시	시내 전역	RM3~	24시간

쿠알라룸푸르 핵심 코스

[쿠알라룸푸르의 역사와 문화, 자연을 보고
말라카까지 둘러보는 3박 5일 코스]

Day 1

21:55 쿠알라룸푸르국제공항 2 도착

24:00 체크인

Day 2

09:30 스리 마하마리암만 사원 관광
도보 7분

10:00 관디 사원
택시 15분

11:00 메르데카 광장
도보 5분

11:30 KL 시티 갤러리 쇼핑
도보 10분

12:30 쇼핑 및 점심식사
- 센트럴 마켓
- 센트럴 마켓 푸드코트
LRT 7분

14:30 KLCC 공원 산책
도보 5분

15:30 페트로나스 트윈 타워 전망대 관광
도보 7분

17:00 KLCC 수리야 쇼핑
도보 3분

18:00 마담 콴에서 저녁식사
도보 3분

19:30 켄코 리플렉솔로지 & 피시 스파
LRT 7분

21:00 차이나타운 페탈링 스트리트에서 쇼핑

Course tip

1. 한국에서 오후에 에어아시아로 출발하고, 쿠알라룸푸르에서 새벽에 한국으로 들어오는 꽉 찬 여행이다. Day 4의 말라카 투어를 빼고 오전 8시 비행기를 타면 3박 4일 여정이 된다.

Day 3

- **09:30** KL 중앙역 관광
  - 도보 5분
- **09:50** 국립모스크 관광
  - LRT 10분
- **11:00** KL 타워 관광
  - LRT 15분
- **12:50** 점심식사
  - 도보 5분
  - - 무아 레스토랑
  - - 고려원
- **14:00** 파빌리온 쇼핑
  - 도보 7분
- **17:30** 트로피컬 타이 스파
  - 도보 5분
- **19:30** 알로 스트리트에서 저녁식사
  - 도보 5분
- **21:00** 노 블랙 타이에서 라이브 공연 감상

Day 4

- **07:00** 체크아웃 후 짐 보관
- **09:00** 말라카로 이동
- **11:30** 말라카 투어
- **18:00** 쿠알라룸푸르로 이동
- **20:00** 쿠알라룸푸르 도착
- **20:30** 팻 윈 스팀보트에서 저녁식사
- **21:30** 쿠알라룸푸르 국제공항 2로 이동

Day 5

01:00
인천국제공항으로 출발

PLUS THEME

워킹 투어

Course tip

차이나타운과 주변, 시내 중심인 KLCC 까지 갈 수 있는 도보여행이다.

10:00
차이나타운 페탈링 스트리트 관광

12:20
센트럴 마켓에서 쇼핑

13:00
센트럴 마켓 푸드코트에서 점심식사

14:00
메르데카 광장

14:30
KL 시티 갤러리 쇼핑

16:00
KL 타워

18:00
페트로나스 트윈 타워 관광

19:30
마담 콴에서 저녁식사

20:30
페트로나스 트윈 타워 앞에서 기념 촬영

예상 경비 6만5000원~

입장료 5만원
식비 1만3000원
교통비 2000원

PLUS THEME

말라카 투어

Course tip

쿠알라룸푸르 푸드라야 버스터미널에서 말라카 버스터미널까지는 2시간 정도 걸리고 말라카 시내에 가려면 로컬 버스를 타고 20분 정도 더 들어가야 한다.

08:00 말라카로 이동

11:30 메나라 타밍 사리 전망대 관람
360도로 회전하는 지상 80m 높이의 전망대. 말라카 시내를 한눈에 조망할 수 있다.
Tel 06-288-1100

12:30 셀밤 레스토랑에서 점심식사
말라카 투어 어워드에서 베스트 레스토랑으로 선정된 곳.
Tel 06-281-9223

13:30 타운 돌아다니며 구경하기

17:00 존커 스트리트 관광
말라카의 차이나타운으로 알려진 곳으로 페라나칸 문화를 경험할 수 있는 곳이다. 금·토요일에는 오후 6시부터 11시까지 야시장이 열린다.

18:00 쿠알라룸푸르로 이동

예상 경비 4만3000원~
입장료 8000원
식비 1만원
교통비 2만5000원

페트로나스 트윈 타워 Petronas Twin Tower

Access LRT KLCC 역과 연결
Address Lower Ground Level, Petronas Twin Towers, KLCC
Open 09:00~21:00 Close 금요일 13:00~14:30 Cost 성인 RM84.80, 어린이 RM31.80 Tel 03-2331-8080 Web www.petronastwintowers.com.my

세계에서 가장 높은 쌍둥이 빌딩으로 88층의, 452m 높이의 빌딩 두 개가 쌍둥이처럼 서로 연결된 쿠알라룸푸르의 명소. 전망대는 빌딩의 41층과 42층을 다리처럼 연결해 놓은 곳과 88층 두 곳에 있는데, 88층 전망대는 티켓이 일찍 매진되므로 서둘러 예매해야 한다. 전망대에서 KLCC 공원의 푸른 녹지와 쿠알라룸푸르의 시내 전경을 한눈에 감상할 수 있다.

메르데카 광장 Merdeka Square

Access LRT 마지드 자멕 역에서 도보 약 5분, 술탄 압둘 빌딩 맞은편 Tel 03-2697-2797

1957년 8월 15일 영국으로부터 독립을 선언한 것을 기념하기 위해 건설되었다. 잘 다듬어진 넓은 잔디가 펼쳐지고, 광장 주변으로 운치 있는 건물이 있어 주말에는 휴식을 나온 사람들로 붐빈다. 광장 바로 옆 KL 시티 갤러리에서는 쿠알라룸푸르의 변천사를 사진과 영상으로 무료 감상할 수 있다.

KL 타워 KL Tower

Access 잘란 펀짝 로드 끝
Address No. 2 Jalan Punchak Off Jalan P. Ramlee **Open** 10:00~22:00 **Close** 연중무휴
Cost 성인 RM47, 어린이 RM27
Tel 03-2020-5444 **Web** www.menarakl.com.my

입장료를 내고 타워에 올라가면 1번 구역부터 12번 구역까지 나뉜 360도 전망대가 나오며 360도 회전 레스토랑과 카페가 있다. 타워 옆으로는 애니멀 존과 말레이시아 전통가옥 빌리지, 아쿠아리움, F1시승, XD극장 등이 있다. 저녁에 전망대에 오르면 쿠알라룸푸르의 대표적인 랜드마크인 페트로나스 트윈 타워의 멋진 야경을 감상할 수 있다.

스리 마하마리암만 사원 Sri Mahamariamman Temple

Access 차이나타운 내 메인 스트리트인 페탈링 스트리트 중간 사거리에서 잘란 툰 에이치 에스 리 스트리트로 이동, 길이 만나는 곳에서 좌회전 후 관디 사원을 지나자마자 길 건너편에 위치 **Address** Jalan Tun H S Lee Street **Open** 09:00~16:30 **Close** 연중무휴 **Cost** 신발 보관료 RM0.20

라오스 왕족의 유물과 불상을 전시한 곳으로 황금 불상인 파방이 있다. 1909년 왕족을 위한 궁전으로 사용되다가 1976년 일반인에게 공개되었다. 금으로 만든 파방을 비롯해 수많은 불상과 란쌍 왕조의 유물이 전시되어 있어 둘러보는 것만으로도 왕족의 일상을 엿볼 수 있다. 박물관 내부 출입 시 반바지나 미니스커트 차림은 피하고 짐은 보관함에 맡겨야 한다. 보관함은 박물관 본관으로 들어가는 입구에 있고 보관비는 받지 않는다.

관디 사원 Guan Di Temple

1888년에 세워진 중국 도교 사원으로 삼국지에 나오는 전쟁의 신인 관우를 모시는 곳이다. 사원 안으로 들어가면 중앙에 관우상이 모셔져 있으며 많은 말레이 중국인들이 기원을 드리기 위해 방문한다. 규모는 작지만 엄숙한 분위기를 자아내고 있다.

Access 차이나타운 내 메인 스트리트인 페탈링 스트리트 중간 사거리에서 잘란 툰 에이치 에스 리 거리로 이동, 길이 만나는 곳에서 좌회전 후 조금만 직진 후 왼쪽 **Address** Jalan Tun H S Lee Street **Open** 09:30~18:30 **Close** 연중무휴 **Cost** 무료 **Tel** 03-2078-2735

KLCC 공원 KLCC Park

교향곡 음악에 맞춰 춤추는 분수대와 호수, 조깅 트랙이 조성되어 있으며 공원 곳곳에 다양한 조각상이 자리하고 있다. 각종 편의시설을 갖추었으며 74종 약 1900그루의 나무와 식물이 조성되어 도심 속 자연을 만끽할 수 있다. 쿠알라룸푸르의 시민과 여행자들의 휴식처 역할을 톡톡히 하고 있다.

Access LRT KLCC 역에서 내려 KLCC 수리야 쇼핑몰 방면으로 나와서 바로 앞 **Tel** 03-2380-9032

KL 중앙역 Kuala Lumpur Railway Station

Access 국립모스크에서 도보 3분 Address Jalan Sultan Hishamuddin Open 09:00~18:30 Close 연중무휴 Cost 무료

1910년 영국 건축가인 A. B. 후백의 설계로 건립된 이슬람 무어양식의 건축물이다. 흰색 외관에 멋진 첨탑이 여러 개 솟아 있어 마치 아라비안 궁전처럼 보인다. 말레이시아의 철도를 상징하는 건물로 지금은 기차가 운행되지 않지만 많은 여행자가 찾는다.

국립모스크 National Mosque

Access KL 중앙역에서 길 건너 좌회전하자마자 오른쪽 Address Jalan Lembbah Perdana Open 09:00~12:00, 15:00~16:00, 17:30~18:30 Close 연중무휴 Cost 무료 Tel 03-2693-7784 Web www.masjidnegara.gov.my

KL 중잉역 근처에 있는 높이 73m의 초대형 사원. 가늘고 긴 탑과 빈 쯤 접어놓은 우산 모양의 지붕이 독특한 매력을 풍긴다. 1만5000명을 동시에 수용할 수 있으며 이슬람교도에게는 정신적인 안식처로, 여행자들에게는 말레이시아를 대표하는 건축물로 인정받는다.

알로 스트리트 Alor Street

쿠알라룸푸르의 대표적인 먹자골목으로 100m 정도의 길가에 로컬 레스토랑이 줄지어 있다. 알로 스트리트는 저녁시간에 꽃을 피우는데, 수많은 현지인과 여행자가 모여 자유롭고 활기찬 밤 분위기를 선사한다. 오후 6시가 되어야 레스토랑이 오픈하기 시작하니 저녁식사 시간이나 늦은 밤 출출할 때 들러 맥주 한 잔과 함께 맛있는 음식을 즐겨보자. 보통 해산물 요리가 인기 있으며 그 밖의 다양한 음식도 많으니 이곳저곳 둘러보며 즐기자.

Access 모노레일 부킷 빈탕 역에서 내려 도보 약 5분. 역에서 밖으로 나와 정면 방향으로 길 건넌 후 좌회전, 도보 약 2분 직진 후 우회전, 첫 번째 골목길에서 좌회전 Address Jalan Alor, Bukit Bintang Open 18:00~03:00 Close 연중무휴 Cost RM15~45

마담 콴 Madam Kwan's

부담 없는 가격에 말레이시아 음식을 즐길 수 있는 인기 레스토랑으로 쿠알라룸푸르 곳곳에 체인점이 있다. 그중 KLCC 수리야 쇼핑몰 지점은 규모가 크고 모던한 분위기로 여행자들이 많이 찾는다. 말레이시아 로컬 음식을 현대인의 입맛에 맞게 퓨전화해 처음 먹는 사람도 부담 없이 깔끔한 맛을 즐길 수 있다. 대표 메뉴는 말레이시아 사람들이 아침식사로 즐겨 먹는 나시르막인데, 접시에 코코넛밥, 치킨, 멸치 등이 함께 나온다.

Access KLCC 수리야 쇼핑몰 4층 Address Suria KLCC Jalan Ampang, Suria KLCC Open 10:00~22:00 Close 연중무휴 Cost 나시르막 RM17.90, 오탁오탁 RM19.90 Tel 03-2026-2297

무아 레스토랑 Restoran Mua

알로 스트리트 바로 옆 골목길에 위치한 작은 레스토랑. 현지인들 사이에서 제대로 된 말레이시아 로컬 음식을 맛볼 수 있는 곳으로 유명하다. 한국의 오징어볶음과 맛이 비슷한 페타이 삼발 스퀴드 & 프론을 추천한다. 생선을 갈아서 코코넛 밀크와 스파이시 소스를 곁들인 오탁오탁도 한국인 입맛에 잘 맞는다. 오후 3시부터 6시까지 브레이크 타임이 있으니 시간을 잘 맞춰 가야 한다.

Access 부킷 빈탕 알로 스트리트 끝나는 곳에서 우회전 후 2분 정도 걷다 보면 왼쪽 **Address** Tengkat Tong Shin **Open** 11:00~15:00, 18:00~22:00 **Close** 월요일 **Cost** 오탁오탁 RM12~, 페타이 삼발 스퀴드 & 프론 RM16~ **Tel** 03-2306-3445

고려원 Koryo Won Korean Restaurant

말레이시아 최초의 한식당으로 여러 지점이 있지만 KLCC 수리야 쇼핑몰점과 스타힐 갤러리 내에 있는 지점이 여행 중 들르기 좋다. 고추장과 된장은 한국에서 공수해오고 기본 재료는 현지의 것을 사용한다. 이슬람문화 특성상 돼지고기는 판매하지 않으며 밑반찬은 매일 바뀐다. 여행 중 한국 음식이 그립다면 방문해보자.

Access KLCC 수리야 쇼핑몰 4층, 스타힐 갤러리 1층 **Address** 181 Jalan Bukit Bintang, Bukit Bintang **Open** 12:00~24:00 **Close** 연중무휴 **Cost** 캔맥주 RM20, 김치찌개·된장찌개 RM25~, 돌솥비빔밥 RM28·, 떡뷰이 RM30~, 소주 RM30~(TAX & SC 16%) **Tel** 03-2145-2189 **Wi-Fi** 무료

싸오 남 Sao Nam

말레이시아의 인기 레스토랑으로 베트남 요리 전문점이다. 요리사는 물론 주방에서 일하는 모든 스태프가 베트남인이다. 조금은 퓨전화된 베트남 음식을 선보이며 깔끔한 맛을 자랑한다.

Access 부킷 빈탕 알로 스트리트 끝나는 곳에서 우회전 후 5분 정도 걷다 보면 오른쪽 **Address** 25 Tengkat Tong Shin **Open** 12:30~14:30, 19:30~22:30(22:30 이후에는 음료만 판매) **Close** 연중무휴 **Cost** 스페셜 커피 RM15~, 쇠고기 쌀국수 RM18~, 망고스틴 새우 샐러드 RM32~(TAX & SC 16%) **Tel** 03-2144-1225 **Wi-Fi** 무료 **Web** www.saonam.com.my

센트럴 마켓 푸드코트 Central Market Food Court

센트럴 마켓 2층에 자리한 푸드코트로 저렴한 가격에 다양한 말레이시아 음식을 맛볼 수 있다. 9개의 푸드 코너가 있는데 말레이 인도식 볶음밥인 나시 라멕이 인기 메뉴. 식사뿐 아니라 가볍게 음료와 디저트를 즐기기에도 좋다.

Access 차이나타운 길 건너에 위치한 센트럴 마켓 2층 **Address** Lot 3.04-3.06, Central Market Annexe, Jalan Hang Kasturi **Open** 10:00~22:00 **Close** 연중무휴 **Cost** 음료 RM1~, 식사 RM6~ **Tel** 03-2031-0399 **Web** www.centralmarket.com.my

팻 원 스팀보트 Fat One Steamboat

차이나타운 페탈링 스트리트에 위치한 꼬치 샤부샤부와 바비큐 전문 길거리 식당이다. 40여 가지 이상의 다양한 꼬치를 저렴한 가격에 맛볼 수 있어 현지인과 여행자들로 항상 붐빈다.

Access LRT 마하라자레라 역에서 내려와 진행 반대 방향으로 돌아 직진 후 우회전, 중국 사원을 지나 차이나타운 페탈링 스트리트 입구로 들어가 직진, 사거리가 나오면 우회전해서 길 끝까지 가면 KK 편의점 옆 **Address** Jalan Radin Anum 2, Petaling Street **Open** 15:00~24:00 **Close** 연중무휴 **Cost** RM1.5~3(가격대별로 꼬치 끝의 색이 다름) **Tel** 016-976-6623 **Web** www.fatonesteamboat.com.my

KLCC 수리야 KLCC Suriya

페트로나스 트윈 타워 내에 위치하고 LRT KLCC 역과도 바로 연결되어 늘 손님들로 북적인다. 총 6층의 쇼핑몰 안에는 이세탄과 팍슨 그랜드 백화점, 푸드코트와 레스토랑 등이 있으며 최신 시설을 갖추었다. 생활용품, 의류, 액세서리, 가전제품, 인테리어 상품 등 다양한 종류의 제품을 쇼핑할 수 있다.

Access LRT KLCC 역과 지하로 연결, 페트로나스 트윈 타워 내 **Address** Suria KLCC, Kuala Lumpur City Centre **Open** 10:00~22:00 **Close** 연중무휴 **Tel** 03-2382-2828 **Web** www.suriaklcc.com.my/index.htm

센트럴 마켓 Central Market

말레이시아 특산품과 액세서리, 수공예품, 골동품 등 기념품을 저렴하게 쇼핑하기 좋은 곳이다. 1층에는 말레이시아의 유명 커피숍인 올드타운 화이트 커피가 있으며 2층에는 저렴한 가격으로 다양한 음식을 맛볼 수 있는 푸드코트가 있다.

Access 차이나타운 길 건너편. LRT 마지드 자멕 역에서 도보 약 15분 또는 LRT 파사르 세니 역에서 도보 약 5분 **Address** Lot 3.04-3.06, Central Market, Annexe, Jalan Hang Kasturi **Open** 10:00~22:00 **Close** 연중무휴 **Tel** 03-2031-0399/5399/7399 **Web** centralmarket.com.my

파빌리온 Pavilion

가장 번화한 부킷 빈탕 거리 중심에 있다. 말레이시아의 패션 트렌드를 읽을 수 있는 곳으로 한국에서 보기 힘든 해외 브랜드를 다양한 가격대의 제품으로 만날 수 있다. 최신식 시설을 갖춘 대형 쇼핑몰로 지하 1층에서 지상 7층으로 구성된다. 쇼핑몰 규모가 매우 커서 구입하고자 하는 제품의 우선순위를 정하고 돌아보는 것이 좋다.

Access 모노레일 부킷 빈탕 역에서 도보 5분. 스타힐 갤러리, JW 메리어트 호텔 맞은편 **Address** 168 Jalan Bukit Bintang, Bukit Bintang **Open** 10:00~22:00 **Close** 연중무휴 **Tel** 03-2118-8833 **Web** www.pavilion-kl.com

차이나타운 페탈링 스트리트 Chinatown Petaling Street

차이나타운에서 가장 복잡한 메인 스트리트로 다양한 제품을 파는 상점으로 가득하다. 가격이 저렴해 가볍게 쇼핑하거나, 구경거리가 많아 한 번쯤 방문해볼 만하다. 워낙 사람이 많이 몰리는 곳이니 소매치기에 주의할 것.

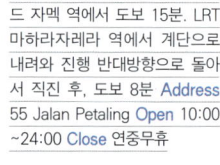

Access 차이나타운. LRT 마지드 자멕 역에서 도보 15분. LRT 마하라자레라 역에서 계단으로 내려와 진행 반대방향으로 돌아서 직진 후, 도보 8분 **Address** 55 Jalan Petaling **Open** 10:00~24:00 **Close** 연중무휴

KL 시티 갤러리 KL City Gallery

부담 없는 가격으로 선물용 기념품을 구입하기에 좋은 곳이다. 한쪽에는 기념품 매장이 자리하고 다른 한쪽과 2층에는 쿠알라룸푸르 시내 모형과 도시의 역사를 한눈에 볼 수 있는 사진이 전시되어 있어 쇼핑과 함께 다양한 재미를 얻을 수 있다.

Access LRT 마지드 자멕 역에서 메르데카 광장 방면으로 도보 약 10분. 메르데카 광장 바로 옆 **Address** No. 27, Jalan Raja, Dataran Merdeka, Dataran Merdeka **Open** 09:00~18:30 **Close** 연중무휴 **Tel** 03-2698-3333 **Wi-Fi** 무료 **Web** www.klcitygallery.com

트로피컬 타이 스파 The Tropical Thai Spa

부킷 빈탕 알로 스트리트 부근에 위치한 인기 마사지 숍으로 합리적인 가격에 타이 마사지를 제공한다. 마사지룸은 총 30개. 테라피스트는 25명인데 주로 남자는 베트남인, 여자는 태국인이다. 잔잔한 음악, 아로마 오일에서 나는 민트향, 푸근한 부처님 모습이 그려진 그림 등 숍의 내부 역시 태국 마사지 숍과 비슷한 분위기이다.

Access 부킷 빈탕의 알로 스트리트 끝나는 곳에서 우회전 후 도보 5분 정도 지나 오른쪽 베트남 레스토랑 싸오 남 옆 **Address** No. 27 · 29 & 31, Jalan Tengkat Tong Shin, Off Jalan Bukit Bintang **Open** 10:00~24:00 **Close** 연중무휴 **Cost** 발 마사지 RM18(1시간)~, 타이 마사지 RM65(90분)~ **Tel** 03-2148-2666

켄코 리플렉솔로지 & 피시 스파
Kenko Reflexology & Fish Spa

싱가포르에서 시작된 마사지 숍으로 말레이시아에도 진출했다. 독특한 마사지 숍으로 유명한데 우리나라에도 잘 알려진 닥터 피시 마사지가 인기 비결이다. 제대로 된 마사지 숍과는 차이가 있지만 물고기가 마사지해주는 재미있는 체험을 할 수 있어 아이들과 함께 가기 좋다.

Access 파빌리온 5층 극장과 연결되는 통로 끝 **Address** Level 5, Pavilion, 168 Jalan Bukit Bintang, Bukit Bintang **Open** 10:00~22:00 **Close** 연중무휴 **Cost** 닥터 피시 마사지 RM19(30분)~ **Tel** 03-2110-1126

스카이 바 Sky Bar

페트로나스 트윈 타워의 멋진 야경을 볼 수 있어 여행자들에게 압도적인 인기와 지지를 받는다. 바 중앙에 수영장이 자리하고 그 주변으로 테이블이 놓여 있다. 페트로나스 트윈 타워를 바라볼 수 있는 테이블이 단연 인기로 예약하지 않으면 자리를 구하기 힘들다. 흥겨운 댄스 음악에 맞춰 춤을 추고, 연인과 함께라면 멋진 야경과 더불어 로맨틱한 밤을 만끽하는 데 최고의 장소다.

Access LRT KLCC 역에서 도보 7분, 트레이더스 호텔 33층 **Address** Level 33, Traders Hotel **Open** 10:00~01:00 **Close** 연중무휴 **Cost** 맥주 RM12~, 칵테일 RM25~(TAX & SC 16%) **Tel** 03-2332-9888 **Wi-Fi** 무료 **Web** www.skybar.com.my

노 블랙 타이 No Black Tie

입구를 통해 들어가면 손님이 없어 당황스러운데, 안쪽으로 연결된 내부 공연장으로 들어가야 이곳의 진수를 알 수 있다. 연주자와 가수의 수준 높은 음악을 감상하며, 마치 콘서트에 온 듯한 느낌을 준다. 하루 두 번 공연하며 요일별로 연주자와 가수가 달라 취향에 맞는 음악을 즐길 수 있다. 음악을 좋아하거나 연인과 함께 특별한 밤을 보내고 싶은 여행자들에게 최고의 밤을 선사할 것이다.

Access 부킷 빈탕의 알로 스트리트 입구를 지나 도보 5분 직진 후 우회전 **Address** 17 Jalan Mesui Off Jalan Nagasari **Open** 18:00~02:00 **Close** 연중무휴 **Cost** 맥주 RM10~, 공연 입장료 RM50(TAX & SC 16%) **Tel** 03-2142-3737 **Web** www.noblacktie.com.my

말라카 투어 Melaka Tour

Access 쿠알라룸푸르 푸두라야 터미널에서 고속버스 이용, 약 2시간 소요 **Cost** 왕복 버스 RM40, 보트 투어 RM10

말라카는 말레이시아 서쪽 해안가에 위치한 작은 어촌 마을로 세계문화유산으로 지정된 이후 수많은 관광객이 방문하고 있다. 쿠알라룸푸르 푸두라야 터미널에서 오후 1시 30분 출발하는 고속버스(메트로버스 추천)를 타고 남쪽으로 2시간 정도 달리면 말라카에 도착한다. 식민지 시절의 유럽풍 건물들이 고스란히 남아 있으며 한적하고 평온한 마을 풍경이 매력적이다. 산티아고 요새, 네덜란드 광장, 크리스트 교회 등은 꼭 들러봐야 하는 명소다. 보트를 타고 말라카를 가로지르는 강을 따라 돌아보는 투어도 재미있다.

트레이더스 호텔 Traders Hotel

샹그릴라에서 운영하는 5성급 호텔. 페트로나스 트윈 타워가 보이는 멋진 야경과 여행에 편리한 위치, 깔끔한 객실과 친절한 서비스를 두루 갖추었다. 객실은 모던하고 깔끔한 스타일로 편안함을 준다. LRT KLCC 역, 쇼핑몰 KLCC 수리야로 가려면 호텔 셔틀버스를 이용하자.

Access KLCC 공원 바로 앞. LRT KLCC 역에서 내려 KLCC 수리야 방면으로 나와 도보 7분 또는 호텔 셔틀버스 이용 **Address** Kuala Lumpur City Centre **Cost** 디럭스 RM360~, 디럭스 트윈 타워 RM423~ **Tel** 03-2332-9888 **Wi-Fi** 무료 **Web** www.shangri-la.com/kualalumpur/traders

E&O 레지던스 E&O Residences

서비스 아파트 호텔로 거실과 주방, 침실로 구성되어 있어 아이를 동반한 가족여행객에게 편안함을 준다. KLCC와 부킷 빈탕 로드로의 접근성이 좋으며, 모노레일 역이 도보 3분 거리로 가깝다. 부대시설로는 수영장, 자쿠지, 놀이터, 요가 및 피트니스 센터 등이 있다. 1주일 이상 머물러야 예약할 수 있다.

Access 모노레일 잘란 출란 역에서 내려 잘란 텡아 거리로 진입해 도보 3분 **Address** No.1 Jalan Tengah, Off Jalan Sultan Ismail, KLCC **Cost** 원 베드룸 스위트 RM488~, 투 베드룸 스위트 RM731~ **Tel** 03-2023-2188 **Wi-Fi** 무료 **Web** www.eoresidences.com

레게 게스트하우스 1, 2 Reggae Guesthouse 1, 2

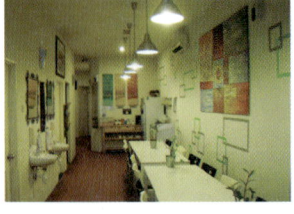

저렴한 비용과 깨끗한 시설로 배낭여행자에게 인기 있는 숙소. 공용욕실이며 조식으로 식빵과 버터, 잼, 커피, 차가 무료로 제공된다. 객실에는 에어컨이 설치되어 있고, 리셉션에 공용 식탁, 컴퓨터가 있다. 레게 게스트하우스 1에서는 1층에 레게 바를 운영하고 있는데, 투숙객에게는 20% 할인해준다.

Access ①레게 게스트하우스 1_차이나타운 페탈링 스트리트 중간 사거리에서 잘란 툰 에이치 에스 리 거리로 이동, 길이 만나는 코너 ②레게 게스트하우스 2_1에서 왼쪽으로 관디 사원을 지나 도보 3분 직진 후 왼쪽 **Address** ①156 1st Floor Jalan Tun H S Lee ②206 1st Floor Jalan Tun H S Lee **Cost** ①도미토리 RM35, 벙크 베드 RM60, 트윈 프라이빗 RM80 ②도미토리 RM30, 벙크 베드 RM60, 더블 베드 RM80 **Tel** 03-2078-8163 **Wi-Fi** 무료 **Web** www.reggaehostelsmalaysia.com

레게 맨션 Reggae Mansion

도미토리를 포함해 총 18개의 객실을 갖추고 있으며 약 130명이 투숙할 수 있다. 공용욕실을 사용하고 조식으로 파스타, 포테이토, 국수, 식빵, 과일 등이 정해진 요일에 따라 무료 제공된다. 1층에 레스토랑 겸 바를 운영하고 있어 휴식을 취하기에 좋다. 하얀색의 외관과 유럽풍의 인테리어가 매력적인 여행자 숙소다.

Access 차이나타운 건너편 잘란 툰 에이 치 에스 리 거리를 따라 LRT 마지드 자멕 역 다 가서 왼쪽 **Address** 49-59, Jalan Tun H.S. Lee **Cost** 도미토리 RM45~50, 벙크 베드 RM110~, 프라이빗 RM150~ **Tel** 03-2072-6877 **Wi-Fi** 무료 **Web** www.reggaehostelsmalaysia.com

사랑 베케이션 홈스 Sarang Vacation Homes

여행을 사랑하는 부부가 운영하는 곳으로 4개의 콘셉트로 운영된다. 1곳은 사랑 무티아라는 콘도 형태이며 나머지는 오래된 말레이시아 하우스이다. 콘도 내에 있는 수영장과 피트니스 센터도 무료로 이용할 수 있으며, 직원이 조식을 정해진 시간에 객실로 가져다 준다.

Access 모노레일 항 투아 역에서 도보 약 8분, 잘란 푸두 거리에 있는 스위스 가든 레지던스 뒤편 **Address** 4 Jalan Sin Chew Kee **Cost** 사랑 룸 RM150, 사랑 무티아라 RM250~, 사랑 마스 RM350~, 사랑 갤러웨이 RM350~ **Tel** 012-333-5666 **Wi-Fi** 무료 **Web** www.sarangvacationhomes.com

JW 메리어트 호텔 JW Marriott Hotel

번화한 거리인 부킷 빈탕에 있어 쇼핑과 유흥에 적합하다. 호텔 근처에 스타힐 갤러리와 파빌리온 등 대형 쇼핑몰이 있으며 레스토랑과 바가 밀집되어 있다. 호텔 내에 마사지, 실외 수영장, 사우나, 스파, 자쿠지 등 여가를 즐길 수 있는 시설이 잘 갖추어져 있다.

Access 부킷 빈탕 스타힐 갤러리와 연결 **Address** 183 Jalan Bukit Bintang **Cost** 디럭스 RM500~, 이그제큐티브 디럭스 RM750~, 스튜디오 스위트 RM850~ **Tel** 03-2715-9000 **Wi-Fi** 무료 **Web** www.marriott.com/hotels/travel/kuldt-jw-marriott-hotel-kuala-lumpur

코타키나발루
KOTA KINABALU

천혜의 자연환경을 가진 말레이시아의 보석

코타키나발루는 말레이시아 북동쪽에 위치한 사바 주의 섬이자 세계에서 세 번째로 큰 보르네오 섬 북단에 자리한다. 동남아시아의 최고봉인 키나발루 산의 열대우림과 툰구 압둘 라만 국립공원에서 만나는 에메랄드빛 바다, 청정해역에서만 볼 수 있는 반딧불이, 맹그로브 숲 등 때 묻지 않은 자연환경을 체험할 수 있다. 가족이나 연인은 물론 힐링을 원하는 도시인들이 아름다운 자연을 벗 삼아 휴식할 수 있다.

코타키나발루 여행 준비

- **이동 시간**
  직항 5시간 15분
- **일정**
  3박 5일, 4박 6일
- **항공권**
  특별 가격 29만원~
  일반 가격 52만원~
  (2015년 11월 진에어 기준)

고정 비용	항공료	29만원
	숙박료	7만2000원
유동 비용	교통비	3만5000원
	투어비	18만원
	식비	4만원
	기타 여비	10만원
합계		71만7000원 ◀

※성인 1인 3박 5일 비수기, 숙소 2인 1실 기준

- **숙소**
  숙박비를 절감하고 싶으면 시내에 있는 깔끔한 게스트 하우스에서, 완벽한 휴양을 원한다면 럭셔리 리조트에서 호사를 누릴 수 있을 만큼 숙소의 폭이 넓다.

- 수트라 하버 리조트
- 샹그릴라 탄중 아루 리조트
- 샹그릴라 라사 리아 리조트

- 넥서스 리조트
- 르 메르디안
- 하얏트 리젠시 키나발루

- 마리 하우스

코타키나발루 교통 가이드

코타키나발루국제공항 → 시내

<u>1. 택시</u>
공항에서 이용 가능한 교통수단은 택시밖에 없다. 코타키나발루 전 지역으로 갈 수 있으며 가격은 시내까지가 보통 RM30, 기타 지역까지는 RM50 정도이니 타기 전에 미리 흥정하자. 공항 제1터미널 1층의 퍼블릭 택시 승강장에서 타면 된다.

<u>2. 렌터카</u>
코타키나발루 내에서 렌터카를 이용할 계획이라면 공항에서도 빌릴 수 있으니 바로 빌려서 이용해도 좋다.

<u>3. 기타</u>
리조트에 투숙하는 경우라면 공항과 리조트 간 셔틀버스가 있을 수 있으니 미리 확인하자.

코타키나발루의 교통수단

현지 대중교통 사정이 좋지 않아 버스 이용은 어렵다. 거의 택시를 타거나 렌터카를 빌려야 한다. 키나발루 산 트레킹을 제외한 다른 일정 대부분이 자동차로 20~30분 내에 이동할 수 있는 거리에 있어 택시로 이동해도 부담스럽지 않다. 택시 값은 타기 전에 미리 흥정하는 것이 좋은데 요금은 보통 샹그릴라 탄중 아루 리조트에서 시내에 위치한 센터포인트까지 RM15 정도이다. 렌터카는 공항이나 시내 렌터카 업체에서 빌릴 수 있으며, 하루 이상 대여할 수 있다. 대여료는 하루에 RM140 정도이다.

> **리조트의 셔틀버스** — TIP
> 수트라 하버 리조트에 묵는다면 시내를 오가는 시티 셔틀이 20분 간격으로 있으니 미리 시간표를 입수해서 이용하자. 요금은 성인 RM3, 어린이 RM1.50이다.

코타키나발루 핵심 코스

[레포츠와 관광을 즐기는
활동파 여행자를 위한 3박 5일 코스]

Day 1

23:50 코타키나발루국제공항 도착

24:30 체크인

Day 2

09:00 ~13:30 마누칸 섬 투어

14:00 숙소로 돌아와 휴식

15:30 쇼핑

도보 5분
- 와리산 스퀘어
- 센터 포인트

17:30 마사지 & 스파

도보 5분
- 헬렌 뷰티 리플렉스
- 애니 뷰티 리플렉스

19:00 저녁식사

도보 5분
- 센터 포인트
- 푸드코트
- 페르디난드

20:30 필리피노 마켓 구경

> **Course tip**
>
> 1. 기본적으로 진에어 직항의 시간표를 중심으로 짠 3박 5일 일정이다. 코스에는 4일까지 나와 있지만 한국 도착시간을 생각한다면 5일이 맞다. 쿠알라룸푸르를 경유하는 여행자들도 이용할 수 있는 코스이다.
> 2. 에어아시아로 쿠알라룸푸르를 경유해 한국으로 돌아간다면, 저녁에 쿠알라룸푸르국제공항으로 출발해야 하므로 Day 4의 반딧불이 투어를 할 수 없다. Day 2와 Day 4의 일정을 바꿔서 즐기는 것을 추천한다.

Day 3

- **07:30~18:00** 레저 투어 즐기기
  - 키나발루 산 트레킹 (07:30~18:00)
  - 카이두안 래프팅 (11:00~15:00)
- **18:30** 탄중 아루 선셋 감상
- *택시 10분*
- **19:00** 저녁식사
  - 리틀 이태리
  - 고려정
  - 아루 바 퍼스트 비치
  - 샹그릴라 탄중 아루 리조트의 뷔페
- *택시 5분*
- **21:00** 나이트 라이프
  - 콕 & 불 비스트로
  - 어퍼스타 페퍼 그릴 & 바
  - 클럽 베드
  - 초콜릿 팩토리
  - 파이어 플라이

Day 4

- **11:00** 체크아웃 후 짐 보관
- **12:00** 실크 가든에서 점심식사
- **15:00~19:00** 반딧불이 투어
- **21:00** 코타키나발루 국제공항으로 이동
- **23:30** 인천국제공항으로 출발

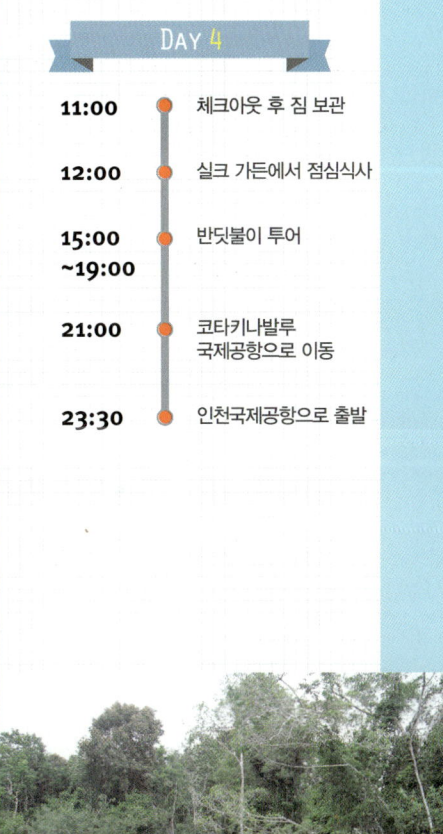

PLUS THEME

키나발루 산 트레킹

Course tip

1. 개별적으로 가는 것보다 여행사 패키지 상품을 이용해 가이드와 움직이는 것이 좋다.
2. 운동화 또는 등산화, 작은 수건, 우비 등을 준비한다. 하산 후, 전신 온천욕을 즐기려면 수영복이 필요하다.
3. 변화무쌍한 키나발루 산의 날씨에 따라서 일정이 조금 변경될 수도 있다.

07:30 출발

09:00 라발로파크 전망대에서 휴식
전망대 주변에 기념품점과 카페, 열대 과일을 파는 시장 등이 있다. 화장실도 이곳에서 이용하면 된다.

09:30 키나발루 국립공원 도착

10:00 트레킹

11:00 캐노피 워크웨이 경험하기
나무와 나무 사이에 연결된 캐노피 워크웨이는 키나발루 산의 정글과 계곡으로 이동하는 코스로 짜릿함을 느낄 수 있다.

12:30 하산 후 온천 즐기기

13:30 점심식사

15:00 나비농장 방문

16:30 커피 공장 방문

18:00 숙소로 귀환

예상 경비 5~6만원
※왕복 교통비, 입장료, 식사 포함

PLUS THEME

북보르네오 증기기관차

Course tip

1. 영국 탐험가 복장을 한 직원들의 친절한 서비스를 받으며 현지인들의 생활을 가까이서 볼 수 있다.
2. 매주 수요일, 토요일에만 기차가 출발하니 여행 계획을 짤 때 참고하자.

09:00 숙소 픽업

09:30 탄중 아루 역에서 기차 탑승 후 아침식사
열차여행 전용여권이 발급되며, 정거장마다 도장을 찍어준다. 간단한 아침식사를 제공한다.

10:00 출발

10:40 키나루트타운
아름다운 티엔시 사원을 볼 수 있는 곳.

11:45 파파르타운
재래시장이 있는 곳으로 현지인들의 삶을 가까이서 볼 수 있다. 기차가 떠날 때 아이들이 손을 흔들어 배웅 해준다.

12:40 점심식사
앤티크한 철제 도시락에 담겨 나오는 현지 음식으로 점심식사를 한다.

14:00 탄중 아루 역에 도착

14:30 숙소로 귀환

예상 경비
성인 $97,
어린이 $52

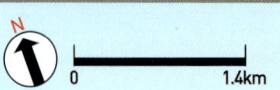
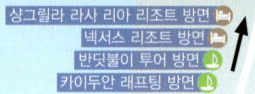
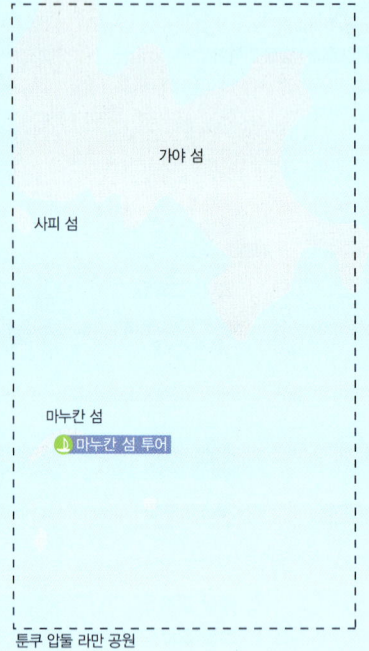

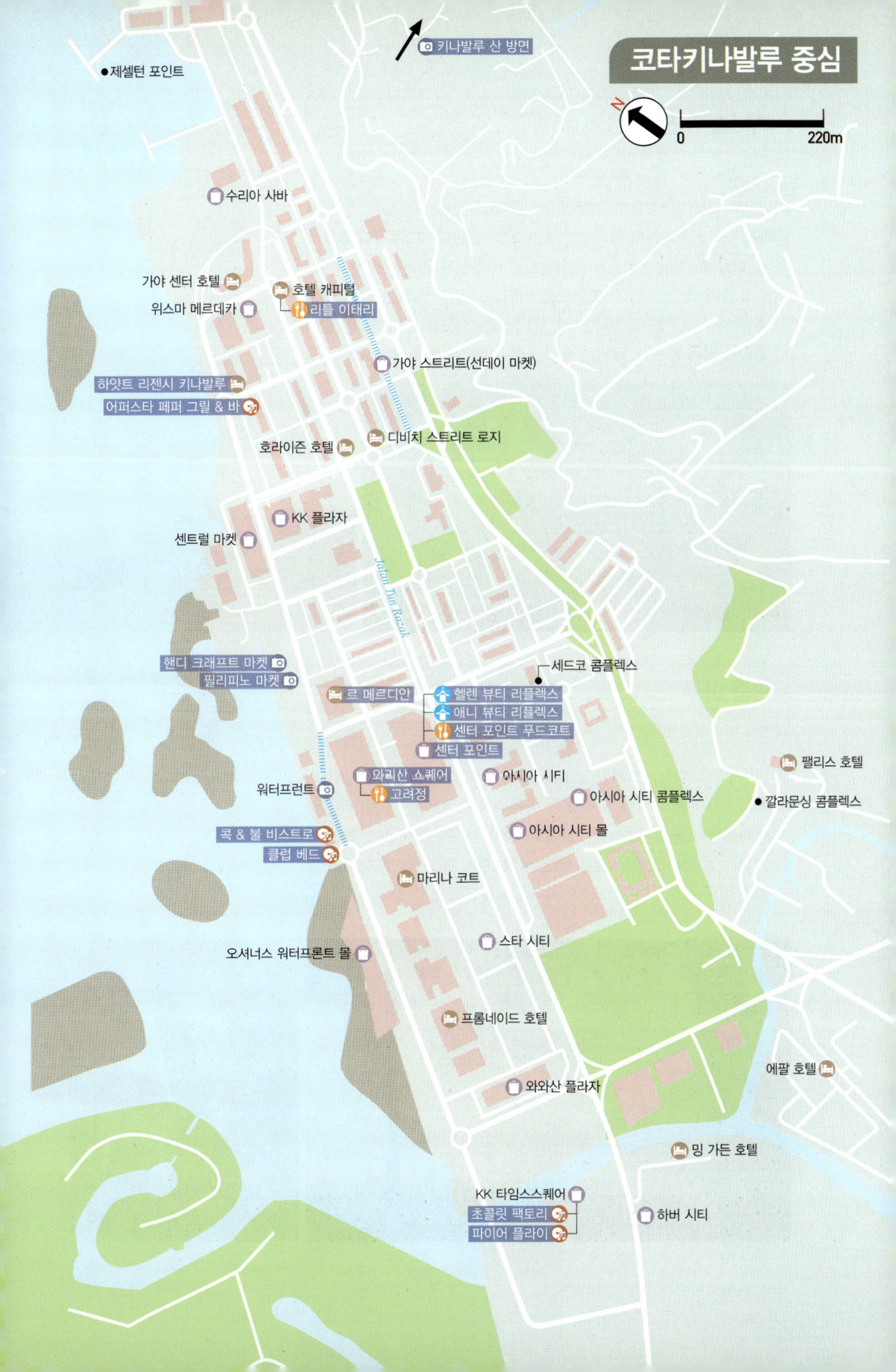
코타키나발루 중심
0
220m
키나발루 산 방면
제셀턴 포인트
수리아 사바
가야 센터 호텔
호텔 캐피털
위스마 메르데카
리틀 이태리
가야 스트리트(선데이 마켓)
하얏트 리젠시 키나발루
어퍼스타 페퍼 그릴 & 바
디비치 스트리트 로지
호라이즌 호텔
KK 플라자
센트럴 마켓
Jalan Tun Razak
세드코 콤플렉스
핸디 크래프트 마켓
필리피노 마켓
르 메르디안
헬렌 뷰티 리플렉스
애니 뷰티 리플렉스
센터 포인트 푸드코트
센터 포인트
팰리스 호텔
와리산 스퀘어
아시아 시티
워터프런트
고려정
아시아 시티 콤플렉스
깔라문싱 콤플렉스
아시아 시티 몰
콕 & 불 비스트로
클럽 베드
마리나 코트
스타 시티
오셔너스 워터프론트 몰
프롬네이드 호텔
에팔 호텔
와와산 플라자
밍 가든 호텔
KK 타임스스퀘어
초콜릿 팩토리
하버 시티
파이어 플라이

키나발루 산 Mt. Kinabalu

Access 코타키나발루 내륙, 여행사 투어 프로그램 이용 **Open** 07:00~16:00 **Close** 연중무휴 **Cost** 산의 지역마다 다름

키나발루 산은 말레이시아 최초로 세계문화유산으로 지정되었으며, 동남아시아의 최고봉이자 생태계의 보고라 할 수 있다. 7대륙 7대봉에 속하며, 해발 4095m의 정상은 화강암으로 이루어져 있어 남성적이면서 거친 느낌이 물씬 풍긴다. 솟아오른 바위의 웅장한 자태는 평소 덕을 잘 쌓은 사람들만 볼 수 있다는 얘기가 전해질 정도로 변화무쌍한 날씨의 영향을 많이 받는다. 날씨가 좋으면 산 아래에서도 볼 수 있다.

탄중 아루 Tanjung Aru

Access 코타키나발루 남쪽. 공항에서 자동차로 약 10분, 샹그릴라 탄중 아루 리조트에서 자동차로 약 5분

코타키나발루에서 손꼽히는 비치로 '아루나무'라고 불리는 카수아리나나무가 해변을 장식한다. 해변의 아름다움 중 백미는 노을이다. 낮에는 일광욕과 물놀이를 하러 온 여행자들이 대부분이지만, 밤에는 일몰을 보러 온 현지인들도 함께 해변을 즐긴다. 해변에는 맥주를 마실 수 있는 바와 레스토랑이 있으며 먹거리 노점상도 눈에 띈다.

필리피노 마켓 Filipino Market

Access 코타키나발루 중심. 르 메르디안 맞은편 **Open** 09:00~22:00 **Close** 연중무휴

필리핀을 옮겨놓은 듯한 느낌이 들 정도로 필리핀의 재래시장, 야시장과 흡사하다. 노점상이 늘어서 기념품이 될만한 작은 수공예품과 액세서리, 저렴한 의류를 판매한다. 매캐한 연기 속에서 새우, 오징어, 생선 등의 해산물과 닭고기, 쇠고기 꼬치 등을 숯불에 구운 필리핀식 바비큐를 판매한다. 옥수수나 채소 꼬치 등도 있다.

핸디 크래프트 마켓 Handy Craft Market

Access 코타키나발루 중심. 르 메르디안 맞은편의 필리피노 마켓 근처 바닷가 **Open** 09:00~20:00 **Close** 연중무휴

아기자기한 물건에 관심 있다면 들러보자. 코코넛으로 만든 생활용품과 잡화, 토속적인 느낌이 나는 목공예품, 짝퉁 물건을 비롯해서 기발한 디자인 소품과 액세서리가 많다. 에어컨이 없는 실내에 한 사람이 겨우 지나다닐 만한 통로를 따라 상점이 줄지어 있다. 색다른 물건을 한 번 훑어본다는 가벼운 마음으로 가는 것이 좋다. 물건을 구입할 때 흥정하는 것도 재미있다.

리틀 이태리 Little Italy

코타키나발루의 오래된 맛집으로 여행자와 현지인 사이에서 입소문이 자자하다. 이탈리아 북부 출신의 운영자와 셰프인 그의 부인이 문을 연 이래 언제나 문전성시를 이룬다. 여러 명이 방문한다면 라비올리 콤보 피에스타(RM39.90)를 주문해보자. 36가지 파스타 중 3가지를 선택할 수 있어 다양한 맛을 즐길 수 있다. 점심 세트 메뉴가 저렴한 편이며, 어린이 메뉴도 있다. 요리가 전체적으로 다 맛있어서 어떤 것을 주문해도 평균 이상은 간다.

Access 수리아 사바 건너편, 호텔 캐피털 1층 **Address** Ground Floor, Hotel Capital, Jalan Haji Saman **Open** 10:30~23:00 **Close** 연중무휴 **Cost** 음료 RM6.9~, 샐러드 RM12~, 점심 세트 메뉴 RM19.80~, 피자 RM20~(TAX & SC 16%) **Tel** 088-232-231 Wi-Fi 무료 **Web** www.littleitaly-kk.com

실크 가든 Silk Garden

딤섬 및 해산물 요리를 맛볼 수 있는 인기 중식당. 인기 메뉴는 딤섬 뷔페로 80여 가지의 딤섬을 제공한다. 수트라 하버 리조트 골드 카드를 이용하는 여행자라면 점심 세트 메뉴도 추천한다. 가격이 합리적인 편이지만 음식을 남기면 벌금을 내는 규정이 있으니 참고할 것. 부모님과 함께하는 가족여행객에게 추천하는 곳이다.

Access 퍼시픽 수트라 리조트 1층. 공항에서 자동차로 약 10분 **Address** 1 Sutera Harbour Boulevard **Open** 11:30~15:00, 18:30~23:00 **Close** 연중무휴 **Cost** 식사류 RM30~, 딤섬 뷔페 RM45~(TAX & SC 16%) **Tel** 088-318-888 **Web** www.suteraharbour.com

고려정 Koryo Jeong

한식당으로 마음씨 좋은 한국인 부부가 운영하는데, 정직한 먹을거리 보급에 사명감을 가지고 있다. 화학조미료를 사용하지 않고 채소도 정수기 물로만 씻을 정도로 철저히 식재료를 관리한다. 양념과 소스는 한국에서 공수하고 채소와 해산물, 고기류는 현지에서 조달한다. 돼지고기가 맛있는 말레이시아에서 삼겹살이나 제육볶음을 주문하는 센스!

Access 와리산 스퀘어 B 블록, 르 메르디안 맞은편 필리피노 마켓 대각선 2층 **Address** Jalan Tun Fuad Stephens **Open** 월~토요일 10:30~22:00, 일요일 13:00~22:00 **Close** 연중무휴 **Cost** 비빔밥 RM23~, 떡볶이 RM24~, 제육볶음 RM35~, 소주 RM24~(음식 SC 10%, 주류 TAX & SC 16%) **Tel** 088-448-860 **Wi-Fi** 무료

페르디난드 Ferdinand's

파인 다이닝을 즐길 수 있는 레스토랑. 좌석 대부분이 창가 쪽으로 마련되어 있으며, 멋진 인테리어에 감동한다. 메인 요리는 해산물과 쇠고기 요리 중에서 선택할 수 있다. 일행과 함께 갈 경우 각각 세트를 주문해 두 가지 요리를 동시에 맛보자.

Access 수트라 하버 블러바드. 공항에서 자동차로 약 10분 **Address** 1 Sutera Harbour Boulevard **Open** 18:30~22:00(마지막 주문 ~21:30) **Close** 연중무휴 **Cost** 애피타이저 RM30~, 메인 요리 RM72~, 커피 RM16~, 와인 1병 RM140~(TAX & SC 16%) **Tel** 088-318-888 **Web** www.suteraharbour.co.kr

아루 바 퍼스트 비치 Aru Ba First Beach

'퍼스트 비치 탄중 아루'라는 작은 푸드 빌리지에 있는 레스토랑 중 가장 규모가 큰 곳이다. 레스토랑은 해변 야외석과 식사만 즐길 수 레스토랑, 밤이면 나이트 라이프를 즐길 수 있는 바 등으로 나뉜다. 바다가 시원스럽게 펼쳐져 있어 휴양지 느낌을 듬뿍 선사한다.

Access 코타키나발루 남쪽. 공항에서 자동차로 약 10분, 샹그릴라 탄중 아루 리조트에서 자동차로 약 5분 **Address** Jallan Mat Salleh, Tanjung Aru **Open** 월~금요일 10:00~01:00, 토·일요일 10:00~02:00 **Close** 연중무휴 **Cost** 음료 RM6~, 맥주 RM16~, 피시 & 칩스 RM20~, 그릴드 램 촙 RM25~

센터 포인트 푸드코트 Center Point Food Court

Access 센터 포인트 지하
Address 1 Jalan Centre Point
Open 10:00~21:00 Close 연중무휴 Cost RM12~

말레이시아의 다양한 음식을 한자리에서 맛볼 수 있다. 조리된 음식이 미리 진열되어 있어 주문 시 참고할 수 있으며 원하는 부스에 가서 주문 후 음식을 가져다 테이블에서 먹으면 된다.

원 보르네오 1 Borneo

Access 슬라만 로드. 공항에서 자동차로 약 40분, 시내에서 약 30분 Address 1 Borneo Hypermall, Jalan Sulaman Open 월~금요일 11:00~22:00, 토·일요일 10:00~22:00 Close 연중무휴 Tel 088-447-744 Web www.1borneo.net

큰 규모와 세련됨을 자랑하는 곳으로 여행자보다 현지인을 주 고객으로 삼는다. 하지만 여행 신흥 지구로 원 보르네오를 둘러싸고 합리적인 가격대의 중저가 호텔이 들어서 여행자의 발길이 늘어나고 있다. 총 4층으로 구성되어 있으며 식당가와 잡화점, 브랜드 매장, 현지 디자이너들의 제품과 가전제품, 저렴한 마사지 숍, 뷰티 센터 등이 입점해 있다. 샹그릴라 라사 리아 리조트나 넥서스 리조트에 투숙한다면 잠시 들러 쇼핑을 하거나 식사해도 좋다. 와리산 스퀘어를 오가는 셔틀버스를 운행하니 시간표를 보고 이용하자.

와리산 스퀘어 Warisan Square

Access 워터프런트 건너편. 르 메르디안 다음 블록이 B동 **Address** Jalan Tun Fuad Stephens **Open** 10:00~20:00 **Close** 연중무휴

코타키나발루를 대표하는 오래된 쇼핑 스폿. 쇼핑 스트리트 몰 형식으로 A동부터 D동까지 건물이 나뉘어 있다. 워터프런트와 마주보고 있는 곳이 C동으로 와리산 스퀘어의 앞이고, 센터포인트 방향으로 있는 D동이 와리산 스퀘어의 뒤편이다. B동으로 나가면 르 메르디안이 있고, A동 쪽은 마리나 콘도 방향이다. 각 동마다 의류, 액세서리, 잡화, 식당가 등이 골고루 입점해 있으며 여행자를 위한 스파와 마사지 숍, 호텔도 있다.

센터 포인트 Center Point

Access 와리산 스퀘어 옆 **Address** 1 Jalan Centre Point **Open** 10:00~21:00 **Close** 연중무휴 **Tel** 088-246-700

주말을 즐기러 현지 젊은이와 가족이 많이 찾는 곳. 지하에는 식당가와 푸드코트, 저렴한 액세서리점과 휴대전화를 파는 매장이 있다. 3층 아웃렛 매장이 센터 포인트에서 가장 인기 있는 곳이다. 데이트를 즐기는 20대 젊은이들이 주로 찾는 레스토랑, 카페, 영화관 등이 모여있다. 여행자를 유혹하는 저렴한 마사지 숍도 층마다 있어 현지인처럼 쇼핑하다가 여행의 피로를 풀기에도 그만이다.

치 스파 Chi, the Spa

바다와 인접한 곳에 있는 스파. 스파 리셉션으로 들어가면 높은 천장에서 쏟아지는 자연 채광과 물 흐르는 소리에 마음이 차분하게 가라앉는다. 독채로 되어있으며 빌라 내부에는 스파를 받는 트리트먼트룸과 샤워시설, 메이크업룸이 있다. 가격대가 조금 비싼 것이 아쉽지만 신혼여행객이라면 한 번쯤 호사를 부려보자.

Access 샹그릴라 탄중 아루 리조트 내 **Address** 20 Jalan Aru, Tanjung Aru, **Open** 10:00~23:00 **Close** 연중무휴 **Cost** RM450(TAX 6%) **Tel** 088-327-888 **Web** www.shangri-la.com

헬렌 뷰티 리플렉스 Helen Beauty Reflex

10년 넘게 여행자들에게 인기 있는 저렴하고 실속 있는 마사지 숍이다. 코타키나발루에 4개의 지점이 있으며 여행자들이 많이 찾는 와리산 스퀘어와 센터 포인트에 각각 2개씩 입점해 있다. 발과 전신 마사지를 받는 일반 마사지 숍과 얼굴 마사지와 매니큐어, 페디큐어를 할 수 있는 뷰티 숍이 있다. 마사지 마니아라면 핫 스톤 마사지를 추천한다.

Access 센터 포인트 2층 **Address** 1 Jalan Centre Point **Open** 10:00~21:00 **Close** 연중무휴 **Cost** 발 마사지 RM42.40~, 핫 스톤 마사지 RM106(90분)~

애니 뷰티 리플렉스 Annie Beauty Reflex

헬렌 뷰티 리플렉스와 비슷한 콘셉트의 중급 마사지 숍이다. 인기 프로그램은 발 마사지와 보디 마사지를 조합한 1시간 30분짜리 프로그램으로 두 가지 마사지를 모두 경험할 수 있다. 가격도 RM80으로 저렴한 편이다.

Access 센터 포인트 2층 **Address** 1 Jalan Centre Point **Open** 10:00~21:00 **Close** 연중무휴 **Cost** 발 마사지 RM40~, 보디 마사지 RM55~(TAX 6%) **Tel** 016-845-3013

콕 & 불 비스트로 Cock & Bull Bistro

영국식 펍 분위기로 현지인과 여행자가 모여 즐거운 한때를 보낼 수 있는 곳이다. 바다를 조망할 수 있는 야외석, 흥겨운 라이브 음악과 함께 가볍게 맥주 한잔 할 수 있는 실내석으로 나뉜다. 오후 3시부터 9시까지는 해피아워로 모든 맥주를 30% 이상 할인된 가격으로 판매한다. 필리핀 가수들의 라이브 연주는 오후 9시부터 시작한다.

Access 워터프런트 **Address** Lot 3, Anjung Samudra, The Waterfront Jalan Tun Fuad Stephen **Open** 일~목요일 15:00~01:00, 금·토요일·공휴일 15:00~02:00 **Close** 연중무휴 **Cost** 맥주 RM13~, 생맥주 RM14~, 칵테일 RM19~(TAX & SC 16%) **Tel** 088-250-982 **Wi-Fi** 무료 **Web** www.cockandbullbistro.com

클럽 베드 Club Bed

코타키나발루에서 가장 한국적인 나이트클럽이다. 큰 무대를 중심으로 홀과 바, 춤을 출 수 있는 스테이지로 나뉜다. 매주 화요일은 여성들을 위한 레이디스 나이트로 칵테일 1잔이 무료로 제공된다. 맥주를 즐겨 마시는 사람이라면 오후 8시부터 9시까지 해피아워를 공략하자. 15~30% 저렴하게 맥주를 마실 수 있다. 일요일은 하루 종일 해피아워로 칼스버그 맥주를 할인된 가격으로 즐길 수 있다.

Access 워터프런트 와리산 스퀘어 앞 **Address** Lot 1A, The Waterfron(Jalan Tun Fuad Stephen) **Open** 일~목요일 19:00~01:00, 금·토요일·공휴일 19:00~02:00 **Close** 연중무휴 **Cost** 입장료 RM20~(금·토요일 맥주 1병 무료), 맥주 RM14~, 칵테일 RM20~(TAX & SC 16%) **Tel** 088-251-901

어퍼스타 페퍼 그릴 & 바 Upperstar Pepper Grill & Bar

레스토랑 겸 바로 하얏트 리젠시 키나발루 앞에 위치해 여행자도 많지만 현지인들이 퇴근길에 들러 맥주 한잔 마시는 곳으로 유명하다. 안줏거리로 간단한 스낵과 스테이크, 말레이시아 음식을 준비하고 있다.

Access 하얏트 리젠시 키나발루 건너편 Address Block C, Lot 8, Ground Floor, Segama Complex Open 16:30~02:00 Close 연중무휴 Cost 맥주 RM7~, 칵테일 RM15~, 안주류 RM20~(TAX & SC 16%) Tel 088-270-775 Wi-Fi 무료

초콜릿 팩토리 Chocolate Factory

경쾌한 입술 모양의 입구를 따라 들어가면 작은 무대와 함께 테이블이 놓인 홀이 중앙에 있다. 수요일은 레이디스 나이트로 여성에게 무료로 칵테일 1잔이 제공된다. 해피아워는 오후 5시부터 9시까지로 매일 지정된 음료에 한해서 50% 할인된다.

Access KK 타임 스퀘어 내 Address K-63-G, Signature Office, KK Times Square Open 일~목요일 17:00~01:00, 금·토요일 17:00~02:00 Close 연중무휴 Cost 맥주 RM23~, 칵테일 RM18~23(TAX & SC 16%) Tel 088-487-557 Wi-Fi 무료

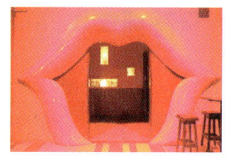

파이어 플라이 Fire Fly

초콜릿 팩토리와 쌍벽을 이루는 핫 스폿으로 코타키나발루에서 소위 물이 좋다는 현지 젊은이들이 주로 찾는다. 다른 클럽이나 바와 달리 해피아워나 이벤트가 없음에도 연일 나이트 라이프를 즐기러 나오는 현지인들로 가득하다.

Access KK 타임 스퀘어 내 Address Ground Floor, KK Times Square Open 일~목요일 17:00~01:00, 금·토요일 17:00~02:00 Close 연중무휴 Cost 맥주 RM20~, 칵테일 RM20~(TAX & SC 16%) Tel 088-486-227 Wi-Fi 무료

마누칸 섬 투어 Manukan Island Tour

Access 툰쿠 압둘 라만 국립공원 내. 여행사 투어 프로그램 이용 **Open** 09:00~13:30 **Cost** RM150~180

마누칸 섬은 1923년 코타키나발루의 첫 번째 국립공원으로 지정된 툰구 압둘 라만 공원 내에 있는 5개 섬 중 하나다. 코타키나발루 해안에서 스피드보트로 30분 정도면 닿으며 바닥이 훤히 들여다보이는 투명한 바다와 열대어를 만날 수 있다. 페리터미널에서 개별적으로도 갈 수 있지만 현지 여행사의 패키지 상품을 이용하는 것이 시간도 절약하며 안전하게 다녀올 수 있다. 여행사 패키지 상품에는 숙소 픽업, 스노클링에 필요한 장비와 점심식사가 포함되어 있다. 섬으로 이동 후 자유롭게 스노클링을 즐기고 점심으로 바비큐를 먹으면 된다. 섬 안에 마누칸 아일랜드 리조트가 있어 숙박도 가능하며 가족여행객에게 인기가 많다.

Check Point

마누칸 아일랜드 리조트 Manukan Island Resort
- 수트라 하버 리조트의 자매 리조트. 그림같이 예쁜 통나무집으로 된 독채형 숙소로 침실과 거실이 분리되어 있다. 객실 대부분이 투 베드룸으로 4인 가족이 머물기에도 여유롭다. 객실도 훌륭하지만 스노클링과 각종 해양 스포츠를 즐길 수 있는 바다와 고운 모래사장, 해변이 아름답나.

반딧불이 투어 Klias Tour

Access 코타키나발루 남쪽. 여행사 투어 프로그램 이용 **Open** 15:00~22:00 **Cost** 성인 RM190~, 어린이 RM140~

클리아스 강에서 이루어진다고 해서 현지에서는 클리아스 투어로 불린다. 투어는 배를 타고 강 주변을 돌며 맹그로브 숲과 그곳에 사는 원숭이, 강 주변의 생태계를 관찰하고 완전히 어둠이 내리면 그때부터 투어의 하이라이트인 반딧불이를 볼 수 있다. 반딧불을 보는 시간은 10~20분으로 짧지만 그 기억은 오래 남는다. 보름달이 뜨는 날은 반딧불을 볼 수 없으니 날짜를 꼭 확인하자.

카이두안 래프팅 Kaiduans Rafting

Access 여행사 투어 프로그램 이용 **Open** 11:00~15:00 **Cost** 성인 RM180~, 어린이 RM130~

하루 2회 진행되며 오전 9시 출발하는 래프팅 투어는 반딧불이 투어와 연계되어 오후 10시에 끝난다. 오전 11시에 출발하는 래프팅 투어는 래프팅 단독 프로그램이다. 래프팅 장소에 도착해서 뷔페식 점심식사 후 안내요원의 설명을 듣고 본격적인 래프팅이 시작된다. 물살이 약해 힘들지 않아 어린이나 고령자분들도 풍경을 즐기며 재미있게 시간을 보낼 수 있다. 5세 이상부터 참가할 수 있다.

수트라 하버 리조트 Sutera Harbour Resort

다양한 부대시설은 물론 공원, 문화공간 등이 있어 복합 문화 단지 같은 곳이다. 리조트는 휴양지의 여유로운 분위기를 풍기는 마젤란 수트라와 현대적인 분위기의 퍼시픽 수트라로 나뉜다. 수영장은 슬라이드부터 올림픽 규격의 것까지 5개나 갖추고 있다. 리조트를 알뜰하게 이용하려면 출국 전에 홈페이지에서 혜택을 확인하고, 골드 카드를 발급받자. 센터 포인트까지 무료 셔틀버스도 운행한다.

Access 수트라 하버 블루바드. 공항에서 자동차로 약 10분 **Address** 1 Sutera Harbour Boulevard **Cost** 퍼시픽 수트라 디럭스 $164~, 마젤란 수트라 디럭스 $240~ **Tel** 088-318-888 **Wi-Fi** 로비 무료, 객실 유료 **Web** www.suteraharbour.co.kr

샹그릴라 탄중 아루 리조트
Shangri-La's Tanjung Aru Resort

500여 개의 객실을 갖춘 대형 리조트로 시내 접근성이 좋고, 물놀이할 수 있는 바다가 리조트 바로 앞에 있다. 탄중 윙과 키나발루 윙으로 나뉘며, 동급의 다른 호텔보다 객실이 넓은 편으로 객실 비품 또한 세심하게 준비한다. 특히 키나발루 윙에서 바라보는 일몰은 한 폭의 그림과도 같다. 난이도에 따라 3개의 슬라이드 시설을 갖춘 수영장은 가족여행객에게 인기 있으며 규모가 크지 않지만 워터파크에서 볼 수 있는 물놀이 기구 등도 있다.

Access 탄중 아루. 공항에서 자동차로 약 15분 **Address** 20 Jalan Aru, Tanjung Aru **Cost** 마운틴 뷰 $270~ **Tel** 088-327-888 **Wi-Fi** 로비 무료, 객실 유료 **Web** www.shangri-la.com

샹그릴라 라사 리아 리조트
Shangri-La's Rasa Ria Resort

Access 공항에서 자동차로 약 50분, 센터포인트가 있는 시내에서 약 40분 Address Pantai Dalit Beach, Tuaran Cost 디럭스 가든 뷰 $170~ Tel 088-797-888 Wi-Fi 로비 무료, 객실 유료 Web www.shangri-la.com

말레이시아 정부에서 자연보호 구역으로 지정한 달리트 해변에 있다. 가든 윙과 오션 윙으로 나뉘는데, 오션 윙은 로맨틱한 객실 인테리어와 자쿠지가 놓인 테라스가 있어 신혼여행객에게 사랑받는다. 시내와 떨어져 있다는 것이 유일한 단점이지만 프라이빗한 곳에서 리조트 시설을 충분히 이용하고 싶은 사람에게는 더없이 좋다. 다양한 무료, 유료 프로그램이 있으며, 시내와 샹그릴라 탄중 아루 리조트까지 셔틀버스를 운행한다.

넥서스 리조트 Nexus Resort

Access 카람부나이 반도. 공항에서 자동차로 약 40분 Address Off Jalan Sepangar Bay, Locked Bag 100 Cost 오션 빌 디럭스 $145~, 오션 윙 디럭스 $148~ Tel 088-411-222 Wi-Fi 로비 무료, 객실 유료 Web www.nexusresort.com

코타키나발루 북쪽에 위치해 탁 트인 바다와 열대우림의 정글 분위기가 물씬 풍긴다. 열대지방의 작은 마을에 온 느낌이다. 말레이시아 전통가옥인 롱 하우스 구조로 오션 윙과 빌라 형식의 보르네오 윙으로 나뉜다. 스파 스위트 빌리지와 풀빌라도 있다. 리조트에 머물며 오붓하게 시간을 보낼 사람들에게 추천한다.

르 메르디앙 Le Meridien

Access 워터프런트 앞 와리산 스퀘어 옆 **Address** Jalan Tun Fuad Stephens, Sinsuran **Cost** 슈피리어 $137~ **Tel** 088-322-222 **Wi-Fi** 로비 무료, 객실 유료 **Web** www.starwoodhotels.com/lemeridien

워터프런트, 필리피노 마켓, 와리산 스퀘어 등 레스토랑과 편의시설이 주변에 잘 갖추어진 좋은 위치의 호텔이다. 5가지 객실로 나뉘는데, 손님들이 가장 많이 투숙하는 슈피리어과 디럭스는 동급의 다른 호텔보다 객실이 넓다. 시내에 머물며 맛집과 시티 라이프를 즐길 젊은 여행자들에게 추천한다.

하얏트 리젠시 키나발루 Hyatt Regency Kinabalu

Access 위스마 메르데카 건너편. 공항에서 자동차로 약 15분 **Address** Jalan Tun Fuad Stephens **Cost** 스탠더드 $132~, 시뷰 $142~ **Tel** 088-221-234 **Wi-Fi** 로비 무료, 객실 유료 **Web** www.kinabalu.regency.hyatt.com

하얏트라는 브랜드와 좋은 위치로 젊은 여행자들이 선호하는 곳. 총 객실 288개로 창밖으로 펼쳐진 바다 전망이 시원함을 느끼게 해준다. 훌륭한 서비스는 기본이고, 시내 한가운데 있어 맛집과 쇼핑, 마사지, 시내 주요 스폿까지 도보로 이동할 수 있다

마리 하우스 Mari House

Access 수트라 하버 리조트 맞은편 **Address** Townhouse No 29, Grace Ville, Jalan Sembulan **Cost** 2인실 RM140~ **Tel** 088-250-376, 070-8246-2829 **Wi-Fi** 무료 **Web** cafe.daum.net/diverlion, cafe.naver.com/rumahmari

코타키나발루를 찾는 여행자들에게 이미 입소문이 난 곳으로 한국인이 운영하는 게스트 하우스이다. 합리적인 가격에 한식으로 제공되는 조식도 포함된다. 수시로 이벤트를 하고, 수트라 하버 리조트의 부대시설을 이용할 수 있는 회원 카드를 저렴하게 대여해줘 게스트 하우스에 묵으면서도 호텔 시설을 이용할 수 있다.

페낭
PENANG

옛 향기가 물씬 나는 미식의 도시

동양과 서양의 문화가 혼합된 말레이시아 제2의 도시 페낭. 특히 식민지 시대의 역사와 문화를 간직하고 있는 조지타운이 유명하다. 조지타운은 유네스코 세계문화유산으로 지정되었으며, '동양의 진주'라 불리는 아름다운 곳이다. 미식의 도시답게 다양하고 맛있는 음식과 페라나칸 문화를 만날 수 있으며, 바투 페링기 해변에서는 해양 스포츠를 체험 수 있다. 골목마다 옛 향기가 물씬 나는 페낭의 거리로 떠나보자.

페낭 여행 준비

- **이동 시간**
  경유 7시간 15분(체류 시간 제외)
- **일정**
  3박 5일
- **항공권**
  특별 가격 42만원~
  일반 가격 59만원~
  (2015년 9월 에어아시아 기준)

고정 비용	항공료	42만원
	숙박료	3만6000원
유동 비용	교통비	4만원
	투어비	6만원
	식비	14만원
	기타 여비	10만원
합계		79만6000원 ◀

※ 성인 1인 3박 5일 비수기, 숙소 2인 1실 기준

- **숙소**
  고급 숙소는 바투 페링기 해변 쪽에, 저렴한 숙소는 조지타운 쪽에 모여 있다.

가족여행
- 골든 샌드 리조트
- 샹그릴라 라사 사양

배낭여행
- 레게 러브 레인 호스텔
- 레드 인 헤리티지
- 숙

페낭 교통 가이드

페낭국제공항 → 시내

교통수단	목적지	가격	승차장
버스	콤타 버스터미널(401E번)	RM2.70~	페낭국제공항 1층
	바투 페링기(102번)	RM5	
택시	조지타운	RM60~	
	바투 페링기	RM80~	

페낭의 교통수단

교통은 콤타 버스터미널을 중심에 두면 된다. 버스터미널에 가면 버스 노선이 적혀 있다. 노선 자체도 단순하니 리조트로 들어갈 때 이용해 보자. 효율적으로 돌아다니려면 택시를 타고, 시내에서는 걷다가 힘들면 트라이쇼나 벳차(인력거)를 타면 된다. 타기 전에 목적지를 말하고 미리 흥정한 후에 탑승한다. 조지타운 내에는 주요 관광지를 도는 페낭 센트럴 에어리어 트랜싯이라는 무료 셔틀버스도 있으니 미리 노선을 확인해서 일정에 맞춰 유용하게 이용하자.

교통수단	목적지	가격	이용시간	승차장
버스	조지타운이 콤타 버스터미널에서 페낭 곳곳으로 이동	RM1.2~	05:00~22:00	콤타 버스터미널, 시내 버스 정류장
택시	페낭 전역	RM15~	24시간	시내 전역
트라이쇼	페낭 전역	시간당 RM30	10:00~20:00	
셔틀버스	조지타운 내 순환	무료	06:00~24:00	시내 셔틀버스 정류장

페낭 핵심 코스

[페낭의 핵심 여행지를 알뜰하게
둘러보는 3박 5일 코스]

Day 1

20:30 페낭국제공항 도착

21:30 체크인

Day 2

10:30 해변에서 이스트 윈드 워터 스포츠
도보 10분

14:00 더 방갈로에서 점심식사
도보 3분

15:00 퓨어 에너지에서 마사지
버스 15분

16:00 플라자 거니에서 쇼핑
도보 7분

18:00 저녁식사 및 맥주 즐기기

- 거니 드라이브 호커 센터
- 출리아 스트리트 나이트 호커 푸드

버스 10분

20:00 어퍼 페낭 로드에서 나이트 라이프

Course tip

1. 유네스코 세계문화유산 지역인 조지타운은 주로 도보로 이동한다. 더위에 도보 투어가 지친다면 트라이쇼를 이용하자.
2. 바투 페링기 해변 쪽에서 조지타운까지는 택시 요금이 비싸기 때문에 30분 넘게 걸리더라도 버스를 이용하자.
3. 여행 중 하루 코스로 파야 산호섬 투어를 다녀올 수도 있다.

Day 3

- **10:00** 왓 차이야 망카라람 사원 관람
  - 도보 5분
- **10:30** 버미스 불교 사원 관람
  - 버스 15분
- **12:00** 극락사 관광
  - 도보 5분
- **13:30** 극락사 아래 길거리 식당에서 점심식사
  - 버스 30분
- **18:00** 바투 페링기 나이트 마켓 구경
  - 도보 3분
- **19:00** 롱비치 호커 센터에서 저녁식사
  - 버스 20분
- **21:00** 비하인드 50에서 맥주 한잔

Day 4

- **09:00** 체크아웃 후 짐 보관
- **10:00** 조지타운 산책
  - 도보 10분
- **13:00** 카피탄 레스토랑에서 점심식사
  - 도보 20분
- **14:00** 더 초콜릿 부티크에서 초콜릿 쇼핑
  - 버스 15분
- **15:30** 치 스파에서 마사지
- **17:00** 숙소 주변에서 간단한 저녁식사
- **18:00 ~21:55** 페낭국제공항 → 쿠알라룸푸르국제공항

Day 5

- **01:00** 인천국제공항으로 출발

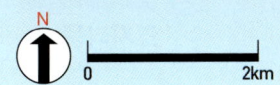

바투 페링기 주변

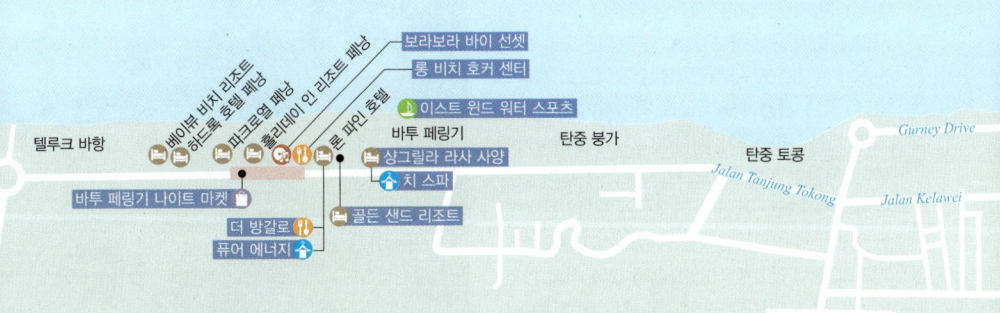

조지타운 상세도

조지타운 Georgetown

Access 페낭 다운타운 조지타운 내 Address George Town
Cost 콘 월리스 요새 입장료 RM2

영국 식민지 시대의 역사적인 건물과 사원 등 동서양 문화가 공존하고 있는 올드 타운으로 도시 전체가 유네스코 세계문화유산 지역으로 지정되었다. 많은 사원과 골목골목 아기자기하고 운치 있는 건물, 벽화들이 매력적이어서 산책하기에 좋다. 저렴하고 예쁜 게스트 하우스가 몰려 있는 조지타운의 러브 레인 거리에서는 재미있는 벽화들을 만날 수 있다. 휴식을 취하고 싶다면 문트리 거리의 운치 있고 한적한 카페에 앉아 커피 한 잔의 여유를 느껴볼 수도 있으며, 걷기에 지쳤다면 트라이쇼를 타고 골목 구석구석을 돌아보는 것도 좋다.

Check Point

조지타운 투어 추천 코스
- 르부 아키 로드 → 르부 아메리칸 로드 → 리틀 인디아 스트리트 구경·자비의 여신 사원 → 성 조셉 성당 → 시티홀, 타운홀 → 바닷가 공원 '파당 코타라마', 콘 월리스 요새 → 러브 레인 로드

페낭 힐 Penang Hill

조지타운에서 서쪽으로 약 7km 거리에 있는 해발 830m 높이의 언덕. 기찻길처럼 철로를 오르는 케이블카를 타고 경사진 언덕을 올라 정상에서 페낭의 전경을 한눈에 바라볼 수 있다. 올라가는 길에는 다양한 식물과 원숭이 무리도 볼 수 있다. 케이블카는 중간 지점에서 한 번 갈아타야 정상까지 올라갈 수 있다.

Access 극락사에서 도보 15~20분, 버스 204번 **Address** Jalan Stesen Bukit Bendera, Ayer Itam **Open** 케이블카 06:30~23:00(매표소 ~22:00) **Close** 연중무휴 **Cost** 성인 RM30, 어린이 RM15 **Tel** 04-828-8880 **Web** www.penanghill.gov.my

극락사 Kek Lok Si Temple

말레이시아 최대의 불교 사원으로 웅장한 규모를 자랑한다. 높은 언덕 위에 자리하고 있으며, 탑 꼭대기에 오르면 조지타운이 한눈에 내려다보인다. 사원 꼭대기에 자리한 관음상은 엄숙한 분위기를 자아내는데, 관음상까지는 사원 내에 있는 케이블카를 타고 가는 것이 편리하다.

Access 콤타 정류장에서 버스 203번을 타고 종점 하차 **Address** No.1, Tokong Kek Lok Si, GeorgeTown **Open** 09:00~17:00 **Close** 연중무휴 **Cost** 사원 내 케이블카(왕복) 성인 RM4, 어린이 RM2 **Tel** 04-828-3317

왓 차이야 망카라람 사원
Wat Chaiya Mangkalaram Temple

페낭에 있는 불교 사원양식과 달리 태국 건축양식에 의해 지어진 태국 불교 사원으로 독특한 매력을 엿볼 수 있다. 사원 내에 있는 33m의 거대한 와불상이 유명하다. 조지타운과 거니 드라이브 사이에 위치해 있으니 양쪽을 오갈 때 잠시 들러보면 좋다.

Access ①잘란 페낭 로드에서 잘란 버마 로드로 좌회전 후 직진, 로롱 버마 로드에서 우회전하면 왼쪽 ②바투 페링기나 조지타운의 콤타 버스터미널에서 101번을 타고 잘란 버마 로드와 로롱 버마 로드 만나는 거리에서 하차, 로롱 버마 로드로 진입해 도보 5분 Address 24 Lorong Burma, George Town Open 08:00~17:00 Close 연중무휴 Cost 무료 Tel 016-410-5115

버미스 불교 사원 Burmese Buddhist Temple

왓 차이야 망카라람 사원 바로 맞은편에 있는 버마 불교 사원. 중국 불교 사원이나 태국 불교 사원의 건축양식과는 또 다른 독특한 매력이 있는 사원으로 좀 더 엄숙하고 단아한 분위기가 느껴진다. 사원 내 중앙에 있는 커다란 불상이 인상적이다.

Access 왓 차이야 망카라람 사원 맞은편 Address 24 Burma Lane, George Town Open 08:00~17:00 Close 연중무휴 Cost 무료 Tel 04-226-9575

거니 드라이브 호커 센터
Gurney Drive Hawker Center

페낭에서 가장 유명한 먹자골목. 현지 음식을 저렴한 가격으로 먹을 수 있어 저녁이 되면 현지인과 여행자들로 항상 북적인다. 왼쪽은 중국 음식, 오른쪽은 말레이시아 음식으로 나뉘며, 원하는 음식 코너에서 주문한 후 테이블에서 먹으면 된다. 인기 음식으로는 국수요리인 차퀘이테오, 완탄미, 아삼락사와 꼬치구이인 사테, 싱가포르식 샐러드인 로작 등이 있다. 늦은 밤 맛있는 로컬 음식과 함께 시원한 맥주 한잔이 생각난다면 안성맞춤.

Access 바투 페링기 쪽에서 갈 때는 버스 101번(오후 11시 마지막 버스)을 타고 한식당 서울가든이 보이는 사거리 전 정류장에서 하차(25~30분 소요) 후 도보 5분. 택시 이용 시 약 20분(RM35) **Address** Persiaran Gurney, George Town **Open** 18:00~03:00 **Close** 연중무휴 **Cost** 사탕수수주스 RM2, 차퀘이테오 RM5, 아삼락사 RM4~4.5, 사테 RM6.5(10개), 타이거맥주 RM7

출리아 스트리트 나이트 호커 푸드
Chulia St. Night Hawker Food

출리아 스트리트에서 몇 개 안 되는 노점이 옹기종기 모여 음식을 팔지만 현지인들과 여행자들로 항상 북적인다. 연한 카레 소스와 오징어, 조개, 어묵 맛이 절묘한 조화를 이루는 커리미, 달콤새콤한 소스와 교자, 쫄깃한 면발의 완탄미도 있다. 과일셰이크는 물론, 꼬치 샤부샤부라고 할 수 있는 록록 전문 노점도 있다. 이곳에서 다양한 먹거리와 함께 행복한 야식의 시간을 보내자.

Access 조지타운 출리아 스트리트 중앙 길가. 러브 레인 거리에서 출리아 스트리트로 나와 좌회선해서 킬 킨니 **Address** 93 Lebuh Chulia, George Town **Open** 18:00~23:00 **Close** 연중무휴 **Cost** 과일셰이크 RM1.5~2, 국수류 RM3~4

더 방갈로 The Bungalow

호텔 론 파인에 자리한 뷔페 레스토랑으로 바닷가를 바라보며 반 오픈식으로 꾸며져 있다. 식민지 시대의 건축양식이 보존된 레스토랑 건물에서 바다를 보며 뷔페를 즐길 수 있다. 호텔 뷔페 레스토랑치고는 저렴한 가격이라 부담이 없는 편.

Access 바투 페링기에 있는 론 파인 내 수영장 옆 **Address** 97 Batu Ferringi **Open** 11:00~23:00 **Close** 연중무휴 **Cost** 뷔페 1인 RM59 **Tel** 04-886-8566 **Wi-Fi** 무료

카페 이팅 하우스 Kafe Eating House

말레이식과 중국식 요리 중 원하는 것을 골라 덮밥처럼 맛볼 수 있는 곳으로 한국인 입맛에도 잘 맞는다. 접시에 밥을 담아주면 뷔페식처럼 진열된 음식 중 원하는 메뉴를 직접 담은 후 카운터에서 가격을 매긴다. 푸짐한 아침식사를 하기에 좋다.

Access 조지타운 메인 스트리트인 출리아 길가의 에어아시아 오피스 옆 **Address** 93 Lebuh Chulia, George Town **Open** 08:00~13:00 **Close** 연중무휴 **Cost** RM7~13

비하인드 50 Behind 50

페낭 젊은이들의 아지트 같은 곳으로 파스타와 스테이크가 저렴하고 맛있는 레스토랑 겸 카페다. 골목 쪽으로 시원하게 오픈된 아담한 실내는 아늑해서 맥주를 마시기에도 분위기가 좋다.

Access 조지타운 출리아 스트리트에서 러브 레인 길로 들어가 첫 번째 사거리에서 좌회전 후 오른쪽 **Address** Muntri Street, George Town **Open** 18:00~01:00 **Close** 목요일 **Cost** 타이거맥주 RM9 **Tel** 012-556-5509

롱 비치 호커 센터 Long Beach Hawker Center

바투 페링기에 위치한 인기 있는 먹거리 센터로 늦은 밤까지 영업하기 때문에 저렴한 가격으로 야식을 즐기기에 좋다. 바투 페링기에 있는 숙소에 묵는다면 최상의 야식 장소다.

Access 바투 페링기 나이트 마켓 거리. 골든 샌드 리조트에서 나이트 마켓을 따라 도보 2분 **Address** Batu Ferringi **Open** 17:00~01:00 **Close** 연중무휴 **Cost** 1인 RM5~10

카피탄 레스토랑 Kapitan Restaurant

유명한 인도식 레스토랑으로 현지 신문에도 자주 소개되는 곳이다. 탄두리 치킨과 인도식 볶음밥에 난을 곁들여 카레소스와 함께 먹어보자. 항상 손님들로 붐비는 곳이라 주문 후 조금 기다려야 하는 불편함이 있다.

Access 조지타운 메인 스트리트인 르부출리아 중앙 사거리 코너. 리틀 인디아 스트리트 맞은편 **Address** 93 Lebuh Chulia, George Town **Open** 09:00~21:00 **Close** 연중무휴 **Cost** 1인 RM2~11.50 **Tel** 04-264-1191

플라자 거니 Plaza Gurney

현지인과 여행자 모두에게 사랑받는 대표적인 쇼핑몰. 지하 1층부터 지상 8층으로 이루어져 있으며 지하 1층에는 뇨냐 요리 전문점, 한식당 서울가든 등의 레스토랑과 윗슨스, 슈퍼마켓이 있다. 그라운드층인 G층에는 스와로브스키, 나이키, 톱맨, 맥도날드 등이 있다. 야외 노천 카페에는 스타벅스, 커피빈 등이 입점해 있어 잠시 더위를 식히거나 만남의 장소로 애용된다.

Access 거니 로드. 바투 페링기의 골든 샌드 리조트 정문 왼쪽 버스정류장에서 101번 타고 30분 소요 Address Persiaran Gurney Open 10:00~22:00 Close 연중무휴 Tel 04-222-8111

바투 페링기 나이트 마켓 Batu Ferringhi Night Market

바투 페링기 해변 앞 도로의 길거리 야시장이다. 직선으로 뻗은 길을 따라 시계, 선글라스 등 액세서리와 의류, 가방, 기념품 등을 파는 노점이 이어진다. 짝퉁 제품도 많으며 가격 흥정은 필수이다. 바투 페링기 근처 숙소에 묵는다면 저녁식사 이후에 구경삼아 방문해보자. 트라이시클을 타고 돌아볼 수도 있다. 요금은 2인 RM50이며 15~20분 정도 소요된다.

Access 바투 페링기. 버스 101번 타고 골든 샌드 리조트 맞은편에서 하차한 뒤 건너편 Address Jalan Batu, Batu Ferringhi Open 18:00~24:00 Close 연중무휴

더 초콜릿 부티크 The Chocolate Boutique

선물용 초콜릿을 사기 위한 여행자로 항상 붐비는 초콜릿 전문 숍이다. 다크 초콜릿, 과일이 들어간 초콜릿, 커피 초콜릿 등 수십 가지의 다양한 초콜릿을 구매할 수 있으며 초콜릿 샘플을 맛보고 선택할 수 있다. 초콜릿 이외에 커피도 구매할 수 있다.

Access 조지타운 내 잘란 페낭 로드에 있는 시티텔 호텔에서 길 건너 잘란 문트리길로 진입 후 바로 좌회전하면 왼쪽 **Address** 22 Lebuh Leith, George Town **Open** 18:00~24:00 **Close** 연중무휴 **Cost** 초콜릿 RM25~47 **Tel** 04-250-2488

퓨어 에너지 Pure Energy

호텔 론 파인에 자리하고 있는 말레이시아 로컬 브랜드 스파다. 여행자들의 요구를 최대한 반영하고, 서양의 기술적인 부분까지 조합했다. 중국 전통 마사지, 타이 마사지와 말레이식 마사지 등 다양한 프로그램과 서비스가 준비되어 있다.

Access 바투 페링기 해변 북서쪽, 론 파인 내 **Address** Lone Pine, 97 Batu Ferringi **Open** 11:00~20:00 **Close** 연중무휴 **Cost** 1인 RM90~ **Tel** 04-886-8511 **Wi-Fi** 무료 **Web** www.lonepinehotel.com/contents/guests-services/spa.php

치 스파 Chi, the Spa

고급 스파의 대명사로 11개의 프라이빗 스파 빌라를 갖추었다. 신혼여행객을 위한 허니문 패키지와 치 스파 패키지가 인기 상품. 중국 전통 의학과 히말라야 치유법을 결합해 신체의 기순환을 가장 이상적인 수준으로 회복시키는 마사지다.

Access 샹그릴라 라사 사양 내 라사 윙 수영장 근처 바닷가 앞 **Address** Batu Feringgi Beach **Open** 10:00~22:00 **Close** 연중무휴 **Cost** 1인 RM180~ **Tel** 04-888-8888 **Wi-Fi** 무료 **Web** www.shangri-la.com/penang/rasasayangresort

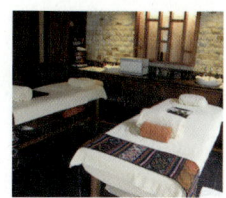

보라보라 바이 선셋 Bora Bora by Sunset

바투 페링기에서 오래전부터 인기 있는 바. 특히 서양여행자에게 절대적인 지지를 받으며 해변 앞 바에서 흥거운 음악과 함께 맥주나 칵테일 한잔 하기에 더할 나위 없이 좋다. 음식 맛도 좋아 저녁식사를 즐기러 오는 여행자도 많은 편이다. 피자와 치킨 요리가 인기 메뉴로 칼라만시 치킨(RM30)을 추천한다. 가격은 조금 부담스러우니 맥주나 칵테일 한두 잔이 적당하다.

Access 바투 페링기 나이트 마켓을 따라 걷다가 롱 비치 호커 센터 지나 오른쪽으로 진입 **Address** 415 Batu Ferringi **Open** 12:00~03:00 **Close** 연중무휴 **Cost** 타이거 맥주 RM18/23(생/병), 칵테일 RM28~, 식사 RM26~49 **Tel** 04-885-1313 **Wi-Fi** 무료 **Web** www.facebook.com/boraborabysunset

어퍼 페낭 로드 Upper Penang Road

나이트 라이프를 즐길 만한 곳이 드문 페낭 조지타운의 대표 나이트 라이프 거리이다. 짧은 거리에 바와 클럽이 모여 있어 외국인과 현지 젊은이들이 페낭의 밤을 즐기기 위해 찾는다. 각 바는 실내석과 야외석으로 나뉘며, 오후 9시 이전까지는 해피아워로 가격 부담을 덜 수 있다. 야외 노천 테이블에서 맥주 한잔 가볍게 하거나 클럽에서 음악에 몸을 맡기고 싶다면 한 번쯤 들러보자.

Access 조지타운 시티텔 호텔 지나 E & O 호텔 방면으로 직진 **Address** Upper Penang Road, George Town **Open** 18:00~01:00 **Close** 연중무휴 **Cost** 맥주 RM18~, 칵테일 RM19~ **Wi-Fi** 각 바에 따라 사용 가능

이스트 윈드 워터 스포츠 East Wind Water Sports

페낭 대표 해변인 바투 페링기 비치에서 바나나 보트, 제트 스키, 세일링, 보트 투어 등 다양한 해양 스포츠를 즐길 수 있는 해양 스포츠 투어 숍. 샹그릴라 라사 사양 내 해변에 위치해 근처 투숙객이라면 이용하기 편리하다. 안전요원이 타는 법 등을 친절하게 안내해주며 해양 스포츠 자격증을 갖춘 직원이 손님을 맞는다.

Access 바투 페링기 비치, 샹그릴라 라사 사양 내 해변 **Address** Batu Ferringi Beach **Open** 09:00~18:00 **Close** 연중무휴 **Cost** 제트 스키 RM95(15분), 바나나 보트 라이딩 RM125(5인), 페낭 국립공원 보트 투어 RM640 (2인, 2시간) **Tel** 04-881-1210 **Wi-Fi** 무료 **Web** www.facebook.com/eastwindwatersports

파야 산호섬 투어 Payar Coral Island Tour

파야 산호섬은 랑카위와 페낭 주변 섬 중에서 가장 아름다운 수중 환경을 자랑할 정도로 맑고 깨끗한 에메랄드빛 바다가 매력적이다. 다양한 열대어와 산호를 감상하며 스노클링을 즐기기에 최고의 환경이다. 투어는 왕복 보트 이동 시간을 포함해 총 8시간 소요되며 중식으로 도시락과 음료, 과일이 제공된다. 투어 신청은 숙소 근처나 조지타운 내에 있는 여러 현지 여행사에서 가격을 비교하고 선택하면 된다.

Access 조지타운 쪽에 있는 스웨탐 선착장에서 보트를 타고 2시간 15분 소요 **Address** Pulau Payar Marine Park **Open** 08:15~16:00 **Close** 날씨에 따라 휴무 **Cost** 성인 RM250, 어린이(3~12세) RM220

골든 샌드 리조트 Golden Sands Resort

바투 페링기 해변에 있는 역사 깊은 리조트. 7층 건물로 객실은 총 382개이며 3개의 수영장이 있다. 객실에 따라 욕조가 있거나 샤워 부스만 있다. 리조트 앞 해변에서는 다양한 해양 스포츠와 야외 마사지도 즐길 수 있다. 어드벤처 존, 키즈 클럽 등 아이들을 위한 시설도 있다. 샹그릴라 계열 호텔인 샹그릴라 라사 사양, 트레이더스 호텔 투숙객도 이용 가능하다.

Access 바투 페링기 해변의 샹그릴라 라사 사양 바로 옆. 공항에서 택시 요금 약 RM50, 조지타운에서 버스 101번 타고 약 40분 소요 **Address** Batu Feringgi Beach **Cost** 슈피리어 RM550~, 디럭스 RM700~ **Tel** 04-886-1911 **Wi-Fi** 무료 **Web** www.shangri-la.com/penang/goldensandsresort

샹그릴라 라사 사양 Shangri-La's Rasa Sayang

총 304개의 객실이 있는 고급스러운 호텔로 라사 윙, 가든 윙으로 나뉜다. 해변 앞쪽에는 30에이커에 달하는 녹지 정원이 잘 정돈되어 있다. 라사 윙 투숙객에게는 오후 6시부터 7시까지 1층 라운지에서 무료 음료가 제공된다. 작은 골프 코스, 3개의 테니스 코트, 워터 스포츠 센터, 2개의 수영장 등 최상의 레저 환경을 갖추고 있다. 바로 옆의 골든 샌드 리조트 내의 어드벤처 존도 이용할 수 있다.

Access 바투 페링기 해변. 골든 샌드 리조트 바로 옆 **Address** Batu Feringgi Beach **Cost** 가든 윙 디럭스 가든뷰 RM800~, 디럭스 시뷰 RM940~ 라사 윙 라사 프리미어 RM1800~ **Tel** 04-888-8888 **Wi-Fi** 무료 **Web** www.shangri-la.com/penang/rasasayangresort

레게 러브 레인 호스텔 Reggae Love Lane Hostel

프라이빗한 캡슐식 도미토리가 독특하다. 휴게실에는 로커와 무료로 사용할 수 있는 컴퓨터가 비치되어 있다. 1층의 바는 늦게까지 운영되기 때문에 밤에 시끄러울 수 있다는 점을 참고할 것.

Access 조지타운 메인 스트리트 출리아 거리에서 러브 레인 거리로 들어가서 오른쪽(레드 인, 올드 타운 게스트하우스가 붙어 있음) **Address** 57, Love Lane, George Town **Cost** 캡슐식 도미토리 RM28~ **Tel** 04-262-6772 **Wi-Fi** 무료 **Web** www.reggaehostelsmalaysia.com/penang

레드 인 헤리티지 Red Inn Heritage

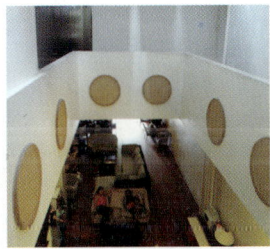

조지타운 러브 레인 거리의 인기 여행자 숙소이다. 레드 인에서 새롭게 오픈한 숙소로, 넓은 휴식 공간과 푸짐한 아침식사가 인기 요인. 도미토리뿐만 아니라 일반 객실도 갖추고 있는 규모가 제법 큰 여행자 숙소다.

Access 조지타운 러브 레인 거리로 직진해 끝까지 들어가서 오른쪽 **Address** No.15, Love Lane, George Town **Cost** 도미토리 RM30~34 **Tel** 04-261-3931 **Wi-Fi** 무료 **Web** www.redinnheritage.com/index.html

속 SYOK

2013년에 오픈한 신생 게스트하우스로 8개의 도미토리형 객실은 남녀 구분으로 운영된다. 조식으로 식빵과 커피 등이 간단하게 제공되며 옥상에는 투숙객을 위한 휴식 공간이 마련되어 있다.

Access 조지타운 메인 스트리트인 출리아 거리 맨 끝 코너 **Address** 458, Chulia Street **Cost** 도미토리 RM58(보증금 RM50) **Tel** 04-263-2663 **Wi-Fi** 무료 **Web** www.staysyok.com

랑카위
LANGKAWI

말레이시아의 전설과 신비가 가득한 원시가 살아 있는 섬

안다만 해의 진주라고도 불리는 랑카위는 아기자기한 바다와 울창한 열대우림으로 둘러싸여 있으며 다른 동남아시아 유명 휴양섬에 비해 평화롭고 신비로운 느낌을 준다. 섬 전체가 면세 지역인 쇼핑의 천국이기도 하다. 랑카위 여행 1번지 판타이 체낭 쪽에 숙소를 정하고 맛집 탐방을 하거나 다타이 비치 쪽의 고급 리조트에서 완벽한 휴식을 취할 수 있다. 놀라움과 평화로움이 공존하는 아름다운 섬, 랑카위로 떠나 보자!

랑카위 여행 준비

- **이동 시간**
  경유 7시간 20분(체류 시간 제외)
- **일정**
  3박 5일
- **항공권**
  특별 가격 39만원~
  일반 가격 74만원~
  (2015년 9월 에어아시아 기준)

고정 비용	항공료	39만원
	숙박료	3만6000원
유동 비용	교통비	6만원
	투어비	10만원
	식비	5만원
	기타 예비	10만원
합계		73만6000원~

※ 성인 1인 3박 5일 비수기, 숙소 2인 1실 기준

- **숙소**
  아주 저렴한 도미토리가 있는 게스트 하우스부터 럭셔리 리조트까지 천차만별이다. 최근에는 원두막 같은 코티지식 게스트 하우스나 호텔이 많아졌으므로 색다른 숙소를 선택해도 좋다. 여러 군데에 해변이 있지만, 모든 편의시설이 집중되어 있는 판타이 체낭 쪽으로 숙소를 잡는 것이 좋다.

럭셔리
- 안다만 리조트
- 다타이 베이 리조트

고급형
- 본톤 리조트
- 템플 트리

게스트 하우스
- 레인보우 롯지

랑카위 교통 가이드

랑카위국제공항 → 시내

대중교통편이 마땅치 않아서 택시를 이용하게 된다. 공항에서 시내까지는 약 20분 정도 소요되고 요금은 판타이 체낭까지는 RM20, 쿠아타운까지는 RM25 정도이다. 택시를 이용한다면 입국장 출구쪽에 위치한 'Taxi Service Centre'로 가자. 행선지를 이야기하고 돈을 지불하면 티켓을 준다. 이 티켓을 들고 택시 타는 곳에 가면 티켓에 적힌 번호의 택시가 대기하고 있다. 미리 택시비를 지불하기 때문에 흥정할 필요가 없다.
렌터카를 빌린다면 공항보다는 쿠아타운 등 시내나 숙소 주변에서 빌리는 게 훨씬 저렴하니, 공항-시내는 택시를 이용하자.
리조트에 묵는 경우에는 픽업 서비스가 있는지 확인하고 함께 이용하면 좋다.

랑카위의 교통수단

시내에서도 주로 택시를 타게 되는데, 중심가 이외에는 택시 잡기가 녹록치 않은데다 택시나 콜밴의 가격이 상당히 비싸다. 택시 비용은 지역에 따라 다르지만 RM20~60 정도이다.
렌터카를 이용하는 사람은 시내나 숙소 주변에서 빌리자. 하루 이상 대여가 가능하며, 하루에 RM70~120 정도이다. 렌터카를 매일 사용하지는 않으니, 필요할 때 빌리는 식으로 계획을 짜보자.
랑카위를 더 자유롭게 누비고 싶다면 1일 RM30정도 하는 오토바이를 대여해서 다니는 방법도 있다. 판타이 체낭에는 알록달록 색을 입힌 오토바이가 줄지어 렌트되기를 기다리고 있다.

> **렌터카 이용 시 주의사항!** TIP
> 랑카위의 자동차들은 운전석이 오른쪽에 있어 좌측통행이다. 운전하기도, 교통법규도 헷갈리니 항상 주의하자.

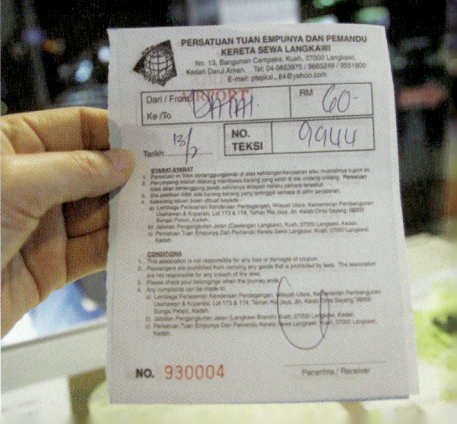

랑카위 핵심 코스

[주요 체험 프로그램을 통해서 자연 속에서
신비로움을 느끼는 3박 5일 코스]

Day 1

19:55 랑카위국제공항 도착

21:00 체크인

Day 2

07:00 더 브랙퍼스트 바에서 아침식사

08:00 페리선착장으로 출발

10:00~16:00 파야 섬 코럴 투어

17:00 페리선착장 도착

19:30 저녁식사

도보 5분
- 오키드 리아
- 다타이 리조트 다이닝

21:30 나이트 라이프

- 리틀 릴리야스
- 베이비론

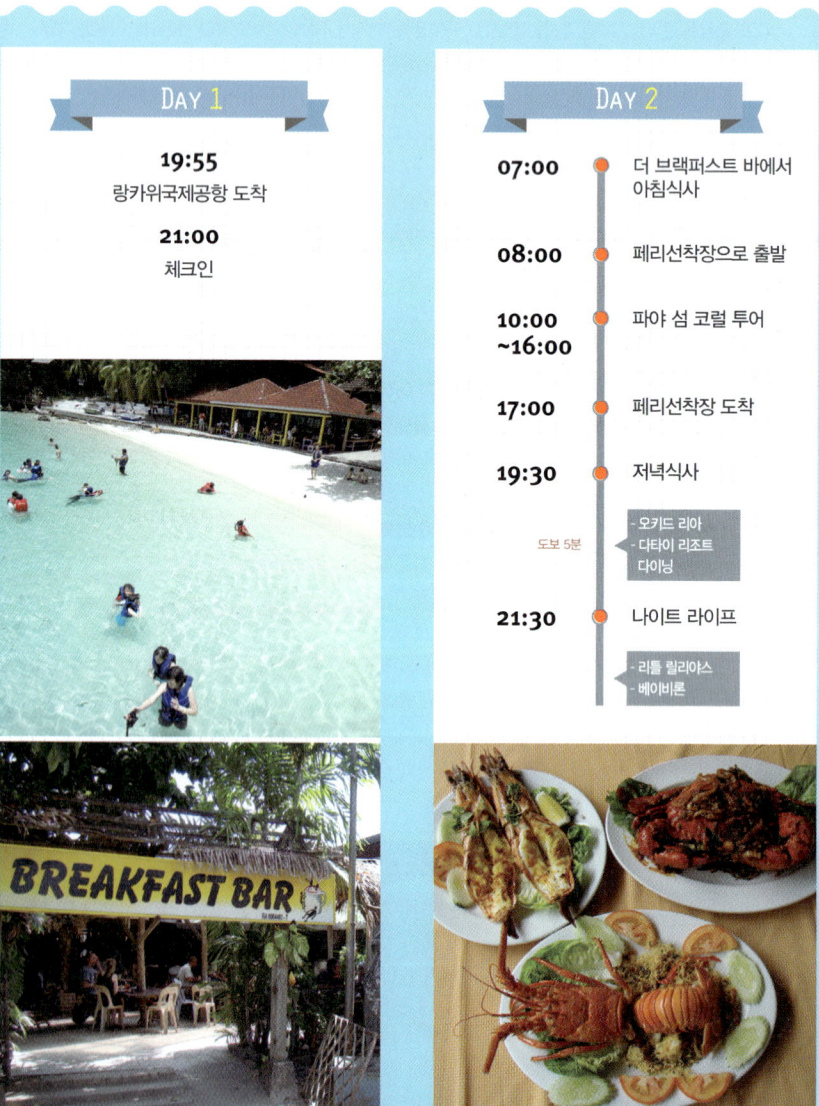

Course tip

1. Day 4에 가게 될 7개의 우물 폭포는 택시를 이용하거나 오토바이를 렌트해 이동한다. 오토바이는 레인보우 롯지에서 묵을 경우 숙소에서 직접 렌트하면 된다.
2. 마지막 날은 렌터카를 빌려 여유롭게 랑카위를 돌아보거나, 오토바이 투어 또는 맹그로브 투어로 하루를 보낼 수 있다. 아이들과 함께 여행한다면 다양한 자연을 체험할 수 있는 맹그로브 투어와 아일랜드 호핑 투어를 넣자.

DAY 3

- **07:30** 아티산스 피자에서 아침식사
- **09:30 ~12:00** 아일랜드 호핑 투어
- **14:00** 로즈 티 2에서 점심식사
- 픽업 서비스 5분
- **15:30** 마사지 & 스파
- 픽업 서비스 5분
  - 테라타이
  - 알룬알룬 스파
- **18:00** 저녁식사
- 도보 10분
  - 토마토 나시 칸다르
  - 디 브리스끄
- **20:30** 쇼핑
  - 더 존
  - 핀타이 체낭 스트리트
  - 체낭 몰

DAY 4

- **09:00** 체크아웃 후 짐 보관
- **09:30** 7개의 우물 폭포 관광
- 렌터카 30~40분
- **12:00** 폭포 입구의 로컬 식당에서 점심식사
- 렌터카 30분
- **15:00** 하버 파크 관광
- **17:30** 랑카위국제공항으로 이동
- **20:20 ~21:30** 랑카위국제공항 → 쿠알라룸푸르국제공항 2

DAY 5

- **01:00** 인천국제공항으로 출발

PLUS THEME

오토바이 투어

Course tip

1. 시원하게 잘 놓여진 랑카위 섬 도로를 오토바이로 달리며 섬 구석구석을 자유롭게 돌아볼 수 있는 레저 투어 코스로 랑카위 섬의 매력을 그대로 느껴볼 수 있다.
2. 레인보우 롯지에서 묵을 경우 숙소에서 직접 오토바이를 렌트할 수 있다. 아니면 판타이 체낭 스트리트에 있는 여행사에서 렌트한다. 보통 1일 RM30~40, 주유비는 1리터 기준 RM2 정도이다.

09:00 렌트 후 출발

10:30 하버 파크 관광

11:20 7개의 우물 폭포 관광

12:00 폭포 입구의 로컬 식당에서 점심식사

13:30 랑카위 케이블카 타기

16:00 탄중루 비치 즐기기

17:30 독수리 광장

18:30 판타이 체낭의 일몰 즐기기

19:00 더 브라스리에서 저녁식사

21:00 테라타이에서 마사지

22:30 숙소 귀가 및 휴식

예상 경비 6만원~
렌트비(유류비 포함) 1만5000원
식비 2만원
마사지 1만4000원
입장료 1만1000원

PLUS THEME

맹그로브 투어

Course tip

1. 가족여행객들이 선호하는 원시의 숲 여행으로 아이들의 자연 체험학습에 적격인 프로그램이다.
2. 다양한 가격대의 프로그램이 있으나 중식이 포함되어 있는 프로그램이 적당하다. 시간이 있다면 일일투어로 선택하자.
3. 현지 여행사에 투어를 신청하면 숙소로 픽업을 온다.

09:30
맹그로브 투어 시작

12:00
투어 프로그램 중식

14:30
보트 선착장 하선

16:30
해변 즐기기
· 다타이 비치
· 탄중루 비치

18:00
저녁식사
· 아티산스 피자
· 다타이 리조트 다이닝

예상 경비 4만 3000원~
※왕복 교통비, 식사 포함

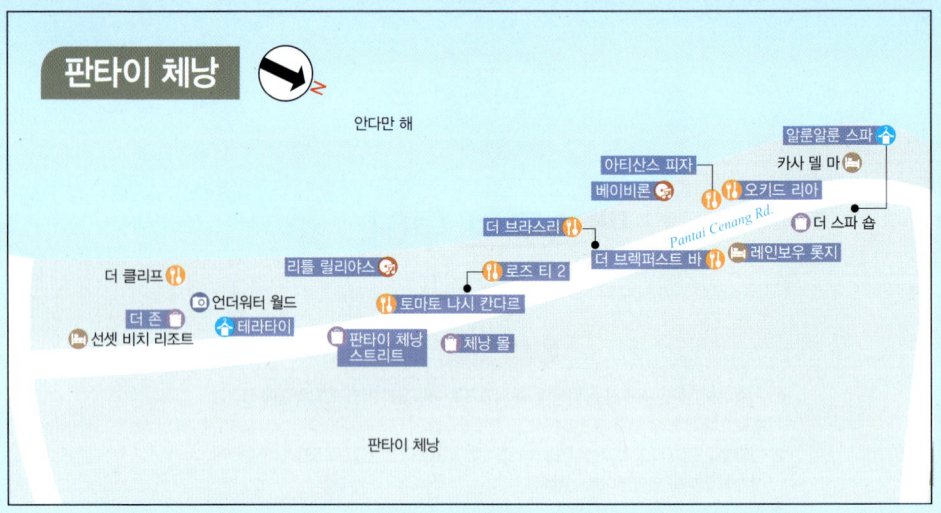

랑카위 전도

N ↑

- 맹그로브 투어
- 탄중루 비치
- 탄중루 리조트 랑카위
- 포시즌스
- 랑군 섬
- 덴당 섬
- 랑카위 크래프트 콤플렉스
- 나이트 마켓(금요일)
- Padang Lalang Rd.
- 와일드라이프 파크
- 나이트 마켓(월요일)
- 구눙 라야 골프 리조트
- Peranak Rd.
- Jalan Persiaran Putera
- 99 이스트 골프 클럽
- 랑카위 퍼레이드
- 나이트 마켓(수·토요일)
- 르젠다 공원
- 티문 섬
- 독수리 광장
- 랑카위 페어 쇼핑몰
- 제티 포인트
- Bukit Malut Rd.
- 투바 섬
- 다양 분팅 섬
- 파야 섬 코랄 투어 방면 ↓

랑카위 케이블카 Langkawi Cable Car

Access 랑카위 섬 북서쪽 오리엔탈 빌리지 내 **Address** Panorama Langkawi Sdn Bhd, Cable Car Station, Oriental Village, Burau Bay **Open** 10:00~20:00 **Close** 연중무휴 **Cost** 성인 RM35, 어린이 RM25 **Tel** 04-959-4225 **Web** www.panoramalangkawi.com

랑카위에 여행을 왔다면 꼭 케이블카를 타보자. 랑카위 섬과 주변의 군도, 바다의 아름다운 풍경을 만끽할 수 있다. 케이블카를 타는 곳은 오리엔탈 빌리지 안에 있으며, 케이블카를 타고 전망대에 올라가면서 유리창을 통해 주변 풍경을 감상할 수 있다. 전망대는 봉우리 두 곳에 각각 있다. 첫 번째 봉우리에 먼저 들러 구경하고 나서 다시 케이블카를 타고 두 번째 봉우리로 올라가는 코스가 좋다. 아찔할 정도로 높은 전망대에서 바라보는 시원한 바다와 수많은 섬의 풍경은 감탄을 자아낸다. 저 멀리 태국의 섬까지도 보인다. 스카이 브리지로 봉우리 사이에 설치된 다리를 지날 때는 짜릿함을 느낄 수 있다. 오후 6시 30분에서 7시 사이 전망대에 오르면 황홀한 일몰을 감상할 수 있다.

7개의 우물 폭포 Seven Wells Waterfall

Access 랑카위 섬 북서쪽. 오리엔탈 빌리지를 지나 자동차로 약 5분 Address Gunung Mat Cincang Open 08:00~19:00 Close 연중무휴 Cost 무료

15분 정도 산을 올라가면 우물 7개가 높은 곳에서부터 물길을 따라 폭포로 이어진다. 멀리 바다가 시원스럽게 펼쳐져 있어 자연 수영장의 분위기를 연출한다. 가는 길에는 폭포가 있어 더위를 식히기에 좋다. 야생 원숭이가 많아 바로 앞에서 원숭이들과 조우할 수 있는 재미도 준다. 입구에 기념품점과 작은 식당이 있으니 출출한 배를 달래거나 목을 축이고 가자.

하버 파크 Harbour Park

Access 랑카위 섬 북서쪽 Address Telaga Harbour Park, Pantai Kok Tel 04-959-2202 Web www.telagaharbour.com

동남아시아가 아닌 유럽의 지중해에 온 듯한 느낌을 주는 곳으로 수많은 보트가 성박해 있는 요트 항구다. 항구를 따라 다양한 국적의 요리를 맛볼 수 있는 고급 레스토랑과 카페들이 줄지어 있다. 바다 위의 요트를 배경으로 일몰을 감상하며 저녁식사를 하거나 가볍게 맥주 한잔하기에 좋다. 랑카위 케이블카를 타러가기 전이나 후에 잠시 들르기 좋다.

판타이 체낭 Pantai Chenang

Access 랑카위 섬 서쪽 중앙
Address Pantai Cenang

넓은 모래 해변이 1km에 걸쳐 펼쳐져 있으며 다양한 해양 스포츠를 즐길 수 있다. 저녁이 되면 해변 바와 레스토랑이 오픈해 낭만적이고 흥겨운 랑카위의 밤을 보낼 수 있다. 여러 여행자와 어울리며 다양한 즐거움을 얻고 싶다면 판타이 체낭 쪽에 숙소를 정하자.

다타이 비치 Datai Beach

Access 랑카위 섬 북서쪽 끝
Address Jalan Datai, Teluk Datai

랑카위 섬에서 해변과 바다가 아름답고 깨끗하기로 손꼽히는 곳으로 인적이 드물어 한적하고 평화롭다. 여유롭게 수영을 즐기거나 카약을 빌려 바다로 나가 보는 것도 좋다. 물이 맑은 곳이라 스노클링도 가능하다.

탄중루 비치 Tanjung Rhu Beach

Access 랑카위 섬 북동쪽 끝
Address Jalan Tanjung Rhu, Tanjung Rhu

럭셔리 5성급 숙소인 탄중루 리조트만 있어 매우 한적하다. 작은 섬이 보이고 해변 분위기는 평온하다. 한가로이 산책하거나 인적이 드문 바다에서 자유롭게 수영을 즐길 수 있으며 해변을 따라 오른쪽으로 계속 가다 보면 피시 팜도 보인다.

독수리 광장 Eagle Square

Access 랑카위 섬 남쪽, 메인 타운의 랑카위 페리터미널 옆
Address Kuah, Langkawi

랑기위의 상징인 독수리상이 웅장하게 자리한 광장으로 랑카위 방문을 기념하기 위한 대표적인 사진 포인트이다. 랑카위 페리터미널 옆에 있으며 랑카위 주민들의 휴식처로 일몰 시간 이후에는 바닷가를 따라 산책하기에도 좋다.

오키드 리아 Orkid Ria

1989년에 문을 열어 오랫동안 사랑받아온 해산물 레스토랑이다. 싱싱한 로브스터와 게, 새우, 생선을 직접 골라서 요리를 주문할 수 있다. 한국인에게 인기 있는 메뉴는 매콤하면서도 감칠맛을 내는 칠리크랩과 로브스터 요리다. 점심시간과 저녁시간에 맞춰 하루 두 번 오픈하며, 저녁시간에는 일찍 가지 않으면 자리를 잡기 힘들 정도로 손님들로 북적인다. 총 200명을 수용할 수 있으며 전화 예약이 가능하나 오후 7시 이전까지만 예약을 받는다.

Access 공항에서 판타이 체낭 진입해 초입 **Address** Jalan Pantai Cenang **Open** 11:30~15:00, 18:00~23:00 **Close** 중국 설 연휴 **Cost** 과일주스 RM4.50~6.50, 타이거맥주 RM5, 샥스핀 수프 RM20, 칠리크랩 RM40(500g), 로브스터 RM300~400(1kg) **Tel** 04-955-4128

로즈 티 2 Rose Tea 2

태국 레스토랑으로 20여 년 전 오픈해서 2대에 걸쳐 운영하고 있다. 최고의 추천 메뉴는 그린 커리로 태국 현지 유명 레스토랑을 능가할 정도로 맛이 좋다. 태국의 대표 음식인 똠얌꿍, 팟타이 등 다양한 종류의 태국 음식과 더불어 생선, 새우 등의 바비큐 요리도 선보인다. 오후 2시부터 오픈하니 저녁식사 시간에 맞춰 방문하는 것이 좋다. 오랫동안 일하고 있는 말레이시아 현지 직원들의 친근함을 덤으로 느낄 수 있는 레스토랑이다.

Access 판타이 체낭 도로 중간. SS유니크 미니 마켓 옆 **Address** Jalan Pantai Cenang **Open** 14:00~24:00 **Close** 연중무휴 **Cost** 타이거맥주 RM4, 싱하 RM5.50, 팟타이 RM15~20, 로즈 티 프라이드 라이스 RM15~28, 그린 커리 RM18~35, 똠얌꿍 RM25~40, 그릴 바비큐 피시 필렛 RM25(바라쿠다 1마리), 타이거 프론 RM55(2마리) **Tel** 017-5149-986

토마토 나시 칸다르 Tomato Nasi Kandar

토마토 나시 칸다르라는 이름이지만 간판에 크게 그려져 있는 빨간색 토마토 때문에 여행자들에게는 '레드 토마토'로 더 유명하다. 저렴한 가격에 말레이 인도 요리를 마음껏 즐길 수 있어 여행자들에 인기 있다. 아쿠아리움인 언더워터 맞은편에 '레드 토마토'라는 이름의 유럽 스타일 카페가 있으니 유의할 것.

Access 판타이 체낭 도로, ABC 모텔 옆 **Address** Jalan Pantai Cenang **Open** 24시간 **Close** 금요일 13:00~14:30 **Cost** 콜라·사이다 RM1.80, 로띠 RM2, 뷔페식 덮밥 RM7~15(양과 음식 종류에 따라 다름), 치킨 티카 RM7.90 **Tel** 04-955-9088

다타이 리조트 다이닝 Datai Resort Dining

다타이 리조트 내에 있는 레스토랑으로 신혼여행객이 고급스럽고 프라이빗한 저녁식사를 즐기기에 더없이 어울리는 곳이다. 말레이시아 전통음식과 서양 음식을 갖추었으며 고품격 서비스를 제공한다. 자연 친화적인 리조트 내에 있어 정글 속에 있는 기분이며 로맨틱한 밤을 보내기에도 좋다. 다타이 리조트에 숙박하는 신혼여행객에게 강력 추천하는 레스토랑.

Access 랑카위 섬의 북서쪽 끝, 다타이 해변에 자리한 다타이 리조트 내 **Address** Jalan Datai, Teluk Datai **Open** 07:00~23:00 **Close** 연중무휴 **Cost** 음료 RM10~, 음식 RM30~ **Tel** 04-959-2500 **Wi-Fi** 무료 **Web** www.thedatai.com/langkawi/dining-room

아티산스 피자 Artisans Pizza

랑카위에서 대중적인 사랑을 받는 레스토랑이다. 현지인에게도 인기가 많은 곳으로 말레이시아 음식이 맞지 않거나 맛있는 피자가 생각난다면 들러보자. 배달 서비스를 제공하며 전화로 주문할 수 있다.

Access 판타이 체낭 도로. 오키드 리아 옆 Address Lot 1230 Pantai Cenang Open 11:00~23:00 Close 연중무휴 Cost 파스타 RM14~, 피자 RM25~ Tel 04-955-1232

더 브렉퍼스트 바 The Breakfast Bar

이름에서 알 수 있듯 아침식사를 전문으로 제공한다. 호주인이 주인으로 유난히 서양여행객이 많이 들른다. 이른 아침부터 가볍게 아침식사를 할 수 있어 인기가 많다. 레스토랑 전체가 나무로 꾸며져 자연 친화적인 모습이다.

Access 판타이 체낭 도로. 오키드 리아에서 길을 건넌 후 라사 레스토랑을 바라보고 오른쪽 Address Jalan Pantai Cenang Open 07:30~13:30 Close 연중무휴 Cost 무슬리 요거트 RM8, 아메리칸 브렉퍼스트 RM9 Wi-Fi 무료

더 브라스리 The Brasseri

Access 판타이 체낭 도로. 오키드 리아 지나서 도보 5분 Address Jalan Pantai Cenang Open 12:00~24:00 Close 연중무휴 Cost 2인 RM60~90 Tel 04-955-1927 Wi-Fi 무료

랑카위 판타이 체낭 해변에서 가장 로맨틱한 레스토랑으로 일몰 시간에 맞춰 연인과 함께 맛있는 저녁식사를 하기에 좋은 곳이다. 어두워지면 해변을 배경으로 하얀색 테이블 위에 촛불을 밝혀 은은함과 로맨틱한 분위기를 한껏 돋우어준다.

더 존 The Zon

섬 전체가 면세 지역인 랑카위는 쇼핑 천국이라 할 수 있는데, 더 존은 가장 번화한 해변인 판타이 체낭에 자리한 면세점이다. 1층으로 된 작은 규모로 주로 술, 담배, 화장품을 사기에 적당하다. 캔맥주를 RM0.90부터 살 수 있으며 일반 상점보다 저렴한 편이다. 면세점 규정상 1인당 한 번에 맥주 9캔 이상은 살 수 없으니 참고할 것.

Access 판타이 체낭 도로 끝에 있는 아쿠아리움 언더워터 월드 옆 Address Pantai Cenang Open 09:00~21:30 Close 연중무휴

판타이 체낭 스트리트 Pantai Chenag Street

저렴한 가격의 보세제품을 파는 숍들이 자리해 의류, 잡화, 기념품 등 구경하는 재미와 함께 다양한 쇼핑을 즐길 수 있다. 오전과 이른 오후에는 대부분의 상점이 영업하지 않고 오후 4시가 넘어서야 하나둘씩 오픈하기 시작한다. 저녁식사 이후 산책 겸 거리를 따라 쇼핑하는 것이 좋다.

Access 판타이 체낭 도로변에 길게 이어진 상점 Address Jalan Pantai Chenang Open 17:00~23:00 Close 연중무휴

체낭 몰 Chenang Mall

스타벅스와 말레이시아 유명 로컬 커피 브랜드인 올드타운 커피 하우스가 입점해 있다. 담배와 시가를 파는 면세점, 의류 상점, 환전소 등도 있다. 2층 건물로 규모는 작지만 해변 도로에 자리한 현대적인 쇼핑몰로 판타이 체낭에서 새로운 만남의 장소가 되고 있다.

Access 판타이 체낭 도로 중앙, 공항에서 언더워터 월드 가기 바로 전 Address Jalan Pantai Chenang Open 09:00~22:00 Close 연중무휴

알룬알룬 스파 Alun Alun Spa

랑카위에서 가장 유명하고 인기 있는 고급 스파로 화려하면서도 고요함이 느껴지는 실내 인테리어와 다양한 휴식 공간이 매력적이다. 스파 내부로 들어가면 나무로 우거진 가든을 따라 스파룸이 이어져 있어, 평온한 분위기에서 마사지를 받을 수 있다. 판타이 체낭 지역에 한해 픽업 서비스가 무료로 제공된다. 랑카위에 온 신혼여행객은 물론, 일반 여행자에게도 사랑받는 랑카위의 대표 스파이다.

Access 판타이 체낭에 있는 카사 델마 호텔 맞은편 **Address** Jalan Pantai Chenang **Open** 11:00~23:00 **Close** 연중무휴 **Cost** 발 마사지 RM88(45분), 말레이시아 전통 마사지 RM120(1시간), 얼굴 마사지 RM120~180(1시간), 허니문 2인 패키지 RM800(4시간) **Tel** 04-953-3838 **Web** www.alunalunspa.com

테라타이 Teratai

선 스파에서 운영하는 자매 마사지 숍으로 규모는 작지만 적당한 가격과 시원하고 세심한 마사지 서비스로 여행자들에게 사랑받는다. 테라피스트는 총 6명으로 친절하고 숙련된 마사지 기술을 보유한다. 판타이 체낭, 판타이 텡아 지역에 한해서 무료 픽업 서비스(13:00~21:00)를 제공한다.

Access 공항에서 판타이 체낭을 따라 언더워터 월드 못가서 오른편 **Address** Jalan Pantai Chenang **Open** 13:00~02:00 **Close** 연중무휴 **Cost** 풋 리플렉솔로지 RM38~78(40~70분), 보디 마사지 RM88(1시간), 테라타이 스페셜 RM98/148(80분/2시간) **Tel** 04-955-1822 **Wi-Fi** 무료

베이비론 Babylon

판타이 체낭에서 가장 유명하고 인기 있는 독보적인 해변 바이다. 모래 해변 위에 의자 없이 테이블만 놓아 열대바다의 밤을 자연 그대로 느낄 수 있고, 흥겨운 레게 라이브 음악에 맞춰 댄스를 즐길 수도 있다. 오후 10시 이후 여행자가 모여들기 시작해 새벽까지 그 열기는 계속된다. 낮에는 나무로 지어진 2층에서 요가 강습이 이루어지는데 요가 강습을 받으면 맥주가 무료로 제공된다.

Access 판타이 체낭 해변. 길가에 있는 브렉퍼스트 바에서 해변 쪽으로 길을 건너 들어가면 바로 앞 **Address** Pantai Cenang **Open** 17:00~01:00 **Close** 연중무휴 **Cost** 캔맥주 RM5~7

리틀 릴리야스 Little Lylias

모래 해변에 마련된 의자에 앉아 라이브 음악을 들으며 해가 지는 바다를 바라보거나, 밤바다를 바라보며 촛불 아래에서 맥주나 칵테일을 마시며 조용히 대화 나누기 좋은 해변 카페. 음식 주문도 가능해 일몰 시간에 맞춰 해변에서 로맨틱한 저녁식사를 할 수 있다. 파도 소리와 함께 넓게 펼쳐진 모래 해변 위에 놓인 테이블에 앉아 연인끼리 랑카위의 밤을 보내기 좋다.

Access 판타이 체낭 길가에 있는 레드 토마토 레스토랑 옆 해변으로 연결된 작은 길 **Address** Pantai Cenang **Open** 15:00~01:00 **Close** 연중무휴 **Cost** 캔맥주 RM5~7

파야 섬 코럴 투어 Palau Payar Coral Tour

Access 랑카위 페리 터미널에서 페리로 약 55분 거리에 있는 파야 섬, 여행사 투어 프로그램 이용 **Address** Pulau Payar Marine Park **Open** 09:00~17:00 **Close** 연중무휴 **Cost** 코럴 아일랜드 RM80~100, 랑카위 코럴 RM200~250

에메랄드빛 바다를 볼 수 있는 산호섬인 파야 섬을 방문해 스노클링과 스쿠버다이빙을 하는 투어이다. 섬에 내려 해변 근처에서 즐기는 스노클링 투어인 '코럴 아일랜드'와 섬 앞바다에 떠 있는 플랫폼에서 스노클링 및 스쿠버다이빙 투어가 진행되는 '랑카위 코럴' 두 가지 프로그램이 있다. 랑카위 코럴의 가격이 더 비싼데, 점심식사가 뷔페로 제공되며 섬 해변으로 보트를 타고 이동한다. 파야 섬에서 진행되는 투어 내용은 같다. 해변 바로 앞바다에서도 스노클링을 즐길 수 있어, 수영을 못하는 사람이나 아이들이 놀기에 좋다. 파야 섬에서는 작은 새끼 상어가 사람 발 정도의 깊이에서 무리 지어 헤엄치는 모습을 구경할 수 있다. 깊은 곳으로 나가면 사람 몸 크기만한 상어들도 가끔 볼 수 있는데 위험하지 않은 종류라고 한다.

Check Point
- 파야 섬으로 들어가는 페리 안은 에어컨 때문에 매우 춥다. 긴 소매나 담요를 챙기자.
- 아이들이 있다면 해변에서 투어를 진행하는 코럴 아일랜드 투어가 더 적합하다.

아일랜드 호핑 투어 Island Hopping Tour

Access 포르토 말라이(스타 크루즈 터미널) 선착장에서 출발 Address Porto Malai Open 09:30~13:30, 14:30~18:30 Close 연중무휴 Cost RM25

랑카위에서 가격 대비 가장 추천할 만한 투어 프로그램으로 랑카위 섬의 주변 군도 돌아보기, 섬 속의 호수 찾아가기, 독수리 먹이 주기 등의 내용으로 이루어진다. 오전과 오후 하루에 두 번, 4시간 정도 진행되는데 일정에 맞는 시간을 선택하면 된다. 투어 시간은 짧은 편이지만 알차고 다양한 즐거움을 경험할 수 있다.

맹그로브 투어 Mangrove Tour

Access 제티 킬림 선착장에서 출발 Address Jetty Kilim, Jalan Ayer Hangat Open 09:30~14:30 Close 연중무휴 Cost RM50

4시간 동안 보트를 타고 랑카위의 킬림지오 포레스트 파크 주변의 맹그로브 숲을 돌아보는 보트 투어. 석회암이 만들어내는 박쥐 동굴과 악어 동굴을 비롯한 기암괴석, 섬에 서식하는 독수리 무리, 야생 원숭이를 가까이 볼 수 있어 어린이를 동반한 가족여행객에게 자연 체험 학습지로 손색없는 투어 프로그램이다.

다타이 베이 리조트 Datai Bay Resort

아름다운 바다와 울창한 정글을 동시에 느낄 수 있는 곳. 메인 수영장에서는 안다만 해변을 바라보며 수영을 즐길 수 있으며 리조트와 연결된 다타이 비치에서는 한적하고 평화로운 시간과 함께 해양 스포츠를 무료로 이용할 수 있다. 높은 가격이 부담스럽지만 값어치를 충분히 하는 랑카위 최고의 리조트다.

Access 랑카위 섬의 북서쪽 다타이 해변. 공항에서 택시로 40~50분 Address Jalan Teluk Datai Cost 디럭스 RM1716~, 프리미엄 RM1887~, 슈피리어 빌라 RM2114~ Tel 04-959-2500 Wi-Fi 무료 Web www.thedatai.com/langkawi

본톤 리조트 Bon Ton Resort

자연 친화적인 숙소로 모든 객실은 독립된 방갈로 형태이다. 나무로 만들어진 객실은 말레이시아의 전통적인 분위기를 한껏 살려준다. 평화로운 벌판의 풍경을 바라보며 자연 속 수영장에서 한가로이 휴식을 취하기에도 그만이다. 공항 픽업 서비스는 제공되지 않고 택시를 불러준다. 메인 비치인 판타이 체낭까지는 자동차로 약 3분 거리이다.

Access 공항에서 판타이 체낭으로 가는 입구 Address Jalan Pantai Cenang Cost 블루 진저 RM650~, 블랙 코럴 RM890~, 팜 RM990~, 카야 RM1270~ Tel 04-955-1688 Wi-Fi 무료 Web www.bontonresort.com

템플 트리 Temple Tree

총 6개의 말레이시아 전통 하우스에 20개의 객실을 갖추고 있다. 객실은 식민지 시대의 건축양식에 따른 하우스 스타일과 중국 사원양식의 건물을 개조했다. 부대시설로 크기는 작지만 자연 친화적인 2개의 수영장과 레스토랑 & 클럽바를 운영한다. 해변과는 거리가 있지만 평화로운 자연의 분위기를 느낄 수 있다. 판타이 체낭과는 자동차로 약 3분 거리이다.

Access 공항에서 판타이 체낭으로 가는 입구. 본톤 리조트 옆 **Address** Jalan Pantai Cenang **Cost** 콜로니얼 하우스 1 RM305~, 페낭 하우스 2 RM882~ **Tel** 04-955-1688 **Wi-Fi** 무료 **Web** www.templetree.com.my

안다만 리조트 Andaman Resort

다타이 비치 부근에 자리한 럭셔리 리조트이자 랑카위의 베스트 리조트. 열대우림에 둘러싸인 객실에서 바라보는 아름다운 바다 전경이 멋지다. 피트니스 센터, 수영장, 키즈클럽 등 다양한 부대시설을 갖추어 리소트 내에서만 시간을 보내기에도 충분하다. 객실은 우아함과 모던함을 추구해 깔끔하고 따뜻한 분위기를 연출한다.

Access 랑카위 섬 북서쪽 끝. 랑카위 공항에서 택시로 약 40분(RM60) **Address** Jalan Teluk Datai **Cost** 디럭스 RM665~, 럭셔리 RM1015~, 이그제큐티브 스위트 RM1838~ **Tel** 04-959-1088 **Wi-Fi** 무료 **Web** www.theandaman.com

레인보우 롯지 Rainbow Lodge

랑카위에서 규모가 큰 편에 속하는 게스트 하우스이다. 다양한 객실 종류로 선택의 폭이 넓다. 도미토리 1개를 제외한 모든 객실에 개인 욕실이 있으며, 말레이시아 전통가옥 스타일의 객실도 있다. 리셉션에서 각종 투어 및 차량 예약 업무, 오토바이 대여가 가능하다. 조식과 픽업 서비스는 제공되지 않는다. 예약은 전화와 웹사이트를 통해서 가능하다.

Access 오키드 리아 길 건너 골목길로 도보 약 5분. 공항에서 택시로 약 20분(RM18) **Address** No. 4, Lorong Surau Kampung Haji Maidin, Pantai Cenang **Cost** 도미토리 RM15~18, 더블·트윈 RM40~50/70~80(선풍기/에어컨) **Tel** 04-955-8103 **Wi-Fi** 무료 **Web** www.rainbowlangkawi.com

싱가포르

SINGAPORE

자연의 숨결과 도시의 세련됨이 공존하는 싱가포르

잘 정돈된 거대한 열대우림 같은 싱가포르는 고층빌딩으로 가득한 도시의 세련됨과 엔터테인먼트의 짜릿함, 휴양지 센토사 섬에서 즐기는 여유로움 등 다양한 매력을 지닌다. 아시아의 허브 역할은 물론, 다민족이 함께 어울려 살아가는 도시국가로서 동서양의 문화를 동시에 경험할 수 있다. 거기에 편리한 교통과 깨끗한 환경, 안전한 치안까지 자유여행객을 위한 완벽한 여행지이다. 싱가포르에서 동남아시아 최고의 시티 여행을 즐겨보자.

싱가포르 알아보기

수도
싱가포르(Singapore)

면적
약 697km²

인구
약 539만 명

언어
영어를 공용어로 사용한다. 그 외 중국어, 말레이어, 타밀어도 함께 사용한다.

기후
전형적인 열대우림 기후로 연중 고온다습하다. 연평균 기온이 27~32℃, 연평균 강우량은 2344mm, 평균 습도는 84.2%이다. 계절의 변화는 크지 않지만 6~8월 특히 기온이 높으며 11~1월 스콜성 비가 많이 내린다. 여행하기에는 비교적 비가 적게 내리는 2~9월이 좋다.

옷차림
기본적인 여름 의류와 에어컨용의 얇은 긴 소매 옷을 준비한다. 숙소에 수영장이 있다면 수영복과 자외선차단 아이템은 필수.

시차
한국보다 1시간 느리다. 한국 14:00 → 싱가포르 13:00.

통화
단위는 싱가포르 달러 SGD 또는 S$, 동전은 센트 SC로 표기한다. 동전은 SC1·5·10·20·50가 있고 지폐는 S$2·5·10·20·50·100·500·1000가 있다. S$500·1000짜리 지폐는 거의 사용하지 않는다. S$1는 한화로 약 897.13원(2015년 9월 기준).

환전
달러로 준비한 후 현지에서 싱가포르 달러로 환전하여 사용한다. 신용카드는 대형 매장이 많아 사용하기 편리하지만 소액결제나 노점상에서는 사용할 수 없다.

TIP

세금 환급

Premier Tax Free 마크가 있는 가맹점 또는 Global Refund 가맹점에서 구입한 영수증의 합계가 S$100 이상일 경우 각 매장에서 7%의 세금 환급이 가능하다. 위 가맹점에서 매장 점원에게 GST 클레임 폼을 발급받아 작성한 다음 싱가포르 출국 시 싱가포르 창이국제공항의 GST 환급 검사 카운터에서 클레임 폼과 구입 상품, 영수증을 제시한다. 그에 따른 확인 도장을 받은 후 Global Refund 창구에 서류를 제출하면 환급을 받을 수 있다.

SINGAPORE INFORMATION

음식

치킨 라이스, 칠리 크랩, 코코넛 밀크와 매운 칠리소스 · 새우 · 숙주 · 생선 다진 것 등을 넣고 끓인 면 요리 락사, 어묵 수프, 국민 칵테일이라고 불리는 싱가포르 슬링, 싱가포르에서 생산된 최초의 맥주 타이거맥주 등이 대표적이다.

전압

220~240V. 플러그 모양이 달라 별도의 어댑터가 필요하다.

여권&비자

여행 기간이 90일 이내라면 따로 비자를 받을 필요가 없다. 싱가포르 입국 시 여권 유효 기간이 6개월 이상 남아 있어야 한다.

세금

호텔과 레스토랑 등의 업소에서는 명세서에 세금 7%와 서비스차지 10%가 부과된다.

전화

한국에서 국제전화 선불카드를 미리 구입해 가면 저렴하게 통화할 수 있으며 현지에서 판매하는 선불 SIM카드를 이용하는 방법도 있다. 현지 통신사나 편의점에서 구입이 가능하며 구입 후 SIM카드 뒷면의 표기된 방법에 따라 쉽게 충전해 사용한다. S$15, 20, 50짜리를 구입할 수 있다.

싱가포르 출입국 절차

인천국제공항에서 싱가포르까지 직항을 운항하는 저가항공사는 없다. 말레이시아 쿠알라룸푸르(에어아시아)와 태국 방콕(제주항공, 진에어)을 경유해 싱가포르에 갈 수 있다. 출입국 절차는 간단하다.

간단히 보는 싱가포르 입국 절차

도착
∨
입국 심사
∨
수화물 찾기
∨
세관 통과

간단히 보는 싱가포르 출국 절차

탑승 수속
∨
출국 심사
∨
게이트 확인
∨
탑승

싱가포르 출입국 요령
- 출입국신고서는 비행기에서 내리기 전에 쓰자.
- 짐을 분실한 경우 수화물 보관증을 가지고 배기지 클레임 창구에 가서 분실 신고를 한다.
- 싱가포르는 입국 시 주류는 1리터까지 면세, 기타 물품은 면세 한도가 없다. 담배와 껌, 폭죽, 마약 등은 반입이 금지된다.
- 에어아시아를 이용하는 경우, 웹 체크인 서비스가 있어 미리 보딩패스를 프린트할 수 있다.
- 출국신고서는 입국 시 일부 절취 후 돌려받은 것으로 여권에 끼워져 있다. 잃어버렸을 때는 항공사 카운터에서 출국신고서를 요청하고 새로 작성한다.

싱가포르의 국제공항

● 창이국제공항

싱가포르의 창이국제공항은 편의성을 고려해 지어진 도심 공항이자 다국적기가 오가는 허브 공항의 역할을 책임지고 있다. 편리한 시설은 물론 우수한 서비스로 세계 최고의 공항으로 손꼽힌다.

시내와 거리는 택시로 20~25분, Train to City라고 표기된 지하철 MRT로 약 30분, 공항 셔틀버스(Airport Shuttle)로 약 30분, 일반 버스(Public Bus) 36번 이용 시 약 1시간이 소요된다.

제2터미널, 제3터미널에는 각종 상점과 편의시설, 난 정원, 해바라기 정원, 나비 정원 등이 조성되어 있으며 시내로 가는 지하철 MRT를 이용할 수 있는 Train to City 승강장과 일반 버스승강장이 있다.

출입국신고서 작성법

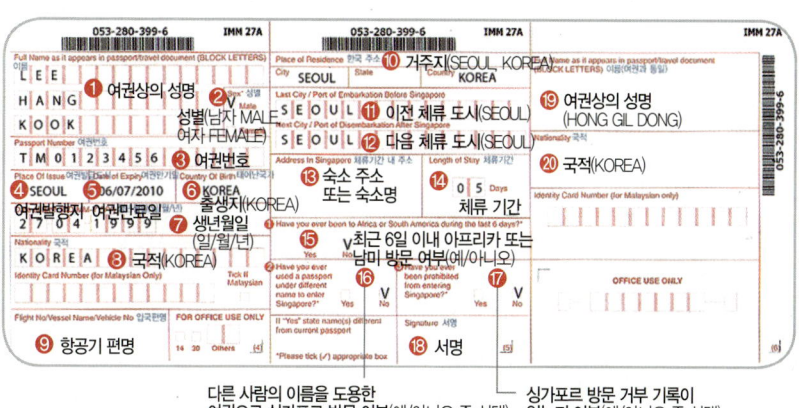

싱가포르 여행 준비

- **이동 시간**
  직항 6시간 50분
  경유 7시간 20분(체류 시간 제외)

- **일정**
  3박 5일

- **항공권**
  특별 가격 37만원~
  일반 가격 64만원~
  (2015년 9월 에어아시아 기준)

고정 비용	항공료	37만원
	숙박료	3만5000원
유동 비용	교통비	5만원
	입장료	15만원
	식비	20만원
	기타 여비	10만원
합계		90만5000원~ ◀

※성인 1인 3박 5일 비수기, 숙소 2인 1실 기준

- **숙소**
  싱가포르는 대체로 숙소가 비싼 편이다. 적당한 가격대의 시내 중심가 위주로 추천한다. 숙소 가격이 부담된다면 실속형 숙소와 고급형 숙소를 섞어 이용하는 것도 좋다.

- 샹그릴라 호텔
- 호텔 젠

- 1929 호텔
- 서비스 월드 백팩커스 호스텔

싱가포르 교통 가이드

창이국제공항 → 시내

교통수단	목적지	가격	이용시간	승차장
MRT	시내 전역	S$1.4~2	05:30~24:30	제 2·3터미널의 지하
공항 셔틀버스	시내 주요 호텔	S$9	24시간	1층의 Ground Transport Desk에서 신청하면 픽업
일반 버스	오차드 로드	S$2	06:00~24:30	터미널 2, 3층의 1층 입구 앞
택시	전 지역	S$23~37	24시간	공항 1층 입구 앞

싱가포르의 교통수단

교통수단	가격	이용시간	승차장
MRT	S$1.1~2	평일 05:30~24:30 일요일, 공휴일 06:00~24:30	시내 MRT 역
일반 버스	S$0.66~2.1	06:00~24:00	버스정류장
택시	S$2.8~	24시간	택시 승강장, 호텔 로비

싱가포르 핵심 코스

[주머니 가벼운 여행자들을 위한 볼거리 중심의
알뜰한 3박 5일 코스]

Day 1

- **16:40** 쿠알라룸푸르 국제공항 2 도착
- **20:00** 창이국제공항 도착
- **21:00** 체크인
- **21:30** 차이나타운 시푸드 레스토랑에서 저녁식사
  - 도보 7분
- **22:30** 스미스 스트리트에서 맥주 한잔

Day 2

- **10:00** 차이나타운의 차이나타운 헤리티지 센터 관람
  - 도보 5분
- **11:30** 차이나타운 불아사 사원 구경
  - 도보 5분
- **12:30** 차이나타운 콤플렉스 푸드 센터에서 점심식사
  - MRT 15분
- **14:00** 리틀 인디아 거리 구경
  - 도보 10분
- **15:00** 무스타파 센터 구경
  - MRT/버스 35분
- **16:20** 보타닉 가든 산책
  - MRT/버스/택시 40분
- **18:00** 아이온 오차드 쇼핑몰 구경
  - 도보 5분
- **19:30** 딘 타이 펑에서 저녁식사
  - 택시 10분
- **21:30** 클락 키에서 맥주 한잔

Course tip

1. 한국에서 저가항공을 이용한 싱가포르 직항은 없다. 에어아시아를 이용해 말레이시아 쿠알라룸푸르까지 간 후 싱가포르로 가는 국제선을 갈아타는 방법과 진에어나 제주항공 등 저가항공을 이용해 태국 방콕으로 간 다음 타이거항공이나 에어아시아를 타고 싱가포르로 가는 방법이 있다. 이 코스에서는 쿠알라룸푸르를 경유하는 일정으로 정리했다.

Day 3

- 10:00 — 비보 시티에서 쇼핑
  - MRT 35분
- 12:00 — 멀라이언 파크 관광
  - 택시 8분
- 13:30 — 에잇 누들스에서 점심식사
  - 택시 5분
- 14:50 — 신토사 섬의 리조트 월드 센토사 구경
  - 센토스 익스프레스 + MRT/택시 50분
- 17:30 — 라그나아에서 저녁식사
  - MRT/버스/택시 30분~1시간 10분
- 20:00 — 나이트 사파리 관람
  - MRT/버스/택시 25분~1시간 20분
- 23:00 — 에메랄드 힐 로드에서 나이트 라이프

Day 4

- 09:00 — 체크아웃 후 짐 보관
- 10:00 — 치 스파에서 스파
  - 도보 15분
- 12:30 — 아이온 오차드 안의 푸드코트에서 점심식사
  - 도보 5분
- 13:30 — 휠록 플레이스에서 쇼핑
  - MRT/택시 30분
- 15:30~16:20 — 덕 투어
  - MRT/택시 30~40분
- 17:00 — 저녁식사
  - 아 오히스 키친
  - 상 팰리스
- 19:30 — 창이국제공항으로 이동
- 22:30 — 쿠알라룸푸르 국제공항 2 도착

Day 5

- 01:00 — 인천국제공항으로 출발

차이나타운 Chinatown

Access MRT NE 차이나타운 역 A번 출구 이용 **Address** Trengganu **Cost** 차이나타운 헤리티지 센터 성인 S$10, 어린이 S$6 **Web** www.chinatown.sg

Check Point
• 불아사길 건너 안쪽 골목에 있는 바, 카페 거리 & 시앙 힐도 매력적인 볼거리다.

싱가포르에 거주하는 중국인들의 역사가 깃든 곳으로 현재도 많은 중국인이 살고 있다. MRT 차이나타운 역에서부터 파고다 스트리트(도자기, 서예품 등을 파는 상점이 밀집한 거리)를 중심으로 번화한 상점가가 형성되어 있으며 중국풍 건물과 먹거리, 상점 등을 만나볼 수 있다. 차이나타운 특유의 복잡하면서 시끌벅적한 매력이 있다. 차이나타운 헤리티지 센터는 싱가포르에 이주한 중국인들의 과거와 미래를 한눈에 보여준다. 먹자골목이라 할 수 있는 스미스 스트리트의 노점에서는 입맛대로 음식을 고르고, 차이나타운 콤플렉스 푸드 센터에서는 저렴하고 다양한 현지 음식을 즐길 수 있다.

센토사 섬 Sentosa Island

Access ①모노레일 센토사 역에서 센토사 익스프레스 모노레일을 타고 이동, 리조트 월드 센토사로 갈 경우 워터프런트 역에서 하차, 해변을 갈 경우 비치 역에서 하차 **Address** Sentosa **Cost** 유니버설 스튜디오 1day Pass 성인(13~59세) S$74, 어린이(4~12세) S$54, 노약자 S$36 / 멀라이언 타워 성인 S$8, 어린이 S$5 / 송즈 오브 더 시 S$10 **Tel** 6736-8672 **Web** www.sentosa.com.sg/en

싱가포르 남쪽에 위치한 작은 섬으로 싱가포르 정부에 의해 종합 엔터테인먼트 장소로 개발, 휴양 및 놀이시설이 들어서 인기를 얻는 곳이다. 섬 내에는 여러 리조트와 호텔 등 숙박 시설이 들어서 있고, 리조트 월드 센토사 내에는 유니버설 스튜디오가 오픈되어 많은 가족여행객에게 인기가 높다. 싱가포르의 상징 멀라이언 타워가 있는 곳으로 유명하다. 이 밖에 옥빛 바다가 아름다운 팔라완 비치, 360도 회전 전망대인 타이거 스카이 타워 등도 주요 볼거리이다.

리틀 인디아 Little India

Access MRT NE 파러 파크 역에서 하차 후 G번 출구 이용
Address Serangoon Road

19세기 후반 일자리를 찾아 몰려든 많은 인도인에 의해 만들어진 곳으로 무스타파 센터, 스리 비라마칼리아만 사원, 리틀 인디아 아케이드 등의 볼거리가 있다. 곳곳에 인도 맛집이 숨어 있으니 인도식 빈대떡인 차파티를 먹어보자. 세랑군 로드와 버팔로 로드가 만나는 곳에 '텍카 센터'라는 건물이 있는데, 다양한 인도 음식 식재료를 구할 수 있다.

멀라이언 파크 Merlion Park

Access MRT EW, NS 래플스 플레이스 역 B번 출구로 나오면 풀러턴 호텔이 보이고 호텔 정문에서 오른쪽으로 가다 에스플러네이드 다리를 건너 도보 10분
Address Fullerton Road

멀라이언 동상이 있는 공원이다. 싱가포르를 여행한다면 누구나 한 번쯤 들르는 곳으로 여행의 필수 코스라 할 수 있다. 센토사 섬에 있는 멀라이언이 원조라고 할 수 있지만 마리나 베이의 아름다운 모습에 많은 사람이 이곳을 찾는다. 멀라이언 동상은 높이 8.6m에 무게는 무려 70톤에 달한다. 기념사진을 촬영하기에도 알맞은 곳이다.

주롱 새공원 Jurong Bird Park

800여 종이 넘는 다양한 종류의 새로 가득한 거대한 조류 생태공원이다. 생소한 자연의 모습을 가까이에서 접할 수 있어서 아이뿐만 아니라 어른에게도 더할 나위 없는 여행지다. 주롱 새공원과 나이트 사파리를 모두 구경할 계획이라면 패키지 티켓을 이용하는 것이 더 저렴하다. 패키지 티켓은 주롱 새공원 티켓 판매소에서 구입할 수 있다.

Access 오차드 로드 DFS 갤러리아 앞에서 셔틀버스를 타거나 MRT EW 분레이 역에 내려 버스 194번을 타면 된다. 주롱 새공원 정류장에서 하차 후 도보 7분 **Address** 2 Jurong Hill, Jurong **Open** 08:30~18:00 **Close** 연중무휴 **Cost** 성인 S$18/42, 어린이 S$12/24(공원/사파리 패키지) **Tel** 6265-0022 **Web** www.birdpark.com.sg

나이트 사파리 Night Safari

세계 최초로 운영 중인 야간 동물원으로 전 세계 여행객에게 인기를 끌고 있다. 싱가포르의 열대우림에 어둠이 지면 1000여 마리가 넘는 야생동물을 만나볼 수 있다. 총 3.2km에 달하는 거리를 트램을 타고 조용히 달리면 마치 밀림 속을 탐험하는 것만 같다.

Access ①MRT NS 앙모키오 역 앞에서 버스 138번을 타고 이동 시 약 30분. 주롱 새공원 관람 후 바로 이동할 경우 셔틀버스 SAEx(Singapore Attractions Express)를 이용하는데 하루 1번 오후 4시 30분에 출발한다. ②MRT NS 초아추캉 역에서 버스 927번 이용, 나이트 사파리 팻말이 보이면 하차 **Address** 80 Mondai Lake Road **Open** 19:30~24:00 **Close** 연중무휴 **Cost** 성인 S$32, 어린이 S$21 **Tel** 6269-3411 **Web** www.nightsafari.com.sg

보타닉 가든 Botanic Gardens

싱가포르 최대의 식물원이자 도심 공원. 제대로 둘러보려면 3시간 이상 소요될 정도로 규모가 크다. 공원 내에는 최대 규모의 난 공원이라 할 수 있는 오키드 가든이 함께 있다. 오키드 가든은 무려 10000여 종이 넘는 난을 보유하며 세계 유명 인사의 이름을 딴 난도 만나볼 수 있다. '배용준 난'과 '노무현 난' 등이 있다.

Access MRT NS 오차드 역에서 버스 7 · 77 · 105 · 106 · 123번 이용 **Address** 1 Cluny Road **Open** 05:00~24:00 **Close** 연중무휴 **Cost** 무료 **Tel** 6471-7361 **Web** www.sbg.org.sg

라그나아 Lagnaa

리틀 인디아 내에 있는 인도 음식 전문 레스토랑으로 여행자들에게 많은 사랑을 받는 곳이다. 추천 메뉴로는 치킨 커리, 피시 커리, 머턴 커리, 버터 치킨, 치킨 티카 등이 있다. 매운 등급이 10가지 정도로 구분되어 있으니 각자 입맛에 맞게 주문하자. 1층과 2층으로 나뉘며 2층은 바닥에 앉는 구조로 되어 있어 아늑하게 식사를 즐길 수 있다.

Access MRT NE 파러 파크 역에서 도보 10분 Address 6 Upper Dickson Road Open 11:30~22:30 Close 10 · 11월 인디안 휴일 기간에 3일 휴무 Cost 타이거맥주 S$6~, 치킨 커리 S$8~, 치킨 티카 S$10~ Tel 6296-1215 Wi-Fi 무료 Web www.lagnaa.com

차이나타운 콤플렉스 푸드 센터
Chinatown Complex Food Center

푸드 센터의 특성에 맞게 수많은 로컬 음식 코너가 있으며 저렴한 가격에 다양한 음식을 맛볼 수 있어 언제나 사람들로 가득하다. 300여 개가 넘는 식당이 줄지어 있으니 한 바퀴 돌아본 뒤 식당과 음식을 결정하자. 그래도 고민이 된다면 사람이 몰려 있는 맛집으로 가자.

Access 차이나타운 불아사 뒤편 차이나타운 콤플렉스 건물 2층. MRT NE 차이나타운 역 이용 Address 335 Smith Street Open 10:00~22:00 Close 연중무휴 Cost 완탄미 S$3, 락사 S$3, 타이거맥주 S$6 Tel 6372-0478

딘 타이 펑 Din Tai Fung

딘 타이 펑의 싱가포르 지점으로 명성에 걸맞은 솜씨 좋은 음식을 선보여 현지인과 여행자에게 인기 있다. 추천 메뉴로는 샤오롱바오와 달걀 볶음밥, 딤섬류가 있다. 한입 베어 물면 구수한 육즙이 흘러나오는 샤오롱바오는 단연 최고다. 손님이 많아 기다릴 각오를 하고 방문하는 것이 좋다.

Access 니안 시티 쇼핑몰 내 위스마 아트리아 4층. MRT NS 오차드 역 C번 출구로 나와 도보 3분(지하로 연결) **Address** Wisma Atria, 435 Orchard Road **Open** 10:00~22:00 **Close** 연중무휴 **Cost** 샤오롱바오 S$9~ **Tel** 6732-1383 **Web** www.dintaifung.com.sg

아 호이스 키친 AH HOI's Kitchen

중국 요리와 해산물을 전문으로 한다. 현지인 사이에서 꽤 유명한 곳으로 주말에는 가족과 함께 식사하러 온 손님이 많아 꼭 예약해야 한다. 고급스럽지는 않지만 밝고 넓은 실내와 수족관이 있어 싱싱한 해산물을 직접 골라 요리해 먹을 수도 있다.

Access 호텔 젠 4층. MRT NS 오차드 역에서 약 1km **Address** 1A Cuscaden Road **Open** 12:00~14:30, 18:30~22:30 **Close** 연중무휴 **Cost** 사테 S$10, 허니 글레이즈드 진저 치킨 S$12, 프라이드 블랙 페퍼 쿠이 티아오 위드 시푸드 S$15, 칠리 크랩 S$72 **Tel** 6831-4373 **Wi-Fi** 사용 가능 **Web** www.hoteljen.com/singapore/tanglin/taste/restaurants/ah-hois-kitchen

에잇 누들스 8 Noodles

국수 전문점으로 소박한 인테리어와 앤티크한 분위기가 정겹다. 쌀이나 달걀, 밀가루 등 재료와 굵기가 다양한 면을 취향에 맞게 선택할 수 있다. 국수를 고르면 펄펄 끓는 육수를 부어 고명을 올려준다. 인기 메뉴로는 새우와 코코넛 크림이 들어간 싱가포르식 락사가 있다.

Access 센토사 섬 라사 센토사 리조트 내 **Address** 101 Siloso Road, Sentosa **Open** 11:00~23:00 **Close** 연중무휴 **Cost** 타이거맥주 S$6~, 치킨 커리 S$8~, 치킨 티카 S$10~ **Tel** 6371-1966 **Wi-Fi** 무료 **Web** www.shangri-la.com/singapore/rasasentosaresort/dining/restaurants/dine-on-3-8-noodles

샹 팰리스 Shang Palace

전통 중국 요리를 선보이는 곳으로 유명하다. 대부분 유기농 식재료를 사용하며 재료 본연의 맛을 살리는 데 주력한다. 딤섬 마니아라면 점심시간에 방문해서 다양한 딤섬을 맛볼 수 있는 얌차를 즐기자. 중국식 샐러드와 수프, 메인 요리도 담백하고 깔끔하다.

Access 샹그릴라 호텔 내. MRT NS 오차드 역에서 택시 약 3분, 도보 10분 Address 22 Orange Grove Road Open 런치 월~금요일 12:00~14:30, 토·일요일·공휴일 10:30~15:00 / 디너 18:00~22:30 Close 연중무휴 Cost 라이스앤누들 S$28~, 바비큐 S$140 Tel 6213-4473 Wi-Fi 무료 Web www.shangri-la.com/singapore/shangrila

스미스 스트리트 Smith Street

차이나타운 내에 있는 먹자골목이다. 여러 레스토랑과 노점상이 서로 마주 보며 줄지어 있어서 입맛에 따라 골라먹기 좋다. 현지인뿐만 아니라 여행자에게도 인기가 많은 곳으로 차이나타운 특유의 활기찬 거리 분위기를 느끼며 식사할 수 있다. 사테 등 간단한 음식과 맥주를 즐기기에 그만이다.

Access MRT NE 차이나타운 역 A번 출구로 나와 직진, 도보 5분 Address Smith Street Open 11:00~24:00(상점마다 다름) Close 연중무휴

차이나타운 시푸드 레스토랑
Chinatown Seafood Restaurant

싱가포르에 왔다면 꼭 먹어 봐야 할 칠리 크랩으로 유명하며 그 외에도 다양한 크랩 요리가 인기 메뉴로 양도 푸짐한 편이다. 매콤달콤한 양념에 게살을 찍어 타이거맥주와 곁들여 먹으면 그 맛에 반한다. 붐빌 때는 직원에게 기다리는 손님이라는 사인을 보내야 한다. 빈 테이블이 생기면 알아서 안내해주니 느긋하게 기다리자.

Access MRT NE 차이나타운 역에서 A번 출구로 나와 차이나타운 헤리티지 센터 맞은편 Address 2 Trengganu Street, Corner of pagoda Street Open 11:00~23:00 Close 연중무휴 Cost 블랙 페퍼 크랩·싱가포르 칠리 크랩 S$48(800g)

비보 시티 Vivo City

싱가포르 최대 쇼핑몰로 많은 브랜드 매장과 레스토랑, 푸드코트, 아이들을 위한 놀이시설, 극장 등을 갖추고 있다. 하버프런트 역과 연결되며 비보 시티 3층에서 모노레일을 이용하면 센토사 섬으로 바로 이동할 수 있다. 3층 옥상에 자리한 야외 정원 스카이 파크는 비보 시티만의 특별한 시설로 꼽힌다. 다양한 카페와 레스토랑은 물론 건물 중앙에 인공 호수까지 만들어놓았다.

Access MRT CC, NE 하버프런트 역에서 연결 **Address** 1 Harbourfront Avenue **Open** 10:00~22:00 **Close** 연중무휴 **Tel** 6377-6860 **Web** www.vivocity.com.sg

아이온 오차드 ION Orchard

오차드 로드의 랜드마크 역할을 하는 최신식 쇼핑몰이다. 젊은 층을 대상으로 한 제품이 많으며 H&M, 자라, 망고 등 SPA 브랜드가 주를 이룬다. 푸드코트인 아이온 푸드 홀에서는 다양한 종류의 음식을 판매해서 식사시간이면 언제나 사람들로 붐빈다. 스마트폰 애플리케이션 ION Orchard를 이용하면 쇼핑할 때 편리하다.

Access MRT NS 오차드 역 E번 출구와 바로 연결 **Address** 2 Orchard Turn **Open** 10:00~22:00 **Close** 연중무휴 **Tel** 6238-8228 **Web** www.ionorchard.com/en/

무스타파 센터 Mustafa Centre

지하 1층부터 지상 3층까지 총 4개 층으로 이루어져 있다. 1층은 카시오, 지샥 등 시계와 액세서리 등을 판매한다. 2층은 멀라이언 기념품과 트렁크, 배낭, 3층은 타올, 라면, 과자 등 식품과 생필품이 있다. 무스타파 센터 안으로 들어가기 전에 소지하고 있는 가방을 봉쇄해야 입장할 수 있다는 점도 참고하자.

Access MRT NE 파러 파크 역 G번 출구에서 도보 10분, 스리 비라마칼리아만 사원에서 도보 7분. 역에서 나와 세랑군 로드를 따라 오른쪽으로 가다 길 건너 사이드 알위 로드로 들어가자마자 바로 왼쪽 Address 145 Syed Alwi Road Open 10:00~22:00 Close 연중무휴 Tel 6295-5855 Web www.mustafa.com.sg

휠록 플레이스 Wheelock Place

오차드 로드 중심부에 있는 쇼핑몰이며 외관이 투명한 원뿔형으로 되어 있어 어디서든 쉽게 눈에 띈다. 관광객보다는 주로 현지에 사는 부유층이 많이 이용하는 쇼핑몰로 유명하며 주 이용객에 맞춰 미용실, 피부관리실 등 다양한 상점이 있다. 시간이 되거나 근처라면 한번쯤 들러볼 만하다.

Access MRT NS 오차드 역 E번 출구로 나오면 아이온 오차드 지하와 연결 Address 501 Orchard Road Open 10:00~22:00 Close 연중무휴 Tel 6738-8660 Wi-Fi 버거킹 매장 입구에서 무료로 사용 가능 Web www.wheelockplace.com

치 스파 Chi Spa

고급 스파용품으로 서비스해 제대로 된 스파를 경험할 수 있는 곳으로 유명하다. 사전 예약 필수이며 취소하는 경우 예약 시간 4시간 전까지 해야 한다. 그렇지 않을 경우 100% 취소 수수료가 부과된다. 18세 미만은 이용이 불가하다.

Access 샹그릴라 호텔 내. MRT NS 오차드 역에서 하차 후 택시 3분, 도보 10분 **Address** Shangri-La Hotel, 22 Orange Grove Road **Open** 10:00~22:00 **Close** 연중무휴 **Cost** S$110~280 **Tel** 6213-4818 **Wi-Fi** 무료 **Web** www.shangri-la.com/singapore/shangrila

에메랄드 힐 로드 Emerald Hill Road

활기차고 개성 넘치는 트렌디한 분위기와 더불어 영국과 중국풍의 색다른 문화가 어우러진 모습을 볼 수 있다. 고급스러운 분위기의 노천카페와 바가 모여 있으며 분위기에 걸맞게 가격도 만만치 않다.

Access MRT NS 서머싯 역 B번 출구로 나와 길 건너 센터포인트 쇼핑센터 옆 **Address** 176 Orchard Road **Open** 17:00~01:00 **Close** 연중무휴 **Cost** 맥주 S$14~

클락 키 Clarke Quay

싱가포르에서 가장 세련되고 화려한 다이닝 및 나이트 라이프 장소로 강변을 따라 다양한 레스토랑, 카페, 바가 밀집해 있다. 야경을 감상하기에도 적합하며 클락 키의 싱가포르 리버 크루즈를 경험해 보는 것도 좋다. 클락 키의 노보텔 호텔 앞에서 출발하며 40~60분 정도 소요된다. 40분 탑승 기준 성인 S$18, 어린이 S$10.

Access MRT NE 클락 키 역에서 도보 3분 **Address** Clarke Quay, 3 River Valley Road **Open** 17:00~02:00/03:00 **Close** 연중무휴 **Cost** 맥주 S$7.50~19, 칵테일 S$13~16 **Tel** 6337-3292 **Web** www.clarkequay.com.sg

덕 투어 The Duck Tours

Access MRT CC 프롬나드 역에서 10:00~18:00 매시 정각에 출발 **Address** 1 Raffles Boulevard, Suntec Convention Centre, Tower 5 Galleria **Open** 09:00~19:00 **Close** 연중무휴 **Cost** 1시간 투어 성인 S$33, 어린이 S$23 **Tel** 6338-6877 **Web** www.ducktours.com.sg

수륙양용차를 타고 싱가포르를 돌아보는 투어. 30~40명의 승객을 태우고 도심을 출발해 싱가포르 강으로 진입한 뒤 해안 쪽 마리나 베이 샌즈를 경유해 돌아오는 1시간 정도의 코스로 아이들은 물론 어른들에게도 즐거움을 선사한다. 꼭 예약해야 하며 지정 매표소에서 직접 하거나 홈페이지 또는 전화로 신청할 수 있다.

샹그릴라 호텔 Shangri-La Hotel

Access MRT NS 오차드 역에서 하차한 뒤 택시로 약 3분, 도보 10분 **Address** 22 Orange Grove Road **Cost** 디럭스 S$360~, 호라이즌 클럽 프리미어 S$670~ **Tel** 6737-3644 **Wi-Fi** 무료 **Web** www.shangri-la.com/singapore/shangrila

역사와 전통을 자랑하는 호텔답게 품격 있는 서비스와 시설로 투숙객의 만족도가 높은 편이다. 호텔은 타워 윙, 가든 윙, 밸리 윙 3개의 타워로 나뉘는데 밸리 윙을 이용하면 특별한 서비스가 많다. 오차드 로드와 가까워 접근성이 좋으며, 샹그릴라 특유의 열대 느낌의 수영장, 연못, 정원 등을 이용할 수 있다. 여러모로 고급스러운 분위기와 서비스를 제대로 느낄 수 있는 곳이다.

호텔 젠 Hotel Zen

보타닉 가든과 가까워 아침에 가볍게 산책하기 좋다. 객실은 작은 편이지만 불편함은 없다. 한국인 직원이 있으며, 수영장 규모가 크다. MRT 오차드 역으로 도보 이동이 가능하고, 호텔 셔틀버스도 운영한다. 직원들의 친절하고 세심한 서비스가 돋보이며 시내에서 어느 정도 떨어져 있는 만큼 조용히 휴식할 수 있다.

Access MRT NS 오차드 역에서 약 1km **Address** 1A Cuscaden Road **Cost** 슈피리어 S$280~, 디럭스 S$300~ **Tel** 6738-2222 **Wi-Fi** 무료 **Web** www.hoteljen.com

1929 호텔 1929 Hotel

총 32개 객실을 보유한 부티크 스타일의 아담한 호텔. 오너가 전 세계의 의자를 수집하는 독특한 취미가 있어 객실마다 색다른 디자인의 의자가 놓여 있다. 객실은 작은 편이지만 기본 물품을 두루 갖추어 불편함은 없다. 더블룸보다는 싱글룸의 구조가 더 편리하다.

Access MRT NE 차이나타운 역에서 나와 유 통 센 스트리트에서 자동차가 달리는 방향과 반대로 걸어가면 컬타 에이어 로드와 케옹 세이크 로드가 교차하는 지점 **Address** 50 Keong Saik Road **Cost** 싱글 S$168~, 슈피리어 S$188~ **Tel** 6579-2026 **Wi-Fi** 무료 **Web** www.hotel1929.com

서비스 월드 백패커스 호스텔 Service World Backpackers Hostel

차이나타운에 위치한 여행자 숙소로 도미토리 객실로 이루어져 있다. 도미토리는 6인용, 8인용으로 구성되며 체크인 시 보증금은 없다. 각 객실에는 에어컨, 선풍기, 개인 로커가 갖춰져 있다. 호스텔 부커스(www.hostelbookers.com)에서 좀 더 저렴하게 예약할 수 있다.

Access 차이나타운 불아사 바로 옆 안쪽에 자리한 상가 2층. MRT NE 차이나타운 역 이용 **Address** 5 Banda Street **Cost** 도미토리 S$22~25 **Tel** 6226-3886 **Wi-Fi** 무료 **Web** www.serviceworld.com.sg

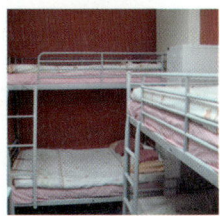

홍콩
HONG KONG

동서양의 문화가 혼합된 세계화 도시

홍콩은 과거 150년 동안 영국의 식민 지배를 거치며 동서양의 문화가 혼합되고, 동양에서 가장 세계화된 도시 중 하나가 되었다. 홍콩의 관광지는 크게 홍콩 섬과 까우롱 반도로 나뉘는데, 홍콩 섬은 고층빌딩이 모인 관광, 쇼핑, 금융의 중심지이며 밤에는 멋진 야경을 이룬다. 까우롱 반도 쪽도 아기자기한 볼거리로 홍콩 여행에서 빼놓을 수 없다. 다양한 매력과 함께 여행지의 조건을 충족하는 홍콩은 여행자들이 사랑할 수밖에 없는 도시이다.

홍콩 알아보기

국명
중화인민공화국 홍콩특별행정구
(中華人民共和國香港特別行政區)

면적
약 1,104.3km²

인구
약 750만 명

언어
중국어(광둥어)와 영어

기후
봄철은 따뜻하고 안개가 많이 발생하며, 여름철은 덥고 비가 많이 내린다. 가을은 맑고 화창하며, 겨울은 약간 춥고 건조하다. 가장 추운 1~2월의 평균기온은 15℃이며 가장 더운 7~8월의 평균기온은 약 28℃이다.

옷차림
침사추이 관광 시 도보 이동이 많으므로 복장과 신발은 최대한 간편하고 편안한 것으로 준비한다.

시차
한국보다 1시간 느리다. 서머타임은 적용되지 않는다. 한국 15:00 → 홍콩 14:00

통화
단위는 홍콩 달러(HK$), HK$1는 한화로 151.43원(2015년 8월 기준).

환전

홍콩은 길거리 곳곳에 환전소가 있으며 환율우대 역시 괜찮다. 공항에서 시내로 가는 데 필요한 교통비 정도를 제외하고, 많은 돈을 환전하려면 현지에 가서 해도 좋다. 신용카드는 많은 호텔, 소매점과 레스토랑에서 이용할 수 있다. 하지만 노천시장에서는 대부분 현금을 취급한다.

음식

홍콩에는 고급 식재료를 사용한 전통 중국 요리부터 서양의 음식 문화가 혼합된 퓨전 요리까지 세상의 맛있는 음식은 다 모여 있

TIP

홍콩 와이파이(Wi-Fi) 사용하기

공공 도서관을 포함한 몇몇 정부 기관 빌딩에서 무료 'GovWiFi' 서비스를 제공하며, 시내의 많은 카페, 일부 MTR 역에 위치한 인포메이션 센터, 홍콩 무역발전국의 비즈니스 정보센터에서도 무료 무선 인터넷 접속이 가능하다.
그 외에 PCCW Wi-Fi 핫스팟이 있어서 공항 인포메이션 센터나 편의점에서 카드를 구입해서 사용할 수 있다. PCCW 전화 부스 주변에서만 사용 가능한데, 전화 부스는 대부분의 MTR 플랫폼 및 중앙 홀, 주요 카페와 편의점 등 1000곳 이상에 있다.

HONG KONG INFORMATION

다. 따끈한 딤섬과 중국차가 조화를 이루는 얌차, 우리나라의 샤부샤부와 같은 메뉴인 훠궈, 쫀득한 타피오카가 일품인 쩐주나이차, 디저트인 에그 타르트, 애프터눈 티 세트, 망고 관련 디저트 등 다양한 음식의 도시이다.

전압
220V이며 대부분 영국 스타일의 3구 플러그.

여권&비자
관광 목적의 경우 3개월 동안 비자 없이 체류할 수 있다.

세금
주류와 담배를 제외한 모든 물품은 세금 없이 이용 가능하다.

전화
홍콩 식당이나 상점 어느 곳에서나 무료 전화를 사용할 수 있다. 호텔에서 전화를 이용할 경우 제한 시간은 없으나 수수료가 붙는다. 출국 수속을 마치고 나오면 공항 편의점에서 HK$60에 통화와 인터넷을 이용할 수 있는 SIM카드를 구입할 수 있다.

홍콩 출입국 절차

항공 직항편으로는 저가항공인 제주항공, 진에어, 이스타항공, 티웨이항공, 에어부산 등을 이용해서 갈 수 있다. 출입국 절차는 간단한 편이며, 항공사에 따른 터미널 이용에 주의하자.

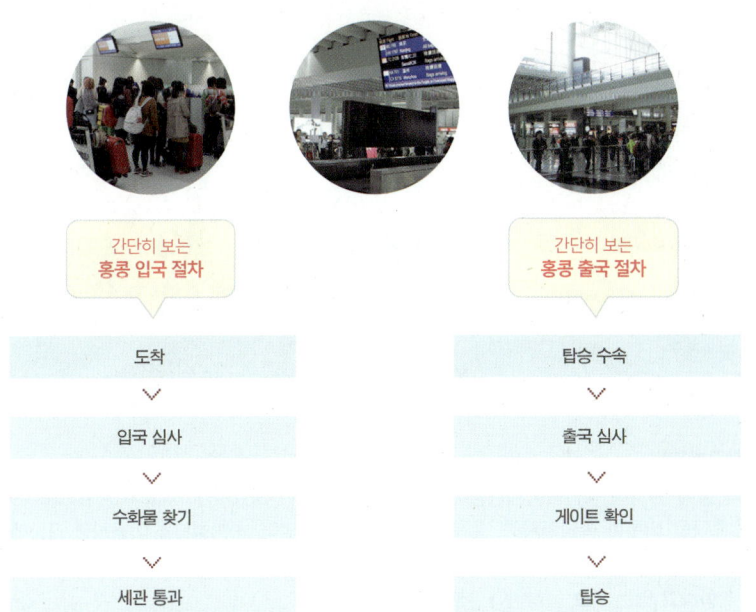

간단히 보는
홍콩 입국 절차

도착
▽
입국 심사
▽
수화물 찾기
▽
세관 통과

간단히 보는
홍콩 출국 절차

탑승 수속
▽
출국 심사
▽
게이트 확인
▽
탑승

홍콩 출입국 요령

- 출입국신고서는 비행기에서 내리기 전에 쓰자.
- 짐을 분실한 경우 수화물 보관증을 가지고 배기지 클레임 창구에 가서 분실 신고를 한다.
- 홍콩 입국 시 면세 범위는 담배 19개비, 주류 1인 1ℓ 이다. 그 이상은 세금이 붙어 현지에서 구입하는 것이 더 저렴하다.
- 출국할 때에는 늦어도 출발 2시간 전에 공항에 도착하자.
- 홍콩국제공항은 항공사에 따라 수속 터미널이 다르다. 제주항공, 진에어, 이스타항공 등의 저가항공은 터미널 2에서 수속한다.
- 터미널 2 이용자는 탑승구까지 무인 전철을 타고 가야 해서 이동에 시간이 걸린다. 그런데 터미널 2에서는 1~32번 탑승구까지만 무인 전철을 운행해서, 33~80번으로 가려면 무인 전철을 갈아타야 하는 번거로움이 있다. 탑승구에 도착하기까지 생각보다 시간이 꽤 걸리니 서두르는 편이 좋다.

홍콩의 국제공항

● **홍콩국제공항**

첵랍콕 섬에 위치해 첵랍콕국제공항이라고도 한다. 중국을 비롯한 동남아시아, 동북아시아로 가는 관문이자 66개의 항공사가 104개 도시로 취항하고 있는 허브 공항이다. 개항한 지 오래되지 않았지만, 최고의 공항으로 여러 번 선정되었다. 공항철도를 이용하면 공항에서 홍콩 역까지 약 20분 정도 소요된다.

출입국신고서 작성법

① 여권상의 성
② 성별(남자 MALE, 여자 FEMALE)
③ 여권상의 이름
④ 여권번호
⑤ 여권발급지, 여권발급일
⑥ 국적(KOREA)
⑦ 생년월일(일/월/년)
⑧ 태어난 국가
⑨ 숙소 주소 또는 숙소명
⑩ 한국 주소(시, 국가 Seoul, Korea)
⑪ 항공기 편명
⑫ 출발 공항(INCHON)
⑬ 서명

홍콩 여행 준비

- **이동 시간**
  직항 3시간 30분
- **일정**
  3박 4일
- **항공권 특별가**
  특별 가격 29만원~
  일반 가격 40만원~
  (2015년 6월 제주항공 기준)

고정 비용	항공료	29만원
	숙박료	8만원
유동 비용	교통비	5만5000원
	입장료	3000원
	식비	20만원
	기타 예비	3만원
합계		65만8000원~ ◀

※ 성인 1인 3박 4일 비수기, 숙소 2인 1실 기준

- **숙소**
  적은 비용으로 숙소에서 보내는 시간이 짧은 여행객은 위치 좋은 실속형 숙소를, 고급스럽고 현대적인 느낌을 원한다면 고급형을 선택하자. 가족여행같이 휴양과 더불어 고품질 서비스가 필요한 여행자는 풀서비스형 숙소를 눈여겨보자.

풀서비스형
- 까우롱 상그릴라
- 아일랜드 상그릴라

고급형
- 디 어퍼 하우스
- 그랜드 하얏트 홍콩

실속형
- 마데라 호텔 홍콩
- 코스믹 게스트 하우스

홍콩 교통 가이드

홍콩국제공항 → 시내

공항철도 AEL, 지하철 MTR, 공항버스, 리무진 버스, 택시를 이용할 수 있다. 리무진 버스는 입국장 A와 B사이의 여행사 부스에서 끊을 수 있고, AEL은 입국장에서 티켓을 구입 후 근처의 탑승 플랫폼에서 탑승하면 된다.

교통수단	목적지	가격 (편도/왕복)	이동시간	승차장
AEL	까우롱(19분)	HK$90/160	05:54~00:48	Trains to the City 표지판을 따라 이동
	홍콩(24분)	HK$160/180		
MTR	까우롱	HK$17	06:00~01:00	공항에서 S51, S61 버스 (HK$4)를 타고 퉁청 역에서 탑승
	홍콩	HK$23		
공항버스	까우롱	A11 HK$33	24시간 (A라인 일반운행, N라인 심야운행)	Airbus 표지판을 따라 이동
		N11 HK$23		
	홍콩	A21 HK$40		
		N21 HK$31		
리무진 버스	까우롱	HK$130~160	06:15~00:15	터미널 2
	홍콩	HK$114~160	06:30~00:30	
택시	침사추이	HK$240~	24시간	입국홀 택시정류장
	홍콩	HK$295~		

홍콩의 교통수단

교통수단	목적지	가격	이동시간
MTR	노선	기본 HK$3.5~	06:00~24:00
트램	전 지역	기본 HK$2.3~	06:00~24:00
버스	전 지역	HK$3~45	06:00~24:00
택시	홍콩, 까우롱	기본 HK$20~	24시간
페리	침사추이 ↔ 센트럴	HK$2.5~	06:30~23:30
	침사추이 ↔ 완차이		07:20~22:50

홍콩 핵심 코스

[대중교통을 이용해 짧은 기간 동안 알차게
홍콩 전역을 훑어보는 3박 4일 코스]

DAY 1

- **12:55** 홍콩국제공항 도착
- **14:15** 체크인
- **14:50** 애버딘 피시볼 & 누들 레스토랑에서 점심식사
  도보 5~10분
- **16:00** 네이던 로드 산책
  도보 5~10분
- **17:30** 시계탑
  도보 5분
- **17:50** 스타의 거리
  도보 10분
- **18:30** 샹 팰리스에서 저녁식사
  도보 10분
- **20:00** 심포니 오브 라이트
  도보 15분
- **20:40** 바하마 마마스에서 나이트 라이프

DAY 2

- **10:00** 박물관 즐기기
  도보 5~7분
  - 홍콩 예술박물관
  - 홍콩 역사박물관
- **11:20** 허류산에서 디저트 타임
  페리+도보 25분
- **12:10** IFC 몰에서 쇼핑
  도보 15분
  - 고디바
  - 시티 슈퍼
- **13:30** 미드레벨 에스컬레이터
  도보 5분
- **13:45** 타이 청 베이커리에서 디저트
  도보 10분
- **14:00** 라이프 오가닉 헬스 카페에서 점심식사
  도보 20분
- **15:30** 스타벅스 콘셉트 스토어에서 커피 한잔
  지하철+도보 15분
- **16:45** 패션 워크에서 쇼핑
  도보 5분
- **18:00** 이케아에서 윈도쇼핑
  도보 5~7분
- **19:00** 타임스 스퀘어 쇼핑
  MTR+도보 20분
- **20:00** 막쉬키 완탕 국수에서 저녁식사
  도보 5분
- **21:00** 더 피크에서 야경

| Course tip | 1. 홍콩은 지하철과 버스를 이용하면 웬만한 곳은 대부분 이동이 가능하다. 길을 찾을 때는 구역별로 나뉜 거리 이름을 잘 확인하며 이동하자. |

Day 3

- **11:30** 스탠리
  - 도보 3~5분
- **12:00** 스탠리의 스탠리 마켓
  - 도보 3분
- **13:00** 스탠리 해변가의 노천카페에서 점심식사
  - 버스+MTR 1시간
- **15:50** 할리우드 로드에서 쇼핑
  - MTR 30분
- **17:00** 레이디스 마켓
  - MTR 30분
- **19:00** 오이스터 & 와인 바에서 저녁식사
  - 도보 7~40분
- **21:00** 비첸향에서 육포 한 점

Day 4

- **10:00** 그랜빌 로드 산책
- **11:00** 홍콩국제공항으로 이동
- **13:35** 인천국제공항으로 출발

PLUS THEME

오션 파크

Course tip

센트럴 홍콩에서 버스로 10분 거리에 있는 오션 파크(Ocean Park)는 놀이기구와 수상 공원, 동물원의 조합으로 어린이들뿐만이 아니라 남녀노소 모두가 즐길 수 있는 홍콩 최고의 테마 공원이다. 아쿠아 시티의 그랜드 수족관을 통해 5000종 이상의 바다 생물을 볼 수 있고, 자이언트 판다 마을을 방문하거나 돌고래 공연을 즐긴다.

- **10:15** 오션 파크 도착
- **10:30** 워터 파크
- **11:30** 자이언트 판다 마을
- **12:00** 금붕어 수족관
- **13:30** 올드 홍콩에서 점심식사
- **14:00** 워터프런트 구역
- **16:00** 더 서밋 구역
- **16:30** 워터프런트 구역
- **18:00** 그랜드 수족관
- **19:00** 빛과 워터쇼 구경

예상 경비 HK$323.2~
시티버스(편도) HK$10.60
오션 파크 입장료 HK$280
점심식사 팬 프라이 3가지 요리 HK$22

PLUS THEME

홍콩 영화 촬영지 여행

Course tip

어릴 적 보았던 홍콩영화의 추억을 더듬어 보자. 곳곳의 영화 속 촬영지를 걷다 보면 어느새 그때 그 시절 추억으로 돌아가는 것만 같다.

09:00 캔톤 로드
· 영화 첨밀밀

09:30 Cke 몰(청킹 맨션)
· 영화 중경삼림

10:00 스타의 거리

11:30 란타우 청동 좌불상
· 영화 무간도

12:30 델리 채식 카페에서 점심식사

14:30 할리우드 로드
· 영화 첨밀밀

16:00 미드레벨 에스컬레이터
· 영화 중경삼림

18:00 스타벅스 콘셉트 스토어
· 영화 천장지구

19:00 골드핀치 레스토랑에서 저녁식사
· 영화 2046, 화양연화

21:00 더 피크
· 영화 금지옥엽, 성월동화

예상 경비 7만5000원~
교통비 3만원
식비 4만5000원

란타우 청동 좌불상 The Big Buddha 靑銅左佛相

Access ①케이블카_MTR 통총 역 B 출구로 나와서 옹핑 케이블카 이용, 25분 소요 ②버스_MTR 통총 역 B 출구로 나와서 란타우행 23번 버스 이용, 45분 소요 ③페리_센트럴 페리 선착장 부두 6번에서 탑승, 무이 우와(梅窩)까지 40분 소요 **Address** Ngong Ping Plateau, Lantau **Open** 월~금요일 10:00~17:30, 토·일요일·공휴일 09:30~17:30 **Close** 연중무휴 **Cost** 무료 **Tel** 852-2985-5248 **Web** www.plm.org.hk

1993년에 완성된 청동 좌불상은 제작기간만 12년, 무게 250t, 높이 34m의 세계 최대 크기로 행운을 가져온다는 268개의 계단을 올라가야 가까이서 볼 수 있다. 계단을 오르면 옹핑 빌리지와 푸른 옹핑 고원을 넘는 옹핑 케이블카, 거대한 청동 좌불상, 부처에게 6개의 선물을 바치는 6명의 보살상의 모습이 보인다. 268개의 계단을 오른 보람을 맛볼 수 있는 홍콩의 명소이다. 불상 주변의 포우린 사원은 주말이면 기도하러 오는 현지인이 많아서 가능한 평일에 방문하는 것을 추천한다. 가끔 티켓이 필요하다고 호객을 하는데 이 티켓은 사원에서 제공하는 식권이다.

더 피크 The Peak 山頂淩霄閣

홍콩에 왔다면 꼭 봐야 하는 곳으로, 홍콩의 인기 명소인 빅토리아 항구와 주변 섬의 환상적인 경관을 감상할 수 있는 가장 높은 산이다. 빅토리아 피크, 오스틴 산이라고도 불린다. 유료 전망대가 있지만, 무료 전망대에서도 충분히 아름다운 홍콩의 풍경을 만날 수 있다. 이곳의 유명세 덕분에 많은 편의시설이 들어섰다. 세계에서 가장 오래되고 가장 유명한 철도 중 하나인 트램은 해발 396m까지 올라가며 잊을 수 없는 경험을 만들어준다.

Access ①트램_MRT 센트럴 역 J2 출구로 나와 도보로 30분 ②버스_MRT 홍콩역 D 출구로 나가서 익스체인지 스퀘어 버스 터미널에서 15번 버스 이용 Address Peak Tram 33 Garden Road Peak Tram Lower Terminus Open 07:00~24:00 Close 연중무휴 Cost 트램 성인 HK$40/28, 어린이 HK$18/11(왕복/편도) Tel 852-2849-0668 Web www.thepeak.com.hk

심포니 오브 라이트 Symphony of Lights 幻彩詠香江

매일 저녁 8시면 까우롱과 홍콩 섬의 주요 건물에서 조명과 레이저, 음악이 어우러진 쇼가 연출된다. 기네스 세계 기록에 세계 최대 규모의 꺼지지 않는 조명 및 음향 쇼로 올라갔으며, 홍콩의 음악과 에너지, 정신의 다양성을 알렸다. 시계탑 인근 해변이 쇼를 보기 좋은 자리로 인기가 많다. 1, 2층으로 세워진 산책로에는 매일 저녁 많은 관객이 몰린다. 홍콩을 방문하는 여행자라면 꼭 한 번 보도록 하자.

Access MTR 침사추이 역 F 출구, 스타 페리 침사추이 선착장 Open 20:00~20:20 Web www.tourism.gov.hk/symphony

미드레벨 에스컬레이터
Mid-levels Escalators 中環至半山自動扶梯

무려 800m에 달하는 세계에서 가장 긴 에스컬레이터로 유명하다. 20여 개의 에스컬레이터가 연결되어 있으며 원래는 주민들의 출퇴근을 돕기 위해 제작된 것이지만 영화 〈중경삼림〉에 나오면서 더욱 유명해졌다. 에스컬레이터 자체로는 평범하기에 실망할 수 있지만 에그 타르트로 유명한 타이 청 베이커리, 각종 디자인 숍 등 유명 상점이 곳곳에 숨어 있다.

Access MTR 센트럴 역 D1 출구로 나와 오른쪽으로 가면 퀸즈 로드가 나오고 다시 우회전, 도보 5분 정도 가면 나오는 육교 건너편 **Address** Mid-levels Escalators, Central **Open** 상행 10:15~24:00, 하행 06:00~10:15

스타의 거리 Avenue of Stars 星光大道

홍콩 영화의 전성기를 이끌었던 감독, 배우 등의 흔적을 확인할 수 있는 곳이다. 홍콩 예술박물관에서부터 인터콘티넨탈 호텔 인근까지 400m 정도 되는 거리이다. 80여 명의 홍콩 배우와 감독의 핸드 프린팅이 전시되어 있으며 이소룡의 전신상이 그의 손자국을 대신한다. 해변을 걸으며 80~90년대 홍콩 영화의 장면들을 상상해 보자.

Access MTR 침사추이 역 F 출구 **Address** Avenue of Stars, Tsim Sha Tsui **Tel** 852-2369-5284 **Web** www.avenueofstars.com.hk

스탠리 Stanley 香港赤柱

홍콩의 빌딩 숲에서 조금만 이동하면 만날 수 있는 해안가이다. 해안가를 따라 노천카페, 레스토랑은 물론 스탠리 마켓이 있어 다양한 볼거리를 제공한다. 특유의 한가로운 느낌과 이국적이 풍경 속에서 맥주나 커피 한잔으로 여유롭게 시간을 보내기 알맞다. 언제나 사람들로 붐비는 맛집인 보트 하우스 레스토랑도 스탠리 베이 초입에 있다.

Access ①MTR 센트럴 역 근처 센트럴 익스체인지 스퀘어에서 버스 6, 6A, 6X번 이용 ②침사추이 실버코드 쇼핑센터 앞 캔톤 로드에서 973번 버스 이용 **Address** Stanley, Hong Kong Island

홍콩 역사박물관
Hong Kong History Museum 香港歷史博物館

홍콩 최고의 박물관이다. 갤러리와 같이 볼 경우 적어도 두 시간은 잡아야 한다. 홍콩의 선사시대부터 영국식민지를 거쳐 중국반환 후 현재까지의 역사를 한눈에 볼 수 있는 장소이다.

Access MTR 침사추이 역 B2 출구 **Address** 100 Chatham Road South, Tsim Sha Tsui **Open** 월·수~금요일 10:00~18:00, 토·일요일·공휴일 10:00~19:00 **Close** 화요일, 설날 **Cost** 성인 HK$10, 어린이 HK$5(수요일 무료) **Tel** 852-2724-9042 **Web** hk.history.museum

시계탑 Clock Tower 時計塔

40m가 넘는 높이의 시계탑은 침사추이의 랜드마크이다. 원래 중국행 열차가 출발하는 까우룽 역이 있던 곳으로, 1975년에 역은 다른 곳으로 이전되었지만, 시계탑만은 남아 있어 옛 정취를 그리워하는 홍콩 시민의 사랑을 한몸에 받는다.

Access MTR 침사추이 역 F 출구, 스타 페리 침사추이 선착장 **Address** Salisbury Road, Tsim Sha Tusi

홍콩 예술박물관 Hong Kong Art Museum 香港藝術館

1962년에 설립된 박물관으로 전시실에는 청나라 도자기, 서예 작품, 골동품, 중국 보물뿐만 아니라, 역사적 의의가 있는 그림 등 약 15,800개의 물품을 전시하고 있다. 수시로 진행되는 특별 전시회에서는 해외 유명 예술가들의 예술작품을 전시한다.

Access MTR 침사추이 역 F 출구에서 도보 5분 **Address** 10 Salisbury Road, Tsim Sha Tsui **Open** 월~수·금요일 10:00~18:00, 토·일·공휴일 10:00~19:00 **Close** 목요일, 구정 **Cost** HK$10(수요일 무료) **Tel** 852-2721-0116 **Web** www.lcsd.gov.hk/CE/Museum/Arts

네이던 로드 Nathan Road 彌敦道

Access MTR 침사추이 역 A1, C1, D1, E 출구 근처 **Address** Nathan Road, Tsim Sha Tusi

침사추이에서부터 조던, 몽콕에 이르기까지 약 4km에 이르는 거대한 거리이다. 침사추이의 중심 역할을 하며, 화려하면서 복잡한 침사추이의 모습을 제대로 볼 수 있다.

그랜빌 로드 Granville Road 加連威老道

Access MTR 침사추이 역 B1 출구 근처 **Address** Granville Road, Tsim Sha Tusi

홍콩의 젊은이들이 좋아하는 저렴하면서 세련된 디자인의 보세 숍이 모여 있는 거리이다. 주로 명품 숍이 주를 이루는 홍콩의 거대한 쇼핑몰과 달리 개인이 운영하는 소소한 보세 숍이나, 캐주얼 브랜드숍이 많아 부담 없이 쇼핑하기 좋다.

캔톤 로드 Canton Road 加連威老道

Access MTR 침사추이 A 출구로 나온 뒤 하이퐁 로드를 따라 하버시티 쇼핑몰 방향으로 나간다. 스타 페리 터미널부터 차이나 페리터미널까지 연결 **Address** Canton Road, Tsim Sha Tusi

캔톤 로드는 침사추이 네이던 로드와 더불어 영화 〈첨밀밀〉에서 여명과 장만옥이 자전거를 타고 지나간 곳으로 유명하다. 현재는 주위 대부분이 명품 숍, 큰 건물들로 바뀌어 영화 속 낭만적인 분위기를 느끼기는 힘들지만 밤이 되면 화려하게 반짝여 아름답다.

오이스터 & 와인 바 Oyster & Wine Bar 窟紅酒吧

세계 각국의 신선한 굴을 맛 볼 수 있는 곳으로 굴 선택 시에는 직원에게 추천받자. 생굴이 거북하다면 체리스톤을, 날 음식이 거북하다면 로브스터, 카테일 새우 등의 해산물 요리를 선택하자. 체리스톤을 맛본 후 플레인 보드카 한잔을 바로 마시는 것이 생굴 마니아의 입문 과정이다.

Access MTR 침사추이 역 E, L2 출구 **Address** 18/F, Sheraton Hongkong Hotel, 20 Nathan Road, Tsim Sha Tsui **Open** 월~목요일 18:30~01:00, 금·토요일 18:00~02:00, 일요일 12:00~15:00, 18:30~01:00, 공휴일·공휴일 전날 18:30~02:00 **Close** 연중무휴 **Cost** 생굴 메뉴 HK$620~ **Tel** 852-2369-1111 **Wi-Fi** 무료 **Web** www.starwoodhotels.com/sheraton/property/dining/attraction_detail.html?propertyID=482&attractionId=18931

라이프 오가닉 헬스 카페 Life Organic Health Cafe

여유롭고 한가한 소호의 분위기를 그대로 담은 레스토랑. 대부분의 메뉴는 가볍고 부담 없이 먹을 수 있고, 유기농 식자재를 사용해 건강해지는 느낌이다. 인기 메뉴로는 브런치 메뉴 중 치즈와 반숙된 달걀이 잘 어우러진 통밀 샌드위치와 오믈렛이 있다.

Access 미드레벨 에스컬레이터에서 피자 익스프레스를 지나서 5번째 에스컬레이터에서 내려 왼편, 반대편에 퓨어 레스토랑, 피트니스 센터가 있음 **Address** G/F-2/F, 10 Shelley Street, SoHo, Central **Open** 점심 12:00~16:00(토·일요일·공휴일 09:00~), 저녁 18:00~22:00 **Close** 연중무휴 **Cost** 오가닉 그래놀라 HK$70~, 라이프 오믈렛 HK$109~, 싱글 주스 HK$32~, 시그니처 셰이크 HK$45~ **Tel** 852-2810-9777 **Wi-Fi** 무료 **Web** www.lifecafe.com.hk

샹 팰리스 Shang Palace 香松拉

이곳의 딤섬은 먹기가 미안할 정도로 작고 예뻐 요리가 종합예술이라는 점을 일깨워준다. 고급 식당의 숙련된 직원들이 분주하게 움직이고, 손님들의 대화와 숟가락이 접시에 닿는 소리로 내부가 꽉 찬다. 홍콩이 자랑할 만한 딤섬 레스토랑이다.

Access MTR 침사추이 역 G번 방향 P1 출구 **Address** Kowloon Shangri-La, 64 Mody Road, Tsim Sha Tsui East **Open** 점심 12:00~15:00(일요일·공휴일 10:30~15:00), 저녁 18:30~23:00 **Close** 연중무휴 **Cost** 딤섬 HK$42~, 메인 요리 HK$120~ **Tel** 852-2733-8754 **Wi-Fi** 무료 **Web** www.shangri-la.com/hongkong/kowloonshangrila/dining/restaurants/shang-palace/

허류산 Hui Lau Shan 許留山

망고를 재료로 한 디저트 전문점. 홍콩 어디서든 쉽게 만날 수 있으며 가격도 저렴하다. 싱싱한 망고를 듬뿍 넣은 망고주스는 그리 달지 않으면서도 상큼한 맛이 일품이다. 그 외에도 망고 푸딩, 망고와 다른 과일을 섞어 만든 주스 등 취향에 맞게 골라 먹을 수 있는 메뉴가 다양하다.

Access 침사추이 시계탑 앞으로 지어진 버스정류장 건너편 스타 하우스 건물 지상 **Address** Shop No.6, G/F, Star House, 3 Salisbury Road, Tsim Sha Tsui **Open** 11:00~23:00(지점마다 다름) **Close** 연중무휴 **Cost** 망고 주스 HK$35, 망고코코넛주스 HK$35 **Tel** 852- 2377-9766 **Web** www.hkhls.com

제니 베이커리 Jenny Bakery 珍妮曲奇

제니 베이커리의 쿠키에는 특별한 맛이 있어 마약 쿠키라고 불릴 만큼 중독성이 강하다. 살짝 쥐기만 해도 사르르 부서질 만큼 부드럽고 인공향이 많이 나지 않기 때문에 자꾸만 손이 간다. 일찍 가지 않으면 항상 품절이니 서두르자.

Access 청킹 맨션에서 홀리데이 인 건물 방향으로 한 블록 걸어가면 홀리데이 인 건물 지나 바로 앞에 위치한 미라도 맨션 **Address** Shop 24, G/F, Mirador Mansion, 54-64 Nathan Road, Tsim Sha Tsui **Open** 10:00~20:00 **Close** 설 연휴 **Cost** 4 믹스 쿠키 HK$65/120(S/M) **Tel** 852-2813-8568 **Web** www.jennybakery.com

스타벅스 콘셉트 스토어
Starbucks Coffee 星巴克咖啡

홍콩에 유일하게 남아 있는 가스등 계단 사이에 있는데, 문을 열고 들어선 순간 이곳만의 묘한 매력에 사로잡힌다. 1970~80년대 홍콩이 연상되는 인테리어와 소품으로 가득해 마치 홍콩 영화 속 장면에 있는 것만 같다. 카운터 쪽은 모던하지만 안으로 갈수록 홍콩 영화에서 보던 선풍기, 책장, 테이블, 장식품 등이 나온다.

Access MTR 센트럴 역 D2 출구로 나와 오른쪽으로 50m 정도 걸어간다. 길을 건너 퀸즈 로드를 따라 직진해 길 끝에서 맥도날드와 롱샴이 보이면 우회전하고, 2분 정도 가면 나오는 가스등 옆 **Address** Floor M2, Baskerville House, 13 Duddell Street, Central **Open** 월~목요일 07:00~21:00, 금·토요일 08:00~22:00, 일요일 09:00~20:00 **Close** 연중무휴 **Cost** 패스추리 & 레드 빈 푸딩 HK$40~ **Tel** 852-2523-5685 **Wi-Fi** 무료

비첸향 Bee Chang Hiang 美珍香

싱가포르에서 건너온 육포 브랜드. 우리나라에도 매장이 있을 정도로 인기가 높다. 돼지고기 육포가 많으며 다양한 종류를 판매해 입맛대로 고를 수 있다. 입구에서 육포를 손질하는 모습을 볼 수 있고, 시식할 수 있도록 잘게 잘라준다. 낱장 구입은 국내 반입이 불가하지만, 진공포장이 되어있는 육포는 반입할 수 있다.

Access MTR 침사추이 역 A1 출구로 나와서 우회전하고 까우롱 공원을 오른쪽에 두고 하이퐁 로드를 따라 5분 직진, 맞은편 봉쥬르 코스메틱 숍 지나서 위치 **Address** Shop C, G/F, 35-37 Haiphong Street, Tsim Sha Tsui **Open** 09:00~22:00 **Close** 연중무휴 **Cost** 칠리 포크 육포 HK$180, 비프 육포 HK$188(500g 기준) **Tel** 852-2730-8390 **Web** www.bch.com.hk

골드핀치 레스토랑 Goldfinch Restaurant 金雀餐廳

왕가위 감독의 영화 〈화양연화〉, 〈2046〉의 촬영지. 내부는 마치 90년대로 들어온 듯 환상을 불러일으키는데, 촌스러워 보이는 직원들의 유니폼 역시 한몫한다. 영화 속 주인공들이 먹었던 메뉴를 그대로 만든 2046 세트, 화양연화 세트기 인기가 있다. 생각보다 양이 푸짐해 두 명이 먹기 충분하다. 저녁이 되면 늘 사람들로 붐빈다.

Access MTR 코즈웨이 베이 역 F 출구로 나와 오른쪽으로 가다 보면 삼거리가 나온다. 삼거리에서 왼쪽으로 가다가 란퐁 로드가 나오면 왼쪽 **Address** 13-15 Lan Fong Road, Causeway Bay **Open** 11:00~23:30 **Close** 설 연휴 **Cost** 화양연화 세트 2인 HK$200, 2046 세트 2인 HK$370 **Tel** 852-2577-7981

타이 청 베이커리 Tai Cheong Bakery 泰昌餅家

1954년에 문을 연 타이 청 베이커리는 에그 타르트를 맛보기 위해 줄을 선 사람들로 가득하다. 중국인은 물론 세계 각국의 여행자가 줄을 선다. 우리가 기차여행을 하면 먹는 삶은 달걀처럼 에그 타르트는 홍콩과 마카오 여행 시 꼭 맛봐야 하는 디저트이다.

Access MTR 센트럴 역 D1 출구, 퀸즈 로드 센트럴에서 Pottinger Street 쪽으로 가면 Lyndhurst Terrace가 나온다. 도보 15분 **Address** 35 Lyndhurst Terrace, Central **Open** 월~토요일 07:30~21:00, 일요일·공휴일 08:30~21:00 **Close** 연중무휴 **Cost** 일품요리 HK$6~ **Tel** 852-2544-3475 **Web** www.taoheung.com.hk/en/brands/tai_cheong_bakery

애버딘 피시볼 & 누들 레스토랑
Aberdeen Fishball & Noodles Restaurant 香港仔魚蛋粉

좋은 위치와 저렴한 가격으로 식사시간이면 관광객들로 혼잡하다. 모든 메뉴의 사진과 가격표가 식당 내부와 외부에 도배되어 영어나 한자를 모르는 외국인에게 많은 도움이 된다. 다양한 종류의 국수와 생선 뼈, 돼지 연골 국물을 선택할 수 있고, 국수 외에도 볶음밥, 돈가스 그리고 뜨거운 물에 살짝 데친 채소 요리 등이 있다.

Access MTR 침사추이 역 A2 출구로 나와서 음식 사진이 많고 동그란 정문이 보이는 곳 **Address** 11 Humphreys Avenue, Tsim Sha Tsui **Open** 월~목요일 08:30~24:00, 금~일요일 08:30~01:00 **Close** 연중무휴 **Cost** 일품요리 HK$32~ **Tel** 852-2739-8028

막쉬키 완탕 국수 Mak Siu Kee Wonton Nooodle Restaurant 麦兆記廣州云吞面

Access MTR 완차이 역 C 출구 Hennessy Road 도보 5분 거리 **Address** G/F, 61 Hennessy Road, Wan Chai **Open** 07:30~01:30 **Close** 연중무휴 **Cost** 일품요리 HK$35~ **Tel** 852-2968-0633

이 국숫집의 직원은 나이가 드신 홍콩 아주머니라 영어가 잘 통하지 않지만, 영어 메뉴판과 사진이 있기에 주문하는 데 큰 어려움이 없다. 소고기 육수 완탕 국수와 데친 채소, 새우알과 굴소스가 곁들여진 채소도 맛있다.

델리 채식 카페 Deli Vegetarian Cafe 德里蔬菜咖啡館

Access 란타우 섬 포린사 안쪽 **Address** Lantau Island, Porn Lin Temple **Open** 10:00~18:00 **Close** 연중무휴 **Cost** 일품요리 HK$5~25

사원 안에 위치해 조금은 허름해 보이지만 작은 크기의 음식들이 독특하고 맛있다. 양념 코너에서 맵고 짭짜름한 소스도 잊지 말고 챙겨 채소 요리를 더 맛있게 먹자. 토란이나 다른 건조된 재료를 순두부와 곁들이면 쫄깃한 식감이 훌륭하다.

IFC 몰 IFC Mall

Access ①MTR 홍콩 역 F 출구 이용 시 도보 5분 ②MTR 센트럴 역 A 출구로 나와 오른쪽에 보이는 공중회랑을 건너 익스체인지 스퀘어 지나서 위치 Address 8 Finance Street, Central Open 10:30~22:00 Close 설 연휴 Tel 852-2295-3308 Web www. IFC.com.hk

홍콩 경제와 관련된 업무가 오가는 IFC 몰은 복합 쇼핑센터로 유명하다. 센트럴 역과 연결되어 있어 이동하기 편하며 한번에 모든 쇼핑을 즐길 수 있도록 다양한 상점으로 구성되어 있다. 쇼핑 중 허기를 달랠 수 있도록 레스토랑은 물론 푸드코트와 같은 다양한 부대시설까지 갖추어져 있다. 홍콩 섬의 중심이라 할 수 있는 홍콩 역, 센트럴 역과 인접해 있어서 언제나 많은 인파로 넘쳐나지만 저렴함과는 거리가 먼 편이다. 대신 국내에서 구하기 힘든 한정판, 독특한 아이템이 많으므로, 트렌드에 민감하다면 꼭 한번 이용해 보자.

고디바 Godiva

Access IFC 몰 1층 Address 1029-30, Level One, IFC Mall, 8 Finance Street, Central Open 10:00~20:00 Close 설 연휴 Tel 852-2805-0518

초콜릿을 구입하거나, 초콜릿 음료를 주문하려는 사람들로 가득한데, 마셔보면 다른 곳과 비교할 수 없는 진한 맛을 느낄 수 있다. 얼음과 초콜릿이 섞였음에도 불구하고 싱겁거나 묽지 않다. 웬만한 식사 한 끼에 달하는 칼로리가 부담스러울 수 있지만 한 번쯤 꼭 마셔보자. 그 외에 포장된 초콜릿은 선물용으로 구입하기 좋다.

시티 슈퍼 City Super

Access IFC 몰 1층 Address 1041-1049, Level 1 IFC Mall, 8 Finance Street, Central Open 10:00~20:00 Close 설 연휴 Tel 852-2506-2888

일본 계열의 대형 식료품 마트로 치즈, 육류, 수입 식료품 등 눈을 뗄 수 없을 만큼 다양한 종류가 있다. 구입하지 않더라도 식재료를 구경하는 재미가 있다. 차, 소스, 향신료 등은 가격도 저렴한 편으로 선물용으로 구입하기 좋다. 무료 포장 서비스를 이용하면 깔끔하게 물건을 가져갈 수 있으니 꼭 이용해보자.

타임스 스퀘어 Times Square 时代广场

코즈웨이 베이의 상징으로 젊은 층이 좋아할 만한 복합 쇼핑몰이다. 패션잡화, 레스토랑, 영화관 등이 한곳에 모여 있어 이곳에서 모든 것을 해결할 수 있다. 지하 2층부터 지상 13층으로 이루어져 있으며, G~1F에는 명품 매장과 레인 크로퍼드 백화점이 입점해 있다. 바로 앞 광장은 저녁이나 주말이 되면 만남의 장소로 이용된다.

Access MTR 코즈웨이 베이 역 A 출구와 연결 **Address** 1 Matheson Street, Causeway Bay **Open** 10:00~22:00 **Close** 연중무휴 **Tel** 852-2118-8900 **Web** www.timessquare.com.hk

패션 워크 Fashion Walk 名店坊

코즈웨이 베이 역 주변의 패터슨 스트리트와 킹스턴 스트리트 일대로 젊은 감각의 패션 브랜드숍이 모인 거리다. 빔스, Y-3, 비비안 웨스트우드 등 트렌디한 숍이 많다는 게 이곳의 장점. 매장이 건물 1~2층 위주로 있어서 걸어 다니며 쉽게 구경할 수 있다. 구경 후 근처 소고 백화점을 들러도 좋다.

Access MTR 코즈웨이 베이 역 E 출구 근처 **Address** Great George Street, Paterson Street, Cleveland Street, Kingston Street, and Gloucester Street, Causeway Bay **Open** 10:00~23:00(매장마다 다름) **Tel** 852-2890-3016 **Web** www.fashionwalk.com.hk

Cke 쇼핑몰(청킹 맨션)
Cke Shopping Mall 重庆站購物商場

홍콩 영화 〈중경삼림〉의 촬영지로 더 유명한 청킹 맨션 아래에 있는 곳. 최근 리모델링을 통해 현대적으로 바뀌어서 영화 속 추억의 장소를 찾아온 이들에게는 아쉬울지도 모른다. 약 100여 개의 작은 숍이 있으며 주로 패션, 화장품, 네일 숍 등이 집중되어 있다. 침사추이의 중심부에 있어 오가며 간단히 구경하기에 적당하다.

Access MTR 침사추이 역 C1 출구로 나오면 아이 스퀘어 건물 맞은편 **Address** 1-2F, 36 Nathon Road, Tsim Sha Tsui **Open** 10:30~22:00(매장마다 다름) **Tel** 852-2366-8806 **Wi-Fi** 무료 **Web** www.cke.com.hk

레이디스 마켓 Ladies Market 女人街

1975년 홍콩 정부가 노점상의 승인제를 시작했는데, 시행 초기 노점상 대부분이 여성 의류와 액세서리를 판매해 레이디스 마켓이라는 명칭이 붙었다. 그 후 시장이 유명해지면서 정부에서 보행자 전용 구역으로 지정했고, 현재의 모습이 되었다. 여자들이 좋아하는 아이템이 많고 저렴해서 여성 여행객의 발길이 끊이지 않는다.

Access MTR 몽콕 역 E2 출구에서 넬슨 스트리트 방향을 따라 두 블록을 지난 후 좌회전 **Address** Tung Choi Street, Mong Kok **Open** 12:00~ **Close** 연중무휴 **Web** www.ladies-market.hk

할리우드 로드 Hollywood Road 荷李活道

홍콩의 할리우드 로드 중에서도 골동품 거리는 중화권 최대의 골동품 메카이며, 문화예술의 거리이기도 하다. 특이한 수집품을 판매하는 골동품 상점에서 관음조각상이나 불상, 각종 중국의 도자기가 수없이 거래된다. 골동품에 관심이 있다면 시간을 가지고 돌아볼 것을 추천한다.

Access MTR 썽완 역 A2 출구로 나가서 우회전 후 힐러 스트리트를 따라 도보 10분 **Address** Hollywood Road, Central **Open** 11:00~19:00 **Close** 연중무휴

이케아 Ikea 宜家

합리적인 가격의 스웨덴 인테리어 브랜드로 수많은 디자인의 인테리어 소품, 가구를 직접 체험하고 구입할 수 있다. 눈치 보지 않고 소파나 침대에서 쉬었다 갈 수 있는 점 또한 이케아의 장점. 매장이 워낙 방대해 구경하다 출출해진다면 이케아 비스트로에서 핫도그, 아이스크림 같은 간단한 음식으로 허기를 달래보자.

Access MTR 코즈웨이 베이 역 E 출구로 나와서 소고 백화점 반대 방향으로 도보 5분 **Address** BF, The Park Lane Hotel, 310 Gloucester Road, Causeway Bay **Open** 10:30~22:30 **Close** 설 연휴 **Tel** 852-3125-0888 **Web** www.ikea.com/hk

바하마 마마스 Bahama Mama's

Access MTR 침사추이 역 B1 출구에서 네이던 로드를 따라 직진, 킴벌리에서 미라마 쇼핑센터 옆에 있는 계단으로 올라가서 오른편 **Address** 4-5 Knutsford Terrace, Tsim Sha Tsui **Open** 일~목요일 16:00~03:00, 금~토요일 16:00~04:00 **Close** 연중무휴 **Cost** 칵테일 HK$35~ **Tel** 852-2368-2121 **Web** www.mhihk.com

너츠포드 테라스의 많은 술집 중 하나. 다른 곳보다 좌석이 많은 편이고 실내는 캐리비안 스타일로 되어 있다. 음료는 과일 칵테일, 다양한 샷 등이 준비되어 있으며, 주말에는 댄서와 DJ도 나온다. 바깥쪽에 앉아 사람 구경을 해도 재미있다. 너츠포드 테라스에는 호객이 많으므로 한 곳을 정해서 가고 싶다면 다른 곳에 비해 저렴한 이곳을 추천한다.

까우롱 샹그릴라
Kowloon Shangri-La 九龍香格里拉大酒店

Access MTR 침사추이 역 G 방향 P1 출구로 나와 도보 20분 Address 64 Mody Road, Tsim Sha Tsui East Cost 디럭스 HK$2400~, 디럭스 하버뷰 HK$3000~ Tel 852-2721-2111 Wi-Fi 무료 Web www.shangri-la.com/kowloon

Check Point
- 헬스클럽의 마사지는 가격대가 높은 것이 아쉽지만 피로를 풀어 주기에 충분하다. 고객의 건강 상태를 체크하는 항목이 구체적이며 예약은 필수이다.

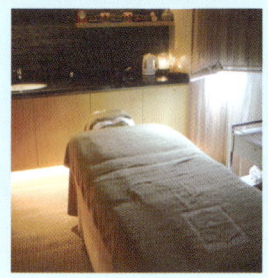

까우롱 샹그릴라는 쇼핑, 엔터테인먼트 및 상업의 중심인 침사추이 동부에 위치한다. 로비에는 샹그릴라 계곡을 표현한 골딩의 미술작품이 전시되어 있고, 객실은 고급스러운 대리석 욕실, 세련된 가구로 꾸며져 있다. 모든 객실의 대형 통유리창은 세계적으로 유명한 빅토리아 항구의 탁 트인 전망과 홍콩 도시의 스카이라인, 도시의 아름다운 불빛을 전망하기에 안성맞춤이다.

아일랜드 샹그릴라
Island Shangri-La 港島香格里拉大酒店

Access MTR 애드미럴티 역 F 출구 퍼시픽 플레이스와 연결 Address Pacific Place, Supreme Court Road, Central Cost 디럭스 피크뷰 HK$4300~, 디럭스 하버뷰 HK$4800~ Tel 852-2877-3838 Wi-Fi 무료 Web www.shangri-la.com/hongkong/islandshangrila

Check Point
- 세계에서 가장 큰 중국 풍경화인 '위대한 조국 중국'이 아트리움에 전시되어 있다. 예술적 가치는 물론이고 거대하고 웅장한 크기에 감탄사가 절로 나온다.

아일랜드 샹그릴라 홍콩은 쇼핑, 문화 및 비즈니스 중심인 퍼시픽 플레이스 쇼핑몰과 직접 연결되어 매우 편리한 위치다. 모든 객실은 빅토리아 피크나 세계적으로 유명한 빅토리아 하버의 전망으로 선택할 수 있으며, 객실 내는 고풍스러운 아시아와 유럽 가구로 꾸며져 있다. 호라이즌 클럽 객실을 선택하면 멋진 전망의 클럽 라운지에서 편안한 아침식사를, 저녁에는 클럽 라운지에서 샴페인과 와인 그리고 카나페를 즐길 수 있다. 홍콩의 빌딩 숲에 쌓여 휴식을 취하고 싶다면 야외 수영장에 꼭 들리자.

디 어퍼 하우스 The Upper House 奕居

퍼시픽 플레이스에 위치해 관광명소를 도보로 이동할 수 있으며, 모든 대중교통수단이 인근에 있다. 미국 맨해튼의 고급 주택 같은 느낌으로 객실 내부는 군더더기 없는 스타일이다. 전망 좋은 현대적인 객실에는 편안한 침대, 넓은 욕실과 더불어 깊은 욕조 속에서 텔레비전 시청이 가능하다. 따뜻한 느낌의 모든 공간이 만족스러운 부티크 호텔이다. 모든 인테리어는 유명한 홍콩의 젊은 건축가 앙드레 푸가 디자인했고, 한국인 조각가 최태훈 씨의 숲을 포함해 여러 나라 조각가들의 작품이 전시되어 있다.

Access MTR 애드미럴티 역 F출구 퍼시픽 플레이스와 연결, JW 메리어트 호텔 옆 **Address** Pacific Place, 88 Queensway, Central **Cost** 아일랜드뷰 70 스튜디오 HK$4500~, 하버 뷰 80 스튜디오 HK$6000~ **Tel** 852-2918-1838 **Wi-fi** 무료 **Web** www.upperhouse.com

마데라 호텔 홍콩
Madera Hotel Hongkong 木的地酒店

MTR 조던 역과 가까우며 도보 15분 정도면 침사추이에 도착할 수 있다. 부티크 호텔답게 내부 곳곳에 아기자기한 장식이 되어 있으며 감각적인 인테리어가 인상적이다. 홍콩의 비싼 호텔 가격대에 비해 적당한 편이며, 1회에 한해 객실 내 미니바 무료 이용이 가능하다. 호텔 내 1950년대 홍콩의 테마 갤러리가 마련되어 있어 영화 속에서 보던 홍콩의 옛 모습을 만날 수 있으니 시간이 되면 둘러보자.

Access MTR 조던 역 B1 출구로 나와 나단로드를 따라 오른쪽으로 두 블록 지나서 청록 스트리트에서 오른쪽 안 **Address** Cheong Lok Street, Jordan, Kowloon **Cost** 스튜디오 HK$1629, 디럭스 HK$1784, 그랜드 디럭스 HK$2675 **Tel** 852-2121-9888 **Wi-fi** 무료 **Web** www.hotelmadera.com.hk

그랜드 하얏트 홍콩
Grand Hyatt Hong Kong 香港君悦酒店

여러 국가의 귀빈들이 투숙할 정도로 지명도가 높은 곳이며 차분한 분위기이다. 홍콩의 심장부인 완차이에 위치하고 홍콩 컨벤션 및 전시센터와도 연결되어 있어 비즈니스 여행객에게 최적의 숙소이다. 객실은 유명한 빅토리아 항구의 멋진 전망을 제공한다. 수영장과 피트니스 센터는 24시간 무료로 사용할 수 있다. 호텔 내에 위치한 TIFFIN 레스토랑의 애프터눈 티가 유명하니 꼭 먹어보자.

Access MTR 완차이 역 A1 출구에서 항구 쪽으로 도보 10분 **Address** 1 Harbour Road **Cost** 그랜드 킹베드 HK$3800~, 그랜드 하버 킹베드 HK$4200~ **Tel** 852-2588-1234 **Wi-Fi** 무료 **Web** www.hongkong.grand.hyatt.com

코스믹 게스트 하우스
Cosmic Guest House 宇宙客人房

쇼핑, 식사 및 관광명소를 돌아다니기에 적합한 침사추이 중심부의 미라도 맨션에 위치한다. 침사추이에서 가장 큰 규모의 게스트 하우스로 싱글, 더블룸으로 나뉜 79개의 객실은 청결과 보안을 우선으로 한다. 수건과 무선 인터넷을 무료로 이용할 수 있으며, 자정이 넘어서 건물에 출입할 때는 여권번호와 어디에서 투숙하는지 기록해야 한다.

Access ①도보_MTR 침사추이 역 D1 출구에서 나와 네이던 로드를 따라서 직진, USA 호스텔 옆 ②택시_MTR 침사추이 역 D1 출구에서 나와 택시 5분(HK$15) **Address** Mirador Mansion, 54~64 Nathan Road, Tsim Sha Tsui **Cost** 싱글 HK$180~, 디럭스 트윈 HK$350~ **Tel** 852-2369-6669 **Wi-Fi** 무료 **Web** www.cosmicguesthouse.com

마카오
MACAU

동서양의 오묘한 조화, 동양 속 유럽 산책

한국과 가까우면서도 환상적인 분위기를 자랑하는 여행지 마카오. 중국의 영토임에도 불구하고 곳곳에서 배어나는 유럽의 느낌은 여행자에게 낯설면서도 황홀한 경험을 선사한다. 오랜 포르투갈의 식민 지배로 생활과 문화 전반에 영향을 받았다. 파스텔 색상의 건물과 느긋한 사람들, 동서양의 맛이 조화로운 매케니즈 음식, 동양의 라스베이거스라 불리는 화려한 카지노와 초호화 호텔까지. 오감을 만족하게 하는 한여름 밤의 꿈 같은 여행지이다.

마카오 알아보기

국명
중화인민공화국 마카오특별행정구
(中華人民共和國澳門特別行政區)

면적
약 28.2km²

인구
약 56만 명

언어
중국어(광둥어), 일부 포르투갈어

기후
1~3월까지 겨울로, 따뜻하면서도 쌀쌀하다. 4~9월까지는 습도가 굉장히 높은 여름. 여행 최적기는 가을 기온을 유지하는 10~12월. 평균 습도는 73~90%, 연중 강수량은 1016~2032mm.

옷차림
기본적인 여름 의류와 에어컨용의 얇은 긴 소매 옷을 준비한다. 자외선차단 아이템은 필수이고, 호텔 수영장을 이용한다면 물놀이용품도 챙기자. 고급 레스토랑이나 카지노 등의 출입을 위해 깔끔한 단화를 준비하면 편하다.

시차
한국보다 1시간 느리다. 한국 15:00 → 마카오 14:00

통화
단위는 파타카(MOP). 지폐는 MOP10·20·50·100·500·1000, 동전은 MOP0.1·0.2·0.5·1·2·5가 있다. MOP1은 한화로 약 145원(2015년 9월 기준).

환전
홍콩 달러나 미국 달러로 준비한 다음 현지에서 마카오 달러로 환전한다. 신용카드는 편하게 사용할 수 있지만 소액 결제나 노점상에서는 대부분 현금을 취급한다.

음식
마카오 대표 음식으로는 에그 타르트와 아몬드 쿠키, 매콤한 아프리칸 치킨, 대구살에 마늘과 올리브 오일을 넣어 만든 바칼라우 요리, 빵 사이에 두툼한 고기를 끼운 주빠빠오 등이 있다.

전압
220V. 한국과는 달리 세 개의 핀으로 이루어진 3발 형식의 플러그.

여권&비자
90일간 비자 없이 체류가 가능하다. 다만 여권 만료일이 최소 30일 이상 남아 있어야 하니 꼭 확인하자.

TIP

마카오 무료 와이파이(Wi-Fi) 사용하기

'WiFi GO' 지역에서는 오후 8시부터 새벽 1시까지 무료로 인터넷을 사용할 수 있다. 세나도 광장, 주요 박물관과 관광안내소, 유명 카지노 호텔, 도서관 등이 해당 지역으로 지정되어 있다. 와이파이 목록에서 wifigo를 찾아 사용자 이름과 비밀번호에 모두 wifigo를 입력하면 된다. 1회 접속 시 45분간 사용할 수 있다.

세금
마카오는 도시 전체가 면세구역이지만 고급 레스토랑이나 호텔에서는 세금과 봉사료를 따로 부과하는 경우가 많다.

전화
호텔에서 국제 전화를 이용할 수 있다. 국제전화카드를 구입하거나 마카오 현지 SIM카드를 구입해 사용하는 방법도 있는데 휴대폰 기종에 따라 SIM카드가 지원되지 않을 수 있으니 미리 알아보는 게 좋다. SIM카드는 공항, 페리터미널, 상점 등 곳곳에 있는 자판기에서 구입할 수 있다. 음성 통화용은 요금이 MOP50부터 시작된다.

마카오 출입국 절차

국내 저가항공 직항편으로는 진에어, 에어부산을 이용할 수 있으며 출입국 절차는 간단하다. 홍콩에서 페리로 입국할 경우 마카오 반도의 마카오 페리터미널과 타이파의 타이파 페리터미널이 있다.

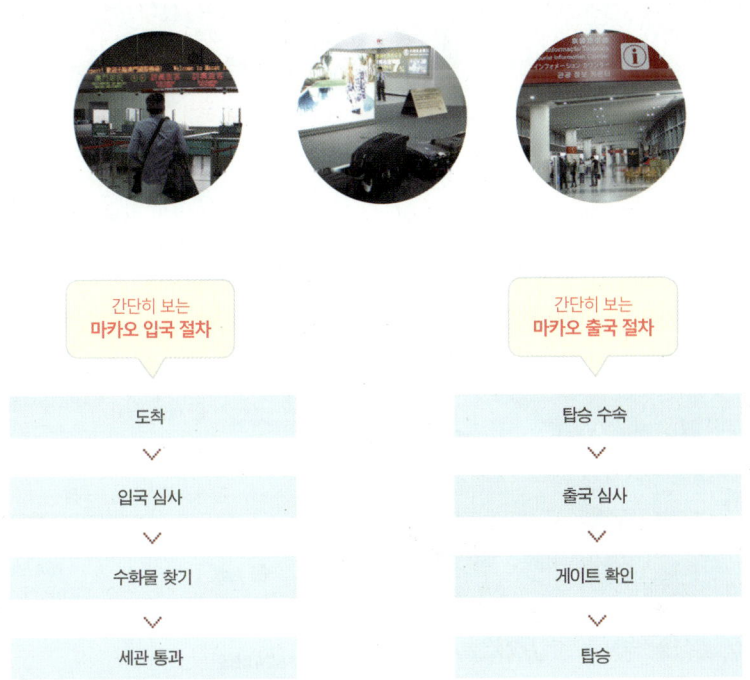

간단히 보는 마카오 입국 절차
도착
∨
입국 심사
∨
수화물 찾기
∨
세관 통과

간단히 보는 마카오 출국 절차
탑승 수속
∨
출국 심사
∨
게이트 확인
∨
탑승

마카오 출입국 요령

- 출입국신고서는 비행기에서 내리기 전에 쓰자.
- 짐을 분실한 경우 수화물 보관증을 가지고 배기지 클레임 창구에 가서 분실 신고를 한다.
- 마카오에는 세관신고대가 따로 없다.
- 출국할 때에는 늦어도 출발 2시간 전에는 공항에 도착하자.
- 출국신고서는 입국 시 돌려받은 것으로 여권에 끼워져 있다. 잃어버렸을 때는 항공사 카운터에서 출국신고서를 요청하고 새로 작성한다.
- 게이트에는 최소 30분 전에 도착하는 것이 좋다.

홍콩에서 페리타고 입국하기

홍콩에서 마카오로 페리를 출국할 수 있는데, 방법이 복잡하지 않으며 별도의 비자도 필요없다. 홍콩과 마카오를 오가는 페리는 운항 횟수가 많은 편이지만 주말에는 이용객이 많아 매진이 되는 경우가 많다. 미리 시내 여행사나 페리터미널에서 예매해 놓는 것이 좋다.

- 홍콩 셩완 ↔ 마카오 페리터미널, 타이파 페리터미널 : 1시간~1시간 10분 정도 소요
- 홍콩 차이나 페리터미널 ↔ 마카오 페리터미널 : 55~65분 정도 소요

마카오의 국제공항

● 마카오국제공항

타이파 섬 동쪽 끝과 연결된 바다 위에 있으며, 소박한 규모라서 그리 다양한 시설을 갖추고 있지는 않다. 면세점이나 레스토랑도 딱히 이용할 정도의 규모가 아니어서 애매한 게 사실이다. 특히 늦은 시간이 되면 대부분의 상점이 문을 닫는다.

출입국신고서 작성법

마카오 여행 준비

- **이동 시간**
  직항 3시간 30분

- **일정**
  2박 4일, 3박 5일

- **항공권 특별가**
  특별 가격 28만원~
  일반 가격 41만원~
  (2015년 9월 진에어 기준)

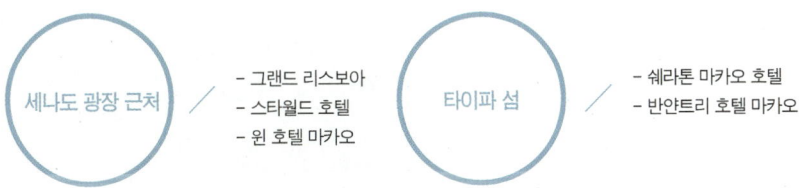

고정 비용	항공료	28만원
	숙박료	16만원
유동 비용	교통비	1만6000원
	입장료	3000원
	식비	9만5000원
	기타 여비	9만원
합계		64만4000원~ ◀

※ 성인 1인 2박 4일 비수기, 숙소 2인 1실 기준

- **숙소**

세나도 광장 근처 / - 그랜드 리스보아
- 스타월드 호텔
- 윈 호텔 마카오

타이파 섬 / - 쉐라톤 마카오 호텔
- 반얀트리 호텔 마카오

마카오 교통 가이드

마카오국제공항 → 숙소

마카오는 야간만 제외하고는 거의 어느 호텔에서나 무료 셔틀버스를 운행하기 때문에 공항에서 숙소까지 쉽게 이동할 수 있다. 버스나 택시를 이용한다면 1층에 있는 야외 승차장에서 타자. 택시 요금은 마카오 반도까지 MOP75, 타이파 섬까지 MOP55이다.

마카오의 교통수단

호텔 셔틀버스를 주로 이용하고 나머지는 도보, 버스, 택시를 이용하면 된다. 택시를 이용할 경우 영어로 소통이 거의 불가능하니 반드시 현지어로 표기된 목적지명을 준비하자.

교통수단	가격	이동시간
호텔 셔틀버스	무료	08:00~23:30 (호텔마다 다름)
버스	MOP2.8~5 (구간마다 다름)	일반 06:30~23:30 야간 00:50~05:10
택시	기본 MOP15 (공항 출발, 짐 개당 MOP3)	24시간

마카오 핵심 코스

[주말을 이용해 마카오를 다녀오는 이들에게
추천하는 2박 4일 코스]

Day 1

- **00:30** 마카오국제공항 도착
- **01:30** 체크인
- **10:30** 세나도 광장 관광
  - 도보 15분
- **12:00** 점심식사
  - 도보 10분
  - 윙치키이
  - 맥퍼슨 스위트 & 쇼프
- **14:00** 코이케이 베이커리에서 간식
  - 도보 5분
- **14:30** 성 바울 성당
  - 도보 5분
- **16:00** 몬테 요새
  - 버스 15분
- **17:30** 아마 사원 & 바라 광장
  - 도보 5분~버스 15분
- **19:30** 저녁식사
  - 아 로차
  - 로렐 레스토랑

Course tip

1. 첫날 새벽에 마카오에 도착해 다음 날부터 짧고 굵게 즐기는 2박 4일 일정이다. 코스에는 3일까지 나와 있지만 마카오로의 출발시간을 생각한다면 4일이 맞다.
2. 대부분의 호텔에서 운행하는 무료 셔틀버스는 일반인도 이용할 수 있다. 차이는 조금씩 있으나 자정까지 운행하는 편이다.
3. 마카오에서는 중국어(광둥어)를 사용하므로 택시 이용 시 미리 가이드북이나, 호텔 홈페이지 등에서 원어로 표기된 목적지의 명칭을 알아가자.

DAY 2

11:00	체크아웃 후 짐 보관
12:00	콜로안 빌리지
	도보 10분
13:00	로드 스토우 베이커리에서 디저트
	도보 7분
13:40	응아팀 카페에서 점심식사
	버스 15분
15:40	타이파 빌리지 거리 구경
	도보 10분
18:30	저녁식사 · 오 산토스 · 베네 레스토랑
	택시 10분
21:10	윈 호텔 마카오의 분수 쇼
22:10	마카오국제공항으로 이동

DAY 3

01:30 인천국제공항으로 출발

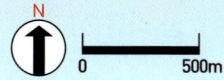

성 바울 성당
Ruins of St. Paul's Cathedral 圣保罗大教堂遗址

17세기 초 이탈리아 예수회 선교사들이 설계했으며 1637년부터 20여 년간 종교 박해를 피해 도망쳐 온 일본인들이 건축했다. 1835년 발생한 의문의 화재로 정면과 계단, 일부 벽과 지하실만 남고 모두 소실되었다. 현재 건물 앞면만 남아있지만 고풍스러운 건축미를 자랑하며 성서 속 이야기를 담은 조각들이 남아 있다.

Access 세나도 광장에서 맥도날드와 성 도미니크 성당 지나 왼쪽으로 가다보면 오른쪽에 육포거리가 나오고, 육포거리 위로 도보 5분 Address Rua de Sao Paulo

몬테 요새 Monte Forte 大炮台

마카오를 방어하기 위한 요새 시설로 개발되었으며 1617년부터 1626년까지 지어진 곳이다. 지금은 공원으로 조성되어 휴식처로 이용되고 있다. 바로 옆 마카오 박물관을 함께 구경하는 것을 추천한다. 마카오 전통가옥과 사원 등 다채로운 볼거리가 전시되어 있다.

Access 마카오 페리 터미널에서 3, 3A, 10, 10A 버스 탑승 후 알메이다 히베이루(Almeida Ribeiro, 新馬路) 정류장 하차 후 세나도 광장의 성 바울 성당을 마주 보고 오른쪽 언덕길로 도보 3분 Address Off Estrada do Repouso Open 07:00~19:00(마카오 박물관 10:00~18:00) Close 월요일(마카오 박물관) Cost 무료(마카오 박물관 MOP15) Tel 마카오 박물관 2835-7911 Web www.macauheritage.net

세나도 광장 Largo do Senado 议事亭前地

중국 속의 작은 유럽이라 불리는 곳으로 마카오 여행의 핵심이라 할 수 있다. 크지 않은 광장이지만 광장을 둘러싸고 있는 낡고 오래된 유럽풍 건물과 포르투갈식 물결무늬 타일 바닥이 이국적인 아름다움을 선사한다. 많은 상점이 모여 있으며 언제나 인파로 북적인다. 광장 서쪽에는 마카오 관광청이 있으니 필요하면 들러보자.

Access 알메이다 히베이루 정류장으로 가는 버스 3, 3A, 4, 8A, 10, 10A, 11, 18, 19, 21A, 26A, 33 탑승 Address Central District of Macau Peninsula

아마 사원 & 바라 광장
Templo de A-Ma & Largo de Barra 妈阁庙

Access 페리터미널, 세나도 광장에서 10, 10A번 버스 승차, 아마 사원 정류장에서 하차 후 도보 2분 **Address** West Mountainside of Mage **Open** 07:00~18:00

아마 사원은 마카오에서 가장 오래된 건축물로 바다의 수호신 아마 여신을 모시는 사원이다. 16세기 마카오에 도착한 포르투갈인이 이곳의 지명이 뭐냐고 물었는데, 현지인들은 이 사원의 이름은 묻는 것인 줄 알고 '아마카우'라고 했다. 그리고 이때부터 '마카오'라는 이름으로 불렸다고 한다. 아마 사원 앞으로는 바라 광장이 형성되어 있어 잠시 쉬었다 가기도 좋다.

콜로안 빌리지 Coloane Village 路环岛

Access ①세나도 광장_버스 21A, 26A번 이용 후 빌라 데 콜로안(Vila De Coloane)에서 하차 ②타이파 섬_갤럭시 호텔에서 나와 왼쪽 횡단보도를 건너서 보이는 정류장에서 버스 25번, 26번 탑승 후 빌라 데 콜로안에서 하차 **Address** South of Dangzhi Island

콜로안 섬 남쪽의 작은 어촌 마을로, 우리나라 드라마 〈궁〉에 나온 곳으로 유명하다. 전반적으로 낡고 오래된 느낌의 건물과 상대적으로 개발이 덜 이루어진 덕에 마카오의 옛 모습을 만날 수 있다. 해안가를 따라 길게 늘어선 가로수 길에서 산책을 즐기기 좋다.

타이파 빌리지 Taipa Village 凼仔村

Access ①베네시안 리조트 호텔과 무빙워크로 연결, 도보 20분 ②시티 오브 드림 셔틀버스 이용 ③갤럭시 호텔에서 6번 버스를 타고 시티 오브 드림에서 하차 후 시티 오브 드림 셔틀버스를 이용 **Address** Taipa Island **Open** 10:00~21:00

현지인이 많이 살고 있어 마카오 일상의 모습을 엿볼 수 있다. 포르투갈식 성당과 유럽 느낌의 건물이 많은 낭만적인 명소이다. 특히 쿤하 거리는 길이는 짧지만 코이케이 베이커리를 비롯해 유명 음식점과 디저트 가게가 몰려있어 둘러볼 만한 가치가 충분하다.

오 산토스
Comida Portuguesa O Santos 山度士葡式餐廳

포르투갈 레스토랑으로 현지인이 강력 추천하는 곳이다. 포르투갈 식민 시절부터 포르투갈 해군의 요리를 담당했던 주인장의 레시피가 이 집의 자랑. 재료 특유의 맛을 잘 살려 항상 깔끔하고 신선하다. 특히 잘게 썬 문어와 채소에 오 산토스의 오리지널 양념이 섞여 나오는 Octopus Salad(MOP98)와 조개 요리 Clams Bulhao Lato Style(MOP98)은 한국인의 입맛에도 잘 맞는다.

Access 타이파 빌리지 쿤하 거리의 코이케이 베이커리를 지나 골목 안으로 도보 1분 **Address** 20 Rua da Cunha, Vila de Taipa **Open** 12:00~15:00, 18:30~22:00 **Close** 화요일 **Tel** 2882-5594 **Web** www.osantoscomidaportuguesa.com

아 로차
A Lorcha 船屋葡国餐厅

식사시간이 되면 사람이 몰려 미리 예약해야 한다. 수많은 메뉴 중에서도 아프리칸 치킨과 그릴드 바칼라우, 시푸드 라이스가 인기 있다. 특히 아프리칸 치킨은 매일 시장에서 직접 공수해오는 신선한 재료를 이용해 맛이 뛰어나다. 바칼라우는 대구살의 탱글탱글함이 살아있다. 음식의 맛과 분위기에 비해 일관성 없는 서비스가 아쉽다.

Access 세나도 광장에서 버스 1, 5, 10번 승차 후 바라 광장에서 하차, 아마 사원 등지고 바라 사원 지나 오른쪽 거리 초입 **Address** Rua Almirante Sergio No.289, Sao Lourenco **Open** 12:30~15:00, 18:30~23:00 **Close** 화요일 **Cost** 커틀릿 피시 MOP48(3pcs)~, 아프리칸 치킨 MOP138~, 시푸드 라이스 MOP138~, 상그리아 MOP45(S)~, 수물 드링크 MOP16~ **Tel** 2831-3195, 3193 **Wi-Fi** 무료

맥퍼슨 스위트 & 쇼프
Mcpherson's Sweet & Shoppe 麥花臣美味甜品屋

세나도 광장의 좁은 골목길 사이에 있고 규모가 매우 작아 아는 사람만 아는 디저트 숍이다. 두리안 아이스크림과 흑마늘 아이스크림 등 다른 곳에서는 맛볼 수 없는 독특한 메뉴가 인기 있다. 특히 누들 샐러드는 차가운 면에 일본에서 직수입한 마요네즈 소스를 다양한 재료와 함께 섞어 먹는 것으로 시원하고 고소한 맛이 일품이다.

Access 세나도 광장의 성 도미니크 성당 지나서 길모퉁이의 사사와 랑콤 사이로 1분 정도 걸어가면 왼편에 은행이 보이고 오른편에 티 플러스 숍이 보인다. 은행 바로 왼편 골목으로 10m **Address** Block A, Edf Cheong Son, 7-15 Patio Da Palha, Avenida de Almeida Ribeiro **Open** 12:00~20:00 **Close** 연중무휴 **Cost** 두리안 크림 MOP50~, 두리안 아이스크림 MOP35~, 재패니즈 스타일 피자 MOP35~, 야키소바 샌드위치 MOP30~ **Tel** 2835-8003

베네 레스토랑 Bene Restaurant 班妮意大利餐廳

쉐라톤 마카오 호텔의 3대 메인 레스토랑 중 하나로 화려하면서도 우아한 인테리어가 돋보이는 이탈리안 레스토랑. 모든 파스타면은 수제로 만들며 담백한 피자 역시 주문이 들어오면 바로 화덕에서 구워낸다. 대표 메뉴로는 새우, 토마토, 무화과 등을 오븐에 구워낸 안티 파스토와 얇게 썬 소고기를 올린 베네 피자가 있다.

Access 세나도 광장에서 택시 이용 시 15분 **Address** Sheraton Macao Hotel, Cotai Central, Cotai Strip®, **Open** 11:00~15:00, 18:00~23:00 **Close** 연중무휴 **Cost** 안티 파스토 MOP228~, 베네 피자 MOP198~ **Tel** 8113-200 **Wi-Fi** 무료 **Web** sheratonmacao.com

로드 스토우 베이커리 Lord Stow's Bakery 安德魯餅店

마카오에서 최고의 에그 타르트를 선보이는 곳. 더운 날씨에도 불구하고 이곳의 에그 타르트를 한입 베어 물면 사르르 녹으며 퍼지는 부드럽고 달콤한 맛에 빠지고 만다. 손님에게 최고의 에그 타르트를 제공하겠다는 진심이 느껴지며 한번 맛을 보면 팬이 된다.

Access ①타이파 섬_시티 오브 드림즈 버스정류장에서 25번, 26번 버스를 타고 콜로안 빌리지에서 하차, 정면에 보이는 분수대가 있는 작은 공원을 건너가면 바로 ②세나도 광장_버스 21A, 26A번 이용, 콜로안 빌리지에서 하차 **Address** Nil, Coloane Downtown **Open** 07:00~22:00(카페 09:00~18:00) **Close** 연중무휴 **Cost** 에그 타르트 MOP8~, 타이 소다 위드 프레쉬 라임 MOP25~, 홈메이드 레모네이드 MOP15~ **Tel** 2888-2534 **Web** www.lordstow.com

응아팀 카페 Nga Tim Cafe 雅憩花園餐廳

콜로안 빌리지의 식당 중에서 가장 유명한 곳으로 40년간 꾸준히 사랑받고 있다. 부드러운 커리 소스에 채소와 게를 버무린 크랩 커리, 소이 소스로 양념한 조개 요리인 크램 사우티드 위드 블랙 빈즈는 밥과 함께 먹으면 환상적인 한 끼다. 두세 명이 먹을 수 있는 양이어서 여럿이서 푸짐하게 먹을 수 있다.

Access 콜로안 빌리지의 성 자비에르 성당 맞은편 **Address** Caetano 8 Coloane **Open** 12:00~24:00 **Close** 연중무휴 **Cost** 크랩 커리 2인 MOP288(1kg)~, 크램 사우티드 위드 블랙 빈즈 MOP75~, 비비큐 비프 숄트 립스 MOP98~ **Tel** 2888-2086 **Wi-Fi** 무료

코이케이 베이커리 Koi Kei Bakery 鉅記手信

마카오의 대표 간식이라고 할 수 있는 아몬드 쿠키와 육포를 판매하는 곳으로 마카오에서 최고의 아몬드 쿠키를 맛볼 수 있는 명가. 언제든지 원하는 만큼 시식을 할 수 있는 것도 장점이다. 가게 입구에서부터 직원들이 갓 구운 아몬드 쿠키를 무상으로 나눠준다. 간식용, 선물용으로 구입할 수 있도록 잘 포장되어 있다.

Access ①세나도 광장 지점_성 바울 성당 등지고 오른쪽 육포 거리 끝 ②타이파 빌리지 지점_타이파 쿤하 거리 초입 오른쪽 **Address** Rua Felcidade 70-72, R/C **Open** 09:00~21:00 **Close** 연중무휴 **Cost** 아몬드 쿠키 24개 MOP120 **Tel** 2835-8515 **Web** www.koikei.com

로렐 레스토랑 Laurel Restaurant 丹桂軒

딤섬 전문 체인으로 갤럭시 호텔과 스타월드 호텔 두 곳에서 맛볼 수 있다. 정식 메뉴와 달리 얌차 메뉴는 오직 점심시간 동안만 주문할 수 있다. 인기가 높은 편이라 점심시간에는 줄을 서야 할 정도다. 1인당 취향에 맞춰 4~5개 정도의 딤섬을 주문하면 배불리 먹을 수 있다.

Access 스타월드 호텔 2층 **Address** Avenida da Amizade **Open** 18:00~23:00, 딤섬 판매 13:00~15:00(토~일요일 10:00~) **Close** 연중무휴 **Cost** 딤섬류 MOP15/22/25~(소/중/대), Toi Shan Pig's Knuckles in Pot MOP128~, BBQ Pork MOP98~, 음료 MOP20~ **Tel** 8883-2221 **Wi-Fi** 무료 **Web** www.galaxymacau.com

윙치키이 Wong Chi Kei 黃枝記

마카오를 대표하는 오래된 완탕면 전문점이다. 세나도 광장 바로 왼편에 위치해 쉽게 찾을 수 있으며, 홍콩에도 3개의 체인점을 함께 운영하고 있다. 작은 새우를 갈아서 만든 천연 조미료를 사용해 깔끔하고 구수한 국물 맛과 수타로 만든 탄력 있는 면발은 다른 곳에서는 맛볼 수 없다.

Access 세나도 광장 초입 왼편, 맥도날드 맞은편 **Address** 17 Largo do Senado, Avenida de Almeida Ribeiro **Open** 08:30~23:00 **Close** 연중무휴 **Cost** 완탕면 수프 MOP30, 프라이드 누들 MOP52, 밀크티 MOP14 **Tel** 2833-1313 **Web** www.wongchikei.com.hk

쉐라톤 마카오 호텔
Sheraton Macao Hotel 澳门喜来登金沙城中心酒店

Access ①세나도 광장_택시 이용 시 15분 ②공항, 타이파 페리터미널_무료 셔틀버스 이용 시 10분 **Address** Sheraton Macao Hotel, Cotai Central, Cotai Strip, Taipa **Cost** 디럭스 MOP1041~, 클럽 MOP1041~, 디럭스 스위트 MOP2498~ **Tel** 2880-2000 **Wi-Fi** 무료 **Web** sheratonmacao.com

쉐라톤의 호텔 중에서도 가장 규모가 크다. 자연 친화적 느낌의 호텔 로비부터, 세련된 회색톤의 객실까지 이곳만의 모던함이 배어있는 인테리어를 만날 수 있다. 한국인 직원이 근무하기 때문에 불편한 사항이 있으면 바로 도움을 받을 수 있으며 친절한 서비스에 만족도가 높다. 연인을 위한 스위트룸, 가족을 위한 패밀리 스위트룸 등 맞춤화된 객실 종류가 있으며, 가족여행객의 만족도가 높다.

> **Check Point**
> • 신혼여행인 경우 미리 요청하면 객실을 따로 꾸며주거나 상황에 따라 업그레이드까지 가능하다.

반얀트리 호텔 마카오
Banyan Tree Hotel Macau 澳门悦榕庄

높은 천장과 넓은 객실, 자쿠지, 작은 수영장 등 시설과 인테리어가 완벽하다. 여기에 요일에 맞춰 7가지 아로마 오일도 제공한다. 객실마다 투숙 인원수를 정해놓지 않아서 여러 명이 묵어도 불편하지 않다. 세나도 광장, 타이파 빌리지까지 무료 셔틀버스 서비스를 제공해서 마카오 전역을 편리하게 오갈 수 있다. 미리 요청하면 객실을 꾸며주는 등 허니문 서비스를 받을 수 있다.

Access ①공항, 페리터미널, 타이파 빌리지에서 호텔 셔틀버스 이용 시 약 10분 ②갤럭시 호텔, 오쿠라 호텔과 쇼핑 아케이드로 연결 **Address** Avenida Marginal Flor de Lotus Cotai **Cost** 그랜드 코타이 스위트 MOP2799~, 그랜드 마카오 스위트 MOP3799~ **Tel** 8883-8833 **Wi-Fi** 유료 **Web** www.banyantree.com/en/macau

스타월드 호텔 Starworld Hotel 澳門星際酒店

마카오의 반도 지역에 위치하며 마카오의 인기 명소인 세나도 광장과 택시로 5분, 도보로 10~15분 정도면 닿을 수 있는 거리이다. 관광을 목적으로 하거나 편리한 위치를 원하는 여행자에게 적극 추천한다. 점심시간에 합리적인 가격의 맛좋은 딤섬을 즐길 수 있는 로렐 레스토랑 등이 모여 있어 투숙객은 물론 현지인도 즐겨찾는다.

Access ①셔틀버스_공항, 페리터미널에서 셔틀버스 이용 ②택시_공항에서 택시 이용 시 15분 ③버스_세나도 광장에서 3, 3A, 7번 버스로 3~4정거장 **Address** Avenida da Amizade **Cost** 디럭스 MOP1580~, 이그제큐티브 MOP1780~, 스위트 MOP2370~ **Tel** 2838-3838 **Wi-Fi** 무료 **Web** www.starworldmacau.com

그랜드 리스보아 Grand Lisboa 新葡京酒店

하늘을 찌를 듯 거대하게 지어진 화려한 연꽃 모양의 외관으로 유명하다. 객실은 매우 넓은 편인데, 객실에 자쿠지 욕조와 사우나 시설이 있다. 세나도 광장과 도보로 5분이면 닿을 거리로 이동이 편리하며, 트윈룸은 4인이 머물러도 될 정도로 충분하다.

Access ①도보_리스보아 호텔과 연결, 세나도 광장 마주 보고 오른편으로 도보 10~15분 ② 셔틀버스_공항, 페리터미널에서 10~15분 **Address** Avenida de Lisboa **Cost** 디럭스 MOP2030, 프리미어 디럭스 MOP2330, 스위트 MOP3580 **Tel** 2828-3838 **Wi-Fi** 유료 **Web** www.grandlisboa.com

윈 호텔 마카오 Wynn Hotel Macau 永利澳門

윈 타워와 앙코르 타워, 두 개의 건물로 이루어져 있으며 전 객실이 스위트룸으로 넓은 침대, 개별 세면대 등 편안함을 준다. 호텔 내 고급 레스토랑이 많으며 호텔 메인 로비의 분수 쇼가 유명해 그것만 보러 오는 여행객이 있을 정도이다. 세나도 광장까지는 도보로 15분 정도 소요된다.

Access ①페리터미널에서 셔틀버스 운행 ②그랜드 리스보아 호텔 앞 지하도를 건너면 입구로 연결 **Address** Rua Cidade de Sıntra **Cost** 디럭스 시티뷰 MOP2088~, 디럭스 레이크뷰 MOP2288~, 디럭스 시티뷰 MOP2388~ **Tel** 2888-9966 **Wi-Fi** 유료 **Web** www.wynnmacau.com

괌
GUAM

천혜의 자연환경을 가진 휴양지

남태평양 한가운데 있는 작은 섬 괌은 한국에서 가장 가까운 미국령이다. 환상적인 에메랄드빛 바다에서 즐기는 해양 스포츠와 울창한 정글, 잘 정비된 도로, 쾌적한 쇼핑센터, 투몬 비치의 리조트까지 휴양지의 팔방미인이다. 잔잔한 파도와 산호초, 얕은 바다로 둘러싸인 괌에서라면, 바다를 바라보는 것만으로도 충분한 휴식이자 여행이 된다. 일상의 고단함에서 지친 삶의 무게를 내려놓고, 괌으로 떠나자.

괌 알아보기

국명
괌(Guam) - 미국령

수도
아가냐(Agana)/하갓냐(Hagatna)

면적
약 549km²

인구
약 16만 명

언어
공용어는 영어와 차모로어. 관광지에서는 한국어, 일본어가 종종 사용된다.

기후
1년 내내 뜨거운 여름으로 전형적인 해양성 아열대 기후. 연평균 기온은 약 26~27℃이며 뜨거운 한낮에는 약 32℃까지 올라간다. 5~10월이 우기, 11~4월이 건기이다.

옷차림

기본적인 여름 의류와 에어컨용의 얇은 긴 소매 옷을 준비한다. 자외선차단 아이템과 물놀이용품은 필수이다. 바다에 산호가 많아 아쿠아 슈즈를 준비하면 좋다.

시차
한국보다 1시간 빠르다. 서머타임은 적용되지 않는다. 한국 10:00 → 괌 11:00

통화
미국 달러($)와 센트(Cent)를 사용한다. 동전은 C1 · 5 · 10 · 25, 지폐는 $1 · 5 · 10 · 20 · 50 · 100가 있다. $1는 한화로 1,140원 (2015년 11월 기준).

환전
미국 달러를 준비한다. 신용카드는 여행객이 주로 이용하는 상점이나 호텔에서 편하게 사용할 수 있지만 소액결제나 노점상에서는 대부분 현금을 취급한다. 한국과는 달리 카드 서명의 일치 여부를 확인하니 카드 뒷면에 직접 사인을 해 두자.

음식
괌의 전통음식은 원주민인 차모로인이 즐겨 먹던 차모로 음식이다. 대표 음식으로는 켈라구엔, 바비큐, 레드 라이스가 있다. 그 외에 피나데니 소스와 음료로는 칼라만시 쿨러, 코코넛으로 만든 전통와인 튜바가 있다.

전압
120V/60Hz. 콘센트는 구멍이 3개짜리여서 멀티어댑터가 필요하다.

여권 & 비자
45일 이내라면 비자 없이 체류가 가능하다. 입국 시 여권 유효 기간은 6개월 이상 남아 있어야 하며 비자 면제 설정 양식을 작성해야 한다. 미국 비자가 있는 경우 꼭 챙겨가는 것이 좋다.

GUAM INFORMATION

동반 여권의 사용을 허락하지 않아 만 8세 미만의 아이도 개별 여권을 소지해야 한다. 비자 없이 입국하면 체류기간의 연장이나 체류자격 변경을 할 수 없다. 괌에서 미국 본토 내 다른 목적지로 이동도 할 수 없다.

세금
괌은 면세 구역이다. 하지만, 면세 범위를 초과하면 귀국할 때 공항에서 세금을 징수한다. 호텔, 일부 레스토랑, 스파 등의 업소는 봉사료 10%가 붙기도 한다.

전화
호텔 룸에서 전화를 사용할 경우 비용을 지불해야 하지만, 로비에서는 시내 전화를 무료로 제공해주는 곳이 많다. 현지에서 전화를 쓸 일이 많다면 프리페이드 SIM카드를 구입하자. 시내 주요 슈퍼마켓이나 주유소의 편의점에서 쉽게 살 수 있다. 가격은 최초 구입 시 $20선이다. 1~3days 무제한도 있으니 상품을 확인하자.

괌 출입국 절차

항공 직항편으로는 대한항공, 진에어, 제주항공이 있으며 이동 시간은 약 4시간 30분이 소요된다. 출입국 절차는 다른 나라와 마찬가지로 간단하지만, 비자 면제 설정 양식을 작성해야 하는 점이 다르다.

간단히 보는 괌 입국 절차

도착
▽
입국 심사
▽
수화물 찾기
▽
세관 통과

간단히 보는 괌 출국 절차

탑승 수속
▽
출국 심사
▽
게이트 확인
▽
탑승

괌 출입국 요령

- 출입국신고서는 한글로 되어 있어 어렵지 않으니 비행기에서 내리기 전에 쓰자.
- 비자가 없는 사람은 입국 심사 시 비자 면제 신청서도 함께 제출한다.
- 짐을 분실한 경우 수화물 보관증을 가지고 배기지 클레임 창구에 가서 분실 신고를 한다.
- 괌 입국 시 담배와 주류 면세 한도는 성인 1인당 담배 200개비 1보루, 주류 1병(총 1ℓ)이다. 기념품은 $100까지이다. 가족여행인 경우 나눠서 들자.
- 출국할 때에는 늦어도 출발 2시간 전에는 공항에 도착하자.

괌의 국제공항

● 괌국제공항

타무닝 지역에 위치하며 투몬에서 자동차로 10분, 아가냐 택시로 약 25분 걸린다. 한국을 비롯해 일본, 하와이나 필리핀, 홍콩, 타이완 등 태평양과 아시아의 주요 도시를 잇는 국제 공항이다. 1층 입국장에 편의시설인 렌터카 회사와 은행, 여행사들이 몰려 있다.

괌-북마리아나제도 (사이판) 연방 비자 면제 신청서

전자여행허가제
(ESTA : Electronic System for Travel Authorization)

전자여행허가제(ESTA)는 비자면제프로그램(VWP : Visa Waiver Program)을 통해 미국을 여행하는 방문객들의 자격을 결정하는 데 사용되는 자동화 시스템으로 I-94W 양식과 동일한 정보를 필요로 한다. 이 제도를 이용하면 별도의 미국 비자를 발급받지 않아도 미국 입국이 가능하며 90일간 미국 내 체류가 가능하다. 일반적으로 $14의 비용을 지불하면 2년간 복수로 이용할 수 있다. 까다로운 비자 취득 절차가 사전에 온라인 신청으로 간단히 해결됨으로 보다 편리하게 미국 여행을 즐길 수 있다. 아래 사이트로 접속 후 신청하고 승인을 받으면 된다.

ESTA 온라인 신청 esta.cbp.dhs.gov

출입국신고서 작성법

출입국신고서

괌 세관신고서

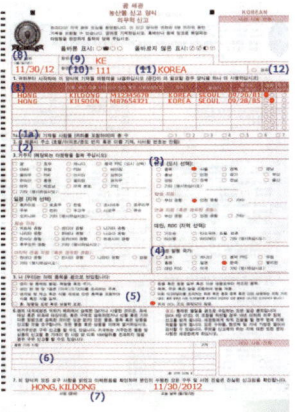

괌 여행 준비

- **이동 시간**
  직항 4시간 30분
- **일정**
  3박 4일, 3박 5일
- **항공권 특별가**
  특별 가격 31만원~
  일반 가격 45만원~
  (2015년 6월 제주항공 기준)

고정 비용	항공료	31만원
	숙박료	25만9000원
유동 비용	교통비	9만2000원
	투어비	22만7000원
	입장료	2만원
	식비	11만5000원
	기타 여비	10만원
합계		112만3000원~ ◀

※ 성인 1인 3박 4일 비수기, 숙소 2인 1실 기준

- **숙소**
  숙소는 예산과 여행 목적, 구성원에 따라 선택하도록 하자.

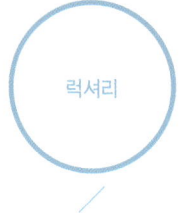

러셔리

- 웨스틴 리조트 괌
- 하얏트 리젠시 괌

가족여행

- 호텔 니코 괌
- 온워드 비치 리조트

실속형

- 베로나 리조트 & 스파
- 홀리데이 리조트 괌

괌 교통 가이드

괌국제공항 → 숙소

주로 여행사나 호텔의 픽업 서비스와 택시를 이용한다. 도착 시간에 따라 택시 요금이 달라질 수 있으니 인원과 시간 등을 고려해서 이동 방법을 찾아보자. 일부 여행자들은 공항에서 자동차를 렌트해서 가기도 한다.

교통수단	목적지	가격	이동시간	승차장
픽업 서비스	전 지역	투몬 지역 $10~15	24시간	공항 동쪽 출구
		아가냐 지역 $20~25		
택시		$20~35(지역에 따라 다름)		공항 서쪽 출구
렌터카		$60~(차종에 따라 다름)		인터넷 예약, 공항 1층

괌의 교통수단

교통수단	목적지	가격	이동시간
레드 구아한 셔틀버스	투몬 셔틀버스 (남쪽 노선, 북쪽 노선)	1회 $4 1일 패스 $10 5일 패스 $25~30	09:00~21:00 (노선마다 다름)
	쇼핑몰 셔틀버스		
	T 갤러리아 괌↔K 마트 셔틀버스		
	아가냐 차모로 버스		
	괌 프리미어 아웃렛↔레오팔레스 리조트 셔틀버스		
	사랑의 절벽 셔틀버스		
T 갤러리아 괌 셔틀버스	루트 A 니꼬 호텔 괌	무료	09:55~22:55
	루트 B 힐튼 괌 리조트		
	루트 C 알루팡 비치타워		09:40~22:40
택시	전 지역	기본 $2.40(짐 $1)	24시간
렌터카		경차 최소 $60	

교통수단 자세히 보기

택시

괌에서 택시를 타려면 호텔 앞에 정차된 택시나 레스토랑 등에서 전화로 불러야 한다. 호텔에서 택시를 부르는 경우는 허가받은 택시를 연결해주는 것이 일반적이지만, 허가받지 않은 불법 택시도 많으므로 택시 운전자가 배지를 달고 있는지 확인할 필요가 있다.

- 미키 택시 Miki Taxi 671-888-7000
- 괌 한인 콜택시 671-777-8253

렌터카

만 16세(18세) 이상의 운전면허 소지자는 렌터카를 빌릴 수 있지만 렌터카 회사에 따라 21세 이상에게만 빌려주는 경우도 있다. 국제운전면허증을 발급할 필요 없이 한국의 운전면허증으로 최대 30일간 렌터카 대여가 가능하다. 차종에 따라 다르지만 승용차의 경우 24시간에 $60~80 정도이다.
괌국제공항에는 5개의 외국계 렌터카 회사가 24시간 운영한다. 괌국제공항에서 차량을 인도받아 바로 이용할 수 있다. 공항 외에 괌 시내의 호텔 안에도 렌터카 회사 지점이 있고, 여행자들의 발걸음이 잦은 투몬 지역에도 렌터카 회사가 많다. 한국인이나 일본인이 운영하는 곳도 있으니 취향에 따라 선택할 수 있다. 차량을 운전하는 경우에는 주행 속도 35마일(56km)을 준수해야 한다. 스쿨버스가 정차한 경우에는 반대 차선에서도 무조건 정차해야 한다.

업체 선택

렌터카 회사가 비교적 많지만 성수기나 일본인들의 여행 시기와 맞물린 경우, 희망하는 차종

을 빌릴 수 없거나 예약이 안 될 수 있으니 한국에서 예약하는 것을 추천한다. 한국인이 운영하는 렌터카 회사를 이용하면 별도 요청으로 비행기 도착 시간에 맞춰 차량을 공항에서 수령하거나 반납하는 것이 가능하다. 보통 예약금을 선입금한 후 현지에 도착해 나머지 요금을 지불한다.

- 한국 투어 렌트카 Hankook Tour Rent-A-Car(한인업소)
  671-777-7901, 671-727-7995, www.HKTRent.kr
- 허츠 렌터카 Hertz Rent-a-Car
  671-647-3130/671-642-3210(시내/공항 사무소)
- 버짓 렌터카 Budget Rent-a-Car
  671-647-1449/671-647-1446(시내/공항 사무소)
- 니뽄 렌트카 Nippon Rent-A-Car
  671-646-1243(시내사무소)

픽업 서비스

레스토랑이나 마사지 숍에서 운행하는 무료 픽업 서비스는 교통비가 비싼 괌에서 여행자들에게 유용한 서비스이다. 대부분의 레스토랑이나 마사지 숍에서 제공하고 있는 서비스이니 시내에 나갈 땐 무료 픽업 서비스가 있는지 살펴보고 이용하자.

괌 핵심 코스

[다양한 액티비티를 하고 싶은 이들에게
추천하는 3박 4일 코스]

Day 1

- 16:15 — 괌국제공항 도착
- 17:00 — 체크인
- 18:00 — 저녁식사
  - 니코 선셋 비치 바비큐
  - 브리지스 선셋 바비큐
  - 도보 5분
- 20:00 — 해변 산책

Day 2

- 10:00~17:00 — 괌 드라이빙 투어
- 17:30 — 숙소 복귀 후 휴식
- 19:00 — 저녁식사
  - 다빈
  - 홀리데이 리조트 괌의 서울정
  - 매직 디너쇼

Course tip

1. 핵심 코스는 액티비티를 좋아하는 활동파 여행자를 대상으로 짰다. 액티비티나 맛집 위주이며 중간에 휴식을 위한 스파도 넣었지만, 쇼핑으로 대체해도 좋다.

Day 3

- **10:00 ~13:00** 해양 스포츠
  - 돌고래 와칭 투어
  - 시워커 투어
- **14:00** 점심식사
  - 니지
  - 반 타이
  - *도보 10분*
- **15:00** 마사지 & 스파
  - 스파 발리
  - 파라다이스 스파
  - *자동차 5분*
- **19:00** 저녁식사
  - 조이너스 레스토랑
  - 쇼군
  - *자동차 5분*
- **21:00** 샌드캐슬 쇼 괌

Day 4

- **10:00** 숙소 부대시설 또는 해변 즐기기
- **12:00** 체크아웃 후 점심식사
  - 반 타이
  - 카프리초사 투몬
- **14:00** 괌국제공항으로 이동
- **16:35** 인천국제공항으로 출발

드라이빙 투어

Course tip

괌은 대중교통 요금에 비해 차량 렌트비와 유류비가 비교적 저렴해 드라이빙 투어를 하기 좋다. 드라이빙은 중간에 관광명소를 돌아보려면 적어도 5~6시간 정도는 걸린다. 열대 남국의 섬에서 마음 가는 대로 돌아다니며 아름다운 풍경과 자유를 만끽하고 싶은 여행자에게 추천한다.

Course A 시계방향 루트

숙소 ▶ 사랑의 절벽 ▶ 동부 ▶ 남부 ▶ 서부 ▶ 숙소

08:00	10:00	12:00	13:30
숙소 조식 후 차량 픽업	사랑의 절벽	제프스 파이러츠 코브에서 점심식사	이나라한 천연 풀

15:00	16:00	18:00	20:00
솔레다드 요새	아가냐 대성당 바실리카, 스페인 광장	카르멘스 차차차에서 저녁식사	숙소

> Course B   반시계방향 루트

숙소 ▶ 사랑의 절벽 ▶ 서부 ▶ 남부 ▶ 동부 ▶ 숙소

08:00 숙소 조식 후 차량 픽업

10:00 사랑의 절벽

12:00 점심식사
· 카르멘스 차차차
· 메스클라

13:30 아가냐 대성당 바실리카, 스페인 광장

14:30 피시아이 마린 파크

15:30 이나라한 천연 풀

18:00 저녁식사
· 프로아
· 반 타이

20:00 숙소

예상 경비 **11만 5000원~**

렌터카 6만원(소형차 기준)
식비 5만 5000원(2인 기준)
※ 유류비, 관광지 입장료 불포함

사랑의 절벽 Two Loves Point

Access 투몬에서 1번 도로를 타고 북쪽으로 가다 미크로네시아 몰 앞에서 좌회전 후 직진. 사랑의 절벽 이정표가 나오면 좌회전 후 직진. 자동차로 약 20~30분 **Open** 08:00~19:00 **Close** 연중무휴 **Cost** 입장료 $3~ **Tel** 671-647-4107

슬픈 전설이 서려 있는 괌 굴지의 명승지. 차모로족 여인이 부모님으로부터 스페인인과의 결혼을 강요당하자, 사랑하던 연인과 절벽에서 서로의 몸을 묶은 채 투신한다. 이 애잔한 이야기와 더불어 해발 약 122m에 위치한 절벽에는 2층으로 된 전망대가 있어 아름다운 투몬 만부터 이파오 곶까지 환상적인 대 파노라마가 한눈에 들어온다.

이나라한 천연 풀 Inarajan Natural Pool

Access 괌 남부 4번 도로변, 투몬에서 자동차로 1시간 **Open** 09:00~18:00

괌 남부의 보석이라고 불리는 곳으로 자연이 만들어낸 천연 수영장이다. 천연 해수풀로 둑 너머는 태평양의 거센 파도가 밀어닥치지만 안쪽은 잔잔하고 고요하기 그지없다. 메인 풀장 역할을 하는 곳은 수심이 깊은 편이다. 왼편에는 어린이들이 놀기 좋은 얕은 수심에 깨끗한 계곡형 풀장이 있다. 바비큐를 준비해온 가족여행객이 많다. 렌터카로 드라이빙 투어를 하다가 마지막으로 들러 물놀이를 하는 것도 좋다.

아가냐 대성당 바실리카
Dulce Nombre de Maria Cathedral-Basilica

Access 아가냐 지역 **Open** 09:00~18:00

정식 명칭은 성모 마리아 대성당으로 아가냐의 볼거리 순위 1~2위이다. 괌 최초의 성당으로 전쟁과 자연재해 등으로 파손되었으나 재건과 보수를 거듭해 50년 전부터 현재의 모습을 이어오고 있다. 성당 내부에는 7장으로 하나의 그림을 완성하는 스테인드글라스와 괌에 불운이 생길 때마다 눈물을 흘린다는 성모 마리아 카말린 상이 있다. 매년 12월 성모 마리아 카말린을 기리는 축제가 열린다.

솔레다드 요새 Fort Nuestra Senora de la Soledad

Access 괌 남부 4번 도로변, 투몬에서 자동차로 1시간 Open 08:00~17:00

스페인 식민 시대에 정부가 자신들의 교역선을 해적으로부터 지키기 위해 만든 곳이다. 오랜 세월과 굴곡 있는 역사 탓에 초기 모양과는 다르지만 여러 차례 보수와 복원을 거쳐 현재의 모습이 되었다. 요새에서는 우마탁 마을과 탁 트인 태평양이 한눈에 아름답게 들어온다. 멋진 전망을 보기 위해서 현지인은 물론 여행자의 발길이 끊이지 않는다.

스페인 광장 Plaza de Espana

Access 아가냐 지역 Open 08:00~17:00

1736년부터 1898년까지 스페인 총독 관저가 있던 일대가 지금의 스페인 광장이며, 태평양전쟁 때 포격으로 대부분 파괴되었다. 스페인의 한 지역인 안달루시아가 연상되는 타일 분수 등이 있지만 관리가 그다지 잘되는 편은 아니다.

피시아이 마린 파크 Fish Eye Marine Park

Access 마린 콥스 드라이브변, 아산 곶 근처 Open 08:00~17:00 Close 연중무휴 Cost 성인 $16, 어린이(6세~11세) $12 Tel 671-475-7777 Web www.fisheyeguam.com

마린 콥스 드라이브 도로를 달리다 보면 바다를 향해 300m나 뻗은 다리가 보인다. 다리를 따라가면 나오는 곳은 바로 수중 전망대이다. 전망대 계단을 내려가면 창을 통해 괌의 아름다운 바다와 화려한 빛깔의 산호초, 형형색색의 열대어를 볼 수 있다. 몸에 물 한 방울 묻히지 않고 바닷속 환상적인 세계를 감상할 수 있다. 스노클링 등 해양 스포츠에 제약이 많은 어린이와 어르신을 모신 가족여행객에게 추천한다.

니코 선셋 비치 바비큐 Nikko Sunset Beach BBQ

바비큐 뷔페로 투몬 비치가 보이는 야외 레스토랑이다. 테이블마다 준비된 바비큐 그릴에 자유롭게 고기와 채소, 해산물 등을 구워 먹는 셀프 쿠킹 스타일이다. 다양한 음식은 물론 맥주와 음료도 무제한으로 제공해 풍성한 저녁식사를 할 수 있다. 어둠이 내리면 폴리네시안 민속 춤을 추는 무희들의 공연과 아찔한 불쇼도 볼 수 있다. 단체여행객과 가족여행객 중심으로 인기를 모으고 있다.

Access 투몬 필 산비토레스 로드에 있으며, T 갤러리아 괌에서 투몬 북부 방향으로 직진한다. 웨스틴 리조트 괌 앞 교차로를 지나서 진행방향 왼쪽 **Address** Hotel Nikko Guam, 245 Pale San Vitores Road, Tumon **Pickup** 가능 **Open** 18:30~20:30 **Close** 연중무휴 **Cost** 성인 $55~85, 어린이 $30~ **Tel** 671-649-8815 **Wi-Fi** 무료 **Web** www.nikkoguam.com

브리지스 선셋 바비큐 Breezes Sunset Barbecue

괌에 있는 대부분의 리조트에서 선셋 바비큐라는 이름을 내걸고 바비큐 뷔페를 운영한다. 이곳은 하얏트 리젠시 괌에서 운영하는 곳으로 황홀한 선셋을 바라보며 식사할 수 있어 인기가 많다. 바비큐 뷔페는 손님들이 직접 바비큐 그릴에 요리해 먹는 셀프 쿠킹이 대부분이지만 이곳은 전문 셰프가 직접 음식을 구워준다. 샐러드와 사이드 메뉴, 디저트는 에어컨 시설이 있는 곳에 따로 마련되어 있어 신선한 음식을 맛볼 수 있다.

Access 투몬 필 산비토레스 로드, 샌드캐슬 쇼 괌 옆 **Address** 1155 Pale San Vitores Road, Tamuning **Open** 18:00~21:00 **Close** 연중무휴 **Cost** $55~(SC 10%) **Tel** 671-647-1234 **Wi-Fi** 사용 가능 **Web** www.guam.regency.hyatt.com

카르멘스 차차차 Carmen's Cha Cha Cha

멕시코 요리 전문 레스토랑으로 토르티야와 케사디야가 인기 메뉴이며, 싱싱한 채소에 망고와 딸기를 넣은 샐러드는 더위를 잊게 한다. 멕시코 느낌을 듬뿍 살린 형형색색의 라틴 스타일 인테리어가 인상적이다. 평일 점심에는 근처 직장인들로 자리 잡기가 힘들다. 아가냐 대성당을 돌아본 후 점심식사로 방문하는 것을 추천한다.

Access 마린코르 드라이브를 이용해서 아가냐 방향으로 간다. 대추장 카푸하상이 있는 아가냐 로터리를 돌아서 4번 도로 아가냐 쇼핑센터 방향으로 직진, 괌 은행 사거리 아가냐 대성당 바실리카 옆 **Address** 192 Archbishop F.C Flores Street, 1st Floor, Perez Building, Agana **Open** 10:30~21:00 **Close** 일요일 **Cost** 샐러드 $9~, 메인 요리 $10~, 음료 $3~, 맥주 $3.75~ **Tel** 671-472-7823 **Wi-Fi** 사용 가능 **Web** www.carmenschachacha.com

프로아 Proa

현지 맛집으로 괌 원주민 음식인 차모로 음식과 마이크로네시안 요리, 세계 각국의 요리를 혼합한 퓨전 요리가 주를 이룬다. 이곳에 가면 반드시 맛봐야 할 요리가 3가지 있다. 상큼한 현지 음료인 칼라만시 쿨러(Calamansi Cooler)와 작은 복주머니처럼 생긴 베가 펄스(Beggars Purse), 마지막으로 프로아의 대표선수 트리오 바비큐(Trio BBQ)이다.

Access ①도보_PIC 괌 정문에서 힐튼 괌 리조트 & 스파 방향으로 직진, 이파오 비치 파크 들어가는 초입 코너. ②자동차_PIC 괌 정문에서 투몬 남부 방향으로 직진, 첫 번째 교차로 이파오 비치 파크 들어가는 골목 초입 코너. **Address** Pale San Viteres Road, Tumom **Pickup** 가능 **Open** 11:00~22:00(일요일 ~18:00) **Close** 연중무휴 **Cost** 샐러드 $11~, 메인 요리 $13~, 음료 $2~, 맥주 $4~(SC 10%) **Tel** 671-646-7762 **Wi-Fi** 사용 가능

반 타이 Ban Thai

태국 맛의 고향 이싼 지역에 있는 코랏 출신의 주인장이 문을 연 곳으로 맛있는 태국 요리를 선보인다. 쏨땀과 똠양꿍이 대표 메뉴인데, 주문 시 매운맛을 조절할 수 있다. 점심에는 태국의 대표 음식이 한데 모인 뷔페로 저렴하고 푸짐하게 식사하고, 저녁에 방문한다면 태국 맥주 싱하와 창을 곁들이자. 4명 이상 방문했을 때 10%의 서비스 차지가 있다.

Access 투몬 필 산비토레스 로드. 홀리데이 리조트 괌 정문에서 하얏트 리젠시 괌 방향으로 직진 후 루 66 입간판을 지나고 후지 이찌방 지나서 위치 **Address** Plae San Vitores Road, Tamuning **Open** 11:00~14:00, 17:00~23:00 **Close** 토요일 점심, 일요일 **Cost** 쏨땀 $8.50~, 팟타이 $9.95~, 똠양꿍 $14~, 음료 $2.50~, 맥주 $5~ **Tel** 671-649-2437

다빈 Dabin

한식당에서 볼 수 있는 모든 메뉴가 있는데 대창구이, 막창구이 등 소주 한 잔과 곁들일 수 있는 메뉴가 많으며, 단품 요리도 있다. 다빈은 현대적이면서도 감각적인 인테리어를 자랑하는데, 바도 한쪽에 마련되어 있다. 새벽까지 영업하므로 괌에 새벽 비행기로 도착하는 여행자나 나이트 라이프를 즐긴 후 출출할 때 야식을 먹으러 가기 좋다.

Access 투몬 필 산비토레스 로드. 웨스틴 리조트 괌 삼거리에서 T 갤러리아 괌 방향으로 간다. 괌 리프 호텔 가기 전 비스트로테이 요코주나 레스토랑 2층 **Open** 11:00~06:00 **Close** 연중무휴 **Cost** 대창구이 $20~, 된장찌개 $15~, 잔치국수 $15~, 음료 $2~, 맥주 $4~, 소주 $15~ **Tel** 671-646-0111

조이너스 레스토랑 Joinus Restaurant

일본 요리 전문점으로 이곳의 자랑거리는 데판야끼이다. 데판야끼는 세트 메뉴로 샐러드, 미소국, 메인 요리, 철판볶음밥, 디저트의 순서로 구성되며 메인 요리를 해산물과 육류 중 선택할 수 있다. 손님들의 식사 속도에 맞춰
요리해 준다. 신선한 재료를 갓 볶아먹는 맛과 더불어 요리사가 요리 중간 펼치는 퍼포먼스도 볼거리 중 하나이다.

Access 투몬 필 산비토레스 로드, 투몬 샌즈 플라자 1층 **Address** Tumon Sands Plaza, 1082 Plae San Vitores Road, Tumon **Pickup** 가능 **Open** 11:00~14:00, 17:30~22:00 **Close** 연중무휴 **Cost** 애피타이저 $15~, 데판야끼 $60~, 음료 $2~, 맥주 $2~(SC 10%) **Tel** 671-646-4087, 671-646-4033

니지 Niji

육질이 좋은 고기와 채소를 철판에 볶는 데판야끼와 다양한 디저트로 유명하다. 일본 현지에서 공수받은 식재료로 만든 회와 초밥도 인기 메뉴 중 하나이다. 단품 요리도 인기가 많지만 일본 음식을 총망라한 점심 뷔페도 니지의 효자 역할을 톡톡히 한다. 다른 일식당과 다르게 선데이 브런치를 즐길 수 있으며, 아름다운 정원이 보이는 좌석이 있다.

Access 투몬 필 산비토레스 로드, 하얏트 리젠시 괌 내 1층 **Address** 1155 Pale San Vitores Road, Tamuning **Open** 11:30~14:00, 18:00~22:00 **Close** 연중무휴 **Cost** 초밥 $40~, 데판야끼 $50~, 음료 $5~, 와인 $8~(SC 10%) **Tel** 671-647-1234 **Wi-Fi** 무료 **Web** www.guam.regency.hyatt.com

카프리초사 투몬 Capricciosa Tumon

프랜차이즈 이탈리아 레스토랑으로 괌에는 투몬과 아가냐 2개의 지점이 있다. 이 이탈리아에서 공수받은 토마토로 만든 토마토소스에 풍부한 해산물을 넣은 해물 파스타가 인기 메뉴다. 칼라마리 네로(오징어먹물 파스타)와 마가리타 피자도 이곳의 자랑거리다. 음식의 양이 많은 편이며, 오전 11시부터 오후 4시까지는 모든 메뉴를 절반의 양만 제공한다.

Access 투몬 필 산비토레스 로드. 웨스틴 리조트 괌 삼거리에서 길을 건너 퍼시픽 플레이스 2층 Address 2F Pacific Place Building, 1411 Pale San Vitores Road, Tumon Pickup 가능 Open 11:30~22:30(일요일 ~22:00) Close 크리스마스 Cost 파스타 $10~25, 피자 $15~25, 음료 $2.99~, 맥주 $5.25~(SC 10%) Tel 671-647-3746

쇼군 Shogun

방문자의 수와 구성원의 특징에 맞게 메뉴가 준비되어 있다. 2인 이상 주문이 가능한 커플 콤비네이션 세트, 4인 가족이 주문할 수 있는 패밀리 세트($125), 나홀로여행자를 위한 싱글 메뉴 등 메뉴 구성이 합리적이다. 테이블마다 철판구이 그릴이 있고 주문을 하면 담당 셰프가 요리해준다. 셰프들의 현란한 요리 솜씨가 볼거리 중 하나다.

Access 투몬 필 산비토레스 로드. PIC 괌 정문에서 길 건너 ABC 스토어 옆 Address 288 Pale San Viteres Road, Tumon Pickup 투몬, 쉐라톤 호텔까지 가능 Open 17:00~22:00 Close 연중무휴 Cost 텟판야끼 2인 $95~, 음료 $2~, 일본주 $15~(SC 10%) Wi-Fi 사용 가능 Tel 671-649-0117 Web www.facebook.com/shogunguam

제프스 파이러츠 코브 Jeff's Pirates Cove

한적한 드라이브 길을 따라 달리다 보면 오렌지색의 해적 마크가 그려진 커다란 부표가 있어 찾기 쉽다. 개방형 레스토랑 곳곳에는 해적 마크가 그려진 재미있는 소품이 있다. 인기 메뉴는 소고기 패티가 두툼한 홈메이드 치즈버거. 렌터카로 괌 드라이빙 투어를 계획할 때 점심식사로 추천하며, 여유 있는 여행자라면 이판 비치에서 잠시 쉬어가도 좋다.

Access 괌 남동부 4호선 도로변, 이판 비치 근처 Address #111 Route 4, Ipan Talafofo Open 08:00~18:00(일요일 ~19:00) Close 연중무휴 Cost 샐러드 $10~, 햄버거 $12~, 음료 $3~, 맥주 $4~(SC 10%) Tel 671-789-1582, 671-789-2683 Wi-Fi 사용 가능 Web www.jeffspiratescove.com

K 마트 K Mart

Access 타무닝 마린 코르 드라이브변, 쇼핑몰 셔틀버스, T 갤러리아 괌→K 마트 셔틀버스 이용 Address 404 North Marine Corp Dr., Tamuning Open 24시간 Close 연중무휴 Tel 671-649-9878 Web www.kmart.com

K 마트는 괌 현지 주민에게 큰 인기를 얻는 대형 할인매장이다. 매장은 넓고 크기 때문에 전체를 한 번 다 둘러보는 시간도 만만치 않다. 시간이 부족한 여행자라면 전략을 잘 세워야 할 정도다. 괌 토속 기념품과 초콜릿, 커피 등 선물용으로 손색 없는 아이템이 많다. 그 밖에도 여행용 가방, 잡화나 의류, 문구류 등 없는 것이 없으며 가격도 저렴하다. 공항에서 멀지 않고, 24시간 영업이어서 마지막 날 한국으로 돌아오는 길에 들러 쇼핑해도 좋다.

T 갤러리아 괌 T Galleria Guam

Access 투몬 북부, 무료 셔틀버스 이용 Address 1296 Pale San Vitores Road, Tumon Open 10:00~23:00 Close 연중무휴 Tel 671-646-9640 Web www.dfsgalleria.com

투몬과 괌국제공항 내에 매장이 있는 면세점으로 투몬 지역의 랜드마크이다. 괌 쇼핑이 시작되는 곳으로 넓은 부지에 부티크 갤러리, 뷰티 월드, 패션 월드, 데스티네이션 월드 등 4개의 코너로 나뉘어 쇼핑의 효율성을 높였다. 셔틀버스가 있으며, 오후 4시까지 구입한 제품을 투숙하는 호텔까지 무료로 배달해 주는 서비스가 있다. 구입한 물건은 한국에서도 AS 받을 수 있다.

괌 프리미어 아웃렛 Guam Premier Outlets

Access 타무닝 찰란 산 안토니오 로드 근처, 쇼핑몰 셔틀버스, 아가냐 차모로 버스 이용 Address 199 Chalan San Antonio Road, Tamuing Open 10:00~21:00(일요일 ~20:00) Close 추수감사절, 크리스마스 Tel 671-647-4032 Web www.gpoguam.com

괌 현지에서는 'GPO'라고 불리는 초대형 아웃렛으로 30여 개가 넘는 매장이 있다. 한국인에게 친숙한 리바이스, 게스, 나인웨스트 등의 브랜드가 있으며 전 매장 모두 상품을 25~75% 할인해 줘서 쇼핑 구매욕을 당기는 곳이다. ABC 마트가 입점해 있어 간단한 소모품을 구입하기에도 좋다. 편의시설과 대형 푸드코트, 영화관 등은 현지인의 엔터테인먼트장으로 이용된다.

마이크로네시아 몰 Micronesia Mall

괌 최대 규모의 미국형 쇼핑몰로 의류, 잡화, 액세서리, 스포츠용품, 기념품점 등 중저가의 유명 브랜드가 입점해 있다. 한국보다 저렴하고 한국에 없는 새로운 디자인을 선보이는 미국 중저가 브랜드가 인기 있다. 2층에는 푸드코트 '피에스타코트'와 실내 놀이시설 '판타스틱 파크' 등이 있다. 1층의 입구 세 곳과 중앙 광장에 인포메이션 센터가 있으며 뉴욕의 고급 백화점 메이시스(Macy's)와 유기농 제품을 파는 페이레스 슈퍼마켓이 함께 있다.

Access 데데도 마린 코르 드라이브와 16번 도로의 모퉁이, 쇼핑몰 셔틀버스 이용 **Address** 1688 West Marine Drive Ste# C-141 DeoDeo **Open** 10:00~21:00(일요일 ~18:00) **Close** 추수감사절, 크리스마스 **Tel** 671-632-6881 **Web** www.micronesiamall.com

스파 발리 Spa Bail

마사지와 스파의 황무지 같은 괌에 오아시스처럼 자리 잡은 이곳은 여행객들에게 보석 같은 존재이다. 전 세계 여행자에게 인지도가 높은 발리식 마사지와 스파를 경험해본 사람이라면 추호의 의심 없이 이곳을 선택해도 좋다. 발리풍 스파룸은 내부에 욕조와 자쿠지가 있어 스파 패키지 프로그램을 받기에 손색이 없다. 발리에서 공수해온 아로마 오일과 스크럽제를 사용한다. 스파 발리는 괌에서 검증받은 곳으로 비싼 비용을 들여도 아깝지 않다.

Access 투몬 필 산비토레스 로드, 홀리데이 리조트 괌 5층 **Address** 5F Holiday Resort & Spa Guam, San Vitores Road, Tumon **Pickup** 무료 **Open** 09:00~21:00 **Close** 연중무휴 **Cost** 오일 마사지 $110~(1시간, TAX & SC 17%) **Tel** 671-649-7272 **Web** www.holidayresortguam.com

파라다이스 스파 Paradise Spa

괌에서 유명한 스파 중 하나. 발 마사지와 오일 마사지 등의 단품보다는 오일, 얼굴, 발 마사지로 구성된 다양한 스파 패키지가 눈길을 끈다. 고급스러운 중국풍 인테리어의 스파룸은 모두 9개로, 커플룸과 싱글룸은 물론 가족이나 단체여행객도 사용할 수 있다. 스파룸 외에 휴게실과 뷰티룸도 있다. 투몬 지역에 있는 호텔은 출장 마사지도 가능하다.

Access 투몬 필 산비토레스 로드, 홀리데이 리조트 괌 정문에서 하얏트 리젠시 괌 방향으로 직진, 첫 번째 삼거리에서 길을 건넌 후 마르가리타스와 퍼시픽 베이 호텔을 지나서 첫 번째 골목으로 약 20m **Pickup** 무료 **Open** 09:00~24:00 **Close** 연중무휴 **Cost** 발 마사지 $159(90분), 오일 마사지 $109(1시간)~ **Tel** 671-649-3318 **Web** www.guamparadisespa.com

샌드캐슬 쇼 괌 Sand Castle Show Guam

뉴욕 브로드웨이의 화려한 댄스와 중국의 서커스 기예가 혼합된 고급 쇼. 아름다운 여성 무용수의 화려한 댄스와 마술사가 선보이는 마술쇼로 TV로만 보던 장면을 눈앞에서 볼 수 있다. 마술과 더불어 중국 기예단이 나와 쇼를 펼치는 모습이 아름답다. 쇼의 하이라이트는 생각지도 못한 곳에서 출현하는 백호이다. 쇼는 저녁식사가 포함된 디너쇼와 칵테일쇼로 나뉜다. 남녀노소 누구나 즐길 수 있는 쇼로 가족여행객이나 커플여행객 누구에게나 추천한다.

Access 투몬 필 산비토레스 로드. T 갤러리아 괌에서 길을 건너 하얏트 리젠시 괌 방향으로 직진, 하얏트 리젠시 괌 들어가는 입구 옆 **Address** 1199 Pale San Vitores Road, Tumon **Open** 18:00~23:00, 디너쇼 18:30~, 칵테일쇼 21:30 **Close** 목요일 **Cost** 디너쇼 $159/30~, 칵테일쇼 $95/30~(성인/어린이 기준) **Tel** 671-646-8000 **Web** www.guam-sandcastle.com/kr

매직 디너쇼 Magic Dinner Show

호텔 니코 괌에서 선보이는 매직 디너쇼로 코스 요리를 먹은 뒤 수준 높은 마술쇼가 시작된다. 신비로운 분위기 속에서 마술사가 등장하고 바로 눈앞에서 믿기 어려운 마술이 펼쳐진다. 관객 참여형 마술을 많이 선보인다. 마술의 세계에 흠뻑 빠져 시간이 어떻게 지나갔는지 모를 정도로 어린이는 물론 어른들도 즐거워한다. 마술쇼가 끝나면 무대 옆 모니터에서 마술을 보는 관객의 사진을 보여줘 폭소를 자아낸다.

Access 투몬 필 산비토레스 로드. T 갤러리아 괌에서 투몬 북부 방향으로 직진. 웨스틴 리조트 괌 앞 교차로를 지나서 진행방향 왼쪽 **Address** 1F Hotel Nikko Guam, 245 Pale San Vitores Road, Tumon **Open** 18:00~20:15(쇼 19:00) **Close** 화요일 **Cost** 스탠더드 $58~, 슈리피어 $70~, 디럭스 $82~, 어린이 $33~ **Tel** 671-649-8815 **Web** www.nikkoguam.com

돌고래 와칭 투어 Dolphin Watching Tour

Access 숙소에서 픽업 서비스를 이용해 투어 장소까지 이동 후 배로 환승 **Open** 투어 시작 08:00, 13:00 **Cost** 성인 $65~, 어린이 $45~

괌 남부 아가트 마리나에서 출발해 보트를 타고 약 40분쯤 바다를 항해한다. 돌고래가 출현하는 인근 바다에 도착하면 보트의 엔진을 끄고 모두가 한마음으로 바다를 주시하며 돌고래가 나오는 순간만을 기다린다. 오늘은 돌고래가 모습을 보이지 않으려나 싶은 순간 신기하게도 돌고래들이 뱃전으로 다가온다. 투어 회사에 따라 차이가 있지만 보통 돌고래 구경과 열대어 낚시, 스노클링을 할 수 있다. 보트마다 음료를 준비하고, 맥주와 참치회를 맛볼 수 있는데, 한국인 여행자들을 위해 초고추장을 준비하는 센스가 돋보인다.

시워커 투어 Sea Walker Tour

Access 숙소에서 픽업 서비스를 이용해 투어 장소까지 이동 **Open** 투어 시작 09:00, 13:00 **Cost** 성인 $85~, 어린이 $75~

아름다운 괌의 바닷속을 걸으며 탐험하는 프로그램으로 괌을 찾는 여행자에게 꼭 추천한다. 스쿠버 다이빙처럼 특별한 자격이 필요하지 않아 평소 물을 무서워하는 사람이나 수영을 못하는 사람도 쉽게 체험할 수 있다. 산소를 공급하는 특수 헬멧을 쓰고 바닷속을 들어가는 것이 일반적이다. 지상에서처럼 호흡하면서 산호와 열대어를 눈앞에서 볼 수 있다. 안전요원의 보호 아래 두 명씩 짝을 지어 다니면서 물고기에게 먹이를 주고, 수중 사진도 찍는다.

웨스틴 리조트 괌 The Westin Resort Guam

곡선형 외관이 인상적인 대형 리조트다. 리노베이션을 마친 객실은 전체적으로 은은한 분위기가 난다. 고급 호텔답게 침구를 비롯한 객실과 욕실 비품이 잘 갖춰져 있으며 품질 또한 우수하다. 월드 체인 호텔의 명성과 위치적인 장점이 많은 숙소로 성수기는 물론 비수기에도 높은 예약률을 자랑한다. 수영장은 바닷물을 사용한 해수 풀장으로 여행자들 사이에서 인기가 높다. 괌 내륙에 위치한 자매 호텔 레오팔레스 리조트까지 셔틀버스를 운영한다.

Access ①도보_T 갤러리아 괌에서 길건너 투몬 북부 쪽으로 간다. 괌 리프 호텔과 식당 다빈을 지나서 삼거리 신호등을 지나면 위치. ②자동차_T 갤러리아 괌에서 투몬 북부 방향으로 직진. 웨스틴 리조트 괌 앞 교차로에서 좌회전 **Address** 105 Pale San Vitores Road, Tumon **Cost** 파샬 오션뷰 $185~, 오션뷰 $205~ **Tel** 671-647-1020 **Wi-Fi** 사용 가능 **Web** www.westin-guam.com/ko

홀리데이 리조트 괌 Holiday Resort Guam

투몬 지역 호텔 로드 중앙에 있어 위치적인 접근성과 가격대비 만족도가 높은 호텔이다. 객실은 90% 이상이 오션뷰로 3개의 객실 타입이 있다. 모던한 느낌의 일반 객실은 동급의 다른 호텔보다 객실이 넓다. 가족여행객이라면 패밀리 스위트를 눈여겨보자. 5층에 있는 야외 수영장과 키즈 클럽, 헬스센터, 발리식 마사지를 지향하는 발리 스파, 한식당 서울정 및 다양한 부대시설이 있다. 합리적인 가격으로 괌에서 외부 활동이 많은 여행자나 실속 여행자들에게 추천한다.

Access 투몬 필 산비토레스 로드 **Address** 881 Plae San Vitores Road, Tamuning **Cost** 트윈 $175~, 스위트 $260~ **Tel** 671-647-7272 **Wi-Fi** 무료 **Web** www.holidayresortguam.com

베로나 리조트 & 스파 Verona Resort & Spa

일반 객실도 있지만 객실과 거실이 분리된 콘도미니엄형 숙소도 있다. 객실은 젠 스타일의 침대와 모던한 가구로 꾸며져 있고, 욕실은 객실 간 미닫이 창문이 있어 반신욕을 즐기며 투몬 만의 수평선을 볼 수 있다. 부대시설로 수영장과 레스토랑, 로비라운지 등이 있어, 바로 앞에 비치가 있지는 않지만 가족여행객이나 장기여행자에게 적합하다.

Access ①도보_PIC 괌에서 괌 메리어트 리조트 방향으로 직진하면 삼거리가 나온다. 삼거리 괌 메리어트에서 대각선 방향 ②자동차_PIC 괌에서 투몬 북부 방향으로 직진한다. 첫 번째 삼거리에서 우회전 후 좌측 **Address** 188 Tumon Bay Road, Tumon **Cost** $ 150~170 **Tel** 671-646-8888 **Wi-Fi** 로비 무료, 객실 유료

호텔 니코 괌 Hotel Nikko Guam

투몬 만 최북단에 위치한 대형 호텔로 날개 모양의 독특한 외관과 큰 규모 덕분에 한 번쯤 가보고 싶은 마음이 든다. 전 객실이 오션뷰로 괌에서 최고의 전망을 자랑한다. 총 8종류의 객실이 있고 성인 3명이 투숙할 수 있는 트리플과 모던한 스타일의 오션 프론트 클럽도 인기가 높다. 부대시설로는 수영장과 워터슬라이드가 눈길을 끈다. 중식당, 일식당, 뷔페 레스토랑 등 다양한 레스토랑이 있다.

Access 투몬 필 산비토레스 로드. T 갤러리아 괌에서 투몬 북부 방향으로 직진. 웨스틴 리조트 괌 앞 교차로를 지나서 진행방향 왼쪽 **Address** Hotel Nikko Guam, 245 Pale San Vitores Road, Tumon **Cost** 오션프런트 슈피리어 $180~, 오션프런트 클럽 $220~ **Tel** 671-649-8815 **Wi-Fi** 로비라운지 & 클럽 무료, 객실 유료 **Web** phrkorea.com/nikko

하얏트 리젠시 괌 HYATT Reagency Guam

괌에서 안정적인 최고급 서비스로 여행객의 발길이 끊이지 않는다. 모든 객실이 오션뷰로 아름다운 투몬 만을 조망할 수 있다. 넓은 객실에는 킹사이즈의 침대 2개가 있어 4인 가족이 사용해도 충분하다. 깨끗하고 고급스러운 욕실에서는 저 멀리 펼쳐진 바다를 볼 수 있다. 부대시설로는 수영장 및 스파, 3개의 레스토랑과 1개의 로비 라운지가 있다. 호텔 1층에는 쇼핑 아케이드와 베이커리가 있어 편리하다.

Access 투몬 필 산비토레스 로드. 샌드캐슬 쇼 괌 옆 **Address** 1155 Pale San Vitores Road, Tamuning **Cost** 트윈 $420~, 스위트 $3500~ **Tel** 671-647-1234 **Wi-Fi** 로비 라운지 & 클럽 무료, 객실 유료 **Web** www.guam.regency.hyatt.com

온워드 비치 리조트 Onward Beach Resort

시티뷰, 오션뷰 등으로 나뉜 객실은 공간이 넓다. 타워윙의 객실이 인기 있는데, 욕실이 모두 오션뷰로 욕조에서 아가냐 비치와 알루팟 섬을 조망할 수 있다. 이곳의 최대 장점은 바로 워터파크로 하루종일 물놀이를 즐기느라 지루하지 않다. 공용 수영장도 있으며 이탈리아 레스토랑 카라벨(Caravel)과 일식당 시가노, 사우나 & 마사지까지 부족함 없는 부대시설을 자랑한다.

Access 아가냐 30호선 도로변 **Address** 445 Governor Carlos G. Camacho Road, Tamuning **Cost** 온워드 윙 $170~, 타워 윙 스탠더드 $200~, 타워 윙 디럭스 $220~ **Tel** 671-647-7777 **Wi-Fi** 유료 **Web** www.onwardguam.com

사이판
SAIPAN

역사의 아픔을 숨겨놓은 마지막 파라다이스

에메랄드빛 투명한 바다와 형형색색의 산호초로 둘러싸인 열대 남국의 아름다운 섬 사이판. 때 묻지 않은 천혜의 자연환경을 그대로 담은 동부 지역과 지상낙원이란 말이 무색하지 않은 마나가하 섬과 로타 섬, 티니안 섬이 가까이 있다. 일제강점기 시대 한국인 강제노역으로 인한 아픈 역사를 간직한 곳이기도 하다. 유유자적 휴양지에서의 여유로움을 즐기기 위해 1년 내내 여행자들의 발길은 사이판으로 이어진다

사이판 알아보기

국명
북마리아나제도 미국 연방
(The Commonwealth of the Northern Mariana Island)

면적
약 115.38km²

인구
약 4만8220명

언어
공용어는 영어와 차모로어, 캐롤라인어로 지정되어 있다. 현지인도 모두 영어를 구사하며, 관광지에서는 한국어, 일본어, 타갈로그어도 종종 사용된다.

기후
1년 내내 뜨거운 여름으로 전형적인 해양성 아열대 기후. 연평균 기온은 약 26~27℃이며 뜨거운 한낮에는 약 32℃까지 올라간다. 5~10월이 우기, 11~4월이 건기이다. 9월 말~10월 초에는 태풍이 오기도 한다.

옷차림
기본적인 여름 의류와 에어컨용의 얇은 긴 소매 옷을 준비한다. 자외선차단 아이템과 물놀이용품은 필수이다. 바다에 산호가 많아 아쿠아 슈즈를 준비하면 좋다.

시차
한국보다 1시간 빠르다. 한국 10:00 → 사이판 11:00

통화
미국 달러($)와 센트(Cent)를 사용한다. 동전은 C1·5·10·25, 지폐는 $1·5·10·20·50·100가 있다. $1는 한화로 1,166원 (2015년 9월 기준).

환전
미국 달러를 준비한다. 신용카드는 여행객이 주로 이용하는 상점이나 호텔에서 편하게 사용할 수 있지만 소액결제나 노점상에서는 대부분 현금을 취급한다. 한국과는 달리 카드 서명의 일치 여부를 확인하니 카드 뒷면에 직접 사인을 해 두자.

음식
사이판 전통음식은 원주민인 차모로인이 즐겨 먹던 차모로 음식이다. 대표 음식으로는 켈라구엔, 바비큐, 레드 라이스와 바비큐에 잘 어울리고 즐겨 먹는 피나데니소스가 있다. 음료는

칼라만시 쿨러와 코코넛으로 만든 전통와인 튜바가 있다. 신선한 참치회와 필리핀 사람들 영향으로 일부 필리핀 음식도 있다.

전압
120V/60Hz. 콘센트는 구멍이 3개짜리여서 멀티어댑터가 필요하다.

여권 & 비자
45일 이내라면 비자 없이 체류가 가능하며, 이 경우 북 마리아나 제도 연방 비자 면제 신청 서류를 작성한다. 입국 시 여권 유효 기간은 6개

월 이상 남아 있어야 한다. 미국 비자가 있는 경우 꼭 챙겨가는 것이 좋다. 동반 여권의 사용을 허락하지 않아 만 8세 미만의 아이도 개별 여권을 소지해야 한다.

세금
사이판은 면세 구역이다. 하지만, 면세 범위를 초과하면 귀국할 때 공항에서 세금을 징수한다. 호텔, 일부 레스토랑, 스파 등의 업소는 봉사료 10%가 붙기도 한다.

전화
호텔 룸에서 전화를 사용할 경우 비용을 지불해야 하지만, 로비에서는 시내 전화를 무료로 제공해주는 곳이 많다. 현지에서 전화를 쓸 일이 많다면 프리페이드 SIM카드를 구입하자. 시내 주요 슈퍼마켓이나 주유소의 편의점에서 쉽게 살 수 있다. 가격은 최초 구입 시 $20선이다. 1~3days 무제한도 있으니 상품을 확인하자.

사이판 출입국 절차

항공 직항편으로는 아시아나항공, 제주항공이 있으며 이동 시간은 약 4시간 30분이 소요된다. 출입국 절차는 다른 나라와 마찬가지로 간단하지만, 비자 면제 설정 양식을 따로 작성해야 하는 점이 다르다.

간단히 보는 사이판 입국 절차

도착
▽
입국 심사
▽
수화물 찾기
▽
세관 통과

간단히 보는 사이판 출국 절차

탑승 수속
▽
출국 심사
▽
게이트 확인
▽
탑승

TIP

사이판 출입국 요령
- 출입국신고서는 한글로 되어 있어 어렵지 않으니 비행기에서 내리기 전에 쓰자.
- 비자가 없는 사람은 입국 심사 시 비자 면제 신청서도 함께 제출한다.
- 짐을 분실한 경우 수화물 보관증을 가지고 배기지 클레임 창구에 가서 분실 신고를 한다.
- 사이판 입국 시 담배와 주류 면세 한도는 성인 1인당 담배 200개비, 주류 3병(총 3.7L)이다.
- 출국할 때에는 늦어도 출발 2시간 전에는 공항에 도착하자.

사이판의 국제공항

● **사이판국제공항**

사이판 섬 남동쪽에 있으며 가라판 기준 남동쪽으로 약 13km 지점에 위치한다. 가라판에서 자동차로 약 20분, 사이판 남부에서는 15분이 소요된다. 국제선 터미널과 티니안 섬, 로타 섬으로 향하는 커뮤터 터미널(Commuter Terminal)이 있다. 공항 건물을 빠져나오면 도로 건너편으로 렌터카 회사들이 위치한 건물이 있고, 그 뒤편으로는 주차장이 있다.

괌-북마리아나제도 (사이판) 연방 비자 면제 신청서

전자여행허가제 TIP
(ESTA : Electronic System for Travel Authorization)
전자여행허가제(ESTA)는 비자면제프로그램(VWP : Visa Waiver Program)을 통해 미국을 여행하는 방문객들의 자격을 결정하는 데 사용되는 자동화 시스템으로 I-94W 양식과 동일한 정보를 필요로 한다. 이 제도를 이용하면 별도의 미국 비자를 발급받지 않아도 미국 입국이 가능하며 90일간 미국 내 체류가 가능하다. 일반적으로 $14의 비용을 지불하면 2년간 복수로 이용할 수 있다. 까다로운 비자 취득 절차가 사전에 온라인 신청으로 간단히 해결됨으로 보다 편리하게 미국 여행을 즐길 수 있다. 아래 사이트로 접속 후 신청하고 승인을 받으면 된다.
ESTA 온라인 신청 esta.cbp.dhs.gov

출입국신고서 작성법

출입국신고서

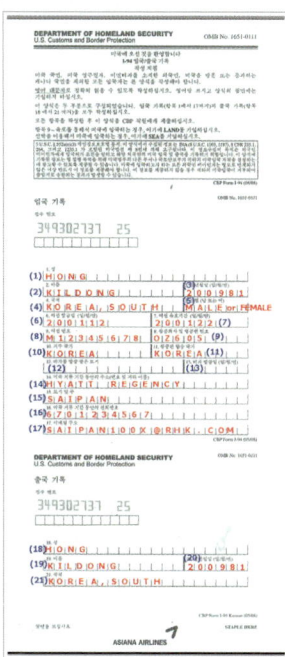

사이판 세관신고서

사이판 여행 준비

- **이동 시간**
  직항 4시간 20분

- **일정**
  3박 4일

- **항공권 특별가**
  특별 가격 34만원~
  일반 가격 50만원~
  (2015년 9월 제주항공 기준)

고정 비용	항공료	34만원
	숙박료	30만원
유동 비용	교통비	6만원
	투어비	6만원
	식비	11만원
	기타 예비	20만원
합계		107만원~ ◀

※ 성인 1인 3박 4일 비수기, 숙소 2인 1실 기준

- **숙소**
  가족여행객이 많은 사이판에서의 숙소는 누구와 함께 가는지가 숙소 선택의 가장 큰 핵심이다. 일반여행과 아이가 있는 가족여행을 중심으로 나눠서 추천한다.

- 하얏트 리젠시 사이판
- 그랜드브리오 리조트

- 퍼시픽 아일랜드 클럽(PIC) 사이판
- 사이판 월드 리조트

사이판 교통 가이드

사이판국제공항 → 숙소

주로 여행사나 호텔의 픽업 서비스를 이용한다. 택시를 이용할 수도 있지만, 요금이 비싼 편이다. 공항에서부터 렌터카를 대여해서 이동하는 방법도 있다.

교통수단	목적지	가격	이동시간	승차장
픽업 서비스	시내 전역	$10~20	24시간	공항 1층 주차장
택시		가라판 $25~30, 북부 $50(짐 개당 $1)		
렌터카		$60~		공항 1층

사이판의 교통수단

교통수단	목적지	가격	이동시간
DFS 갤러리아 사이판 셔틀버스	북쪽 루트 DFS 갤러리아 ↔ 아쿠아 리조트 ↔ 마리아나 리조트 & 스파 남쪽 루트 DFS 갤러리아 사이판 ↔ 쿠럴 오션 포인트 ↔ 사이판 월드 리조트 ↔ PIC 사이판	무료	10:00~21:00
택시	사이판 전 지역	$2.40~(짐 개당 $1)	24시간
렌터카		$60~	

교통수단 자세히 보기

택시

사이판에는 택시가 많지 않다. 필요한 경우 호텔이나 레스토랑에서 전화로 택시를 불러야 한다. 허가받지 않은 불법 택시도 많으므로 택시 운전기사가 배지를 달고 있는지 확인할 필요가 있다. 물론 호텔에서 부를 경우 대부분 허가 받은 택시를 연결해준다.

렌터카

만 16세(18세) 이상의 운전면허 소지자는 렌터카를 빌릴 수 있지만 렌터카 회사에 따라 21세 이상에게만 빌려주는 경우도 있다. 국제운전면허증을 발급할 필요 없이 한국의 운전면허증으로 최대 45일간 렌터카 대여가 가능하다. 사이판국제공항에 렌터카 회사의 사무실이 있으며 가라판 시내에는 한인 렌터카 회사도 있다.
차량을 운전하는 경우 주행 속도 35마일(56km)을 준수해야 하며 스쿨버스는 추월할 수 없다. 스쿨버스가 정차한 경우 반대 차선에서도 무조건 정차해야 한다.

업체 선택

렌터카 회사가 비교적 많지만 성수기나 일본인들의 여행 시기와 맞물린 경우, 희망하는 차종을 빌릴 수 없거나 예약이 안 될 수 있으니 한국에서 예약하는 것을 추천한다. 한국인이 운영하는 렌터카 회사를 이용하면 별도 요청으로 숙소로 픽업과 샌딩이 가능하고 언어 문제가 없어서 설명을 듣기에 편리하다. 보통 예약금을 선입금한 후 현지에 도착해 나머지 요금을 지불한다.

- 상지 렌터카
 070-8239-2180, 670-233-2000, 670-233-1000(한국어), www.sangjeerentcar.com
- 레이 렌터카(한인업소) 670-234-1300
- 아시아 렌터카 & 스쿠터(한인업소) 670-233-1114
- 달러 렌터카 670-288-5151
- 허츠 렌터카 670-234-8336
- 내셔널 카 렌털 670-288-4440

픽업 서비스

레스토랑이나 마사지 숍에서 운행하는 무료 픽업 서비스는 교통비가 비싼 사이판에서 여행자들에게 유용한 서비스이다. 대부분의 레스토랑이나 마사지 숍에서 제공하고 있는 서비스이니 시내에 나갈 땐 무료 픽업 서비스가 있는지 살펴보고 이용하자.

DFS 갤러리아의 무료 택시 픽업 서비스

DFS 갤러리아는 이곳을 방문하는 손님을 위해 무료 택시 픽업 서비스를 실시하고 있다. 가라판 지역의 호텔 어디서든 택시를 불러서 타고 DFS 갤러리아로 가면 택시비를 갤러리아측에서 부담한다. 가라판 중심에 위치한 곳이라면 택시를 타고 와서 돌아갈 때는 무료로 운행하는 DFS 갤러리아 익스프레스를 이용해서 호텔로 돌아가면 된다.

사이판 핵심 코스

[아이들과 함께 다양한 액티비티를 즐기는
가라판과 북부 중심의 3박 4일 코스]

Day 1

- **15:20** 사이판국제공항 도착
- **16:00** 체크인
- **18:00** 리조트 부속 레스토랑에서 저녁식사
  - 도보 15분
- **20:00** 해변 산책

Day 2

- **10:00** 렌터카 대여
- **11:00** 만세 절벽
  - 자동차 7분
- **11:30** 버드 아일랜드
  - 자동차 10분
- **12:00** 자살 절벽
  - 자동차 5분
- **12:30** 한국인 위령탑
  - 자동차 20분
- **13:30** 점심식사
  - 카프리초사
  - 토니 로마스
  - 자동차 5분
- **15:00** 숙소 수영장 즐기기
- **19:00** 저녁식사
  - 지오바니스
  - 360 리볼빙 레스토랑

Course tip 1. 아이를 동반한 가족 중심의 여행 코스이다. 아이들과 함께하는 만큼 이동은 투어를 통한 픽업 서비스이거나 렌터카 중심이다.

DAY 3

- 09:00~13:00 해양 스포츠 투어
  - 마나가하 섬 투어
  - 시워커 투어
- 14:00 점심식사
  - 도보 5분
  - 모비딕 레스토랑
  - 미야코
- 15:00 쇼핑
  - 도보 5분
  - DFS 갤러리아 사이판
  - 메이드 인 사이판
- 19:00 저녁식사
  - 청기아
  - 서울원

DAY 4

- 11:00 체크아웃 후 마사지
  - 픽업 서비스 15분
  - C-1 마사지
- 13:00 점심식사
  - 후루사토
  - 트롱스
- 14:00 사이판 국제공항으로 이동
- 16:35 인천국제공항으로 출발

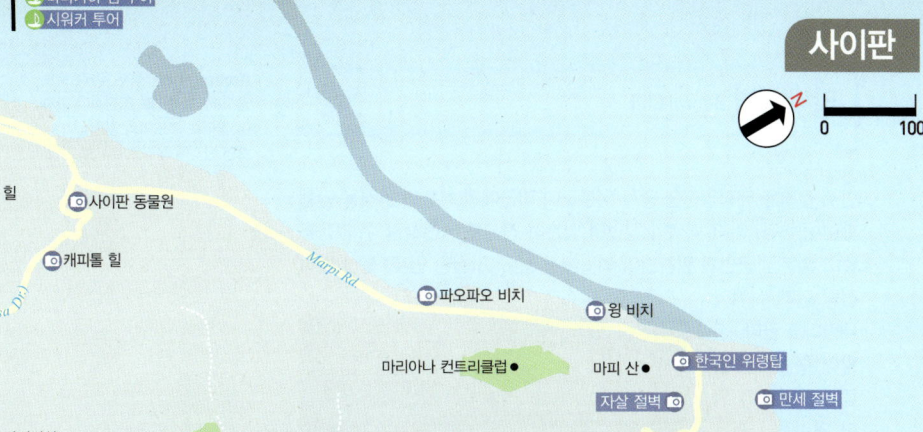

만세 절벽 Banzai Cliff

Access 사이판 북부. 마피 로드를 따라 북쪽으로 직진하다 반자이 클리프 로드와의 갈림길이 나오면 반자이 클리프 로드로 진입

만세 절벽은 태평양전쟁 당시 일본군이 미군에게 최후의 공격을 단행했던 곳이다. 이미 패색이 짙었던 일본이 전세를 역전시킬 수 없음을 알고 일본인 군인과 민간인이 이곳에서 '반자이(천황 만세)'를 외치며 절벽 아래로 뛰어내렸다고 한다. 전망대 주변에는 전몰자를 달래기 위한 위령탑과 관음상이 있다. 슬픔을 간직한 역사적 사실과 대조적으로 풍경은 그저 한적하고 아름답기만 하다.

버드 아일랜드 Bird Island

Access 사이판 북동부. 마피 로드를 따라 북쪽으로 직진하다 보면 자살 절벽을 지나친 후 이정표와 함께 갈림길이 나온다. 버드 아일랜드 쪽으로 직진

이름 그대로 새가 많고 또 섬 주변으로 파도치는 모습이 새의 날갯짓을 닮았다. 석회암이 주성분인 섬에는 동지를 만들기에 적합한 구멍들이 많이 있어 자연스럽게 '새들의 고향'이 되었다. 이른 아침이나 해가 질 무렵이면 엄청난 수의 새들이 날아들어 장관을 이룬다. 이를 보기 원한다면 오전에 방문하는 것이 좋다. 섬으로 직접 들어갈 수는 없고 전망대에서만 구경할 수 있다.

자살 절벽 Suicide Cliff

해발 249m의 마피 산은 남쪽의 완만한 경사면과는 달리 북쪽 절벽은 깎아지른 듯하다. 최후의 공격 이후에 마지막까지 살아남은 일본군 장교와 민간인이 이곳 자살 절벽에서 뛰어내렸다고 한다. 현재는 평화공원이 조성되어 있고 공원의 중앙에 십자가를 등에 지고 있는 관음상이 서 있다. 전망대에서는 푸른 정글 속에 자리하고 있는 일본군 비행장 터와 활주로가 보인다.

Access 사이판 북부. 마피 로드를 따라 북쪽으로 직진하면 반자이 클리프 로드와의 갈림길이 나온다. 갈림길을 지나쳐 직진하다 보면 이정표와 함께 다시 갈림길이 나오고 자살 절벽 이정표를 따라 5분가량 직진

한국인 위령탑 Korean Memorial

제2차 세계대전 당시 강제노역으로 사이판에 끌려와 희생되었던 한국인을 추모하기 위해 세운 탑이다. 탑은 한국을 향해 자리 잡고 있다. 일본군을 위한 위령탑에 비해 규모가 비교적 작은 편이라 모르고 그냥 지나치기가 쉬워 아쉽기만 하다. 한국인 위령탑은 한국 정부에서 세운 것이 아니라 사이판 현지에서 모은 기금으로 설치된 것이라고 한다. 사이판 북부를 여행한다면 빼놓지 말고 들러 역사적 의미를 되새겨보자.

Access 사이판 북부. 마피 로드를 따라 북쪽으로 직진하다 보면 반자이 클리프 로드와의 갈림길이 나오기 전

모비딕 레스토랑 MobyDick Restaurant

해산물을 전문으로 하는 컨트리 하우스 레스토랑의 자매점으로 1997년 오픈했다. 캘리포니아 주의 롱비치에 있는 한 레스토랑에서 영감을 얻어 설계했다는 이곳은 19세기 미국 문학의 대가 허먼 멜빌의 해양 소설 제목이다. 미국 동해안의 로브스터를 직수입하기 때문에 가격이 조금 비싼 편이다. 사이판 인근 해역에서 잡히는 록 로브스터(Rock Lobster) 요리를 추천한다. 토마토와 여러 해산물을 삶은 부야베스(Bouillabaisse), 맥주와 잘 어울리는 꼬치구이 등 다양한 메뉴가 있다.

Access 컨트리 하우스 맞은편 Open 11:00~14:00, 18:00~22:00(마지막 주문 ~21:30) Close 연중무휴 Cost 사이판 로브스터 $39, 로브스터 $68, 해산물 요리 $12~25, 음료 $5~ Tel 670-233-1908 Web www.countryhouse-usa.com/mobydick/index.html

토니 로마스 Tony Roma's

미국 플로리다에서 출발한 바비큐 리브 레스토랑으로 전 세계 260여 개의 매장을 가지고 있다. 이곳의 대표 메뉴는 소스 맛이 잘 배어든 부드러운 리브. 1972년 창업한 이래 변함없는 맛을 자랑한다. 어린 돼지의 등갈비를 사용하므로 잡냄새가 덜 나고 식감이 부드럽다. 사이드 메뉴로 사랑받는 프라이드 어니언도 이곳의 자랑거리. 여행객뿐만 아니라 현지인에게도 인기가 높아 주말에는 예약해야 한다.

Access 가라판 비치 로드 Pickup 무료 Open 11:00~23:00(마지막 주문 ~22:00) Close 연중무휴 Cost 오리지널 베이비 백립 $17~29, 샐러드 $14.99~, 음료 $2~6.5 Tel 670-233-9193 Wi-Fi 무료 Web www.tonyromas.com/locations/saipan

미야코 Miyako

세련된 실내와 모던한 공간을 자랑한다. 나뭇결을 살린 테이블 위는 정갈하게 세팅되어 있고, 두 명의 베테랑 셰프가 쉴 새 없이 초밥과 생선회를 만들어낸다. 여행자라면 일식 점심 뷔페에 관심을 가져보자. 초밥, 생선회, 튀김, 샤부샤부 등 수십 가지 요리를 마음껏 먹을 수 있다. 호텔 내 베이커리의 달콤한 디저트도 빼놓을 수 없는데, 특히 치즈케이크 맛이 좋다. 일식 점심 뷔페는 예약하지 않으면 갈 수 없을 정도로 인기가 높다.

Access 가라판 비치 로드, 하얏트 리젠시 사이판 내 1층 **Pickup** 무료 **Open** 11:30~14:00, 18:00~22:00 **Close** 일요일 **Cost** 일품요리 $9~15, 점심 뷔페 $23~, 디너 세트 $40~70, 음료 $8~ **Tel** 670-234-1234 **Wi-Fi** 무료 **Web** saipan.regency.hyatt.com

후루사토 Furusato

가라판에 자리한 대표적인 일식 레스토랑 겸 이자카야이다. 후루사토는 '홈타운'이란 뜻으로 레스토랑을 방문한 모든 사람이 고향집에 온 듯 편안히 식사하길 바라는 마음을 담았다. 메뉴는 초밥과 라멘, 마키 등 식사부터 술안주까지 골고루 갖췄다. 데일리 스페셜 세트 메뉴가 $9 정도이며, 메인 요리가 매일 바뀐다. 사케와 소주도 준비하고 있어 가볍게 한잔하며 하루의 피로를 풀고 야식을 먹기에도 좋다.

Access 가라판 스퀘어 내 ABC 스토어 옆 **Pickup** 무료 **Open** 11:30~14:30 (마지막 주문 ~14:15), 18:00~01:00 (마지막 주문 ~24:30) **Close** 연중무휴 **Cost** 애피타이저 $5.50~, 라멘 $10~, 음료 $3~, 맥주 $5~ **Tel** 670-233-3333 **Wi-Fi** 무료

지오바니스 Giovanni's

사이판에서 정통 이탈리아 요리를 만끽하며 파인 다이닝을 할 수 있는 최적의 장소이다. 높은 천장에 한쪽이 통유리로 되어 있어 아름다운 정원을 조망할 수 있다. 이탈리아 북부에서 온 베테랑 셰프가 만들어내는 요리들은 식재료마다 최상의 맛을 찾아내 조화롭게 어우러진다. 보기에도 예쁜 음식들이 하나씩 나올 때마다 모두가 작은 환호를 지르게 된다. 식재료 일부를 이탈리아에서 공수해오는 곳으로, 사이판 최고의 저녁식사를 기대할 만하다.

Access 가라판 비치 로드, 하얏트 리젠시 사이판 내 1층 **Pickup** 무료 **Open** 18:00~22:00 **Close** 목요일(비수기) **Cost** 샐러드 $12~, 피자 $15~, 파스타 $16~ **Tel** 670-234-1234 **Wi-Fi** 무료 **Web** www.saipan.regency.hyatt.com

카프리초사 Capricciosa

캐주얼 이탈리안 레스토랑으로 밝고 환한 레스토랑 분위기와 알록달록한 의자, 캐주얼한 차림의 친절한 직원들은 식사하는 내내 즐거운 기분이 들게 한다. 이곳의 인기 비결 중 하나는 푸짐한 양이다. 또한 이탈리아의 지정된 농원에서 공수해온 토마토로 스파게티 소스를 만들 정도로 재료 선정에 엄격하다. 직원들이 자신 있게 추천하는 칼리마리 네로(오징어먹물 스파게티)와 마늘과 후추를 곁들인 포모도 또한 이곳의 자랑거리이다.

Access 가라판 비치 로드 **Pickup** 무료 **Open** 11:00~23:00(마지막 주문 ~22:00) **Close** 연중무휴 **Cost** 스파게티 $10~25, 피자 $15~25 **Tel** 670-233-9194 **Wi-Fi** 무료

청기와 Chung Gi Wa

사이판의 대표적인 한식 레스토랑이다. 내부는 외부에서 보는 것보다 훨씬 넓다. 좌석의 배치나 전체 구조가 시원하다. 오래 근무한 직원들 덕분인지 언제 어느 때 찾아도 변함없는 맛을 선보이는 것도 장점. 현지인들에게는 생갈비와 생선회의 인기가 높지만 기름진 음식이 지겨워진 여행객들은 얼큰한 김치찌개와 묵은지전골을 많이 찾는다. DFS 갤러리아 사이판 뒤편에 자리 잡고 있어 쇼핑 전후에 식사하기 좋다.

Access 가라판. DFS 갤러리아 사이판 셔틀버스 승차장 뒤편 **Open** 11:00~14:00, 17:00~22:00 (마지막 주문 ~21:30) **Close** 연중무휴 **Cost** 생갈비 $18(1인분)~, 김치찌개 $12~, 음료 $3~, 맥주 $4~ **Tel** 670-233-0033, 670-233-8000, 670-483-8158 **Wi-Fi** 무료

서울원 Seoul One

사이판에서의 오랜 역사와 전통을 자랑하는 한국식당이다. 내부로 들어서면 테이블과 의자가 촘촘히 붙어 있다. 고기부터 김치찌개, 된장찌개는 물론이고 떡볶이, 비빔국수, 냉면 등 입맛을 돋울 한식 메뉴가 많다. 신선한 육회도 인기가 좋다. 공깃밥을 서비스로 준다거나 밑반찬을 푸짐하게 주는 인심도 매력 중 하나. 예약하면 픽업 서비스가 가능하다. 늦은 시간까지 영업해서 야식을 먹으러 가기에도 좋은 곳이다.

Access 가라판. 피에스타 리조트 & 스파 정문에서 비치 로드 방향으로 직진한다. 핫커리를 지나서 오른쪽, GIG 클럽 건너편 **Pickup** 무료 **Open** 10:00~22:00 **Close** 연중무휴 **Cost** 갈비 $15~, 김치찌개 $10~, 육회 $15~, 음료 $2.50~, 맥주 $4~ **Tel** 670-233-1600, 670-233-1900 **Wi-Fi** 무료

트롱스 Truollg's

사이판에서 오래도록 인기를 얻고 있는 베트남 레스토랑이다. 이곳에서 가장 인기 있는 메뉴는 쌀국수. 잘 우려낸 고기 육수와 갖은 채소를 넣어 개운한 국물 맛, 부드러운 국수의 식감이 좋다. 크리스피 누들(Crispy Noodle) 또한 인기 메뉴. 마치 피자처럼 큰 접시에 바삭하게 튀긴 국수를 얹고, 해산물을 비롯해 센 불에 볶아 아삭거리는 채소가 새콤달콤한 소스에 버무려져 토핑으로 올려져 나온다. 유명한 만큼 식사시간에 가면 기다릴 각오를 해야 한다.

Access 사이판 월드 리조트와 카노아 리조트 사이 **Open** 11:00~22:00 **Cost** 쌀국수 $9~, 룸피아 $6~, 맥주 $6~, 베트남 커피 $3.50~ **Tel** 670-235-8050 **Wi-Fi** 사용 가능

360 리볼빙 레스토랑 360 Revolving Restaurant

이곳은 전 좌석이 레스토랑 중앙의 바를 중심으로 천천히 회전해 식사를 즐기며 사이판의 정글과 에메랄드빛 바다를 파노라마로 감상할 수 있다. 평일 점심에는 저렴한 런치 스페셜 메뉴($9.95/14)가 인기 있고, 저녁에는 차분하고 로맨틱한 분위기가 연출되어 데이트 코스로도 애용된다. 추천 메뉴로는 '360버거', '셰프 스페셜', '360 특선 스테이크'가 있다. 이 외에도 가볍게 즐길 수 있는 샌드위치와 파스타, 스테이크, 해산물 요리 등이 있다.

Access 사이판 월드 리조트 건너편 마리아나 비즈니스 플라자 8층 **Pickup** 무료 **Open** 11:00~14:00(월~금요일), 17:00~22:00(월~토요일) **Close** 일요일 **Cost** 사이판 로브스터 $39, 로브스터 $68, 해산물 $12~25, 스테이크 $15~36, 커피 $2.5, 맥주 $3.75~4.25, 하우스와인 $5(SC 10%) **Tel** 670-234-3600, 670-235-0360 **Web** www.360saipan.com

DFS 갤러리아 사이판 DFS Galleria Saipan

Access DFS 갤러리아 무료 셔틀버스 이용 Open 10:30~22:00 Close 연중무휴 Tel 670-233-6602 Web www.dfsgalleria.com

1976년 문을 연 DFS 갤러리아 사이판은 사이판의 번화가인 가라판 비치 로드에 위치하며, 패션 월드, 부티크 갤러리, 럭셔리 기프트 세 구역으로 나뉜 넓은 매장을 자랑한다. 화장품과 향수, 캐주얼 브랜드, 한국인들이 선물용으로 많이 찾는 초콜릿과 양주, 사이판의 토속 기념품까지 폭넓은 아이템을 갖추고 있다. 매장 안에 환전소가 있으며 유모차 대여 서비스 등으로 손님을 배려한 섬세한 서비스가 돋보인다.

메이드 인 사이판 Made In Saipan

Access DFS 갤러리아 버스 주차장 앞, 청기와 옆 Open 11:00~21:00 Close 일요일 Tel 670-233-6233

DFS 갤러리아 사이판 뒤편에 있는데, 무심코 지나칠 수 있을 정도로 작고 소박한 외관을 지녔다. 하지만 이 소박한 곳에 들어가면 꽤 많은 시간을 투자해야 한다. 사이판에서 만든 아이템을 판매하는데, 주로 이곳에서만 볼 수 있는 것들이라고 한다. 선물용으로 제격인 각종 사이판 특산품과 액세서리를 합리적인 가격에 판매한다. 사이판 특산물인 노니주스와 설탕, 커피, 망고로 만든 잼 등 한국에 가져와서 사이판의 향수를 느낄 수 있는 아이템이 많다.

C-1 마사지 C-1 Massage

경혈 지압 마사지와 아로마 마사지를 전문으로 하는 마사지 숍이다. 룸은 총 7개로 마사지 베드는 2개가 기본이지만 가족 단위나 단체 여행객을 고려한 룸에는 베드 5개를 비치해두었다. 사이판을 떠나기 전 마지막으로 마사지를 받고 비행기에 오르는 손님이 많은데 이 경우 공항까지 센딩 서비스를 제공한다. 부모가 마사지를 받는 동안 아이에게 '뽀로로' 시리즈를 틀어줘 아이를 동반한 가족여행객에게 환영받는다.

Access 퍼시픽 아일랜드 클럽(PIC) 사이판 건너편 **Pickup** 무료 **Open** 13:30~24:00 **Cost** 전신 마사지 $50(1시간)~, 전신 & 발 마사지 $80(90분)~ **Tel** 670-235-0381, 670-483-5797

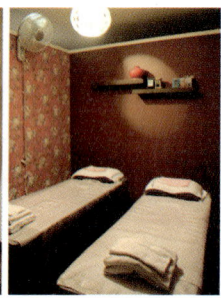

O2 스파 O2 Spa

총 2층 규모로 발 마사지, 오일 마사지, 전신 마사지가 주를 이룬다. O2(산소)라는 이름처럼 스파 숍 내부는 그린과 블루를 콘셉트로 신선하고 청량한 느낌을 준다. 오일을 사용해서 혈자리를 따라 부드럽게 마사지하는 오일 마사지와 신체 곳곳을 누르고, 꺾고, 잡아당기며 전신의 근육을 이완시켜주는 전신 마사지를 받을 수 있다. 이중 전신 마사지 단품보다는 전신 마사지와 발 마사지를 결합한 90분짜리 마사지가 인기가 높다.

Access 가라판. 하얏트 리젠시 사이판과 피에스타 리조트 & 스파 사이판 사이 **Pickup** 가능 **Open** 10:00~24:00 **Cost** 전신 마사지 $60(1시간), 발 마사지 $30(30분), 전신+발 $90(90분) **Tel** 670-233-3388, 670-285-8010 **Web** www.oyayubisaipan.com

마나가하 섬 투어 Managaha Island Tour

마나가하 섬은 투명하고 아름다운 에메랄드빛 바다와 백사장, 풍성한 열대 수목을 품은 절경의 섬이다. 해변에서 멀리까지도 수심이 얕고, 산호초 군락이 천연 방파제 역할을 하고 있어 수영을 못하는 이들도 스노클링을 즐기기에 좋다. 섬 주변에서는 스노클링을 비롯해 스쿠버 다이빙, 바나나보트, 패러세일링 등 해양 스포츠를 만끽할 수 있다. 섬 뒤편으로는 울창한 숲이 있고, 레스토랑과 기념품 숍과 마사지 숍 등이 있다.

Access 여행사 투어의 보트 이용. 배로 약 10분 Pickup 가능 **Open** 08:40~16:00 **Close** 연중무휴 **Cost** $37~(환경세 $5 포함) **Tel** 670-234-7148 **Web** www.tasi-tours.com

시워커 투어 Sea Walker Tour

시워커 투어는 우주인의 헬멧 같은 유리관을 쓰고 바닷속으로 걸어 들어가 수중 정원을 산책하는 체험이다. 헬멧을 통해 공기를 공급받아 마치 지상에 있는 것처럼 숨을 내쉬면 된다. 전문 다이버 안전요원들의 보호 아래 두 명씩 짝을 지어 다니면서 물고기에게 먹이를 주고 수중 사진도 찍는다. 다른 해양 스포츠보다 체력 소모가 적고 스쿠버 다이빙처럼 자격 요건이 까다롭지 않아 사이판을 방문하는 여행자들이 많이 선택하는 투어다.

Access 여행사 프로그램 이용 **Open** 09:00~16:00 **Cost** 70(성인·어린이 가격 동일, 5세 이상 가능) **Tel** 670-898-9297

하얏트 리젠시 사이판 HYATT Regency Saipan

Access 가라판 마이크로 비치 **Cost** $250~$410 **Tel** 670-234-1234 **Wi-Fi** 무료 **Web** www.saipan.regency.hyatt.com

사이판의 대표적인 해변인 마이크로 비치를 전용 해변처럼 사용할 수 있으며, 가라판 중부에 자리하고 있어 언제 어느 때나 맛집은 물론 쇼핑, 산책이 가능하다. 사이판에서 내로라하는 고급 레스토랑과 부족함이 없는 부대시설, 아름다운 트로피컬 정원을 보유하고 있다. 쾌적하고 깔끔한 객실과 다른 곳과 차별화된 밀착 서비스는 이곳만의 자랑거리이다. 7층 건물, 총 317개의 객실이 있으며, 가든뷰와 오션뷰로 나뉜다.

그랜드브리오 리조트 Grandvrio Resort

Access 가라판. DFS 갤러리아 사이판 맞은편 **Cost** 메인 빌딩 $100~, 크리스털 빌딩 $110~, 타가 빌딩 $120~ **Tel** 670-234-6495 **Wi-Fi** 무료 **Web** grandvrio-saipan.com

하파타이 비치 호텔에서 이름이 바뀌었다. 403개의 객실을 갖춘 사이판 최대 규모의 대형 호텔. DFS 갤러리아 사이판과 조텐 쇼핑센터, 가라판 스퀘어 등을 걸어서 갈 수 있는 좋은 위치에 있다. 로비를 지나 안쪽으로 들어서면 녹음이 우거진 정원과 수영장이 나온다. 전 객실이 오션뷰로, 특히 발코니를 없애고 확장형으로 만든 타가 타워의 객실에서는 바다를 가까이 조망할 수 있다. 가족여행객이나 합리적인 가격의 숙소를 선호하는 젊은 여행객에게 인기 있다.

사이판 월드 리조트 Saipan World Resort

Access 수수페 조텐 쇼핑센터 건너편 Cost 슈피리어 $160~, 디럭스 $200~ Tel 670-234-5900 Wi-Fi 무료 Web www.saipanworldresort.com

한화호텔·리조트에서 운영하는 곳으로 265개의 객실을 보유하며 전 객실 오션뷰이다. 숙박비에 객실 요금과 식사가 모두 포함된다. 리조트 내에 5개의 레스토랑과 로비 라운지, 레드박스 바, 2개의 스파와 마사지 숍 등 부대시설이 충실하다. 무엇보다 이곳의 자랑거리는 2m 높이의 파도 풀을 비롯해 6가지 물놀이 시설이 준비된 워터 파크이다. 해변에서는 다양한 해양 스포츠를 즐길 수 있는데, 장비는 무료로 대여할 수 있다.

퍼시픽 아일랜드 클럽(PIC) 사이판
Pacific Islands Club(PIC) Saipan

Access 사이판 남부 산안토니. DFS 갤러리아 사이판에서 비치 로드를 따라 남부로 향한다. 사이판국제공항에서 플레밍 트리 로드를 따라 남하하다 보면 좌측으로 코럴 오션 포인트 리조트 클럽이 보인다. 계속 직진하다가 교차로에서 좌회전 후 비치 로드를 따라 직진 Cost 슈피리어 $189~, 디럭스 $209~ Wi-Fi 로비 무료, 객실 유료 Tel 670-234-7976 Web www.pic.co.kr

총 308개의 객실과 대규모의 액티비티 시설을 보유한 종합 휴양 리조트. 워터파크에서는 레이지 리버와 워터 슬라이드, 파도타기 등을 즐길 수 있다. 전용 비치에서 즐길 수 있는 해양 스포츠와 테니스, 배구, 양궁 등의 액티비티가 다양하다. 그뿐만 아니라 아이들을 위한 여러 프로그램을 구비한 키즈 클럽은 어린이라면 누구나 무료로 참여할 수 있다. 체크인 시 받은 PIC 멤버십 카드로 객실 출입부터 각종 식사 및 부대시설을 이용한다.

Q&A로 알아보는 여행 준비

1. 여권 & 비자 관련

여권과 비자는 무엇이 다른가요?

여권과 비자는 발행 목적이 다른 별개의 증명서다. 여권은 외국에 여행하는 사람의 국적이나 신분을 증명하고 여행을 위해 출입국할 때 필요한 증명이다. 한마디로 해외용 신분증으로 만료일이 6개월 이상 남아 있어야 한다. 비자는 외국인이 해당국에 입국해도 좋다는 체류허가 증명으로 여행 해당국에서 발행하는 것이다. 비자를 받으려면 '주한OO대사관' 같은 해당국의 공관에 가서 신청해야 한다. 무비자로 입국을 허용하는 국가들이 많아졌는데, 그만큼 우리나라의 위상이 높아졌다는 얘기다.

여권 신청 방법을 알려주세요.

여권 발급은 주민등록지와 상관없이 전국 여권사무 대행기관 및 재외공관을 이용하면 공휴일을 제외하고 빠르게는 당일부터 5일 정도가 소요된다. 일반여권 발급 시 예외적인 경우(의전상 필요한 경우, 질병·장애의 경우, 18세 미만 미성년자)를 제외하고는 본인이 직접 방문해 신청해야 하며 유효기간이 남아 있는 여권 소지자는 여권을 반납해야 한다. 구비 서류로는 여권발급신청서(또는 간이서식지), 여권용 사진 1매(6개월 이내에 촬영한 사진. 단, 전자여권이 아닌 경우 2매), 신분증이 필요하며 미성년자의 경우 위의 서류와 함께 여권 발급동의서(법정대리인이 직접 신청하는 경우는 생략)가 필요하다. 25~37세 병역 미필 남성은 국외여행허가서를 따로 준비해야 한다.

무비자 입국이 가능한 동남아시아 여행지
태국(90일), 말레이시아(90일), 마카오(90일), 라오스(15일), 홍콩(90일), 베트남(15일), 인도네시아(외교·관용 14일), 대만(90일), 필리핀(21일), 괌(15일/VWP 90일)
※자세한 사항은 외교부 홈페이지(www.0404.go.kr)참조

2. 항공 관련

항공권은 어떻게 구입하나요?

일반적으로 조기 예약 할인 항공권이 저렴하다. 가끔은 출발일이 임박했을 때까지 판매되지 않은 일반 항공권이 파격적인 가격으로 나오기도 한다. 최저가 항공권을 판매하는 인터파크 투어, 하나투어, 온라인투어 등 여행사 웹사이트를 둘러보는 것도 추천하는데, 모든 저가항공을 안내해 주는 것은 아니다. 스카이스캐너는 여행사가 아닌 실시간 항공 비교 예약 회사로 주로 애플리케이션을 이용해 매우 쉽고 간단하게 실시간 최저가 항공권을 구입할 수 있다.

인터파크 투어 tour.interpark.com 하나투어 www.hanatour.com
온라인투어 www.onlinetour.co.kr 스카이스캐너 www.skyscanner.co.kr

※ 저가항공사 홈페이지 안내 → P.26

저가항공권의 예약과 발권 절차를 알려주세요.

직접 항공사 홈페이지나 콜센터를 방문해서 예약하는 방법이 있으며 그 외 각 저가항공사와 제휴를 맺거나 주력으로 판매하는 여행사들을 이용하는 방법이 있다. 예약을 하면 발권해야 하는 기간이 따로 표기된다. 저가항공권이다 보니 예약과 동시에 결제를 진행해야 하는 경우가 대부분이니 결제할 카드를 미리 정해 바로 결제, 발권을 하는 것이 좋다.

택스와 유류할증료는 무엇인가요?

택스(TAX)는 항공료에 부가되는 세금으로 출발지와 목적지의 공항이용료, 전쟁보험료가 포함된 금액을 말하며 경유지와 목적지에 따라 세금이 다르게 부과된다. 일부 항공권의 경우 현지 공항에서 직접 지불해야 하는 세금도 있으니 미리 알아둘 것.

유류할증료(Fuel Surcharge)란 항공 운항 시 발생하는 유가에 대한 부담을 운임 인상 대신 세금처럼 추가 요금으로 지불하는 것을 말한다. 국제 유가가 급변하는 것에 맞추어 유류할증료는 수시로 변경될 수 있다. 통상적으로 편도 달러($)로 금액이 정해지며, 결제 당시의 환율로 환산하기 때문에 환율 변동에 따라 금액 차이가 있다.

발권 후 항공권은 어떻게 수령하나요?

발권을 하면 우선 항공권에 대해 예약과 결제를 했다는 증명서로 E-Ticket이라는 이메일 티켓이 전송된다. E-Ticket을 출력하거나 예약번호를 받아서 출국 전 공항의 항공사 카운터에서 실제 탑승이 가능한 종이 항공권으로 보딩을 받아야 한다. 비행기에서 내린 후 입국심사 시에 귀국편 티켓이 있냐고 물어보는 경우가 있으므로 웬만하면 출력해서 다니는 것이 좋다.

예약 시 영문이름이 여권에 기재된 영문이름과 달라도 괜찮은가요?

반드시 일치해야 한다. 만약 영문이름이 같지 않다면 바로 항공사나 항공권을 예약한 여행사로 연락 후 수정하도록 하자. 항공권 규정에 따라 수수료가 부과되기도 한다.

3. 숙소 관련

숙소는 어디에서 예약해야 하나요?

여행사의 상품을 이용할 경우 대부분 항공과 숙소를 포함해 예약이 가능하다. 하지만 항공 따로, 숙소 따로 예약할 경우 숙소만 전문으로 판매하는 웹사이트를 이용하도록 하자. 숙소 판매 업체로는 아고다, 익스피디아, 호텔스닷컴, 호텔왕 등이 있다.

아고다 www.agoda.co.kr
익스피디아 www.expedia.co.kr
호텔스닷컴 kr.hotels.com
호텔왕 www.hotelwang.co.kr

체크인할 때 무엇이 필요하나요?

결제 완료 후 숙박권을 의미하는 바우처를 출력해 체크인 시 프런트에 여권과 함께 제시하면 된다. 만약 바우처를 가져가지 못했을 경우 바우처 없이 체크인하는 사실을 숙소에 알린다. 여권만으로도 체크인이 가능하지만 숙소에 따라서 반드시 바우처를 요구하기도 하니 가능한 한 꼭 출력 후 챙겨 가도록 한다.

체크인 시 디포짓(Deposit)이 무엇인가요?

디포짓이란 일종의 보증금이라 할 수 있다. 체크인 시 카드나 현금으로 일정 금액을 결제하는데 실제로 청구되지는 않는다. 말 그대로 호텔이 투숙객에게 기물 파손이나 미니바 사용 등에 대비해 요구하는 보증금인 셈이다. 호텔의 유료 서비스를 이용하지 않으면 체크아웃 시 그대로 환불, 승인취소가 된다. 현금($, 현지 화폐)으로도 디포짓을 할 수 있다.

최대 투숙 인원을 초과해서 체크인할 수 있나요?

호텔별, 객실별로 정해진 투숙 인원이 있기 때문에 초과해서 객실을 이용한다면 체크인이 불가할 수 있다. 투숙 인원을 초과해 체크인하여 발생하는 문제에 대한 불이익은 모두 투숙객이 책임져야 하니 정해진 투숙 인원을 지키도록 한다.

여행 마지막 날 체크아웃을 하고 일정을 보내다가 귀국하려는데 짐을 맡겨둘 곳이 있을까요?

대부분 이용했던 숙소에서 반나절에서 하루 정도는 짐을 맡아준다. 짐을 맡기고 보관증을 꼭 받아두도록 한다.

숙소에서 무선 인터넷(Wi-Fi)을 이용할 수 있나요?

숙소에 따라 다르지만 대부분 숙소에서 유·무료 무선 인터넷 서비스를 제공하고 있다. 바로 접속이 가능한 곳도 있고 비밀번호를 입력해야 하는 곳도 있는데 비밀번호를 입력해도 인터넷이 연결되지 않을 때가 있다. 그럴 때에는 사용하는 기기의 인터넷 브라우저로 접속한다. 호텔의 무선 인터넷 아이디와 비밀번호를 입력하는 페이지가 열리는데 거기서 입력을 해야 제대로 인터넷에 연결된다.

4. 환전 관련

환전은 어떻게 해야 하나요?

출발 전 각 은행에서 환전이 가능하다. 일본이나 유럽같이 자국 화폐로 바로 환전할 수 있는 나라가 아니면 대부분 미화로 환전 후 현지에서 다시 현지 화폐로 환전하는 게 일반적이다. 환전 외에도 해외에서 쓸 수 있는 비자, 마스터, 아멕스, 다이너스, JCB 등의 신용카드를 준비해 가면 보다 편하게 사용할 수 있다. 거래하는 은행에 가서 사용하는 현금카드에 국제 ATM을 사용할 수 있는 기능을 추가할 수 있다. 통장에 잔액이 남아 있다면 어느 나라에서나 현지 화폐로 인출할 수 있다.

5. 면세점 이용 관련

면세품은 언제까지 구입할 수 있고 물건은 언제 받나요?

출국일 30~60일 전부터 구매가 가능하지만 출국하는 공항이나 면세점에 따라 구매 마감시간이 다르다. 이용하는 공항과 면세점의 구매 마감시간을 확인해두는 것이 좋다.
온·오프라인 면세점에서 물건 구입 후 바로 받을 수는 없다. 출발 전 공항에서 출국 수속을 끝내고 내부로 들어가면 면세품 인도장이 있는데 거기서 여권을 보여주면 사전에 구입했던 물건을 수령할 수 있다. 인천공항의 경우 출발 항공편에 맞춰 여객터미널(국내항공사) 또는 탑승동(외국항공사)에 인도장이 각각 있으니 해당 청사의 면세품 인도장에 가서 여권을 보여주고 물건을 수령한다.

면세품 수령하는 방법과 유의사항은 어떻게 되나요?

출국 1~2시간 전까지 면세품 인도장에서 상품을 수령하는 것이 좋다. 상품 수령 시 구입 물품의 수량과 품명을 즉시 확인하고 인수란에 서명해야 한다. 만약 이상이 있는 경우에는 인도장 직원에게 바로 통보해야 한다. 또한 입국 시에는 수령이 불가하니 유의한다.

면세품을 수령하지 못한 경우에는 어떻게 되나요?

면세품 미수령 시 우선 해당 면세점에 문의해야 하며 해당 면세점에서 먼저 연락을 주기도 한다. 대부분 구매 취소로 진행되거나, 이후 출국할 일이 있을 때 미수령 상품 금액만큼 사용할 수 있도록 적립금으로 전환해주기도 한다.

공항 면세점 이용시간은 어떻게 되나요?

인천국제공항의 경우 면세점 영업시간은 오전 7시부터 오후 9시까지이다. 새벽 출발 비행편이 있을 경우에는 특별히 면세점을 개장하기도 한다.

출국하는 내국인 구매 한도액과 반입이 가능한 면세 금액은 어떻게 되나요?

해외로 출국하는 내국인이 면세점에서 면세품을 구입할 수 있는 총 한도액은 달러 기준 $3000까지이고, 해외로부터 입국하는 입국자의 반입 면세품은 달러 기준 $600까지다. 출국 시 구입한 면세품과 해외구입물품을 포함하여 $600을 초과하면 세관신고 후 초과한 부분의 세금을 납부해야 한다.

6. 통신 관련

해외에서 로밍 없이 현지 SIM카드를 이용해 인터넷이나 전화를 이용할 수 있다던데 어떻게 하나요?

SK텔레콤, KT, LG텔레콤 모두 현지 SIM카드로 교체할 수 있지만 LG텔레콤의 경우 LTE모델 아래는 호환되지 않으니 통신사에 미리 알아보도록 한다.

현지에서 편의점, 쇼핑센터, 백화점, 휴대전화 상점에서 선불 SIM카드를 구입 후 기존에 쓰던 유심 휴대전화 기기에 꽂으면 된다. 나라마다 SIM카드 이용 방법이 다르기 때문에 여행지의 SIM카드 이용법을 미리 알아보고 가는 게 좋다. SIM카드를 잘 활용하면 데이터 로밍이나 국제 전화 요금 걱정 없이 저렴한 가격으로 인터넷과 전화를 이용할 수 있다.

7. 여행 중 사고 대비 관련

여행자보험이란 무엇인가요?

여행 도중에 발생하는 각종 사고와 질병, 조난 시 구조비용, 휴대품의 도난과 분실 등의 보상을 목적으로 하는 보험이다. 해외 여행자보험의 실손 의료비는 비례 보상으로 처리되므로 가장 적당하다고 생각되는 보험 하나만 들어도 충분하다. 단 사망 보험금은 중복으로 보상된다. 자기부담금이 설정되어 있어 그만큼의 비용을 제외하고 보상받을 수 있다. 보험사로 연락하거나 여행사를 이용하면 쉽게 가입할 수 있다.

여행 중 여권 분실 시 어떻게 해야 하나요?

여권을 분실하면 즉시 가까운 현지 경찰서를 찾아가 여권분실증명서를 만들고 재외 공관에 여권분실증명서, 사진 2장(여권용 컬러 사진), 여권번호, 여권발행일 등을 기재한 서류를 제출한다. 여권분실에 대비해 여행 전 여권을 복사해두거나 여권번호, 여권발행일, 여행지 우리 공관 주소와 연락처 등을 메모해두는 것이 좋다. 급히 귀국해야 할 경우 여행증명서를 발급받으면 된다. 여권을 분실했을 경우 해당 여권이 위·변조되어 범죄에 악용될 수 있으니 늘 여권을 잘 챙기도록 한다.

여행 중 아플 때에는 어떻게 해야 하나요?

현지 병원을 이용하고 의사의 진단서나 확인서를 꼭 받아두어야 한다. 또한, 여행자 보험처리를 위해서 영수증도 반드시 보관해야 한다.

여행 중 소지품 도난, 분실 시에는 어떻게 해야 하나요?

보험에 가입했다면 우선 현지 경찰서로 가서 도난확인서를 받아야 한다. 도난확인서가 없으면 한국에 돌아와서도 배상을 받을 수 없으니 말이 통하지 않거나 시간이 없더라도 꼭 받아두어야 한다. 경비가 없는 위급한 상황에는 외교부에 방문하자. 신속 해외송금지원제도를 시행해 해외여행 중 소지품을 도난, 분실해 긴급 경비가 필요한 경우 미화 $3000까지 해외 송금으로 지원해준다. 재외 공관(대사관 혹은 총영사관)이나 영사 콜센터로 문의하면 된다.

영사 콜센터(24시간 연중무휴)
국내 (02)3210-0404(유료)
해외 +822-3210-0404(유료), +800-2100-0404(무료)

찾아보기

방콕

광한루	063
꾸어이짭 유언	065
낀롬촘싸판	065
담넌 싸두억 수상시장 투어	074
데크	065
라바나 스파	069
란 쏨땀 누아	064
레드 스카이	073
리빙룸	071
마담 투소	061
망고 탱고	064
멀리건스 아이리시 바	072
메리어트 이그제큐티브 아파트먼트	076
반타이 스파	070
버티고 & 문 바	073
블루 엘리펀트 쿠킹 스쿨	073
색소폰	071
샹그릴라 호라이즌 크루즈	066
샹그릴라 호텔	075
세인트 레지스 방콕	077
센터 포인트 라차담리	077
센트럴 칫롬	068
수다	062
쉐라톤 그랑데 쑤쿰윗	076
시로코 & 스카이 바	072
쏜통 포차나	062
쏨땀 욕 크록	066
씨암 파라곤	067
아시아 허브	070
아시아티크	067
암파와 수상시장 투어	074
압사라 디너 크루즈	066
애드 히어 더 서틴스 블루스 바	072
엠포리움 파크 푸드 홀	063
엠포리움	068
오쿠라 프레스티지 방콕	077
왓 포	061
왕궁	060
웨스틴 그랑데 쑤쿰윗	075
인터	064
짐 톰슨 하우스	060
짜뚜짝 주말시장	068
짜이디 마사지	070
톰슨 바 & 레스토랑	063
헬스랜드	069
홀리데이 인 방콕 쑤쿰윗	076
MK 수끼	062

푸껫

까론 비치 앞 레스토랑	091
넘버6 레스토랑	089
노보텔 푸껫 빈티지 파크	098
두짓 타니 라구나 푸껫	099
렛츠 릴랙스	093
로열 파라다이스 시푸드 몰	091
밀레니엄 리조트 빠똥	098
방라 로드	095
뷰 포인트	089
사보이	090
사이먼 쇼	095
시 브리즈	091
아웃리거 라구나 푸껫 리조트 & 빌라	097
아웃리거 라구나 푸껫 비치 리조트	099
오리엔타라 마사지 푸껫	093
왓 찰롱	088
정실론	092
짐 톰슨 아웃렛	092
체라임 스파 빌리지	094
킴스 마사지 & 스파	094
팡아 베이 투어	096
프롬텝	088
피피 섬 스노클링 투어	096
혼 그릴 스테이크 하우스	092
홀리데이 인 리조트 푸껫	097
후지	090
MK 수끼	090

치앙마이

굿 뷰	115
노스 게이트 재즈	118
도이 뿌이	112
도이 쑤텝 & 왓 프라탓 도이 쑤텝	110
라밍 티 하우스 씨암 셀라돈	116
레드 라이온 치앙마이	115
르 메르디안	120
리버사이드 바 & 레스토랑	118
샹그릴라 호텔	121
선데이 마켓	116
스리 시스 베드 & 브렉퍼스트	121
시리판나 빌라 리조트 & 스파 치앙마이	120
야미 이싼 푸드	113
와위 커피	114
왓 쑤언독	112
왓 쩨디루앙	111
왓 프라씽	110
지라솔레	114
치앙마이 나이트 바자	116
치앙마이 리플렉솔로지 센터	117
치앙마이 트레킹	119
쿤카 마사지	117
쿰 깐똑	111
타마린드 빌리지	121
타이거 킹덤 인 타운	113
파 란나 스파	117
푸핑 팰리스	112
플라이트 오브 더 기븐	119
핫 칠리	113
홀 어스 레스토랑	115
흐언펜	114

라오스

까오삐약 맛집	144
꽝시 폭포	138
남푸 커피	139
뉴 다라페트 빌라 바이 마이 라오홈	150
라오 키친	139
라오 플라자 호텔	149
라오스 헤이븐 호텔	151
루앙프라방 베이커리	144
르 바네통 카페	142
르 벤돔	140
리버사이드 부티크 방비엥 리조트	151
몽족 야시장	138
블루 게스트하우스	151
블루 라군	147
빅 트리 카페	141
빌라 산티 호텔	149
빌라 참파	150
살라나 부티크 호텔	148
스티키 핑거스 카페 & 바	140
실버 스푼 레스토랑	142
아더사이드 레스토랑	144
안사라 호텔	148
왓 씨앙통	137
왕궁박물관	137
인티라 레스토랑	143
조마 베이커리 카페	140
주스 노점상	143
짚 라인	147
참파 스파	145
철수네 민박	149
카야킹	146
코코넛 가든 레스토랑	142
코코넛 레스토랑	141
키리다라 호텔	150
탓 루앙	136
탕원 유원지 런치 크루즈 투어	146
파투사이	136
퍼 동	141
푸씨 산	138
피핑 솜스	143
허브 사우나	145

세부

골드 망고 그릴 & 레스토랑	169
골든 카우리	171
노아 스톤 & 스파	175
마리나 몰 막탄 & 세이브 모어	173
마젤란 십자가	169
매리어트 세부 시티	179
모감보 스프링 스파	174
뫼벤픽 리조트 & 스파	178
보홀 섬 투어	176
산 페드로 요새	168
산토 니뇨 성당	168
샹그릴라 막탄 리조트 & 스파	177
세부 프라나 스파	174
시암 바이 크루아 타이	170
아얄라 센터	173
아일랜드 호핑 투어	176
안자니	171
에코 스파	175
워터프런트 세부 시티 호텔 & 카지노	179
워터프런트 에어포트 호텔 & 카지노	179
제이파크 아일랜드 리조트 세부	178
츄라스코	172
트리 셰이드 스파	174
플랜테이션 베이 리조트 & 스파	178
한강	172
홀라 에스파냐	170
J 에이브	175
SM 시티	173

보라카이

디 몰	192
디 탈리파파 시장	193
라바 스톤 스파	194
레모니 카페	190
마냐냐	189
망고 스파	194
버짓 마트	193
보라카이 리젠시 비치 리조트 & 스파	199
샹그릴라 보라카이 리조트 & 스파	197
서울 식당	190
선셋 팔라우 세일링	196
스테이크하우스 보라카이	189
시 윈드 리조트 디너 뷔페	191
아리아	191
아이 스파	195
아일랜드 호핑 투어	196
에픽	195
엔조이 풋 스파	195
오션 클럽	198
카우보이 코치나	190
크라운 리젠시 리조트 & 컨벤션 센터	198
프라이데이즈	199
하와이안 바비큐	191
헤난 라군 리조트	199
헬리오스 스파	194
화이트 비치	188

마닐라

그린벨트 몰	215
깔레사 마차 투어	217
나이스 게이트	211
라이터스 바	211
래플스 마카티	219
레밍턴 호텔	221
리잘 공원	208
마닐라 동물원	209

마닐라 히든 밸리	217	
마안잔 수공예품	214	
마카파갈 수산시장	209	
말라테 교회	210	
몰 오브 아시아	214	
바바라스 카페	212	
발릭버얀 수공예품	214	
살라 비스트로	213	
아얄라 박물관	209	
엣사 샹그릴라	218	
오렌지 네스트 호텔	221	
오이스터 바	213	
인트라무로스	208	
졸리비	212	
카페 푸치니	211	
카페 필라토	212	
터치 오브 핸드 마사지	215	
팬 퍼시픽 호텔	220	
필리핀 국립박물관	210	
하드락 카페	216	
히든 밸리 가는 길 과일 가게	210	

팔라완

깔루이	231
달루안 리조트	239
맹그로브 투어	235
밧자오 시프런트 & 레스토랑	230
빌라오 앳 팔라욕	231
사방 비치	230
사방 짚 라인 투어	234
쉐리단 비치 리조트 & 스파 레스토랑	232
쉐리단 비치 리조트 & 스파 유기농 레스토랑	232
쉐리단 비치 리조트 & 스파	237
쉐리단 유기농 농장 투어	236
아지자 파라다이스 호텔	238
이외힉 반딧불이 투어	235
지하 강 국립공원 투어	233

카 이나토	231
파워칸	232
호텔 센트로	239
혼다 베이 아일랜드 호핑 투어	234
ATV 정글 트랙 투어	236

쿠알라룸푸르

고려원	261
관디 사원	258
국립모스크	259
노 블랙 타이	266
레게 게스트하우스 1, 2	268
레게 맨션	269
마담 콴	260
말라카 투어	267
메르데카 광장	256
무아 레스토랑	261
사랑 베케이션 홈스	269
센트럴 마켓 푸드코트	262
센트럴 마켓	263
스리 마하마리암만 사원	257
스카이 바	266
싸오 남	262
알로 스트리트	260
차이나타운 페탈링 스트리트	264
켄코 리플렉솔로지 & 피시 스파	265
트레이더스 호텔	268
트로피컬 타이 스파	265
파빌리온	264
팻 원 스팀보트	262
페트로나스 트윈 타워	256
E & O 레지던스	268
JW 메리어트 호텔	269
KL 시티 갤러리	264
KL 중앙역	259
KL 타워	257
KLCC 공원	258

KLCC 수리야	263

코타키나발루

고려정	283
넥서스 리조트	292
르 메르디안	293
리틀 이태리	282
마누칸 섬 투어	289
마리 하우스	293
반딧불이 투어	290
샹그릴라 라사 리아 리조트	292
샹그릴라 탄중 아루 리조트	291
센터 포인트 푸드코트	284
센터 포인트	285
수트라 하버 리조트	291
실크 가든	282
아루 바 퍼스트 비치	283
애니 뷰티 리플렉스	286
어퍼스타 페퍼 그릴 & 바	288
와리산 스퀘어	285
원 보르네오	284
초콜릿 팩토리	288
치 스파	286
카이두안 래프팅	290
콕 & 불 비스트로	287
클럽 베드	287
키나발루 산	280
탄중 아루	280
파이어 플라이	288
페르디난드	283
필리피노 마켓	281
하얏트 리젠시 키나발루	293
핸디 크래프트 마켓	281
헬렌 뷰티 리플렉스	286

페낭

거니 드라이브 호커 센터	305

골든 샌드 리조트	312	리틀 릴리야스	333	에메랄드 힐 로드	359
극락사	303	맹그로브 투어	335	에잇 누들스	355
더 방갈로	306	베이비론	333	주롱 새공원	353
더 초콜릿 부티크	309	본톤 리조트	336	차이나타운 시푸드 레스토랑	356
레게 러브 레인 호스텔	313	아일랜드 호핑 투어	335	차이나타운 콤플렉스 푸드 센터	354
레드 인 헤리티지	313	아티산스 피자	330	차이나타운	350
롱 비치 호커 센터	307	안다만 리조트	337	치 스파	359
바투 페링기 나이트 마켓	308	알룬알룬 스파	332	클락 키	359
버미스 불교 사원	304	오키드 리아	328	호텔 젠	361
보라보라 바이 선셋	310	체낭 몰	331	휠록 플레이스	358
비하인드 50	307	탄중루 비치	327	1929 호텔	361
샹그릴라 라사 사양	312	테라타이	332		
속	313	템플 트리	337	**홍콩**	
어퍼 페낭 로드	310	토마토 나시 칸다르	329	고디바	386
왓 차이야 망카라람 사원	304	파야 섬 코럴 투어	334	골드핀치 레스토랑	383
이스트 윈드 워터 스포츠	311	판타이 체낭 스트리트	331	그랜드 하얏트 홍콩	393
조지타운	302	판타이 체낭	326	그랜빌 로드	380
출리아 스트리트 나이트 호커 푸드	305	하버 파크	325	까우롱 샹그릴라	390
치 스파	309	7개의 우물 폭포	325	네이던 로드	380
카페 이팅 하우스	306			더 피크	377
카피탄 레스토랑	307	**싱가포르**		델리 채식 카페	384
파야 산호섬 투어	311	나이트 사파리	353	디 어퍼 하우스	392
페낭 힐	303	덕 투어	360	라이프 오가닉 헬스 카페	381
퓨어 에너지	309	딘 타이 펑	355	란타우 청동 좌불상	376
플라자 거니	308	라그나아	354	레이디스 마켓	388
		리틀 인디아	352	마데라 호텔 홍콩	392
랑카위		멀라이언 파크	352	막쉬키 완탕 국수	384
다타이 리조트 다이닝	329	무스타파 센터	358	미드레벨 에스컬레이터	378
다타이 베이 리조트	336	보타닉 가든	353	바하마 마마스	389
다타이 비치	326	비보 시티	357	비첸향	383
더 브라스리	330	샹 팰리스	356	샹 팰리스	381
더 브렉퍼스트 바	330	샹그릴라 호텔	360	스타벅스 콘셉트 스토어	382
더 존	331	서비스 월드 백패커스 호스텔	361	스타의 거리	378
독수리 광장	327	센토사 섬	351	스탠리	378
랑카위 케이블카	324	스미스 스트리트	356	시계탑	379
레인보우 롯지	337	아 호이스 키친	355	시티 슈퍼	386
로즈 티 2	328	아이온 오차드	357	심포니 오브 라이트	377

아일랜드 샹그릴라	391
애버딘 피시볼 & 누들 레스토랑	384
오이스터 & 와인 바	381
이케아	388
제니 베이커리	382
캔톤 로드	380
코스믹 게스트 하우스	393
타이 청 베이커리	383
타임스 스퀘어	387
패션 워크	387
할리우드 로드	388
허류산	382
홍콩 역사박물관	379
홍콩 예술박물관	379
Cke 쇼핑몰(청킹 맨션)	387
IFC 몰	385

마카오

그랜드 리스보아	411
로드 스토우 베이커리	407
로렐 레스토랑	408
맥퍼슨 스위트 & 쇼프	406
몬테 요새	404
반얀트리 호텔 마카오	410
베네 레스토랑	407
성 바울 성당	404
세나도 광장	404
쉐라톤 마카오 호텔	409
스타월드 호텔	410
아 로차	406
아마 사원 & 바라 광장	405
오 산토스	406
윙치키이	408
윈 호텔 마카오	411
응아팀 카페	407
코이케이 베이커리	408
콜로안 빌리지	405
타이파 빌리지	405

괌

괌 프리미어 아웃렛	434
니지	432
니코 선셋 비치 바비큐	430
다빈	432
돌고래 와칭 투어	437
마이크로네시아 몰	435
매직 디너쇼	436
반 타이	431
베로나 리조트 & 스파	438
브리지스 선셋 바비큐	430
사랑의 절벽	428
샌드캐슬 쇼 괌	436
솔레다드 요새	429
쇼군	433
스파 발리	435
스페인 광장	429
시워커 투어	437
아가냐 대성당 바실리카	428
온워드 비치 리조트	439
웨스틴 리조트 괌	438
이나라한 천연 풀	428
제프스 파이러츠 코브	433
조이너스 레스토랑	432
카르멘스 차차차	431
카프리초사 투몬	433
파라다이스 스파	435
프로아	431
피시아이 마린 파크	429
하얏트 리젠시 괌	439
호텔 니코 괌	439
홀리데이 리조트 괌	438
K 마트	434
T 갤러리아 괌	434

사이판

그랜드브리오 리조트	464
마나가하 섬 투어	463
만세 절벽	454
메이드 인 사이판	461
모비딕 레스토랑	456
미야코	457
버드 아일랜드	454
사이판 월드 리조트	465
서울원	459
시워커 투어	463
자살 절벽	455
지오바니스	458
청기와	459
카프리초사	458
토니 로마스	456
트롱스	460
퍼시픽 아일랜드 클럽(PIC) 사이판	465
하얏트 리젠시 사이판	464
한국인 위령탑	455
후루사토	457
360 리볼빙 레스토랑	460
C-1 마사지	462
DFS 갤러리아 사이판	461
O2 스파	462

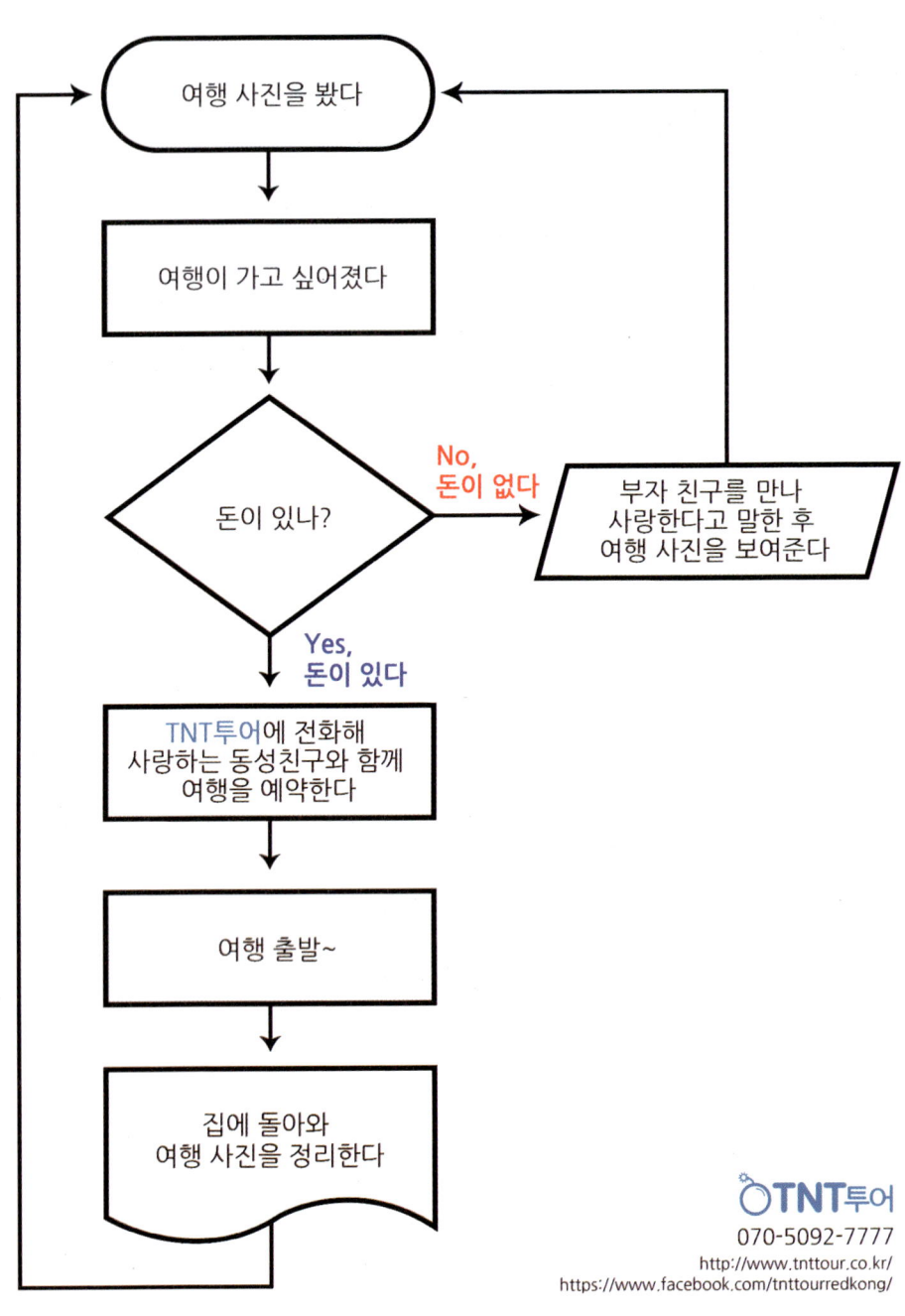

자유여행 전문 컨설팅 회사
트래블 수
TravelSu.kr

- 여행 작가와 함께 만드는 맞춤 자유여행 '가장 나다운 여행'
- 트래블 수에서 지금까지 꿈꾸고 상상했던 당신의 여행을 만들어 드립니다.

특별하고(Special), 센스 있는(Sense), 이야기가 있는 여행(Story)

트래블 수의 여행작가 및 여행큐레이터
동남아시아 여행과 취재로 직접 묵어보고 경험한 리조트 약 700개
10년 동안 다닌 동남아시아 맛집 약 850개
스파, 쇼핑, 볼거리, 즐길거리 약 1120개

컨설팅 종류
- 맞춤여행, 감성여행, 신혼여행, 가족여행, 테마여행 등 해외여행 컨설팅
- 숙소, 맛집, 쇼핑, 즐길거리, 볼거리 등을 동선에 맞게 1:1 맞춤여행 컨설팅
- 지역, 항공, 호텔, 교통, 투어, 가이드 등의 예약 대행

컨설팅 지역
- 오감만족 태국여행
  (방콕, 푸껫, 치앙마이, 코사무이, 끄라비)
- 언제든지 떠나는 동남아시아 여행
- 가족과 함께 가는 괌·사이판
- 천국을 찾아서 몰디브
- 콕 집어 가는 유럽 테마여행

www.travelsu.kr   대표 이메일 : travelsu@naver.com

031-656-5522, 070-4280-5577

페이스북 https://www.facebook.com/travelsu | 카카오스토리 https://ch.kakao.com/channels/@travelsu

초판 1쇄 2016년 1월 4일

지은이 성희수 · 박정은

발행인 양원석
편집장 고현진
책임편집 김윤화
디자인 RHK 디자인연구소 지현정, 이경민, 이창진
해외저작권 황지현
제작 문태일
영업마케팅 이영인, 양근모, 정우연, 김민수, 장현기, 정미진, 전연교, 이선미

펴낸 곳 (주)알에이치코리아
주소 서울시 금천구 가산디지털2로 53, 20층 (가산동, 한라시그마밸리)
편집문의 02-6443-8931   **구입문의** 02-6443-8838
홈페이지 http://rhk.co.kr
등록 2004년 1월 15일 제2-3726호

ISBN 978-89-255-5810-3 (13980)

※ 이 책은 (주)알에이치코리아가 저작권자와의 계약에 따라 발행한 것이므로
  본사의 서면 허락 없이는 어떠한 형태나 수단으로도 이 책의 내용을 이용하지 못합니다.
※ 잘못된 책은 구입하신 서점에서 바꾸어 드립니다.
※ 책값은 뒤표지에 있습니다.